영혼의 돌봄

영혼의 돌봄

날마다 거룩하고 깊이 있는 삶으로 이끄는 영성지도 필독서

토마스 무어 지음, 김영운 옮김

치유와 돌봄이 있는 희망의 선교동산
아침영성지도연구원

Care of the Soul

A Guide For Cultivating
Depth and Sacredness
In Everyday Life

by Thomas Moore

Published by HarperPerennial

All Rights Reserved

이 책에 바쳐진 찬사들

"무어의 관찰 속에는 깊이와 창조성이 깃들어 있다……그리고 탁월한 지성을 가지고……많은 독자들을 깊은 위로로 이끈다."

— 필리스 데룩스, *New York Times Book Review*

"이렇게 심오하고 시기적절한 통찰에 대하여 토마스 무어에게 감사를 드린다……진짜 가슴이 뛰는 책이다."

— 케빈 맥카트니, *Bloomsbury Review*

"읽을수록 기운이 나고 도전이 되는 매우 혁신적인 책이다."

— *Publishers Weekly*

"탁월한 책이다. 이 책은 심리치료의 의학적인 모델이 지닌 한계를 뛰어넘어, 사람들이 이전에는 병리적이라고 생각했던 것을 저마다 아름다운 보화로 여기도록 돕는 데 적극 기여할 것이다."

— 폴리 베린 베런즈, *Whole Child/Whole Parent*의 저자

"〈영혼의 돌봄〉은 나에게 깊은 감동을 주었다. 나만이 이해하는 방법으로. 나는 이 책을 읽고 나서 나 자신의 영혼을—그 빛과 그림자를, 그리고 그 독특성을 깊이 묵상하게 되었다"

— 쉐퍼드 블리스, *Yoga Journal*

"정말 매혹적인 글이다. 읽자마자 매우 유익한 책이라는 것을 느끼게 된다……이 책이 완벽하다는 것은 아니다; 그보다는 오히려 이 책을 읽고 있노라면 마치 조그마한 섬에 앉아 세상이 줄 수 없는 평화로움을 맛보게 된다."

— 리차드 폴리버, *Bookpage*

"〈영혼의 돌봄〉 같이 풍부하고 생각하게 하는 책은 정말이지 거의 만난 적이 없다……셰익스피어나 조셉 캠벨의 작품처럼, 한 장 한 장 넘길 때마다 거의 모든 곳에서 보화들이 드러난다."

— 제리 포우프, *Journeymen*

"토마스 무어는 새로운 종류의 치료사로서 진정한 모본이다. 그는 우리 세대에 한두 명 있을까 말까 한 치유자―영혼의 의사―이다."

— 래리 도세이, *의학박사*,
Meaning and Medicine and Beyond Illness

차 례

CONTENTS

들어가는 말

　20세기의 큰 병은 '영혼의 상실'이다. 이는 우리의 모든 어려움 속에 얽혀 있으며 개인이나 사회에 부정적으로 작용한다. 영혼을 소홀히 할 때, 그것은 단순히 없어지는 것이 아니라 여러 가지 증상으로 나타난다. 곧 강박관념이나 중독 증세, 폭력 그리고 의미의 상실 등으로 나타난다. 우리가 받는 유혹은 이런 증상들을 고립시키거나 하나씩 뿌리를 뽑아버리려고 하는 것이다. 그러나 근원적인 문제는 바로 우리가 영혼에 대한 지혜와 심지어는 그에 대한 관심을 잃어버렸다는 사실이다. 우리가 기분이나 감정적 고통에 굴복할 때와 국가적으로 수많은 위협적인 악에 직면하게 될 때, 우리에게 충고해 줄 영혼의 전문가가 오늘 우리 시대에는 별로 없다. 그러나 우리의 역사를 들여다보면 우리는 그 속에서 영혼의 본질과 필요에 대하여 명쾌하게 글을 쓴 사람들의 통찰이 담긴 주목할 만한 자료를 발견하게 된다. 그래서 우리는 눈을 돌려 이러한 지혜를 회복하는데 필요한 안내를 찾을 수 있다. 이 책에서 나는 과거의 지혜를 끌어내어, 오늘 우리가 어떻게 살고 있는가를 고찰하며, 영혼을 돌봄으로써 고통으로부터 해방을 찾고, 깊은 만족과 기쁨을 발견할 수 있음을 드러내 보이고자 한다.

영혼이 무엇인가를 정확하게 정의를 내리기란 불가능한 일이다. 정의를 내리기란 어차피 지적인 작업일 수밖에 없다. 그러나 영혼은 상상하기를 더 즐겨한다. 우리는 영혼이란 순수성이나 깊이와 상관이 있다는 것을 직관적으로 안다. 그것은 마치 어떤 음악이 영혼을 지니고 있다든가 어떤 주목할 만한 사람이 '영혼이 충만한' (soulful) 사람이라고 말하는 것과 같다. 영혼이 충만하다는 이미지를 자세히 들여다보면, 그 이미지는 '삶이 모든 구체적인 면과 연결되어 있다' 는 사실을 보게 된다. 이를테면, 좋은 음식, 만족스러운 대화, 순수한 진짜 친구, 기억에 남을 뿐 아니라 감동을 주는 추억 등과 연결되어 있다. 영혼은 애착이나 애정 또는 공동체를 통하여 드러나기도 하고, 동시에 내적인 교통과 친밀도를 대신하여 피정을 통해서도 드러난다.

현대 심리학이나 치료법들은 말로 표현하지는 않지만 명백한 구원의 톤을 종종 내포하고 있다. 거기서 암시하는 것은, 사람이 만일에 주장하고 사랑하고 화내고 표현하고 명상하고 또는 목소리를 줄이는 것 같은 일을 배울 수만 있다면 모든 어려움은 끝날 수 있다는 것이다. 중세 때와 르네상스 시대에 유용하였던 스스로 도움을 찾는 책(self-help book)을 어떤 형태로는 내가 모델로 삼고 있는데, 사람들이 이 책을 소중히 여기고 존중하기는 하였으나 결코 위대한 예술로 발전되지도 못하였거니와 천국을 약속한 것도 아니었다. 다만 잘 사는데 필요한 방법을 가르쳐 주거나 실질적이고 구체적인 생활철학을 암시해 주는 정도였다. 나는 이렇게 보다 더 겸손한 접근방법에 관심을 갖게 되었다. 그 까닭은 이 방법이 인간의 조건을 초월하게 만드는 어떤 방법보다 인간의 약점을 수용하고 거기서 우러나는 위엄과 평화를 진정으로 볼 수 있게 해 주기 때문이다. 그러므로 스스로 도움을 찾게 하는 교본이 어떤 모습으로 가능할지를 내가 상상해낸 결과이기도 한 이 책이 영혼이 가득한 삶을 위한 철학을 제공하는 길잡이가 될 뿐만 아니라 동시에 완전이나 구원을 이루기 위하여 몸부림치는 노력을 하지 않고도 일상적인 문제를 해결할 수 있는 기술을 위한 길잡이가 될 것이다.

내가 심리치료 전문가로 일하여 온 지난 15년 동안에, 나는 르네상스 시대의 심리학과 철학과 의학에 관한 나 자신의 연구가 나의 일에 얼마나 많은 보탬이 되었던가에 대하여 놀랐다. 그 영향력이 이 책에 명백히 나타날 터인데, 내가 르네상스적인 취미를 따라 신화를 들여다보며 통찰을 얻고, 당시의 저자들 가운데 마르실리오 피치노(Marsilio Ficino)와 파라첼소(Paracelsus)같은 이들을 인용할 때 드러날 것이다. 이들은 환자들을 규칙적으로 보며 가장 평범한 문제를 다루며 고도의 상상력이 필요한 철학을 응용한 사람들로서 실질적으로 지혜를 사랑한 사람들이었다.

나는 또한 심리학과 종교를 분리시키지 않는 르네상스적인 접근법을 택하였다. 우리 시대의 탁월한 영혼에 대한 박사인 융(Jung)은 말하기를 모든 심리학적 문제는 궁극적으로 종교의 문제라고 하였다. 그래서 이 책은 심리학적 충고와 더불어 영성지도를 동시에 내포하고 있다. 영성생활의 어떤 측면은 심리적 "건강"이 절대적으로 필요하다. 동시에, 지나치거나 근거가 없는 영성은 아주 위험한 것이어서, 결국은 모든 형태의 강박적이거나 심지어는 폭력적인 행동으로 이어지게 된다. 그래서 나는 이 책에 영성과 영혼의 상호작용에 관하여 한 부분을 포함시킨다.

연금술 연구에서 융은 말하기를 연구 작업이 머큐리(상업, 웅변, 숙련, 도둑의 수호신으로서 여러 신의 심부름꾼)에서 시작하여 머큐리에서 끝난다고 하였다. 내 생각에는 그의 권고가 이 책에도 똑같이 적용된다. 머큐리는 허구와 위조의 신이요, 속임수와 도둑질과 빠른 손재주의 신이다. 스스로 돕는다는 생각이 지나치게 성실해지는 경향이 있다. 나는 단골 내담자들에게 성실해지려 너무 열심히 애쓸 필요가 없다고 종종 말해준다. 우리가 하는 일을 정직하게 계속하기 위해서 얼마만큼의 머큐리가 우리에게는 필요하다. 그래서 나는 이 책이 어느 정도는 스스로 돕는 허구로 보기도 한다. 아무도 우리에게 우리의 인생을 어떻게 살라고 말해 줄 사람은 없다. 아무도 마음속의 비밀을 충분히 알 사람이 없기 때문에 남에게 그 비밀에 대하여 권위 있게 말해 줄 수가 없다.

이 모든 것이 이 책의 핵심, 곧 영혼의 돌봄으로 이어진다. 전통이 가르치는 것을 보면 영혼은 깨달음과 무의식 중간쯤에 자리 잡고 있으며, 영혼이 도구로 삼는 것은 정신이나 몸이 아니라 상상력이다. 내 생각에 치료(therapy)는 상상력이 전혀 없는 모든 분야에 상상력을 불러일으켜 주는 것 이상의 아무것도 아니다. 그렇게 되면 어떤 증후가 되든지 간에 그것을 스스로 표현하고야 만다.

일의 성취나 보람찬 관계나 개인의 힘이나 어떤 증후에서 헤어나는 것 등이 모두 영혼의 선물이다. 그러나 우리 시대에는 그런 선물들이 알아차리기 어렵게 되어 있는데, 그 까닭은 우리가 영혼을 믿지 않기 때문에 우리의 가치체계 속에 영혼이 자리매김을 하지 못하도록 하고 있다. 우리가 영혼을 알게 되는 것은 영혼이 불편해질 때 뿐이다. 곧 소홀히 하거나 학대하여 영혼이 혼란에 빠지고 그래서 우리가 그 고통을 결과적으로 느끼게 될 때 비로소 영혼을 알게 된다. 작가들이 우리가 깊은 분열의 시대에 살고 있다는 사실을 지적하는 것은 상식이 되었고, 그 속에서 정신이 몸과 분리되어 있고, 영성이 물질주의와 불편한 관계에 놓여 있다. 그러나 우리가 어떻게 이런 분열에서 벗어날 수 있을까? 우리가 단순히 '생각' 만으로는 헤쳐 나갈 수 없는 이유는 생각하는 것 자체가 문제의 한 부분이기 때문이다. 우리에게 필요한 것은 이원론적 태도에서 탈출하는 일이다. 우리에게는 제3의 가능성이 필요한데, 그것이 바로 영혼이다.

15세기에 마르실리오 피치노가 그것을 단순하게 표현하였다. 그가 말하기를, 정신은 제멋대로 나가는 경향이 있기 때문에 물리적 세계에 대하여는 적실성을 갖지 못한다. 동시에 물질주의적 삶은 흡수력이 너무 강하기 때문에 거기에 한번 붙들리면 영성은 까맣게 잊어버리게 된다. 그가 말하기를, 우리에게 필요한 것은 정신과 몸, 관념과 삶, 영성과 세계의 중간지대에 영혼이 있어야 하는 것이다.

그래서 내가 이 책에서 제시하고자 하는 것은 삶속에 영혼이 돌아오게 하는 프로그램이다. 이것은 새로운 생각이 아니다. 나는 단순히 아주 오래된 생각을 내 나름대로 발전시켜, 바로 우리가 살고 있는 구체적인 역사의 어려운 시대 속에서 사람들이 쉽게 이해하고 응용할 수 있도록 만들 희망을 가지고 나섰다. 영혼중심의 세계관은 우리 문화의 초기로 소급해 올라간다. 역사적으로 보면 시대마다 그것이 묘사되었다. 플라톤의 저술과 르네상스 신학자들의 실험과 낭만주의 시인들의 문학작품과 마침내 프로이드에 의하여 그 개요가 설명되었다. 특히 프로이드는 추억과 환상과 감정으로 가득한 정신의 지하세계를 일별하게 해 주었다. 프로이드에게서 배태되어 시작된 것을 융은 명백하게 드러내면서 영혼에 대하여 솔직히 터놓고 말하면서, 우리가 조상들에게서 영혼에 관하여 배워야 함을 상기시켜 주고 있다. 아주 최근에는 나의 멘토이자 동료인 제임스 힐먼(James Hillman)과 그의 주변에 있는 다른 사람들—예를 들면, 로버트 사르델로(Robert Sardello), 라파엘 로페즈-페드라짜(Rafael Lopez-Pedraza), 그리고 알프레트 지글러(Alfred Ziegler) 같은 이들이 이러한 역사를 염두에 두고 새로운 심리학의 방법을 제시하였고, 뿐만 아니라 명백하게 피치노의 충고를 따라서 바로 우리 삶의 중심부에 영혼이 자리매김되게 하고 있다.

이 책은 단순히 영혼에 대한 관념에 초점을 맞춘 것이 아니라 우리의 평범한 일상생활 속에서 "영혼 충만"(soulfulness)을 촉진시킬 수 있는 구체적 방법에 초점을 맞추고자 한다. 이 과정을 서술하기 위하여 나는 그리스도교에서 주요 술어를 빌려왔다. 수 백 년 동안 교구 목회자(사제)들은 자기가 맡은 교회의 구역 안에 사는 모든 사람들의 영혼을 돌보는 책임을 맡았던 것이다. 이 책임은, 목회자가 신자들의 필요를 채우기 위해 일하는 것과 마찬가지로 영혼의 치유(cure animarum)로 알려졌다. 치료(cure)는 "책임"(charge)과 동시에 "돌봄"(care)을 의미하였다. 만일 우리가 이런 이미지를 취하여 우리 자신에게 적용한다면, 우리 각자가 우리 자신의 영혼에 대하여 지는 책임을 상상해 볼 수 있다. 교구 목회자(사제)가 의사나 치유자로서가 아니라, 단순히 동반자로서 출생과 질병과 결혼과 위기와 사망 등의 여러 경우에 영혼을 돌본 것과 같이 인생의 모든 중대한 순간에 곁에 있었던 것처럼, 우리의 인생이 드러내는 미로를 헤쳐 나가는 우리 자신의 영혼에 대하여 우리도 똑같이 응답할 수 있는 것이다. 부목사(curate)로 불렸던 그들의 역할은 인생의 큰 전기마다 종교적 상황을 만들어 주고 동시에 가족과 결혼과 공동체 안에서 애정의 관계를 유지시키는 것이었다. 우리는 부목사가 되거나 우리 자신의 영혼의 보호자(curators)가 될 수 있고, 이런 생각은 내면적인 사제직분과 개인의 종교를 함축하고 있다. 이처럼 영혼의 회복을 도모하는 일은 영성이 일상생활 속에서 더 진지한 부분이 되게 해야 한다는 것을 의미한다.

영혼의 돌봄은 그 범위에서 심리학이나 심리치료에 관한 가장 현대적인 개념과 아주 다르다는 것을 독자들은 이미 알게 되었을 것이다. 영혼의 돌봄은 치료하거나 고치거나, 바꾸거나 조절하거나 건강하게 만드는 일에 관한 것이 아니고 완전하게 하거나 심지어 개선하는 것에 대한 것도 아니다. 이 일은 이상적이고 고통이 없는 실존을 바라며 미래를 내다보는 것이 아니다. 오히려 참을성 있게 현재에 머물면서 날마다 우리에게 다가오는 삶에 가까이 하면서, 그렇지만 동시에 종교와 영성을 염두에 두고 살아가는 것이다.

여기서 영혼의 돌봄과 심리치료를 일상적인 의미에서 살펴볼 때 커다란 차이가 또 하나 있음을 지적하고 싶다. 심리학은 세속적인 학문인 반면에 영혼의 돌봄은 거룩한 예술이다. 비록 그리스도교의 용어를 빌려서 쓰고는 있지만, 내가 제시하고자 하는 것은 딱히 그리스도교적인 것도 아니고, 어떤 특정 종교의 전통에 매인 것도 아니다. 그러나 분명히 함축하는 뜻은 종교적 감수성과 영성생활에 대한 우리의 절대적 필요를 인정하자는 것이다.

현대 세계 속에서 우리는 종교와 심리학을 가르고, 영성의 실천과 치료법을 분리시켰다. 이런 분열을 치유하는 일에 대한 관심이 상당히 있으나, 만일 다리만 놓아진다면, 심리학에서 우리가 현재 실행하고 있는 것에 대한 개념이 근본적으로 새롭게 상상되어야 할 것이다. 심리학과 영성은 하나로 봐야 할 필요가 있다. 나의 관점에서 보자면, 이러한 새로운 범례가 우리가 이제까지 알고 왔던 심리학에 대하여 전적으로 종지부를 찍을 것을 암시한다. 그 까닭은 이제까지의 심리학이 본질적으로 현대적이고 세속적이며 자기중심적이기 때문이다. 새로운 개념, 새로운 언어, 새로운 전통이 개발되어야 그것을 우리의 이론과 실제의 토대로 삼을 수 있을 것이다.

우리의 르네상스 시대와 낭만주의 시대의 조상들뿐만 아니라 프로이드와 융과 힐먼을 포함한 그들의 동료들 모두가 과거로 눈을 돌려서 그들의 상상력의 갱신을 꾀하였다. 우리는 다만 그와 똑같은 우리 자신의 르네상스와 우리 자신의 상황에 맞춰서 조절한 고대의 지혜와 실제를 재탄생시키는 일이야말로 우리의 중대한 필요가 된다. 위대한 르네상스 사상가들은 의술과 마술, 종교와 철학, 일상생활과 명상, 고대의 지혜와 가장 최근의 발견과 발명을 하나로 조화시켜 나가려는 노력을 계속하였다. 우리가 마술과 신화로부터 시간적으로 더 멀리 떨어져 있다는 것과, 우리로서는 과학기술이 짐이 되면서 동시에 엄청난 성취가 되었다는 것을 제외하고는, 우리 역시 똑같은 이슈를 다루고 있다.

우리 시대의 감정적 불평들로서, 우리 치료사들이 날마다 업무 가운데서 듣는 불평들 속에는 다음과 같은 것이 포함된다:

공허감

무의미

막연한 의기소침

결혼, 가정, 관계에 대한 환멸

가치 상실

개인적 성취에 대한 동경

영성에 대한 굶주림

이 모든 징후들이 영혼의 상실을 반영할 뿐더러 영혼이 무엇을 갈망하는가를 우리에게 알게 해준다. 우리는 지나치게 오락과 권력, 친밀감, 성적 만족, 물질적인 것들을 동경하는데, 우리는 바른 관계나 직업, 바른 교회나 치료를 찾기만 한다면 이 모든 것을 얻을 수 있다고 생각한다. 그러나 영혼이 없이는, 우리가 무엇을 찾아도 만족스럽지 못하다. 왜냐하면, 우리가 진정으로 고대하는 것은 이 모든 영역에서 영혼을 지녀야 하는 것이기 때문이다. 그와 같은 영혼 충만이 없을 때, 우리는 질의 부족을 양으로 메울 것처럼 누가 봐도 명백히 나타나도록 생각하면서, 우리를 유혹하는 이 모든 만족을 우리 쪽으로 엄청나게 끌어모으려 한다.

영혼의 돌봄은 우리가 느끼는 동경을 향하여 말하고, 우리를 미치게 몰아치는 증후를 향하여 말한다. 그러나 그것이 결코 그림자나 죽음으로부터 멀리 떠나갈 길이 되는 것은 아니다. 영혼이 충만한 인성은 복잡하고 다면적이고 고통과 기쁨, 성공과 실패 양면에 의하여 동시에 형성된다. 영혼 충만하게 인생을 산다고 해서 어둠의 순간이나 어리석음의 기간들이 없을 수는 없다. 구원에 대한 환상을 떨쳐버리는 것이 자기지식과 자기수용의 수준에 이르기까지 우리를 해방시키는데, 이야말로 바로 영혼의 터전이다.

영혼의 돌봄을 서술하는 여러 가지 고전적 술어들이 현대 세계 속에서도 적실하다. 플라톤은 techne tou biou라는 표현을 썼는데, 그 뜻은 "삶의 기술"이다. techne(기술)가 충분한 깊이를 더하여 정의될 때, 그것은 단순히 기계적인 기술이나 도구를 두고 말하는 것이 아니라 모든 종류의 예술적 관리와 신중한 형성을 두고 말하는 것이다. 현재로서는, 영혼의 돌봄이 특별한 삶의 기술 그 자체를 요구하고 있으며 일을 행할 때 예술가적인 감수성을 가지고 해야 한다고 말할 수 있다. 영혼이 자동적으로 삶 속에 퍼부어지는 것이 아니다. 거기에는 의리의 기술과 주의력이 집중될 것이 요망된다.

우리가 심리학적 작업을 하면서 쓰는 수많은 단어들이 종교적 함축성을 지니고 있다. 플라톤의 글을 보면, 소크라테스가 말하기를, "치료"(therapy)는 신들에 대한 섬김을 두고 한 말이었다. 소크라테스가 말하기를, 치료사는 성물(聖物) 보관자로서, 종교적 예배에 필요한 실질적인 물건들을 돌보는 사람이다. 플라톤이 쓴 또 다른 술어는 heautou epimeleisthai, 곧 "자신의 돌봄"이었다. 돌봄에 대한 이 단어 역시 신들과 죽은 자들을 영화롭게 하는 것을 묘사하였다. 어떻게 해서든 우리가 이해해야 할 것은, 우리의 "감정적인" 문제들을 해결하려면, 우리가 이와 같은 신비를 포착하고 나서야 가능한 것인 바, 신들과 죽은 자들을 영화롭게 하는 것은 인간으로서 우리가 되살려내야 할 기본적 돌봄의 일부로 이해해야 하는 것이다.

후기 로마의 작가였던 아풀레이오(Apuleius)가 말하기를, "누구나 영혼을 일구고 가꾸는 일 말고 다른 어떤 방식으로도 인생을 살 수 없다는 것을 알아야 한다."고 하였다. 돌봄은 동시에 닦음(교화하는 일)과 깨어서 지켜봄과 통찰하는 것을 의미하는데, 이때의 영혼의 씨앗은 우리가 성격이나 인성이라 부르든가, 역사와 함께 공동체, 언어, 특유한 신화 같은 거대한 창조 속으로 자신을 드러낸다. 영혼을 일구고 가꾸는 일은 평생을 두고 원료를 아끼는 것 같음을 암시한다. 농부들은 그들의 밭을 경작하고, 우리 모두는 우리의 영혼을 일구고 가꾼다. 그러므로 영혼을 일구고 가꾸는 일의 목표는 수용된 규범이나 통계적으로 건강한 개인의 이미지에 맞추는 것이 아니다. 오히려 그 목표는 풍부하게 정교화된 삶으로서 사회와 자연과 연결되어 있고, 가정과 국가와 세계의 문화와 짜임새 있게 섞이는 것이다. 이 개념은 피상적으로 짜 맞추는 것을 뜻하는 것이 아니고, 우리의 마음을 사로잡는 수많은 모든 공동체의 조상들과 오늘도 살아있는 자매형제들과 심오하게 깊이 연결되는 것이다.

에피쿠루스는 크게 오해받는 철학자로서 단순한 쾌락을 인생의 목표로 강조하였는데, 그의 글에서 "영혼의 잘됨에 관심을 갖는 것은 결코 너무 이른 때도 너무 늦은 때도 없는 법이다."라고 하였다. 에피쿠루스는 채식주의자였는데, 그의 추종자들에게 문학을 통하여 친밀함을 배양하라고 촉구하였다. 그는 밭에서 가르치기를 잘 하였는데 가르칠 때면 그가 즐겨 먹는 소박한 식품으로 둘러싸였다. (역설적이게도, 그의 이름은 그때부터 식도락이나 관능을 상징하는 것이 되었다.) 이와 같은 단순한 쾌락의 가치에 대한 개념은 영혼에 관하여 생각하는 전통을 통째로 꿰뚫어 흐르고 있다. 영혼의 돌봄이 우리에게 무엇을 의미할지를 이해하려고 애쓰면서 우리가 식도락가적인 원칙을 염두에 두기를 원할 수도 있다. 어떤 비범한 계시나 완성을 찾아서 심지어는 하늘의 별들을 바라보는 경우가 있을지라도, 우리가 찾는 본성은 지극히 평범한 것이고 바로 우리의 코 아래에 존재할 수 있기 때문이다.

우리의 옛날 교사들의 진술이 미셸 푸코(Michel Foucault)의 책 〈자기의 돌봄〉(The Care of the Self)에 나와 있다. 그러나 자기(self)라는 단어가 암시하는 것은 자아(ego)의 투영이다. 영혼은 결코 자아와 같은 것이 아니다. 영혼은 문명과 긴밀하게 연결되어 있으며, 운명의 기복과 변화는 항상 기대와 반대로 가고 종종 자아의 욕망과 반대로 움직인다. 심지어 자기(Self)에 대한 융의 개념은 의식적 이해와 무의식적 영향의 혼합으로 조심스럽게 정의된 것으로서, 영혼의 개념과 대조하여 볼 때 그래도 매우 인격적이고 너무나 인간적인 것이다. 우리는 영혼의 일들을 일구고 가꾸거나 돌보거나 즐기거나 통찰할 수 있다. 그러나 고집스러운 자아의 계획에 맞춰서 허를 찌르든지 관리하든지 형성하는 일은 할 수 없다.

영혼의 돌봄은 감동을 불러일으킨다. 내가 즐겨 생각하는 것이 있는데, 그것은 르네상스 시대의 비범한 예술을 탄생시킨 힘은 당시 이태리에서 아주 공들여서 구체적으로 창출한 영혼의 신학이었다는 사실이다. 감상주의나 비관주의 없이, 영혼의 신비 속으로 들어가는 행위야말로 삶이 그 자체의 계획에 맞춰서, 그리고 그 자체의 예측할 수 없는 아름다움과 함께 활짝 꽃피도록 힘을 북돋우어 준다. 영혼의 돌봄은 인생의 수수께끼를 푸는 것이 아니다. 그와 정반대이다. 빛과 어둠을 혼합시켜서 인생과 문화가 얼마나 장엄하도록 만들어 주는가 하는 역설적인 신비를 감상하는 것이다.

우리는 이 책에서 돌봄과 치유 사이의 중요한 차이를 고찰하게 될 것이다. 우리는 일상생활의 여러 가지 공통적인 이슈들을 보면서, 우리가 해결되어야 할 문제로 생각하던 것을 일단 멈추기만 하면, 그 문제들의 영혼 만들기에 좋은 기회를 제공해 줄 것이다. 그 때에 우리는 영혼의 관점에서 영성생활에 대한 상상을 시도할 것이며, 우리가 종교와 신학에 끌어다 연결시키는 통상적인 초월적 개념에 대한 대안을 제공해주는 다른 시각을 얻게 될 것이다. 끝으로 우리가 어떻게 예술적으로 살아야 영혼을 돌볼 수 있는가를 고찰하겠다. 심리학이 만일 영성과 예술을 완전히 통전적으로 내포하지 못한다면, 그것은 불완전한 것이다.

이 책을 읽어 나가면서 인생을 성공적으로 적절하게 살아가거나 자신을 이해하는 데 관한 어떤 생각을 지니고 있을지라도 그것을 다 버리는 것이 좋은 것이다. 인간의 영혼은 이해될 수 있는 성질의 것이 아니다. 오히려 더욱 편안한 여유로운 자세를 취하고 자신의 인생이 형성되어 온 과정을 성찰하는 것이다. 여기서 어떤 관점들은 놀라울 것이다. 허나 놀라움은 머큐리 신의 또 하나의 선물이다. 익숙한 주제를 비틀어서 새로운 형태로 빚어 보는 것이 때로는 새로운 지식을 얻거나 일련의 새로운 원리들을 배우는 것보다 한층 더 계시적이고 궁극적으로는 더욱 의미심장한 것이다. 상상력이 상식적인 것을 비틀어서 약간 새로운 형태를 빚어냈을 때, 우리는 전에는 숨겨져 있던 영혼을 별안간 보게 된다.

이제는 시를 일상생활에 응용하듯이 영혼의 돌봄을 상상해 보자. 우리가 여기서 하고자 하는 일은 우리가 이미 이해하고 있다고 생각하는 일들을 다시 상상해 보는 일이다. 머큐리 신이 그의 위트와 유머를 가

지고 현존한다면—옛 시인들이 말했듯이, 나비처럼 쉽게 빠져나가
는—영혼이 나타나게 하는 좋은 기회가 될 것이고, 나의 글과 독자들의
독서 그 자체가 영혼을 돌보는 길이 될 것이다.

제1부

영혼의 돌봄

내가 확신하는 것은 오직 한 가지, 마음의 느낌은 거룩하다는 것과 상상력은 진실하다는 것이다.

— 존 키츠

제1장

증상, 아파하는 영혼의 탄식

수 많은 사람들이 일주일에 한 번은 치료사들과의 약속 때문에 정기적으로 나타난다. 그들이 안고 오는 문제는 전에도 여러 차례 이야기하였던 것이고, 그들에게 감정적 고통을 야기시키든가 그들의 삶을 비참하게 만드는 문제들이다. 사용하는 치료법의 종류에 따라서 그 문제들은 분석되고 유아기나 부모에게 연결시켜 언급되기도 하고, 그렇지 않으면 분노를 표현하지 못한 실패와 가족 중의 알코올 중독 문제나 아동 학대 같은 문제로 그 원인을 고리짓기도 한다. 접근법이야 어떻든 그 목표는 이러한 중심적인 문제들을 제거함으로써 성취될 건강과 행복이다.

영혼의 돌봄은 일상생활이나 행복추구를 보는 근본적으로 다른 방식이다. 강조점은 문제에 두는 것이 아니다. 어떤 사람은 좋은 땅 한 필지를 사거나 세를 얻음으로써 영혼을 돌볼 수 있는가 하면, 어떤 사람은 적당한 학교나 연구계획을 선정함으로써, 또 어떤 사람은 집이나 침실을 페인트칠을 함으로써 영혼의 돌봄을 이룰 수 있을 것이다. 영혼의 돌봄은 계속적인 과정으로서, 중심적인 홈을 '뜯어고치는' 일에 관심을 크게 쏟기보다는 일상생활의 자질구레한 일은 물론이요 주요 결정 사항이나 변화 같은 일에 큰 관심을 기울이는 것이다.

영혼의 돌봄은, 전혀 인성이나 관계에 초점을 맞추는 것이 아닐 수도 있다. 따라서 보통 말하는 것처럼 심리적인 것이 아니다. 우리 주변의 일을 보살피든가 가정이나 날마다 스케줄의 중요성에 대하여 민감해지는 일이라든가 심지어는 우리가 입는 옷가지 등등이 영혼을 돌보는 방식이 된다. 마르실리오 피치노가 스스로 돕는 책의 제목을 〈생명의 서(書)〉(The Book of Life)라 하여 500여 년 전에 썼을 때, 그는 색깔, 양념, 기름, 산책로 또는 방문할 지방 등을 조심스럽게 선택하는 일에 강조점을 두었다. 일상생활 속에서 이 모든 구체적인 결정들이야말로 날마다 우리의 영혼을 지원하기도 하고 방해하기도 하기 때문이다. 만일 우리가 정신(Psyche)에 관하여 '생각하기로 말하면, 우리는 정신을 두뇌의 사촌쯤으로 여기기 때문에 뭔가 내면적인 것으로 그 본질을 생각하게 된다. 그러나 고대 심리학자들은 우리 자신의 영혼을 세계의 영혼과 불가분의 것으로 가르쳤을 뿐만 아니라 그들은 자연과 문화를 형성하는 수많은 사물들 속에서 발견된다고 가르쳤다.

그래서 영혼의 돌봄에 관하여 첫째로 밝힐 점은 이것이 일차적으로 문제 해결의 방법이 아니라는 것이다. 이 일의 목표는 인생을 문제없는 상태로 만들자는 것이 아니라 영혼 충만과 더불어 찾아오는 깊이와 가치를 평범한 삶에다 부여하는 것이다. 이 일은, 어떤 면에서는 심리치료보다 더 큰 도전이 된다. 왜냐하면 영혼의 돌봄은 가정이나 사회에서 풍부하게 표현적이고 의미 있는 삶을 가꾸어내는 일과 상관이 있기 때문이다. 이것이 도전이 되는 또 다른 이유는 우리 각자에게서 상상력을 요청하기 때문이다. 치료를 받을 때, 우리는 우리를 위하여 문제를 해결해 주도록 훈련받았다고 생각되는 전문가들의 발 앞에 우리의 문제를 내려놓는다. 영혼의 돌봄에서는, 우리 스스로가 영혼의 유익을 위하여 우리의 삶을 조직하고 형성하는 과제와 기쁨을 동시에 갖는다.

영혼을 아는 단계

내가 이제껏 써온 술어인 "영혼의 돌봄"을 보면서 시작하겠다. "돌봄"이라는 단어는 영웅적이지도 않고 근육이 강한 것도 아닌 영혼의 여러 가지 표현에 대하여 응답하는 방식이다. 돌봄은 간호사가 하는 일이고, "간호"는 헬라어 therapeia, 또는 치료라는 단어가 지닌 옛 의미 가운데 하나라고 볼 수 있다. 영혼의 돌봄은 여러 가지 면에서 치료가 뭔지에 대한 초기 개념으로 돌아가게 됨을 보게 될 것이다. "영혼의 돌봄"에서 본디 쓰였던 라틴어 단어인 Cura는 여러 가지를 의미한다. 곧 주목, 헌신, 절약, 몸치장, 치유, 관리, 염려, 신들에게 제사하는 것을 의미한다. 우리가 오늘 알고 있는 심리치료에서 영혼의 돌봄으로 전환하는 방법을 가능한 한 구체적으로 찾으려고 노력하면서 우리가 이 모든 의미를 염두에 두는 것이 좋은 생각이 될 것이다.

"영혼"은 사물이 아니라 삶과 우리 자신을 경험하는 차원이요 질(質)이다. 영혼은 깊이, 가치, 관계성, 마음 그리고 인격의 실체와 관련이 있다. 나는 여기서 이 단어를 종교적 신념의 대상이나 뭔가 불멸성을 지닌 것으로 사용하는 것이 아니다. 우리가 말하기를 누군가 또는 뭔가 영혼을 가지고 있다고 할 때, 우리가 무엇을 뜻하는지를 알기는 하지만 그 의미하는 바가 무엇인지를 정확히 명시하기란 어려운 일이다.

영혼의 돌봄은 어떻게 영혼이 스스로를 명백히 나타내느냐 하는 것과 어떻게 작용하는가를 지켜보는 데서 시작된다. 그런데 우리가 영혼의 방식들을 익숙하게 알지 못하면 영혼의 돌봄은 불가능하다. 지켜봄 (Observance)이란 단어는 종교의례에서 나온 말이다.

공휴일을 지키는 것처럼 조심해서 보고, 지키고 존중하는 것을 의미하는 말이다. Observance에 있는 - serv -는 본디 양을 보살피는 것을 두고 한 말이었다. 영혼을 지켜보면서, 우리는 그 영혼의 양에 눈길 두고, 어느 양이 방황하거나 풀을 뜯는가 지켜보면서 최근의 중독현상과 인상적인 꿈과 어지러운 심정 같은 것을 지켜본다.

영혼의 돌봄에 대한 이와 같은 정의를 내리는 것은 최소한도로 타협적인(Minimalist) 것이다. 이는 기적적인 치료가 아니라 수수한 돌봄과 관련이 있다. 그러나 내가 이렇게 정의를 내리는 것은 우리가 자신이나 또는 서로를 대하는 방식에 대하여 실질적인 합의를 지니고 있기 때문이다. 예를 들면, 만일 내가 영혼이 제시하는 것을 지켜보거나 존중하는 것을 내 자신과 친구와 치료를 받는 환자에 대한 나의 책임으로 본다면, 나는 건강의 이름을 빙자하여 뭔가를 빼앗아 가려 하지 않을 것이다. 사람들은 눈에 띌 만큼 자주 자신들을 괴롭히는 일들이 없어지기만 하면 훨씬 더 좋은 것처럼 생각한다. 그런 사람은 이렇게 말할 것이다. "내 자신의 이런 경향을 제거할 필요가 있다. 내가 이런 열등감과 흡연과 불행한 결혼생활을 그만 두도록 나를 도와주세요." 치료사로서 내가 만일에 얘기를 들은 대로 했다면, 나는 하루 종일 사람들에게서 뭔가를 그만 두도록 하는 일을 계속했을 것이다. 그러나 나는 문제를 제거하려 들지 않는다. 나는 나의 역할을 근절하는 사람의 역할을 상상하려 들지도 않을 것이다. 오히려 나는 문제가 되는 것을 그 당사자에게 그 문제의 필요성과 심지어는 그것이 지니고 있는 가치를 되돌려 주려 한다.

영혼이 스스로 밝히 드러내는 방식을 지켜보면서 사람들은 메마르게 되는 것이 아니라 풍요해진다. 그들의 몫을 되돌려 받게 되는데, 그것은 바로 그들이 지겹게 생각하고 있었기 때문에 잘라서 던져버리기를 바랐던 것이다. 열린 마음으로 영혼을 바라볼 때, 질병 속에 자리 잡고 있는 메시지를 발견하게 되고, 심한 후회와 다른 불편한 감정 속에서 찾을 수 있는 교정이나, 실의와 염려 때문에 요청되는 필요한 변화를 보기 시작할 것이다.

감정의 평안함을 내세울 때 우리 자신에게서 뭔가 박탈하기보다는 어떻게 풍요하게 할 수 있는가 예를 들어 설명해 보자.

30세가 좀 넘은 여성 한 사람이 치료를 받으러 나에게 와서 고백한다. "나는 너무 의존적인 사람이 되어서 인간관계가 몹시 어렵습니다. 덜 의존적인 사람이 되도록 도와주세요."

나는 뭔가 영혼에 관련된 것을 없애 달라고 요청을 받는 셈이다. 나는 나의 도구 상자로 가서 메스와 추출기와 빨아올리는 펌프를 꺼내야 할 모양이다. 그러나 어떤 경우라도 이런 식으로 훔치듯이 하는 쪽 보다는 그 대신에 지켜보는 원리를 따라서, 나는 이렇게 묻는다. 곧 "당신 의존하는데 대해서 어렵게 생각하는 것은 뭡니까?"

"내가 무력하게 느끼게 됩니다. 그 밖에도 의존한다는 것은 너무 안 좋지요. 나는 내 자신의 인격이 되어야 하잖아요."

"당신의 의존도가 너무 높다는 것을 어떻게 압니까?" 하고 대답하면서, 나는 의존도에 대한 영혼의 표현을 대변하려고 말한다.

"내가 내 자신에 대해서 좋지 않게 느낄 때 알지요."

"내 생각에는, 기운 빠지는 것을 느끼지 않은 채로 의존적인 방법을 찾을 수도 있지 않을까요? 결국, 우리 모두는 매일 순간마다 서로에게 의존하고 사는 데요." 나는 계속해서 같은 방향으로 말하였다.

그렇게 해서 이야기는 계속된다. 그 여인은 자신이 늘 단순하게 생각하면서 독립심은 좋고 의존심은 나쁘다고 상상했던 것을 인정한다. 독립심에 대한 그녀의 열심에도 불구하고 삶 속에서 독립을 별로 누리지 못하고 있다는 사실을 나는 대화를 통하여 알게 된다.

그녀 자신은 의존심에 묶여 있으면서 해방은 강 건너편에 있는 것으로 바라본다. 그 여인은 동시에 무의식적으로 통속적인 생각을 끌어안고 있다. 곧 독립심은 건강한 것이고, 우리가 의존에 대한 어떤 욕망을 보이게 될 때 영혼을 마땅히 고쳐야 한다는 것이다.

이 여인은 자신의 영혼이 지니고 있는 의존적인 얼굴을 없애는 데 도움을 달라고 나에게 요청하고 있다. 그러나 그런 움직임은 영혼을 거스르는 것이 될 우려가 있다. 그녀의 의존심이 남에게 느껴질 정도로 된다는 사실이 몽둥이로 패든지 외과적으로 잘라 내야 한다는 것을 의미하지는 않는다. 주의를 끌 필요가 있기 때문에 그 문제가 스스로를 내세우고 있을 따름이다. 그녀가 깜짝 놀랄 만큼 의존에 대하여 집착하는 것은 어찌 보면 그녀의 내면에서 뭔가 의존하고자 하는 강렬한 욕구를 억압하거나 회피하려는 방편일지도 모르는 일이다. 나는 그래서 줏대도 재미도 없어 보인다는 생각 때문에 그녀를 괴롭힐 것 같은 의존이란 문제에 대하여 몇 마디 말을 해주려 하였다.

"사람들에게 애착을 느끼거나, 그들에게서 배우고, 가까워지고, 우정에 기대고, 존경하는 사람에게 충고를 받고, 사람들이 서로를 필요로 하면서 사는 공동체의 일원이 되고, 어떤 사람들과는 친밀한 관계가 아주 상쾌하고 좋아서 그런 것 없이는 살 수 없는 그런 관계를 원하지 않으세요?"

"물론 원하죠." 그녀가 말한다. "그런 게 의존입니까?"

"나에게는 그렇게 들려요." 내가 대답한다. "그런데 세상 모든 일이 그렇듯이, 그것이 지닌 그림자 없이는 그것도 없습니다. 곧 가난, 열등, 복종, 통제력 상실 같은 것입니다."

이런 사례가 의례껏 그렇듯이 이 여성도 지나친 의존이란 만화 속에 이런 속성들을 초점을 맞춰 넣음으로써 친밀한 관계와 우정을 피하고 있었다. 때때로 우리는, 우리가 스스로 피학대적으로 의존적이라 생각하면서, 우리가 실제로 취하고 있는 행동이 일반적으로 사람들과 사회와 인생에 깊이 개입하는 것을 회피하고 있다는 풍자만화를 실제로 살고 있다.

영혼이 무엇을 하는가를 관찰하는 일과 영혼이 무슨 말을 하고 있는가를 듣는 일은 일종의 이 중상과 조화를 이루는 것이다. 우리를 유혹하는 것은 보상하며, 제시되는 것의 반대편으로 끌려가는 것이다. 의존과 전적으로 동일시하는 사람은 건강과 행복은 독립을 성취하는데 있다고 생각한다. 그러나 그와 같이 반대쪽으로 움직이는 것은 기만적이다. 이상한 이야기지만, 그런 움직임은 장본인을 같은 문제 속에다 붙들어 두고, 오히려 그 반대쪽으로는 가지 못하게 막는다. 제시된 문제를 거스르는 것이 아니라 조화하는, 동종치료적인 움직임은 만족할 만큼 의존하는 법을 배워서 의존을 독립과 완전히 분리시킬 만큼 극단적으로 가지 않는 것이다.

영혼과 의절하듯이 집착하지 않는 또 다른 길은 운명의 바다에, 단순히 발가락을 담그는 것이다. 한 번은 어떤 사람이 풀이 죽어서 자기 직업에 대하여 철저하게 불만을 품고 나를 찾아왔다. 그는 십 년째 어느 공장에서 일을 해왔는데, 그 동안 내내 그는 도피를 계획하였다. 그는 학교에 들어가서 그가 좋아하는 전문직을 택하려 하고 있었다. 그러나 그가 도피를 계획하고 계속해서 그 생각에 사로잡혀 있는 동안에 공장에서 하는 일은 고생스러웠다. 여러 해가 지났는데 일은 언제나 불만스러웠고, 직업이 미워졌고, 그의 야망을 이룰 약속의 땅을 바라기만 하였다.

"이런 생각을 해 본 일이 있습니까?" 하고 내가 어느 날 그에게 물었다. "뭐냐 하면요, 현재 선생이 있는 곳에 대해서, 그리고 전적으로 이 일속으로 들어가서 시간과 정력을 투입하는 것 말입니다."

"그럴 가치가 없어요." 그가 말하였다. "그건 내 수준 이하예요. 로봇도 그보다는 더 잘 할 수 있을 것입니다."

"허지만 선생은 그 일을 매일 하지 않아요." 내가 소견을 말하였다. "그 일을 형편없이 하지요. 날마다 그 일을 형편없이 하는 것 때문에 또 자신에 대해서 형편없이 느끼고요."

선생님이 말씀하는 건, 믿을 수 없다는 듯이 그가 말하였다. "마치 내가 마음속으로 그 일에 푹 빠져 있게 한 듯이 이 멍청한 일을 계속해야 한다는 겁니까?"

"그 속에 빠져 있지요, 안 그래요?"

그가 일주일 후에 찾아와서 하는 말이, 그가 자기의 멍청한 일을 더 진지하게 받아들이기 시작하면서부터 그에게 뭔가 변화가 일어났다는 것이다.

그가 자기의 운명과 감정 속에 들어감으로써 자기 인생의 맛을 알기 시작하였고 자신의 경험을 통해서 그리고 자신의 야망의 세계로 들어가는 길을 발견했는지도 모른다는 듯이 보였다. 그의 직업 환상 속에 있는 양떼는 그의 공장을 빼놓고는 온갖 곳을 헤매고 다녔던 것이다. 그는 그때까지 소외된 분열된 인생을 살고 있었던 것이다.

영혼에 대한 관찰은 믿을 수 없을 만큼 단순한 것이다. 의절하고 끊어버렸던 것을 다시 받아들인다. 있었으면 좋겠다고 바라는 그 무엇과 함께 있는 것이 아니라 실제로 있는 것을 가지고 일하고 있는 것이다. 그의 시에 있어서 최고의 허구를 향한 노트에서, 시인 월리스 스티븐스는 쓰기를, 필경 진리는 호숫가를 거니는 산책에 달려있다고 하였다. 치료는 때때로 변화를 얼마나 강조하는지 사람들이 종종 자신의 본질을 소홀히 하고 언제나 손이 닿지 않을 곳에 있을 것 같은 어떤 이상적인 정상이나 건강 상태의 이미지에 감질이 난다. 파피니에 대한 응답에서 스티븐스는 이 문제를 더 폭넓게 표현하는데, 제임스 힐먼이 심리학의 모토로 삼는 표현과 만난다. 즉 세상을 헤쳐 나가는 길을 발견하기란 세상을 뛰어넘는 길을 발견하기보다 더 어려운 법이다.

르네상스 철학자들은 흔히 말하기를, 우리를 인간답게 만드는 것은 바로 영혼이라는 것이다. 이 생각을 뒤집어 놓고 보면 우리가 주목할 것이 있다. 그것은 우리가 영혼에 다가갈 가장 좋은 기회를 가졌을 때, 바로 그 때 우리가 가장 인간적일 수 있다는 것이다. 그럼에도 불구하고, 현대 심리학은 의학과의 연계 때문에 그럴 수는 있겠으나, 인생을 가장 인간적인 것으로 표시해 줄 수 있는 혼란 그 자체로부터 구원받는 일종의 방편으로 흔히 간주되었다. 우리는 부정적인 기분이나 감정 또는 나쁜 인생의 선택과 불건전한 습관 같은 것에서 한발 비켜서서 회피하기를 원한다. 그러나 만일 우리의 목적이 먼저 영혼을 있는 그대로 관찰하는 것이라면, 우리는 구원론적 기원을 던져버리고 실제로 현존하고 있는 것에 대한 한층 더 깊은 존경심을 찾아야 할 것이다. 인간적인 실수나 실패를 회피하려고 노력함으로써, 우리는 영혼을 접할 수 있는 범위를 넘어서서 움직여 나간다.

물론, 영혼이 그 자신을 표현하는 극적인 방식을 존중하기란 때로는 어려울 수 있다. 어느 지적이고 재능 있는 젊은 여성이 한 번은 나에게 찾아왔는데 식사에 문제가 있다고 불평을 하였다. 그 여인은 삼 년 동안이나 자신의 삶의 한가운데 자리 잡고 있던 이 증상을 끌어내는데 당혹스러웠다. 그 여인은 며칠간은 거의 아무것도 먹지 않았다가, 그 다음에는 게걸스레 먹고는 다 토해낸다. 그 주기가 철저하게 통제 불능 상태여서 도무지 끝나지 않을 듯이 보였다.

이처럼 영혼의 의례가 고통스럽고 심지어 생명을 위협하기까지 하는 모습을 우리가 어떻게 관찰할 수 있는가? 그런 것을 무시무시한 증상이나 절망적인 강박충동에다 자리매김하는 것이 무슨 의미가 있을까? 이성적 통제를 전혀 넘어선 이런 극단적인 상태 속에도 어떤 필연이 있는가? 내가 이런 이야기를 듣고, 이토록 괴로워하는 사람을 보게 될 때, 나는 스스로 지닌 관찰력이 어느 정도인가를 세심히 검토하지 않을 수 없다. 내가 반발을 사고 있지는 않은가? 이 여성을 고통에서 건져내기 위해서라면 무슨 짓이라도 할 구세주 같은 인물이 내 속에서 일어나는 것을 느끼지는 않는가? 그렇지 않다면 이런 비상한 증상들까지도 인생의 신화, 의례, 또는 시가 된다는 사실은 이해할 수 있는 것인가?

돌봄의 기본적인 의도는, 그것이 육체적이든 심리적이든 간에, 고난을 줄이거나 완화하자는 데 있다. 그러나 증상 그 자체와 관련해서 보자면, 무엇보다 먼저 관찰한다는 것은 고난을 통해서 나타나는 것이 무엇인가를 조심스럽게 경청하고 바라보는 것을 의미한다. 치유하려는 의도는 보는 것에 방해가 될 수 있다. 행동을 덜 함으로써, 더 많은 것이 성취될 수 있다. 관찰은 그 작용에서 대증 치료라기보다는 동종치료에 속한다고 할 것이다. 곧 어떤 문제가 있으면 그것을 원수로 삼는 것이 아니라, 역설적으로 친구가 되는 방식을 택하는 것이다. 이처럼 영웅적인 과장된 표현 없이 하는 치유에 대해서 도교의 어조는 색을 덧칠해 준다. 도덕경(64편)에 이런 말이 있다. "지혜의 교사는 사람들이 잃은 것을 되찾게 한다. 그는 만물이 제 본성을 찾도록 돕되, 행동은 삼간다." 이거야말로 영혼을 돌보는 사람에 대한 완벽한 서술이다.

자세히 관찰하는 것, 곧 시간을 들여서 미세하게 움직이면서 영혼이 그 자체를 더 짙게 드러내도록 지켜본다는 것이 쉬운 일은 아니다. 배움의 아주 작은 부분까지, 감각의 작은 파편까지, 독서한 것은 남김없이, 모조리 의존하여 지성과 상상력이 총동원 되도록 해야 한다. 그러나 동시에, 이러한 "비 행동을 통한 행동(action-through-nonaction)"은 단순하고 유연하고 또 민감하게 수용적이어야 한다. 지성과 교육은 사람을 가장자리로 데려가는데, 이는 의도를 깨끗이 하고, 생각과 목적을 씻어 버리는 것을 상정한다. 영혼을 돌보는 일에서도 우리는 이와 같은 의례를 치를 수 있는데, 그것은 우리의 정신으로부터 의도성이 분명한 영웅주의를 말끔히 씻어 내는 것이 된다.

이 젊은 여성은 영혼이 음식이 이미지를 통하여 현재 그 속에 깔려 있는 신화를 그림으로 표현하듯이 묘사하고 있었다. 여러 주일에 걸쳐서 우리는 과거와 현재를 통틀어서 그녀의 삶 속에서 음식이 차지하는 자리에 대하여 이야기하였다. 그녀는 부모의 면전에서 느끼는 불평에 대하여 말하였다. 그녀는 집에 있는 생각조차 증오하였고, 그럼에도 불구하고 경제적 이유 때문에 강제로 부모와 함께 살 수 밖에 없었다. 그녀는, 동시에 그녀의 오빠가 한 번, 그것도 단 순간에 거리낌 없이 자기 몸에 손을 댄 적이 있는데 그것을 기억하고 있었다. 그녀는 학대를 받은 일은 없었으나, 자기 몸에 대하여 지극히 민감하였다. 우리는 대화를 통하여 그녀가 여성이 된다는 것에 대하여 뒤엉킨 감정을 지니고 있다는 것을 알게 되었다.

그러던 어느 날 그녀가 와서 꿈 이야기를 하는데 내 생각에는 그녀가 알고 있는 문제의 핵심에 있는 신비를 포착하고 있는 꿈이었다. 일단의 노파들이 야외에서 잔치를 준비하고 있었다. 그 여인들은 굉장히 큰솥을 불에 올려놓고는 여러 가지 음식으로 스튜를 만들고 있었다. 꿈을 꾼 사람도 함께 와서 음식을 만들며 함께 어울리자고 초청을 받았다. 그녀는 처음에는 솜털이 돋는 것 같았다. 그녀 자신은 우중충한 농민의 옷을 입고 있는 거무스름한 노파들과 하나가 되고 싶지 않았기 때문이다. 그러나 마침내 그들과 어울렸다.

이 꿈은 그녀가 가장 우려하고 있던 것을 제시하여 주었다. 곧 그녀의 원초적인 여성성을 일깨운 것이다. 물론 그녀가 자신의 금발의 긴 머리를 즐겼고 여자 친구도 좋아하기는 하였으나 속으로는 월경을 하는 것도, 그리고 언젠가는 아이를 낳게 될 가능성도 깊이 증오하였다. 내 생각에는 가망이 있어 보이는, 이 꿈은 원시적인 통과의례의 형식을 취하고 그녀의 증상을 밀접하게 연관된 신비 속으로 들어가는 것이었다. 그리고 그녀에게 한 가지 해결책을 제시해 주는 것으로 보였다. 곧 "여성됨"의 고대적 심오한 뿌리와 친숙해지고 마침내 자기 자신을 진정으로 살찌게 하는 법을 발견하라는 것이다.

물론 잠 속에서 일어난 일이지만, 그 꿈은 효과적인 의례였다. 우리의 역할은 다양한 인물들은 해석하는 것이 아니라 그 의례가 지니는 의의와 중요성을 감상하는 것이다. 어째서 이 여성은 스튜를 만드는 가마솥 곁에 서 있는 일단의 노파들에 대하여 불안하게 느껴야 할까? 그녀가 노파들과 그들의 행동에 대하여 느끼는 두려움에 관하여 이야기를 나누는 동안에 꿈꾼 사람의 삶 속에 있는 어떤 주제들이 밝히 드러나게 되었다. 이를테면 그녀를 괴롭히는 그녀의 몸에 대한 특별한 생각이라든가, 가족 가운데 그녀가 상관하고 싶지 않은 특정 여인들에 관한 것이다. 그녀는 자신에 대한 아버지의 애정과 아버지에 대한 자신의 복합적인 감정에 대하여 이야기하였다. 그 꿈이 그녀의 증상에 대하여 특수한 의미를 설명해 준다고 크게 말할 수는 없었으나 깊이 있게 느끼는 어떤 생각과 기억을 살려 준 것은 사실이었고, 그 모든 것이 음식과 관련된 문제였다. 그 꿈은 그녀의 드라마를 더 강도 높게 느끼고, 더 정확하게 상상할 수 있도록 도움을 주었다.

느낀다는 것과 상상한다는 것이 크게 같은 소리로 들리지 않을지 모른다. 그러나 영혼의 경우에서는 자연이 치유한다는 사실과 "행동 안함"(not-doing)을 통해서 많은 것이 성취될 수 있다는 사실에 대한 신뢰가 있다. 가설은 존재가 상상을 따라간다는 것이다. 우리가 현재 다루고 있는 이야기를 제대로 볼 수만 있다면, 우리가 다양한 강박 충동적인 행동과 기분에 빠져들 때, 바로 그 때에 그것을 통해서 우리가 얼마나 더 자유롭게 그리고 고통을 덜 당하면서 움직일 수 있을지 그 방법을 알게 될 수 있다는 것이다.

16세기의 위대한 의사 파라첼소(Paracelsus)는 영혼의 돌봄에 치유가 적용되는 문제에 대하여 일찍이 이렇게 말하였다. 곧 "의사는 자연의 주인이 아니라 종에 불과하다. 따라서 의약이 자연의 뜻을 따르는 것은 마땅한 일이다." 영혼의 돌봄에서, 우리가 상상할 수 있는 것은 어떤 증상이 게걸병(balimia)처럼 골치 아픈 것이라 할지라도 그 자체가 의지를 가지고 있다는 것과, 뿐만 아니라 어떤 방식으로든 '치료'가 된다는 것은 그 의지를 따르는 것임을 상상할 수 있다.

지킴은 상당한 힘을 지닌다. 예를 들면, 크리스마스를 지킬 때, 그 특별한 절기에 영향을 받게 되는 정확한 이유는 바로 그 지킴에 있다. 그 시간을 두고 정기적으로 지키게 되면 가슴 깊이 와 닿게 마련이다. 혹시 장례 행사를 거행하는 것 때문에 매장과 죽음의 경험에 깊이 자리하게 된다. 바로 그 순간의 경험을 몇 년을 두고라도 생생히 기억하게 될 것이다. 그리고 평생토록 그 꿈을 꾸게 될지 모른다. 인생의 표면에서 일어난 간단한 몸짓들이 영혼에 대해서는 중심적인 중요성이 될 수도 있다.

현대의 간섭치료(Interventional therapy)는 특정문제를 해결하려고 때때로 노력하다 보니까 단기적으로 수행할 수밖에 없게 된다. 그러나 영혼의 돌봄은 끝나는 법이 없다. 중세의 연금술사들은 이런 사실을 이미 인식하였던 듯싶다. 그들은 학생들을 가르치면서, 모든 끝남이 곧 시작이라 하였기 때문이다. 영혼에 대한 모든 작업은 원형, 곧 rotatio, 회전의 형식을 취한다. 치료받는 중에 있는 사람들이 나에게 자주 말한다. "똑같은 이야기를 마냥 되풀이해서 듣는 것이 싫증나지 않습니까?" 나는 대답한다. "아니오, 나는 묵은 것 가지고도 아주 행복합니다." 나는 연금술적인 순환(circulatio)을 유념하면서 산다. 꿈의 구조가 드러내 주듯이 영혼의 삶은 계속해서 삶의 소재를 살피며 넘어간다.

　기억 속에서 우리는 똑같은 사건들을 성찰하는데 싫증나는 법이 없다. 나는 어렸을 적에 여러 해를 두고 여름이면 농장에 가서 지냈는데 거기 사는 아저씨는 끊임없이 이야기를 들려주었다. 이제 와서 보니까 이것은 이 아저씨가 삶의 원자재를 가지고 작업하는 방식이었고, 그 이야기들이 공급하는 자신의 경험을 계속해서 회전 방식으로 돌리는 방법이었다. 그렇게 끊임없이 하는 이야기를 통해서 그 아저씨가 가중되는 의미의 깊이를 발견했다는 사실을 이제는 나도 알겠다. 이야기를 한다는 것은 영혼을 돌봄에서 한 가지 탁월한 방법이다. 그것의 도움을 받아서 우리는 우리의 삶 속에서 순환하는 주제들을 볼 수 있고, 그러한 깊은 주제들은 우리가 살아가고 있는 신화를 말해 준다. 치료할 때에, 해석하기보다는 이야기 자체에 초점을 맞추는 것은 그야말로 강조점을 살짝 전환시키면 되는 것이다.

영혼을 사랑하는 법

　내가 원형 심리학(archetypal psychology)의 창시자인 제임스 힐먼(James Hillman)에게 도제생활을 하며 중요한 것을 배운 가운데 하나는 정신(Psyche)이 작용하는 방식에 호기심을 키우는 것이다. 그가 주장하는 바에 의하면, 심리학자는 "정신의 자연주의자"(naturalist of the psyche)여야 한다는 것이다. 힐먼 자신이 어김없이 그렇듯이, 전문가는 늘 "현장에" 있어야 한다. 이런 의미에서는 심리학자는, 식물학자 같이, 자연 곧 인간이라는 자연(의 본성)에 열중해야만 한다. 전문적인 심리학 분야에서 이런 것이 맞는 말이 된다면, 영혼의 돌봄에서도 우리 가운데 누구라도 영혼을 일구고 가꿀 수 있다는 것도 맞는 말이 된다. 이런 종류의 돌봄은 어떤 방식으로 나타내느냐에 관한 깊은 호기심을 갖는 데서 시작된다.

프로이드의 〈꿈의 해석〉(The Interpretation of Dreams)은 대체로 이런 종류의 심리학화(Psychologizing) 작업이다. 그는 자신의 꿈을 분석하고는, 자기 분석에서부터 이론에 도달한다. 그는 마치 자기 자신의 영혼의 방식에 강렬하게 관심을 가진 듯이 저술한다. 그가 스토리와 꿈을 이야기하는 것이, 우리 아저씨와 다를 바가 없는데, 그의 이야기도 역시 삶의 이론으로 응축되었다. 우리도 우리 자신의 경험에 관해서는 한 사람의 프로이드가 될 수 있는 것이다. 긍정적인 치료는, 고대와 현대를 막론하고 한결같이 심층 심리학자들이 주장해 왔듯이, 논리에서가 아니라, 사랑에서 비롯되는 것이다. 이해한다는 것이 이런 작업에서 크게 진전시키는 것이 아니고, 참을성 있게 조심스러운 주의력 집중을 통하여 표현되는 사랑이 어떤 문제나 매혹 때문에 분산되어 있던 상태로부터 영혼을 안으로 끌어들인다. 흔히 주목된 바이지만, 치료사들에게 끌고 오는 문제들은, 전부가 아니라면, 대부분은 사랑의 문제라는 것이다. 그렇기로 말하자면, 치료 또한 사랑이라 할 때, 말이 된다.

누구라도 자기 자신의 영혼에 관심을 갖는 것은 성찰과 감상을 위하여 일정량의 공간이 필요하다. 보통은 우리가 정신의 움직임과 너무나 하나로 동일시되기 때문에 우리가 뒤로 한발 물러서서 관조할 수 없을 정도가 된다. 약간의 거리가 있을 때에 영혼의 삶을 형성하는 여러 가지 요소들 가운데서 역동성을 볼 여유가 생기는 법이다. 이러한 현상에 관심을 갖게 되면서부터 우리는 우리 자신의 복합성을 보기 시작한다. 우리가 수많은 문제 속에 갇혀 있을 때나 혼란에 빠져 있을 때에, 보통은 밖으로부터 무심결에 우리가 뒤통수를 맞는 것을 느끼게 된다. 그럴때면 우리가 삶의 갈등에 대하여 용의주도하게 대처할 수 있었을 것이다. 누군가 자신의 문제가 꼬인 것을 걱정스레 이야기하거나, 고통스럽게 생각하면서 해결이 불가능하기 때문에 전문가를 요청할 수밖에 없는 상황이라고 감지할 때면, 나는 그것이 단순히 인생의 복합성이 또다시 제 모습을 밖으로 선명히 드러내는 것이라는 사실을 육감으로 안다. 우리는 대부분 일상생활 속에서 뭔가 좀 나이브한 심리적 태도로 우리의 삶과 모든 관계가 단순해지기를 기대하는 것 같다. 영혼에 대한 사랑은 어느 정도 이런 복합성을 인식하기를 요청한다.

영혼의 돌봄은 종종 심층에서 갈등이 일어날 때 어느 편을 드는 것을 의미하지 않는다. 오히려 마음을 활짝 열고 밖으로 뻗어서 모순과 역설까지도 끌어안아야 할 필요가 있다.

한 번은 50대 남성 한 사람이 찾아와서 상당히 당혹스럽게 하는 말이 자기가 열애 중에 있다는 것이다. "바보처럼 느껴집니다."그가 말하였다. "마치 사춘기 같지요"

종종 듣는 이야기이다. 사랑은 사춘기를 불러일으킨다. 예술사나 문학사에 어느 정도 익숙한 사람이라면 다 아는 바이지만, 헬라 때부터 계속해서 사랑은 길들이지 못한 십대처럼 묘사되었다. "아, 사춘기에 대해서 언짢게 생각하시나요?" "아직도 성장해야 하나요?" 그는 좌절을 느끼며 질문하였다. "안 그럴 수도 있지요" 내가 말하였다. "선생님 속에 있는 것 중에 절대로 성장하지 않는 것이 있을 수 있죠. 아마 성장해서는 안 될 수도 있습니다. 이처럼 사춘기가 별안간 끼어들어서 젊고, 활력과 생명력이 넘치게 하는 것 아닙니까?" "네" 그가 말하였다. "하기는 동시에 바보스럽고, 미숙하고, 혼란스럽고 또 미친 짓이죠." "그러나 그게 사춘기죠," 내가 응대하였다. "나에게는 선생님 속에 있는 노인이 청춘을 야단치는 것처럼 들리는데요. 어째서 어른이 되는 것을 최고의 가치로 만들지요?" 아니면, 이렇게 질문해야 할 것 같군요. "당신 속에서 성숙이야말로 그렇게 중요하다고 말하는 건 누구입니까? 바로 그 노인이지요, 안 그렇습니까?"

나는 심판과 공격을 받는 바로 그 인물을 대변하고 싶었다. 이 남성은 자기 속에서 충분히 공간을 찾아야 했다. 그래야 노인과 청춘이 한자리에 앉아서 시간을 두고, 서로 대화하면서 어느 정도 화해를 끌어내게 될 수 있을지 모른다. 그러한 갈등을 해소하려면 평생보다 더 시간이 걸린다. 사실상 갈등 그 자체는 창조적이고, 필경은 결단코 치유되어서는 안 되는 것일지 모른다. 각기 인물마다 제 목소리를 갖게 함으로써, 영혼이 말하게 하고, 있는 그대로 제 모습을 드러내게 해야지, 우리가 원하는 대로 해서는 안 될 것이다. 청춘을 옹호하면서도 성숙한 인물에 대하여 관심을 표명하였고, 그래서 그 남성은 자기의 내면 속에 청춘과 노인, 성숙과 미숙 사이의 원형적 갈등을 품을 수 있게 되었다. 그러한 논쟁의 과정에서 영혼은 더 복합적이면서도 공간의 여유를 갖게 되었다.

도착(倒錯)에 대한 취미

영혼에 돌봄에서 한 가지 효과적인 "트릭"은 한 개인이 거부하는 것을 특별히 주의하여 열린 마음으로 살피고, 그 거부된 요소를 좋게 말하는 것이다. 내가 방금 논의한 그 사람의 경우에도, 사춘기로 느끼는 것이 그에게는 뭔가 문제로 보였던 것이다. 나는 그 사람이 염증을 느끼는 것을 공유하지 않은 채 그 '문제' 속에 있는 가치를 보려고 애썼다. 우리 모두는 경험을 두 부분으로 나누는 경향이 있는데, 보통은 좋은 것과 나쁜 것으로 나눈다. 그러나 이렇게 갈라놓고 보는 데는 온갖 의심스러운 일들이 계속된다. 어쩌면 우리는 단순하게 처리하면서, 우리가 거부하는 어떤 일들 속에 담겨 있는 가치를 전혀 고려하지 않았을 수도 있다. 아니면, 어떤 경험들을 부정적으로 낙인을 찍으면서, 어떤 미지의 공포들로부터 우리를 보호하려고 했을지도 모르는 일이다. 우리가 모르는 사이에 슬쩍 끼어 든 생각이나 편견으로 우리 모두는 꽉 차 있다. 그렇게 갈라놓고, 생각하는 가운데 영혼을 상실하는 경우가 허다하고, 그래서 영혼의 돌봄은 이렇게 끊어 버린 소재를 어느 정도 단순히 회복시키느라고 먼 길을 돌아야 한다는 것이다.

내가 여기서 말하고 있는 것은 융의 그림자 이론에 바탕을 둔 소견이다. 융에게는, 두 가지 그림자가 있다. 하나는 우리가 이미 선택한 어떤 것 때문에 우리가 거부하는 삶의 가능성들로 구성되어 있다. 예를 들면, 우리가 선택해서 되고자 하는 인간은 자동적으로 창조하여 어둠을 배가하는데, 그것은 우리가 선택해서 되지 않고자 하는 인간을 만든다. 이 보상적인 그림자는 사람마다 제각기 다르다. 어떤 사람에게는 섹스와 돈이 몽롱한 그림자가 되는 반면에 어떤 사람에게는 그런 것은 단순히 삶의 일부일 따름이다. 도덕적 순수성과 책임적 삶이 어떤 이에게는 그림자가 되는 측면이 있다. 물론 융이 믿기로는 절대적인 그림자도 있는데, 그것은 결코 우리 인생의 선택이나 습관에 대하여 상대적인 것이 아니다. 다른 말로 바꾸면, 세상이나 인간의 마음속에는 악이 존재한다. 우리가 이를 인식하지 못하면, 우리는 나이브한 태도를 견지하다가 어려움에 빠질 수밖에 없다. 융이 생각하기로는 영혼이 그림자의 양면과 타협함으로써 덕을 볼 수 있다는 것이다. 그 과정에서 그때까지 지니고 있던 나이브한 순진성을 어느 정도 잃는 것은 당연하다.

우리 자신이 마음을 활짝 열고 우리의 영혼이 어떻게 생겼고, 우리가 진짜로 누군지를 보게 될 때, 우리는 우리에게 심오한 도전이 되는 소재를 언제나 발견하게 된다는 사실이 나에게는 명백히 나타난다. 나를 찾아왔던 중년 신사는 어리석어 보이는 자신의 사춘기 감정을 재평가해야만 하였다. 나를 찾았던 게걸병이 든 젊은 여성은 자기 아버지에 대한 복잡한 관계성이나 자기 오빠에 대한 그녀의 감정과 드잡이를 해야 하였다. 어느 정도까지는, 영혼의 돌봄이 일찍 경험에 보지 못한 만큼 우리의 마음을 더 활짝 열기를 요구하는데, 그래야 여러 해를 두고 우리의 태도와 행동을 특징지었던 판단과 도덕성을 부드럽게 누그러뜨리게 된다. 도의가 영혼을 막는 가장 효과적인 방패가 되는데, 결과적으로, 영혼이 뒤얽혀 있는 복잡한 관계로부터 우리를 보호하여 준다. 우리의 도덕적인 태도를 재고하여, 영혼이 얼마나 많이 그 문 뒤에 숨어 있었던가를 발견하는 것이야말로, 그 무엇보다도 계시적이고, 이보다 더 치유적인 것은 없을 것이다. 사람들은 흔히 그들 자신의 도덕적 원칙에 대하여 성찰하다 보면, 그들의 윤리적 민감성을 송두리째 잃어버리지나 않을까 두려워하는 것처럼 보인다. 우리가 영혼의 복잡성을 다루게 될 때, 도덕성은 심화되며 그 단순성은 털어 버리게 되고, 동시에 더욱 더 수용하며 더 유연해진다.

여기서 한 걸음 더 나가야 하겠다. 우리가 영혼을 알게 되고, 개개인 사이에서 영혼이 스스로 기이함과 수많은 다른 방식들을 드러내는 것을 두려움 없이 고찰하게 될 때, 우리는 도착(倒錯)에 대한 취미를 개발할 수 있게 될지 모른다. 우리는 영혼이 드러내는 야릇한 언동과 어긋남까지도 감상할 수 있게 될 수도 있다. 사실상, 우리가 점차 알게 되는 것은 다름 아니라, 개성이 태어나는 곳은 바로 영혼의 이상한 버릇과 예기치 못한 그림자 성향이지, 정상적 태도와 틀에 맞춘 삶이 아니라고 말할 수 있다. 영혼을 사랑하는 사람은 특이체질이나 예상 밖의 일도 편안한 마음으로 받아들이는 사람이 된다. 내가 치료사 훈련생들에게 강연할 때면, 때때로 그들에게 묻는다. "도착성에 대하여 여러분이 선을 그을 수 있는 곳은 어딥니까? 여러분 자신의 공포나 반감에 대해서 저항하며 일어서는 곳은 어디입니까? "어떤 사람의 말은 성적 학대가 그 선이라 하는데, 나는 그들이 어떻게 학대를 당하거나 학대하는 환자들과 어떻게 전문적으로 작업을 하는지 의아하게 생각한다. 어떤 사람의 말은 폭력이라면 어떤 종류라도 그 선이 된다는 것이다. 또 어떤 사람들은 성도착적 환상이라고 한다. 우리 자신에게도 똑같은 물음을 물을 수 있다. 내가 자신의 마음을 들여다 볼 때, 내가 달려가서 벽에 부딪히는 곳은 어디인가? 그 한계는 어디에 있는 무엇인가?"

영혼의 돌봄은 '그렇게 정상이지 않은 것' (not-so-normal)에 대하여 관심을 두는데, 그것은 바로 영혼이 평범하지 않은 유별난 표현들 속에서 가장 선명하게 느껴지게 만드는 방식을 말하는 것인데, 심지어는 특히 문제성이 있는 속에서 그렇게 한다. 한 번은 밤늦은 시간에 50대 후반의 여성이 나를 방문했던 일을 기억한다. 25년의 결혼 생활을 청산하고 남편이 그녀를 그냥 떠나갔다. 그녀 생각에는 도저히 그럴 수가 없었다. 가족 중에 아무도 이혼을 한 일이 일찍이 없었노라고 그녀가 되풀이해서 말하였다. 어째서 이런 일이 그녀에게 일어났단 말인가? 내가 눈여겨보니까 이 어려운 때에 그녀의 마음을 사로잡는 모든 생각 가운데서 가능한 최악의 것은 그녀가 가족들 그 누구와도 같지 못하다는 것이었다. 그녀가 생각하는 것은 자신에게 뭔가 심각한 것이 잘못되어 있다는 것이었다. 어둔 면에서 볼 때, 그녀의 개성이 이런 혹독한 시련 속에서 그 자체를 내세우고 있는 것이다. 이것이 사실상 이 사건의 '목적' 일 수도 있다는 사실을 상상해 보았다. 곧 그녀가 한 바퀴 돌아서 자기 자신의 독특성에 대한 예리한 감각을 되찾게 하는 것 말이다. 예술의 역사가 그로테스크한 이미지들, 이를테면 피투성이의 뒤틀린 십자가상이라든가, 우아하게 일그러진 육체들이나 초자연적 풍경 같은 것들로 가득 차 있다는 것이 결코 우연이 아니다. 때때로 평상적인 것들로부터의 일탈은 진리의 특별 계시가 된다. 연금술에서 이런 것은 바로 opus contra naturam, '자연에 반대되는 효과' 로 불리 운다. 우리는 우리 자신의 삶 속에서 동일한 종류의 예술적인 비 자연적 표현을 볼 수도 있다. 정상성이 폭발하거나 터져 나와서 광기나 그림자로 변할 때, 급히 찾아서 달려가든가 익숙한 질서를 회복하려고 어떤 시도를 하기에 앞서서 그 사건이 지닌 잠재적 의미를 자세히 들여다 볼 수도 있다. 우리가 영혼에 대하여 호기심을 가지려고 한다면, 우리의 기대와 모순되는 어떤 일탈이나 도착적 경향을 탐구할 필요가 있을지 모른다. 그리고 당연한 결과로서, 우리는 정상성에 대하여 의심을 가질 수도 있다. 정상성의 정면은 일탈의 부요함을 감출 수도 있고, 그 밖에도, 경험을 표준화하는 일속에 있는 '영혼 상실' (Soullessness)을 인식하기란 아주 쉬운 일이다.

돌봄 대 치유

돌봄과 치료 사이에 주요한 차이는 바로 치료는 걱정거리의 끝을 암시한다는 것이다. 치료가 되었다는 말은, 이제까지 괴롭혔던 것이 무엇이든지 간에 이제 더 이상은 그것을 걱정하지 않아도 되는 것이다. 그러나 돌봄은 지속적으로 주의를 기울인다는 의미를 지니고 있다. 거기엔 끝이 없다. 갈등이 결코 완전히 해소될 수는 없는 것이다. 성격 또한 흥미로운 변화 과정을 거칠 수는 있을지라도 근본적으로 바뀐다는 것은 결코 있을 수도 없다. 물론, 의식은 바뀔 수는 있으나 문제는 고집스레 지속될 것이고 결단코 사라지는 법은 없다.

심리학 연구에서도, 만일 우리의 과제가 치료의 문제로 보기보다는 오히려 지속적인 돌봄으로 생각했다면, 괄목한 만한 변화가 일어났을 것이다. 일상생활의 혼란 속에 자리 잡고 있는 더 심층적인 신비가 돌봄을 통하여 점진적으로 드러나는 것을 시간을 들여서 주시하고 경청할 수도 있다. 여러 가지 문제와 장애물이 어찌 보면 재빨리 돌아가는 일상생활의 틀에 박혀서 배제될 수도 있을 그런 것을 성찰할 기회를 제공해 준다. 우리가 잠시 멈춰서 지금 우리에게 일어나고 있는 일이 무엇인지, 또 우리가 무엇으로 구성되어 있는지를 고찰한다면, 연금술의 용어로 말하자면, 우리의 '영혼이 발효한다.' 변화는 일어난다. 그러나 계획이나 의도적 간섭의 결과에 따라서 일어나는 것은 아니다. 충분하리만큼 영혼을 자세히 살핀다면, 특히 교화된 꾸준한 상상력을 가지고 살핀다면, 다 끝나서 제 자리를 잡고 난 다음까지 본인이 의식할 사이도 없이 변화는 일어난다. 영혼의 돌봄은 역설을 관찰한다. 그런데 그 역설은 완력이 센 그리고 의지가 강한 힘으로 변화를 추구하면서 실질적인 변화를 사실상 방해하고 만다.

현대 치료법의 사상과 전혀 다른 근거에 뿌리를 두고 있는 고대 심리학이 주장하는 바는 각자의 운명과 성격이 신비 속에서 태어날 뿐만 아니라 우리의 개성은 아주 심오하고 또 숨겨져 있어서 본체가 드러나기까지는 평생보다 더 많은 시간이 걸린다는 것이다. 르네상스 시대의 박사들은 말하기를 각 인격의 본질은 그 기원이 마치 하늘의 별과 같다고 한다. 이거야말로, 인격 형성은 각자가 만드는 것이라는 현대의 관점과 얼마나 다른가.

영혼의 돌봄은 특히 고대 심리학의 통찰과 안내를 돌이켜 보면 찾는 것을 통하여 자아에 관한 세속적 신화를 넘어서서, 각자 개인 생활의 거룩함을 의미 있게 회복시킨다. 이와 같은 '거룩성'은 단순히 가치가 아니다. 곧 모든 삶은 중요하다. 각자 개개인의 마음과 바로 그 씨앗은 깊이를 헤아릴 수 없는 신비다. 얄팍한 치료법의 조작은 정상성의 회복이나 표준에 맞춰서 인생을 조율하는 데 겨냥은 하지만, 결과적으로 움츠러들거나 감소하여, 그 심오한 신비가 이른바 조절된 인격으로 불리는 창백한 사회적 공통분모의 차원으로 환원되고 만다. 영혼의 돌봄은 전적으로 다른 현실을 본다. 이는 인간의 고통의 신비를 감상하며 문제없는(Problem-free) 인생이란 환상을 제공하지 않는다. 영혼의 돌봄은 언제나 무지와 혼동 속에 빠질 때마다, 그것이 미궁의 한가운데 살고 있는 야수가 동시에 천사도 된다는 기회를 발견할 수 있는 기회가 됨을 보게 된다. 한 인간의 구성은 이성적이며 정상적인 존재로 된 만큼의 똑같은 분량으로 미치광이이며 뒤틀린 존재로 된 것이 그 독특성이다. 이러한 조절과 비 정상성이 만나는 역설적 긴장의 접촉점에 접근하는 것은 신비로 가득하고 별의 출현처럼 탄생한 인간 본성에 대한 인식에 더 가까이 접근해 이동하는 것과 같다.

명백히 말해서, 영혼의 돌봄은 치료법이나 학문적 심리학의 언어와는 다른 언어를 요구한다. 연금술처럼 영혼의 돌봄은 예술이며, 따라서 시적 이미지로 표현될 수 있을 따름이다. 신화, 미술, 세계적 종교 그리고 꿈은 이처럼 고귀한 이미지를 공급해 주며, 여기에 따라서 영혼의 신비는 계시적이며 동시적으로 함유적(含有的)이다. 안내를 받기 위하여 우리는 제각기 다른 수많은 전문가를 찾게 마련이다. 특히 시적 감각이 예민한 영혼 탐구가들로서 예를 들면, 고대 신화 작가와 비극 작가들, 르네상스 시대의 의사들, 낭만시대의 시인들, 그리고 우리와 동시대의 심층 심리학자들을 꼽을 수 있는데, 이들이야말로 인생의 신비를 존중할 뿐 아니라 경험의 세속화에는 저항하는 사람들이다. 넓은 비전을 가져야 알 수 있는 것이 있는데, 그것은 바로 한 조각의 하늘과 한 덩어리의 흙이 모든 인간의 마음속에 함께 머물러 살고 있다는 사실과, 뿐만 아니라 우리가 만일 마음을 돌보려고만 한다면, 우리는 하늘과 땅과 인간의 행동을 동시에 알 수 있게 된다는 사실이다. 이것은 정확하게 말해서 르네상스 시대의 의사 파라첼소의 충고와 똑같다, 곧 "만일 의사가 사물을 정확히 이해하며, 인간의 몸 밖의 대 우주 속에 있는 모든 질병들을 보고 인식할 수 있고, 그래서 인간과 인간의 통전적 본성에 관한 명백한 사상을 지니게 된다면, 그때, 바로 비로소 그는 의사라 할 수 있는 것이다. 그때 그는 인간의 내부로 접근하며, 그때 사람의 소변을 검사하고, 진맥을 하고, 각기 무엇이 어디에 속해 있는가를 이해하게 된다. 외적 인간에 관한 심오한 지식이 없이 이는 불가능하다. 그는 하늘과 땅 그 자체에 다름 아니기 때문이다." 희랍인들이 말하는 미노트어(minotaur), 곧 머리는 소, 몸은 사람으로서 고기를 먹는 이 괴물의 이야기가 있는데 그는 미궁의 한가운데서 살았다. 그는 위협적인 야수이면서, 그럼에도 불구하고 그의 이름은 큰 별자리 아스테리온(Asterion)이었다. 나는 눈에 눈물을 가득 머금은 채 죽음, 이혼 또는 의기소침 같은 문제를 이겨낼 어떤 길을 모색하면서 나와 마주 앉은 사람들을 대할 때마다 이 역설을 자주 생각한다. 인간의 존재를 뒤흔들어 놓는 것은 바로 이 야수이다. 그러나 동시에 이는 인간의 내면 가장 깊은 곳에 있는 본성이다. 우리는 지극히 경외심을 가지고 이 고통을 돌봐야만 한다. 그래야 그 야수에 대한 우리의 공포와 분노 속에서도, 그 별을 간과하지 않을 수 있다.

제 2 부

일상생활 속에서 드러나는
영혼의 돌봄

자연과 하나님, 나는 양쪽 다 아무것도 몰랐다.
그러나 그 양쪽은 나를 너무나 잘 알았다.
그들은 깜짝 놀랐다, 나의 정체성의 실행자처럼.

— 에밀리 디킨슨

제2장

가정과 유년기의 신화

"영원은 시간의 산물과 연애한다."라고 윌리엄 블레이크는 말한다. 영혼은 구체적이고 특정적이고 (고장마다 특유한) 통속적인 환경에서 융성한다. 인생의 사소한 일들을 자양분으로 삼고 살아간다. 이를테면, 삶의 다양성이나 묘한 생각이나 버릇, 그리고 특질 같은 것을 먹고 산다. 그렇기 때문에 영혼의 돌봄에 대하여는 가족보다 더 적절한 것은 없다. 가족의 경험은 인생의 구체적인 면을 그만큼 내포하기 때문이다. 식구가 아니라면 얘기하고 싶지도 않을 수밖에 없는 사람이라도 가정에서는 가까이 살게 되어 있다. 오랜 세월에 걸쳐서 그들을 친밀히 알게 되어 있다. 그들의 가장 사소하고 극히 사적인 버릇과 특징까지도 알게 되어있다. 가정생활이란 크고 작은 위기들로 가득 차 있다.

건강의 기복이나, 직업상 성공과 실패, 결혼, 이혼, 등등 온갖 특성들로 이루어져 있다. 모두가 장소와 사건과 역사와 연결되어 있다. 우리가 느낄 수 있는 이런 모든 세부사항과 더불어 인생은 추억과 성격이란 그림으로 나타난다. 영혼에 대하여 이보다 더 자양분이 될 것은 달리 상상할 것이 없다.

사회에서 뭔가 잘못되면, 우리는 즉시 가정생활의 조건을 묻게 된다. 우리는 범죄로 말미암아 사회가 상처를 입을 때, 의례껏 외친다. "가정이 신성하게 여겨졌던 그 좋은 시절로 돌아갈 수만 있다면 얼마나 좋을까? 그러나 그 좋은 시절이란 것이 과연 좋기는 하였던가? 언제 가정에 폭력이 없었던 때가 있었는가?" 오늘 치료를 받으러 오는 수많은 사람들이 이른바 가정의 황금기에 자란 사람들이지만, 그들이 하는 이야기를 들어보면 학대와 무관심과 끔찍한 도덕적 요청과 압박이 있었다. 냉정하게 들여다보면, 어느 시대를 막론하고 가정이란 좋은 면과 나쁜 면, 지원과 위협 양면을 제공해 준다. 이런 이유 때문에 어른들은 종종 식구들을 찾아가서 함께 시간을 보내는 일에 대하여 엇갈린 심정이 된다. 연대감을 느끼며 정서적 보상을 구하는가 하면, 동시에 고통스러운 추억과 어려운 관계로부터 거리를 두기 원하는 때문이다.

오늘 전문가들은 '역기능적 가정'에 여념이 없다. 그러나 어느 정도로는 모든 가정이 역기능적(dysfunctional)이다. 어떤 가정도 완벽한 것이 아니고, 대부분이 심각한 문제를 안고 있다. 가정이란 소우주로서, 자연 세계를 반영하며, 덕과 악 양면을 바탕으로 운영된다. 때때로 우리는 가정이 순진무구함과 선의로 가득 차 있는 것으로 상상하는 유혹에 빠질 수도 있다. 그러나 가정이란 실제로 그와 같은 낭만주의에 저항한다. 가정이란 악, 증오, 폭력, 성적 혼란 그리고 정신병을 포함하여 인간적인 가능성을 전역에 걸쳐 제시하는 것이 보통이다. 바꾸어 말하자면, 실제 가정생활의 역동성은 영혼의 복합성과 예측불가능성을 있는 그대로 드러내주며, 가정의 이미지를 단순성의 감상주의라는 베일로 가리려는 어떤 시도도 깨지고 만다.

'역기능'에서 '역'(dys)이라는 세 글자를 볼 때, 나는 신화적인 지하세계에 대한 고대 로마의 이름인 '디스'(Dis)를 생각한다. 영혼은 틈새를 비집고 들며 원만한 기능이 깨져나가는 지점에서 열린 공간을 찾아 생명 속으로 들어간다. 우리는 가정의 '역기능'(Dis-functions)적 측면을 문제로 끌어들이며 상담실 문을 두드린다. 아니면, 현재 겪고 있는 어려움에 대한 설명거리로 끌어 들인다. 직관적으로 알기는 가정이 영혼이 머물러 살 수 있는 주요 자리이기 때문이다. 심리학에서 가족에 대한 이야기가 많이 있는데 '가족치료'가 상담의 주요 형태가 되었다. 가정배경에 있는 현재적 문제의 '뿌리까지 내려가 봄으로써' 우리는 어떤 일이 생기고 있는지 이해할 수 있게 되기를 희망하고, 그런 이해 속에서 치료법을 찾게 되기를 희망한다. 그러나 영혼의 돌봄은 가정을 고치거나, 가정으로부터 자유하거나 아니면 가정의 병리를 해석할 것 등을 요청하지 않는다. 우리는 가정이란 도가니 속에서 일어나는 영혼 사건들을 깊이 성찰함으로써 영혼을 회복시키는 것만을 단순히 필요로 느낀다.

성서에 의하면, 아담은 땅에 있는 진흙으로 빚어졌다. 그의 태생과 '가정'은 토양성이고, 습하고 더럽고 심지어 진흙투성이로 끈적거리기까지 하였다. 아담에서부터 시작하여, 뿌리에서 우리는 빛이나 불로 생겨난 것이 아니라 진흙의 자식들이다. 학자들은 말하기를 '아담'은 붉은 흙을 의미한다. 우리 자신의 가정은 흙에 가까이 있고, 평범하고,

인간적 약점으로 짠 틀림없는 잡초 방석처럼 됨으로써 이와 같은 인류의 신화적 기원을 요약해서 설명해 준다. 세계의 각종 신화를 연구하다 보면, 악한들이나 지하세계에 속한 것들을 언제나 보게 되는데, 가정을 봐도 이점은 똑같다. 우리가 아무리 달리 원할지라도, 가정에는 언제나 그림자가 드리워 있다. 그 기능은 항상 디스(Dis)에 의하여 훼손된다. 우리가 이와 같은 신비를 포착하지 못한다면, 가정이 우리 각자에게 마땅히 제공해 주어야 할 영혼의 충만함은 가정은 꼭 '이래야만 한다'는 식의 위생적 상념 때문에 증발하고 만다. 우리가 가정에 대한 감상적 이미지를 공적으로 제시하는 것은 현재 가정을 있는 그대로, 말하자면 때로는 위로도 되지만 때로는 삶과 회상이 황폐화 될 수도 있는 그대로를 드러내는 고통에 대한 방어일 뿐이다.

어떤 차원에서 보면 누구네 가정이 크게 행복했고, 위로와 지원을 잘 해 주었는지, 아니면 학대와 소홀함이 있었든지 그리 큰 문제가 될 것이 없다. 내가 이런 말을 하는 것은 그러한 실패가 의의도 없고 고통스럽지도 않다는 이야기도 아니고 무서운 상처를 남기지 않는다는 이야기도 아니다. 깊은 차원에서 보면, 그렇지만, 가정이란 모든 실패와 약점을 포함하여 그 복잡한 속에서 가장 진실한 게 가정이다. 내 자신의 가정에서는 나에게 있어서 지혜와 도덕의 이상적 근거가 되었던 아저씨가 계셨는데 그는 동시에 지나치게 술을 마셨고 교회 다니기를 거부함으로써 가문에 누를 끼친 사람이었다. 내가 상담하며 만났던 수많은 사람들은 남녀를 막론하고 그들의 가정이 폭력과 학대가 못 견딜 정도로 심하였다. 그럼에도 불구하고 그 모든 고통은 속죄 받을 수 있었으며, 많은 지혜와 변화의 근거가 될 수도 있었다. 우리가 영혼의 관점에서 가정과 맞닥뜨리면서 그 속에 있는 그늘과 실패를 수용하며 우리의 이상적인 기대를 정면으로 대할 때, 우리의 도덕과 감상에 저항하는 신비와 마주치게 된다. 우리는 결국 흙바닥으로 끌어내려지는데, 바로 거기서 모든 아름다움과 두려움을 품고 있는 삶에 이르는 길을 열어주는 원리를 발견하게 된다.

'가정' 이란 상황에 따라서 수많은 의미를 지닌다. 사회학자는 가정을 사회집단 내지 구조로 생각한다. 심리학자는 가정을 성격이 흘러나오는 샘으로 상상한다. 정치인은 이상적으로 가정을 이야기하면서 가정이란 개념을 이용하여 자신의 전통적 프로그램과 가치를 설명하려고 한다. 그러나 우리 모두는 구체성과 특수성을 지니고 있는 가정을 다 안다. 가정에는 정교한 역사가 있고 조상이 있으며 예측할 수 없는 인성들, 곧 조부모, 삼촌들, 숙모들과 사촌들의 그물망이 있다. 가정의 이야기는 행복한 시절과 비극들에 대해 전해준다. 가정마다 자랑스러운 순간들과 함께 남의 이목을 꺼리는 이야기들을 모두 지니고 있다. 집집이 가훈으로 천명한 가치들이 있는가 하면 세심하게 다듬어 놓은 이미지가 있고, 동시에 비밀스러운 잘못과 어리석음이 다 있다.

아주 흔하게 가정이 두 가지 차원에서 경험된다는 것은 실로 괄목할 만한 일이다. 곧 행복과 정상성의 정면이 있는가 하면, 광기와 학대의 이면적인 현실이 있다. 나는 여러 해에 걸쳐서 그림책에나 나올법한 완벽한 가정의 표면, 곧 가족 캠핑과 주일 저녁 만찬과 여행과 선물과 놀이 등에 관하여 수없이 많은 이야기를 들었다. 그 모든 이야기 뒤에는, 멀리 떨어져 있는 아버지와 숨겨진 알코올중독과 자매에 대한 폭력과 한밤중의 폭력 같은 것들이 가려져 있다. 텔레비전은 이와 같이 두 갈래진 모습을 드러내 보이는데 행복하고 성공적인 가정을 그린 시트

콤을 내보내면서 바로 뒤따라 뉴스방영에서는 가정에서 저질러진 만행을 보도한다. 어떤 이들은 정상성의 이미지를 믿고 살면서 자신들의 가정에 있는 부패에 대한 비밀을 고수하는가 하면, 한편으로 '천국 같은 기쁨과 행복만 있는 어떤 다른 집에 태어났더라면 참 좋았겠다' 하고 생각한다. 그러나 영혼의 회복이 언제 시작되는가 하면, 우리 가정의 운명을 가슴으로 받아들이고 그 속에서 원자재 곧 연금술적 원료(prima materia)를 우리 자신의 영혼의 작업을 위하여 발견할 때이다.

이런 목적을 위하여, '가족 치료'는 인과에 대한 관심이나 사회적 영향에 상관없이 가정 생활에 관한 이야기를 단순하게 하는 형태를 취할 수도 있다. 이런 이야기들이 지역이나 개인의 신화를 당당하게 만들어준다. 가정이 개인에게 중요한 것은 마치 인간 생명의 기원이 인류에게 중요한 것과 같다. 가정의 역사는 이미지의 모체를 공급해 주며, 사람은 어른이 되어서도 내내 그것들을 쓰고 살아간다. 희랍신화를 비롯하여 그리스도교, 유대교, 이슬람, 힌두 그리고 아프리카의 신화들이—생성 신화로서—그 사회에 중요하듯이, 좋든 나쁘든 가정의 스토리는 개인에게 중요한 것이다. 우리가 가정에 대하여 이야기할 때, 우리는 함께 얽혀서 우리 자신의 정체성을 형성하는 인물과 주제에 관하여 이야기하기 마련이다. 그런데 그렇게 얽힌 짜임새는 아주 복잡하다. 우리는 가정 치료가 복합적인 인생의 의미를 단순화시키고 알기 쉽게 만드는 과정이라기보다는 오히려 탐구하는 과정이라고 상상할 가능성이 더 높다. 영혼의 돌봄은 이해하고, 계산하고, 개선하는 것이라기보다는 오히려 정체성을 풍부하게 하는 것으로서 가정 생활의 이미지를 소생시키는 것이라 하겠다.

가족의 영혼을 돌보기 위하여 필요한 것은 인과적(因果的) 사고로부터 이야기와 인물을 감상하는 쪽과 할아버지 할머니와 삼촌들이 변화하여 신화 속의 인물이 되게 하는 쪽과 되풀이해서 이야기하는 것을 통하여 익숙한 가정 안의 이야기들이 경전의 이야기처럼 되어 가는 과정을 지켜보는 쪽으로 전환하는 것이다. 교육이나 미디어를 받아들이는 과정에서 과학적인 어조에 영향을 너무 많이 받은 나머지 우리는 생각도 없이 가정 안에서 우리는 스스로 문화인류학자나 사회학자가 되어있다. 종종 내가 환자에게 가족에 관하여 질문하다가 보면, 내가 얻는 답이란 의례 순전한 심리상태이다. "우리 아버지는 술을 드셨고요, 나는 알코올 중독자의 자식으로서……경향이 있습니다." 이야기 대신에 우리가 듣는 것은 분석뿐이다. 가정은 '테이블 위에서 증발'하여 버린다. 더 고약한 것은 사회봉사자나 심리학자가 환자에 관하여 이야기를 시작하면서 노래 곡목을 외우듯이 사회의 여러 가지 영향을 늘어놓기 시작하는 것이다. 곧 "대상은 남성으로서 유대-그리스도교 가정에서 성장하였는데, 자기애적인 어머니와 동반의존적인 아버지 밑에서 자랐습니다." 가정의 영혼은 이런 식으로 환원시키는 가운데 희박한 공기 속으로 증발해 버린다. 가정에 대하여 달리 생각하려면 지극한 근면성과 집중력이 있어야 한다. 한 가정의 그늘과 동시에 덕성도 감상해야 하고, 이야기가 소박하게 들려지도록 하여 해석이나 분석이나 결론으로 쉽게 빠지지 않도록 해야 할 것이다. 전문가들 생각에는 가정을 이해하고 교정하는 것이 자신들의 일이라고 하면서도, 그 가정의 특징으로서 가정을 형성하는 특유한 정신 같은 것을 충실히 소개받으려 하지는 않는다.

만일 우리가 가정 안에서 영혼을 관찰하려면, 그 가정의 이야기들을 존중하고, 그 그늘에서 도망치지 않아야 그 가정의 여러 가지 영향 때문에 피할 수 없이 결정적으로 느끼지 않을 수 있을 것이다. 발달 심리학의 영향을 강력하게 받아서, 우리는 우리가 자라난 가정 때문에 불가피하게 오늘의 우리가 되었다고 가정한다. 만일 우리가 형성되는 데 있어서 가정을 인생 형성에 필요한 원자재로 더 크게 생각하는 반면에 결정적 영향력으로 생각하는 것을 덜 한다면 어떨까? 치료할 때 학대하는 아버지나 삼촌 이야기를 들으면, 나는 보통 이 사람의 인생을 자세히 캐묻는다. 그의 폭력 이면에 어떤 이야기가 숨어 있는가? 다른 식구들은 어떻게 하였는가? 그들은 어떤 이야기를 하며, 어떤 비밀을 간직하고 있는가?

한 번은 데이비드라는 젊은이가 상담하러 왔는데, 어머니와 도저히 잘 지낼 수 없노라고 불평하는 것이었다. 그를 젊은이라고 하는 까닭은 그의 "영원한 젊음"이 그에게는 가장 두드러진 특징이었기 때문이다. 내가 그를 처음 만났을 때, 그는 나이가 스물여덟이었으나 열여섯 정도로 보였다. 그는 아파트에서 혼자 살고 있었는데 주말이면 어머니와 함께 '집에서' 지냈다. 허지만, 집에 있을 때면, 그의 어머니가 매사에 꼬치꼬치 캐묻고, 어떻게 살아라, 방을 깨끗이 치워라 하면서 일일이 간섭한다고 느꼈다.

"너는 네 아버지와 똑같아." 하며 규칙적으로 어머니가 그에게 말하였다. 어머니는 여러 해째 이혼 중이었다.

"당신이 아버지 하고 똑같아요?" 내가 물었다. 그는 놀란 표정이었다. "우리 어머니가 문제예요." 그가 말하였다. "아버지가 아니에요."

"어쨌든 아버지 이야기 좀 해보세요." 내가 말하였다.

"아버지는 영영 정착을 못 하실 거예요. 지나가실 때면 가끔 만나죠. 언제나 길에서 만나는데요. 언제나 새 여자 하고 있어요."

"당신이 아버지하고 똑같아요?"

"아니오. 나는 평생에 여자라고는 한 명도 없어요."

"한 명도 없어요?"

"글쎄, 우리 어머니요."

그는 내가 대다수의 내 환자에게서 듣는 그런 이야기를 나에게 계속해서 들려주었다.

"나는 아버지처럼 되고 싶진 않아요."

우리는 부모 가운데 어느 한 쪽이나 또는 양쪽에서 난폭을 경험했을 수도 있다. 그래서 나는 결코 그렇게 되지는 않겠다고 결의를 하게 된다. 우리는 이런 부모의 영향을 피하기 위하여 온갖 노력을 다 기울인다. 그러나 부모의 영향이나 부모와 동일시하는 것을 피한다는 것은 영락없이 복제판이 되는데, 바로 억압 심리의 회귀라 할 것이다. 우리가 보통 우리 어머니나 아버지처럼 되지 않으려고 모든 노력을 기울일 때 우리가 특별히 피하려고 하는 어떤 특징이 있기 마련인데, 그것은 우리가 아들이나 딸로서 그것을 너무나 잘 알고 있었기 때문이다. 그러나 억압심리는 넓게 자리를 드러내는 경향이 있기 때문에 어떤 사람에게서 원치 않는 특징을 제거하는 일이 그리 정확하지 않을 수가 있다. 데이비드는 그의 아버지처럼 되지 않으려고 애썼다. 친밀한 관계를 많이 갖지 않으려다가 그는 하나도 갖지 않았다. 목적도 없이 두루 방랑하는 것을 원치 않다가 집에서 멀리 움직이지도 못하였다. 그의 아버지처럼 되지 않으려다가 자신의 삶 속에서는 어떤 종류로도 아버지 노릇을 하는 흔적을 거의 남기지 않았다.

그가 계속해서 부모에 대한 비판과 판단을 함으로써 결국 그로 인하여 부모에 대한 애정이 갈라지기 때문에 나는 그런 것은 언급하지 않으면서 그의 아버지에 관하여 데이비드에게 이야기하였다. 나는 그의 아버지에 대한 이야기를 부추겼고, 시간이 좀 걸리기는 했지만 마침내 데이비드와 똑같은 어린 시절을 보낸 한 남자의 복잡한 그림이 나타났다. 우리는 그의 아버지의 방황과 거기에 관련된 신경증을 고려하여 의미를 찾기 시작하였다. 삶 속에서 데이비드는 아버지와 만나서 그의 경험에 관한 이야기를 나누려고 어느 정도 노력은 하였다. 그것을 가지고 나중에 토론하면서 우리는 그의 아버지가 아들로부터 거리를 유지하려고 또한 애를 썼다는 사실을 발견하였다. 결과적으로 내가 생각하기에는, 부분적이지만, 그의 아버지의 삶에 대한 관심이 동기가 되어서 아들은 접촉과 대화를 주장하게끔 되었다.

아버지로부터 자신을 끊어내지 않음으로써 데이비드는 자신을 더 직접적으로 볼 수 있었다. 그가 좋아하든 싫어하든, 그의 아버지의 정신은 그 속에 있었다. 이런 정신으로 그는 삶을 꾸렸다. 그는 더 이상 가정의 신화 때문에 더럽혀지지 않는 상태로 남아 있으려는 부정적인 노력으로 인하여 메마르게 되지 않아도 되었다. 일반적으로 말하자면, 가정의 '역기능'으로부터 도망치려 할 때, 우리는 역설적으로 복잡하게 얽혀들게 된다. 도망치려는 바람은 가정에 대한 냉혹한 굴레와 상쇄되기 마련인데, 예를 들면, 어머니가 있는 곳이 '가정'이라는 무의식적 가설에 묶이게 된다.

가정 안으로 새롭게 재진입하여 이전에는 거부했던 것을 끌어안고 보면 예기치 못했던 연금술을 접하게 된다. 그 속에서는 제일 어려웠던 가족 관계조차도 현저한 전환이 이루어져 중대한 차이를 빚어낸다. 일정한 규범에 따라서 가정이 잘 돌아가도록 만들려는 영웅적인 노력도 이와 같은 연금술에는 방해가 된다. 영혼을 돌보려고 할 때 제일 좋은 것은 있는 그대로 지켜보면서 그냥 앉아서, 헛된 바람을 갖거나 영웅적인 변화를 시도하는 대신에, 상상력이 발동하게 하는 것이다. 우리가 가정에 관하여 이야기할 때, 마치 가정이란 것이 단순 문자 그대로의 현실처럼 말하지만, 가정은 언제나 우리가 상상하는 대로 존재한다. 이러한 상상력은 일정한 기간에 걸쳐서 심화되고 변화하며 원한과 경직 속에 갇혀 있던 영혼을 어느 정도 자유롭게 풀어놔 준다. 나는 데이비드가 그의 아버지와 어머니에 대하여 이야기 한 것이 그들과의 관계에 영향을 주었다고 확신한다. 그의 새로운 더 깊은 상상이 그가 지녔던 이전의 고정관념을 깨뜨리고, 그가 전에 알지 못했던 방식으로 그의 부모와 다시 연결될 수 있게 해 주었다. 그들은 여전히 똑같은 사람들이다. 그러나 데이비드는 스스로 덜 자기 방어적이며 따라서 부모에게 훨씬 더 개방적일 수 있는 길을 찾은 셈이다.

우리가 가정에 대하여 이야기 할 때, 판단이나 순간적인 분석을 하지만 않는다면, 문자 그대로의 사람이 극중 인물로 변하고, 동떨어져 있던 에피소드가 위대한 전기소설 속의 주제로 드러나게 된다. 가정의 역사가 변화하여 신화가 되는 것이다. 우리가 알든 모르든 간에, 가정에 대한 우리의 생각들은 우리가 가정을 상상하는 방식에 뿌리를 두고 있다. 그렇게도 구체적으로 보이는 가정이 언제나 상상적인 실재이다. 영혼에 대한 연금술적 작업의 일부는 상상력의 증가는 언제나 영혼 내면의 증가로 나타난다는 원칙에서 가정의 역사와 추억의 구체적인 세부사항으로부터 신화를 추출해 내는 일이다.

이러한 원칙을 염두에 두고, 나는 가족들을 상상적인 인물로 보고, 가정 생활의 평범한 역할들 속에서 신화를 찾는 데 필요한 몇 가지 제안을 하고 싶다. 각자 개인에게 신화는 다를 것이며, 그럼에도 불구하고 어떤 인물들은 끊임없이 일정하다. 모든 가족은 원형적 가정, 곧 일상생활 속의 신화를 자아낸다. 아버지와 어머니와 자녀의 상상력은 광범위해서 나는 다만 가정의 상상력을 발전시킬 방법을 향하여 약간의 힌트 만 줄 수 있을 따름이다. 물론 여기에는 가정을 더 상상적으로 이해하는 데 이르는 길을 제시하는 문학과 신화에 대한 참고 사항을 포함할 것이다.

아버지

우리 자신의 집합적 과거에서 끌어낼 가장 탁월한 신화적인 스토리는 어떤 종교 문헌에 있는 스토리만큼이나 거룩한 것으로서 자기 자신의 아버지 됨을 되찾으려는 남자와 자기의 남편을 사모하는 아내와 자기의 잃어버린 아버지를 찾아나서는 아들에 관한 스토리이다. 호머의 〈오디세이〉(Odyssey) 첫머리에 보면, 오디세우스는 길고도 힘들었던 전쟁 뒤끝에 정처 없이 떠난 여행의 한가운데서 바닷가에 앉아 있다. 집에 돌아가서 아들과 아버지와 자기 자녀들의 어머니와 함께 있기를 바라면서, 그리움과 침울함 속에서 그는 유명한 물음을 묻는다. "누구라도 그의 아버지가 누군지를 아는 사람이 있는가?" 이는 바로 수많은 남성과 여성이 여러 형태로 묻는 질문이다. 나의 아버지가 죽었더라면, 아니 부재중이고 차갑게 되었다면, 또는 그가 폭군이었다면, 그가 나를 학대했다면, 또는 훌륭한 분이었으나 현재 나를 위하여 함께 있지 않다면, 그렇다면 누가 현재 나의 아버지인가? 내가 나의 인생을 살아가는 데 필요한 보호와 권위와 방법과 지혜 같은 그 모든 느낌들을 어디서 얻을 것인가? 나의 인생에 필요한 살림의 힘을 줄 아버지 신화를 어떻게 끌어낼 수 있을까?

오디세우스 이야기는 그토록 교묘히 도피하는 아버지를 찾을 수 있도록 많은 실마리를 우리에게 제공해 준다. 그러나 흔히 예상하는 바 대로 모험의 와중에 있는 아버지에게서 시작되는 것이 아니라, 그의 어머니의 애정을 얻기 위하여 각축을 벌이는 구애자들 때문에 집안이 온통 쑥밭이 된 가운데 어지럽혀진 아들 텔레마코에게서 시작된다. 그 이야기가 먼저 주는 것은 바로 '아버지 부재 노이로제'의 이미지이다. 아버지가 없이는 혼돈과 갈등과 비탄이 있다. 이와 반대로, 텔레마코의 불행에서 시작하여 그 이야기가 가르쳐 주는 것은 아버지 경험 속에는 아버지의 부재와 함께 그의 회귀에 대한 갈망이 포함되어 있다. 텔레마코가 자신의 상황을 애통해 하고 있는 바로 그 순간에 오디세우스는 같은 바다의 건너편 해안에서 같은 결론을 애타게 그리면서 있다. 우리가 만일 〈오디세이〉를 영혼의 아버지에 관한 이야기로 이해한다면, 그때 아버지 없는 삶을 느끼고, 아버지가 어디에 있을까를 생각하는 바로 그 순간에, 아버지 생각을 일깨우게 된다. 아버지가 어디에 있을까를 생각할 때, 그는 돌아오는 길을 찾는다.

이렇게 떨어져 있는 시간에, 호머가 이야기하기를, 오디세우스의 아내 페넬로페는 오디세우스의 아버지의 수의를 짜는데, 밤마다 다 짜놓은 수의를 풀어버린다. 이것은 대단한 영혼의 신비다. 뭔가 완성되기만 하면, 그것은 바로 어떻게든지 해체된다. 내가 함께 작업하는 30세의 청년이 있다. 그는 아버지와의 갈등에 짓눌려 사는데 자신의 삶 속에서 아버지 노릇하기도 어렵게 생각한다. 그가 나에게 꿈 이야기를 한다. 꿈속에서 아버지가 저를 껴안고 함께 살자고 요청한다. 아들은 할 일이 너무 많아서 떠나가야 한다고 말하였다. 나중에 꿈속에서 꿈꾼 사람의 소지품을 모두 가지고 갔다. 이 꿈 속에서, 내가 느끼기에는 그의 아버지와 화해하는 조짐과 소지품의 상실사이에는 어떤 관계가 있는데, 이를테면 〈오디세이〉의 주제들과 멀지 않은 일종의 모티프이다. 때때로 아버지를 환기시켜 불러내기 위해서도 부재와 공허를 느껴야만 할 것 같다.

이와 비슷하게, 바로 〈오디세이〉에 대한 생각 그 자체에 뭔가 좌절하게 만드는 것이 있다. 어째서 신들은 이 결손 가정을 측은하게 여기고 오디세우스가 곧장 집으로 돌아오게 하지 않는가? 이 아버지가 바다에서 10년을 보내면서 자기의 이야기를 하고 위험한 모험에서 살아남고 그리고 나서야 마침내 집으로 돌아와서 평화를 되찾는 데는 어떤 가능한 가치가 있는 것인가? 내가 생각해 낼 수 있는 유일한 해답은 이 길고 위험한 모험으로 가득 찬 여로가 바로 아버지 만들기라는 것이다. 오디세우스가 가족에게 돌아옴은 영지주의 이야기에 나오는 영혼이 여러 항성들을 거쳐서 내려오며 인생에 필요한 여러 자질을 습득하는 것과 비슷하다. 누가 나의 아버지인가? 나의 영혼이 스스로 오디세이를 거쳐서 사랑과 섹스와 죽음과 위험과 내세의 이야기를 안고 돌아오기 전에는 모른다. 나의 삶 속에서 아버지 됨의 부재를 느끼고 있다면, 내 자신의 성격에다 부성(父性)을 불어넣으려는 계획은 포기해야 한다. 그 대신에 내 자신이 계획하지도 않았을 뿐 아니라 통제되지도 않는 오디세이를 향하여 내 자신을 활짝 열어야 한다.

수많은 전통문화 속에서 보듯이 사람이 어른이 되는 과정에서 대대로 전해 내려온 공동체의 비밀 이야기를 들음으로써 형성된다. 장로들이 의례와 예술의 요소를 가르치면서 교훈한다. 블랙엘크(흑고라니)는 자기가 오글랄라 수(인디언 부족: Oglala Sioux)가운데서 자라온 회고담에서 이 과정을 자세히 기술하고 있다. 때때로 초심자들은 그들 속에서 '어른'을 끌어내기 위하여 고안된 시련을 겪어야 한다. 요점은 젊은이들 아주 깊은 데서부터 휘저어 놓음으로써 그가 성격의 큰 변화를 경험하게 한다.

오디세우스는 수없이 많은 시련을 겪는다. 어느 정도인가 하면 그의 이야기는 문자 그대로 아버지가 되는 통과의례와 아주 똑같다고 할 정도이다. 그는 로터스 열매를 먹고 온갖 시름을 잊고 안일하게 사는 사람들(lotus-eaters)에게서는 꽃을 먹고 살면서 다이어트를 해서는 안 된다는 것을 배우고, 애꾸눈의 거인 (Cyclops)에게서는 법과 문화가 없이는 살 수 없음을 배운다. 그는 마녀 키르케(Circe)와 바다의 정령 칼립소(Calypso)에 의해서 사랑을 알게 된다. 그의 여로의 핵심은 역시 죽은 자들의 땅을 방문하는 것이다. 그는 거기서 최근에 세상을 떠난 친구들과 그의 어머니와 맹인 예언자 티레시아와 그 밖의 다른 역사상의 위인들을 만난다. 진정한 아버지 됨은 근육을 단련시켜서가 아니라 심오한 변혁적인 방식으로 통과의례를 거쳐서 가정과 문화를 알게 됨으로써 일깨워지는 것이다. 거기에는 동시에 필요한 것이 있는데, 하나는 우리 자신의 내면에 찾아들어가는 것이요, 다른 하나는 개인적으로나 문화적으로 추억의 인물들과 대화하는 것이다. 충분한 깊이를 가지고 행해진다면, 역사교육과 문학교육은 좋은 아버지를 만들 수 있다.

오늘 가정마다 아버지가 부재중인 것으로 보인다면, 그 까닭은 사회 전반에 걸쳐서 아버지가 영혼 같은 중심인물(Soul figure)로서 부재 중이기 때문이다. 우리는 비밀스런 지혜를 정보로 대치시켰다. 정보는 아버지 됨을 일깨우지 못할뿐더러 통과의례의 효력을 발생시키지도 못한다. 만일 교육이 영혼과 동시에 정신을 향하여 말이 된다면, 우리는 배움을 통해서도 아버지 됨을 가능하게 할 수 있을 것이다. 죽은 자들의 땅을 방문하는 것과는 거리가 멀게 우리는 죽은 자들과 그들이 지녔던 인생의 짐을 너무 자주 잊어버리기를 원한다. 우리는 케네디 형제와 마틴 루터 킹 목사의 살인사건을 고도로 세밀하게 수사를 하여 사실과 사건 해결에 초점은 맞추지만, 그렇게 함으로써 그런 암살의 의미로부터 시선을 돌리게 만들었다. 그럼에도 불구하고 〈오디세이〉가 암시하는 것이 있다. 곧 우리가 경외감을 가지고 통과의례의 정신으로 죽은 자들의 땅을 방문하지 않는다면, 우리는 우리의 집단적인 영혼 속에 아버지 됨을 지속적으로 갖지 못하게 될 것이다. 그렇게 깊은 아버지의 정신이 없으면, 우리에게 남은 것은 아버지를 대신하는 사람들뿐이다. 곧 아버지의 영혼이 아니라 아버지 됨의 피상적인 정표만 제공하면서 실제로는 자기 자신의 이득을 위해서만 어떤 역할을 하려고 하는 사람들뿐이다.

내가 하는 말은 삶을 체험해야 아버지를 불러낼 수 있다고 단순하게 표현하는 것이 아니다. 오디세우스는 삶을 경험하지 않았다. 그는 인생으로부터 멀리 떨어져 있었다. 그는 마녀 같은 여신과 놀거나 괴물들과 지혜를 겨루거나 지하세계로 여행하면서 시간을 보낸다. 순전한 오디세이는 경험을 쌓는 것에 대한 것이 아니고 오히려 깊이 느껴지고, 위험스럽고, 예측할 수 없는 영혼의 여행이다. 아버지는 어떤 사람인가 하면, 지식과 시각이 지하세계에 뿌리를 내리고 있으며, 앞서서 살았고, 현재 아버지이고 두 손으로 움켜쥐고 있는 문화를 창조한 조상들에게 매여 있는 그런 사람이다. 아버지의 지혜와 도덕적 감수성은 현재 살아 있지 않은 목소리들로부터 그 방향을 찾는다. 그의 전수자는 문자 그대로 그 자신의 아버지이며 동시에 그 자신의 지극히 심오한 성찰이다.

이 영혼의 아버지 됨은 융이 (animus)라고 부르는 것의 얼굴로서, 남자, 여자, 가족, 조직, 국가 또는 어느 고장에 있는 '아버지-정신' 일 수 있다. 한 국가가 모험을 감행하여 오디세이를 시작할 수 있다. 그리고 그 과정에서 권위와 방향을 제시하는 아버지 노릇의 원리를 발견한다. 자기 아버지가 통과의례를 거치고 있는 같은 바다에 텔레마코스가 있다는 사실이 암시해 주는 것이 있다. 곧 아버지의 부재를 느끼는 아들과 동일시하는 우리도 아버지가 되는 정신과 연결되려고 한다면, 정처 없는 바다의 오디세이 속으로 들어가야 한다. 우리는 감히 미지의 것을 경험해야 하고, 영혼에 대한 예기치 못한 영향에 대하여 우리 자신을 개방해야 한다. 나중에 가서 우리는 아들이자 연인인 트리스탄이 사랑을 찾기 위하여 어떻게 바다에 자기 자신을 버려야 하는가를 알게 될 것이다.

현대의 일부 치료법과 심리학이 안고 있는 문제는 알려진 목표 곧 정상성에 대한 확산이나 문제되지 않는 가치관이란 목표를 겨냥하고 있다는 사실이다. 어느 심리학자는 말하기를 사람들은 힘이 주어져야 할 필요가 있다고 하는데 그의 말은 곧 건강에 대한 정의이다. 그러나 오디세우스와 트리스탄이 둘 다 그들의 근육이 아니라 지혜를 썼을 때 그러 했듯이 종종 우리는 약하고 힘없고 상처받을 가능성이 높고, 경험에 대하여 열려진 상태로 있어야 할 필요가 있다.

또 다른 심리학자는 말하기를 사람들은 친밀한 관계를 유지할 능력이 필요하다고 하는데, 관계가 궁극적 목표라고 한다. 그러나 영혼은 또한 외로움과 개별성을 요구한다. 이런 상담치료사들이 진술하는 목표는 단일체적이고 군주적이다. 단일 가치에 초점을 맞춤으로써 이미 선택한 것과는 상충되는 것으로 보이는 다른 수많은 가능성에 대하여는 우리를 차단해 버린다. 이런 의미에서 오디세이의 이미지는 다면적인 영혼에 잘 들어맞는다. 그 이미지는 의도하거나 기대하지 않았던 움직임 속에서 발견이나 신뢰에 대한 개방성을 제공해 준다. 바다는 운명이요, 한 사람이 태어나는 세계이다. 독특하고 개별적이며 그 자체의 위험과 쾌락과 기회들로 가득 차 있다. 사람이 자신의 삶에 대하여 아버지가 되는 것은 그 삶에 대하여 긴밀하게 친숙하여지고, 인생의 바다를 건넘으로써 가능한 것이다.

내가 여기서 이야기하는 심층적인 아버지 같은 인물은 영혼 속으로 자리 잡고 들어와서 권위를 느끼게 해주고, 자신이 인생의 주인공(author)임을 느끼게 해주고, 자신의 모든 일에서 세대주임을 느끼게 해준다. 호머의 〈오디세이〉는 이런 과정에다 흥미로운 주제를 더해준다. 오디세우스가 아버지 됨을 위하여 집에서 멀리 떨어져서 교육을 받는 동안에, 그는 멘토(Mentor)라는 이름의 대역을 집에 두고 집안을 돌보며 텔레마코스를 가르친다. 우리의 삶 속에서 아버지 대역의 인물들은 두 종류로 나눠 볼 수 있다. 그들은 대리자로서 어떤 징후에 따라서 아버지 역할을 하면서 우리가 아버지가 되어가는 오디세이에 간섭을 한다. 그러나 어떤 아버지 대역의 인물들은 진정한 지혜교사(Mentors)로서 그들 자신의 제한적인 역할을 이해함으로써 아버지 됨의 깊은 과정을 부추기며, 그들이 가르치며 길잡이는 될지언정 스스로 아버지의 역할을 침해하지는 않는다.

일부 교사들은 자기가 가르치는 학생들 속에 오디세이를 거쳐 스스로 아버지 됨의 필요성이 있는 것을 깨닫지 못하는 것으로 보인다. 그들은 학생들이 자기의 복사판이 되어서 똑같은 가치관과 정보를 표명하기를 기대한다. 일부 기업가나 정치지도자들은 자신들의 사회적 역할을 순전한 지혜교사로 봉사한다기보다는 오히려 자신의 이념을 널리 펴는 것으로 간주한다. 그들은 일반 대중이 스스로 집합적인 오디세이를 거쳐야 사회를 위하여 영혼 충만한 아버지 됨을 일깨울 수 있다는 것을 깨닫지 못하고 있다. 지혜교사가 되는 데는 순전한 지혜가 있어야 한다. 그때의 기쁨은 아버지 됨을 서서히 가르쳐 스며들게 하는 것이지 부과하는 식으로 구현하는 것은 아니다.

성서가 우리에게 하늘에 계신 아버지의 이미지를 주듯이, 호머의 〈오디세이〉는 바다에 있는 아버지에 관하여 이야기해 준다. 이 둘째아버지가 '바다에서' 형성되고 교화되는 동안, 우리에게는 지혜교사 곧 아버지 대역의 인물로서 아버지 개념이 우리 속에 생생히 살아 있게 해 줄 사람이 필요하다. 우리가 스스로 지니고 있는 아버지에 대한 기대를 어떤 특정인에게 '투사'함으로서 아버지 대역 인물을 생각하는 것은 큰 도움이 안 된다고 생각한다. 이런 중요한 인물을 지혜교사로 생각하거나 또는 항상—영원히—바다에서 자기의 부성을 창출하는 아버지의 대표로 생각하는 편이 훨씬 더 낫다. 우리에게는 아버지 대역 인물이 몹시 필요하다. 그들이야 말로 계속하여 우리 자신과 접촉하게 해 줄뿐더러 영혼 속에 있는 심오한 원리가 지침과 지혜를 제공해 준다는 사실을 우리의 내면에서 자극하며 일구어 준다. 이런 의미에서 우리의 국회의원이나 대통령의 '이미지'가 그들의 업적보다 더하지는 못할지언정 우리 사회에 대하여 아주 중요한 것이다. 이미지란 말을 쓰면 내가 뜻하는 바는 그들이 의도적으로 제시하려는 홍보용 사진이 아니라, 오히려 그들이 지닌 진정한 부성 때문에 모든 이들을 안심시켜 줄 수 있는 지도자, 토론자, 상담자 그리고 결정권자로서 더 심오한 환상적 이미지를 말하는 것이다.

영혼 충만한 아버지가 없이는 우리 사회가 단순히 이성과 이념만을 지침으로 삼는 상태에 머물 수밖에 없다. 그렇게 되면 우리 모두는 집합적으로 '아버지 없음'을 겪어야 하는데, 이는 결과적으로 명백한 국민적 방향을 갖지 못하게 되고, 부요한 경제의 열매는 소수자에게 돌아가게 하고, 깊은 도덕성과 법과 공동체는 눈 씻고 보려고 해도 찾기 어려운 예에 불과하게 되고, 우리가 여론이나 이념 같은 확고한 근거만을 선호하기 때문에 찾아 나서서 오디세이를 거치지 못하게 되고 만다. 바다로 항해를 나서는 것은 안전의 위협과 위험을 무릅쓰고 나서는 것이지만, 그럼에도 불구하고 그 위험부담이 있는 길이 곧 아버지에 이르는 길이 될 수 있다.

문화적으로 우리가 동시에 겪는 것은 가부장제의 붕괴이다. 여성해방론 사상이 오래 지속된 남성 지배문화 쪽에서의 여성 억압을 적절히 비판하지만 그러한 정치적 가부장제가 영혼의 가부장 문화는 아니다. 가부장(Patri-archy)은 절대적이고, 심오하고, 원형적인 부권을 뜻한다. 우리에게 이처럼 가장 심층적 의미에서 가부장 문화의 회귀를 필요하다. 한쪽에서는 징후적이며 억압적인 아버지 노릇을 끌어안고, 다른 쪽에서는 그것을 비판하는 사이에서 망설이며 동요하는 것은 우리가 아무데도 설 곳이 없게 만들기 때문이다. 이와 같은 분열 속에서는 우리가 사회로 보나 남녀를 막론하고 개개인 삶에서 보다 아버지 됨의 정신을 결코 찾지 못하게 될 것이다.

우리의 신화가 말해 주는 것이 있다. 곧 우리가 일단 일상생활의 전장—트로이 전쟁의 생존—으로부터 뚝 떨어져서 상상의 거대한 바다에 떠 있는 섬에서 섬으로 방황한다면 영혼의 시민성 교육으로서 가져다주는 바람과 기후에 굴복하는 동안에서는 우리가 아버지 됨을 이룰 것이다. 영혼의 돌봄에서 아버지 노릇은 그러므로, 부재, 방랑, 동경, 우울, 별거, 혼돈과 깊이 빠져든 모험 같은 경험들을 지탱하는 것이 요청된다. 아버지가 되는 데는 지름길이 없다. 영혼의 시간에서는 아버지 됨의 확고한 의미를 형성하는 데는 상징적으로 십년이 걸린다. 이를테면, 오디세이는 영원히 발생한다. 거기에는 끝남이 있고, 보상도 있으나, 동시에 과정은 항상 지속된다. 그리고 영혼에서, 기간은 중첩된다. 부분적으로 우리는 항상 바다에 떠있다. 항상 새로운 섬에 다가가며, 깊이 느끼는 변화의 체험을 겪고 나서 아버지로 인정되기를 바라면서 항상 집으로 돌아가고 있다.

호머의 〈오디세이〉가 우리에게 가르쳐 주는 것이 있다. 오디세이는 깊은 내면의 아버지를 불러내기 위한 도전이지 대리인이나 공허한 역할에 만족하는 것이 아니다. 영혼에 이르는 쉬운 길이 없고, 아버지 됨을 형성하는 간단한 길은 없는 법이다. 그럼에도 불구하고, 신화속의 아버지의 안내와 권위가 없이는 우리가 다만 방향감각을 상실하고 통제 불능 상태로 남아있게 될 뿐이다. 특히 혼돈의 시간 속에서 우리는 우리의 기도를 강화하거나 확대하며 마음속으로부터 말하게 될 수도 있다. 곧 "하늘에도 계시고, 바다에도 계신 아버지, 이름이 거룩히 여김을 받으시옵소서."

어머니

　그리스인들이 들려주는 또 다른 신화적 가정에 대한 이야기가 있는데, 이 이야기는 고도로 경외의 대상이 되기 때문에 고대 그리스의 엘류시스 시에서 이태마다 열리는 신비한 제전에서 의례로 드려질 만큼 된 것인데, 이 엄청난 제전에서 남녀 모든 사람들이 통과의례를 거쳐 종교적 체험의 핵심을 맛보게 된다. 이 신비한 제전은 신모 데메테르에게 초점이 맞춰지는데, 이 여신은 사랑하는 딸 페르세포네를 여읜다. 그들이 고대 그리스의 영성생활에서 차지하는 중요성이 우리에게도 확신시켜 줄만한 요소가 있다. 곧 어머니 됨(모성)또한 영혼의 신비로서 어머니와 자녀 사이의 관계에 대표적으로 나타날 뿐 만 아니라 심지어 그보다 더 근원적인 것을 의미하기도 한다.

　신화는 수 없이 많은 다른 수준의 체험을 한꺼번에 관련하여 읽힐 수도 있다. 이 어머니와 딸의 이야기는 실제로 어머니와 딸들 사이에서 생활화되기도 하지만, 동시에 우리 자신들과 다른 어머니 같은 인물을—남자와 여자, 학교나 교회 같은 심지어 여러 제도로서 우리에게 어머니처럼 역할을 하는 것들 사이에서 실제로 상호작용을 일으킨다. 그리고 내면적으로는 우리 자신의 영혼 속에 있는 여러 차원들 사이의 긴장을 이 이야기가 서술해 준다.

　이 이야기는 고대의 노래인 '호머의 데메테르송'(頌)에서 찾아볼 수 있듯이, 페르세포네가 자기 어머니와 떨어져서 장미꽃, 크로커스, 제비꽃, 참붓꽃, 히아신스 그리고 수선화 같은 꽃들을 꺾고 있는 데서부터 시작된다. 땅은 수선화를 매혹시키는 미끼처럼 자라나게 키운다. 그 노래가 말하듯이, 그 꽃은 경이롭게 화사하고, 보는 이마다 깜짝 놀라게 하였다. 이 꽃에는 두상화가 백 개나 있고 그 향기는 하늘과 땅과 바다를 기쁨으로 가득히 채워준다.

페르세포네가 팔을 뻗어 수선화를 막 따려고 할 때 땅은 입을 벌리고, 하데스가 나타나서는 그녀의 의지와 상관없이 끌어안는다. 그가 자신의 황금마차에 그녀를 억지로 태울 때에 그녀가 비명을 지르지만 해와 달 밖에는 아무도 그 소리를 듣는 이가 없었다. 제우스는 일을 보러 멀리 떠나가 있었고, 그 밖에도, 그 노랫말에는 제우스는 그 유괴 사건을 찬성 하였다. 마침내 데메테르는 자기 딸의 신음 소리를 들었고 "그녀의 가슴은 예리한 통증에 사로잡혔다." 데메테르는 즉시 머리장식들을 벗어던지고 신의 음식을 마다하고 자기 딸을 찾아 나섰다.

하데스는 '불가시적인 이'로서 지하세계의 주인이다. 그의 세계는 본질의 영역으로서, 그 영원한 요소들이 상당한 부분 삶을 이루면서도 불가시적인 것이다. 희랍인들에게는 지하세계가 영혼의 알맞은 집이며, 만일 내면의 깊이와 영혼을 재기로 말하자면, 이 지하세계와 어떤 관계를 맺는 것이 필요하고, 그렇지 못하다면, 최소한 부분적으로나마 거기서 편안히 있을 수 있는 느낌 정도라도 필요하다. 이미 본 바와 같이 오디세우스는 자신의 아버지 됨의 일부로서 이 지하세계와 익숙해지는 것이 필요했던 것이다. 오르페우스 역시 이 지하세계를 찾아갔었고, 때로는 거기서 돌아온다는 것이 어렵다는 사실을 발견하였다. 예수도 그의 죽음과 부활 사이에 죽은 자들의 땅으로 여행하였었고, 단테는 그의 신비한 순례의 길을 거기서 시작하였다. 이렇게 여러 이야기들 속에 나타난 '지하세계' 의 이미지는 실제의 죽음과 관련이 있다. 그러나 그것은 동시에 개인이나 사회의 불가시적이고 신비하며 측량하기 어려운 깊이를 나타낸다.

페르세포네 신화가 우리에게 알려주는 것이 있는데, 그것은 때로 사람이 자기의 의지에 반해서 영혼과 지하세계를 발견한다는 것이다. 세상에 있는 어떤 매력적인 것들이 미끼처럼 작용할 수도 있다. 이를테면 우리를 일으켜 세워서 자아의 심연 속으로 도전하며 뛰어들게 만드는 것이다. 내가 알고 있던 한 사람은 사업에 성공한 사람이었는데, 그는 가족들에게 유별나게 유복한 삶을 살게해 주었다. 그런데 어느 날 그는 평소에 한 번도 해본 일이 없던 짓을 했는데, 바로 그 고장의 한 미술관에 가보기로 결정하였다. 그는 특히 어떤 사진들을 보고 매료되었다. 그래서 그는 당장에 사진작가가 되기로 결심하였다. 그는 사업을 팔아치우고 좋은 수입을 포기하였다. 그날 그가 본 사진들은 마치 꽃 머리가 백 개가 넘는 수선화 같았는데 심오하게 황홀하였다. 그 방문 길에 땅은 활짝 열렸고, 그의 상상력은 사로잡혔다. 그의 부인은 데메텔의 역할을 하였는데, 유복하고 편안한 삶을 잃어버린 데 대하여 비탄해하였다. 그러나 그 자신에게는 예술에 대한 매혹이 어찌나 컸던지 그 이전의 삶이 무너져도 괜찮았던 것이다.

부모들은 자녀들이 위험한 사람이나 활동에 끌려서 어두운 곳에 빠지게 만드는 일이 얼마나 쉬운가를 잘 안다. 자녀에게는, 반사회적 행동이 매혹적일 수 있는 반면에 부모에게는 그런 일이 자녀들에게 가치관을 심어주고 온당한 인생행로를 찾아가도록 도우려는 부모들의 노력을 망가뜨릴 수도 있다. 우리는 페르세포네의 이야기를 모든 자녀의 신화로 이해할 수 있는데, 어두운 사람과 장소에 대한 자녀의 감수성이 위험할 수도 있으나 때로는 불가피한 영혼 만들기의 길이 될 수도 있음을 인식하게 된다.

내가 또 알고 있던 여러 여성이 그들의 인생에서 이런 신화를 변화로 체험한 일이 있다. 그들은 나이브하게 페르세포네 같은 처녀로 시작하였지만 어두운 남성들에게 빠져들어서 마약과 범죄의 지하세계로 빠졌고 전에는 생각조차 못했던 성적인 실험까지 경험하였다. 한 여성은 일련의 꿈을 꾸는데 꿈속에서 얼굴 없는 한 남성이 계단 밑바닥 그늘에 숨어서 계속해 협박했다는 이야기를 회상한다. 그 여성은 아주 순진하였지만 이년이란 기간이 지나면서 변하였는데, 더욱 복잡해지고 더욱 세속적으로 변했다. 유괴 사건 같은 그녀의 변화는 내면으로부터 비롯된 것이다.

　상황이 실제로 한 어머니가 자기 자녀를 다루는 것이든지 어떤 사람이 정서적으로 내면 깊은 속으로 강력히 끌려드는 것을 느끼든지 간에, 결과적으로 순진함을 상실하는 것은 고통스럽고 방향을 잃게 한다. 페트리시아 베리는 이와 같은 모성적 비판을 데메텔 형의 우울증으로 묘사한다. 의상과 청결과 육식에 대한 관심을 여성이 상실한 것은 그 딸이 일상생활에서 물러나 있는 것을 모방하는 것이며, 어머니의 우울증은 딸의 운명과 동시에 그런 운명에 자기 딸을 빠뜨린 신들에 대한 분노를 동정적으로 반올림 시키는 것이다.

　데메텔과 페르세포네는 한 신화적 유괴의 다른 양면이다. 우리 속에 있는 뭔가가 자기도취적 미끼를 가지고 놀면서 내면의 심층으로 기우는 반면에, 뭔가 또 다른 것이 있어서 익숙하고 온전한 가치관의 세계 속에서 끊임없이 우리를 궤도 위에 올려놓으려는 것이 있다. 페르세포네에 대한 데메텔의 사랑과 끈질긴 탐색 덕분에 그 딸이 생명을 송두리째 잃지 않고도 영혼의 땅을 찾게 된다. 데메텔은 어머니의 궁극적 시련을 우리에게 보여준다. 자신의 집착과 자녀에 대한 자신의 소원을 확인 하면서, 동시에 자신은 변화의 체험을 거치면서도 그녀에게 충실함을 그대로 유지한다. 이 이야기가 우리에게 보여 주는 것은 어떤 어머니에게라도 요구되는 사랑이 얼마나 깊은가 하는 것이다. 그런데 어머니는 자녀를 보호하는데 그 자녀가 어두움에 노출될 수밖에 없는 것을 알고 우리 각자에게서 얼마나 많은 것이 기대되는 가도 안다. 그리고 우리의 영혼은 위험한 미끼 때문에 유혹도 받지만 모성의 집착과 보살핌이 필요할 것임도 안다.

어머니 노릇이란 모름지기 가정 안에서나 개인 내면에서나 똑같이 애정 어린 보살핌과 통렬한 정서적 고통으로 이루어진다. 그리스도교는 동정녀 마리아의 위대한 이미지를 제시해 준다. 마리아는 위로하는 마돈나이며 동시에 슬픔에 잠긴 비탄의 어머니(mater dolorosa)이다. 양쪽의 정서 속에서 어머니는 자녀에게 가까우며 어머니 자신은 고통과 분노를 느끼면서도 자녀가 경험과 운명에 노출되는 것을 통하여 개성을 지닌 인간이 되게 한다.

인생을 살되 지하세계도 없이, 영혼도 없이, 영성이나 종교성을 터치하는 신비적 요소에 대한 관심도 없이 살려고 하는 것이 유혹이 되기도 한다. 이야기 속에서 데메텔이 자기 딸의 유괴를 제우스가 승인했다는 사실을 알게 되었을 때, 데메텔은 죽어야 할 운명을 안고 인간 세계로 들어가기로 결심한다. 그녀는 아테네 근처에 있는 도시 엘류시스에서 평범한 유모로 취직한다.

일상성과 세속적인 인간 생활을 향한 이 같은 움직임은 페트리시아 베리가 말하듯이 지하세계의 끌어당김에 대항하는 방어이다. 이것은 지옥에서 어떤 방문객이 와서 사람을 우울증이나 혼란 속에 빠뜨렸을 때 친구들이 흔히 해 주는 충고에서 발견할 수 있다. 곧 "일속에 파묻혀서 자신을 잃어 버려라."하고 그들이 말한다. 심지어 전문적인 심리학자도 때로는 '미친' 환상에 유혹되지 않기 위해서는 일상생활의 세부적인 면에 빠려드는 전략을 충고한다. 데메텔의 관점에서 보면, 심층으로의 유괴는 무법한 위반이다. 그러나 제우스의 공모였다는 점에서 보자면 그것은 동시에 필연이었다. 만일 제우스가 승인한다면, 어떤 일이 발생할지라도 그것은 진실로 신의 뜻이다. 우리의 순진무구함을 변질시키고, 우리의 삶을 변화시키며, 우리에게 필요한 복잡성과 심층을 주는 바로 그런 경험에 끌리게 만드는 것은 사물의 본질 그 자체 속에 있는 것이다.

　아기 소년 데모폰은 데메텔의 손에 맡겨져 돌보게 되었는데 그에게 신의 음식으로 발라주고 숨결을 내뿜어 주며 안아 주었다. 신성의 측면에서 인생을 친밀히 돌보는 강렬한 이미지들이다. 밤에는 데메텔이 그 아이를 불에 올려놓고 불멸의 존재로 만들려고 하는데, 급기야 그의 어머니가 어떤 광경이 벌어지는가를 보고 겁에 질려 비명을 지른다. 데메텔은 (죽을 몸의)인간이 깨닫지 못함에 몹시 화가 난다. "너는 운명이 언제 좋은 일이나 나쁜 일을 가져다주는지도 모르는구나." 그녀가 소리친다. 이것이야말로 제우스와 하데스, 생명의 주와 죽음의 주가 활동하는 이야기 속의 기본적인 주제이다. 이것은 어머니 중의 어머니에게서 얻을 수 있는 좋은 충고이다. 때로는 인간의 관점에서 위험하게 보이는 것이 더 큰 관점에서 보면 이로운 것이 될 수 있음을 깨달으라.

　인간의 보모로 짧은 기간 동안에 데메텔은 어머니 노릇에 대하여 더많은 교훈을 준다. 어머니 됨은 인간적인 방식으로 만 아니라 동시에 신적인 방식으로 양육하는 것이다. 아이를 불 위에 올려놓음은 불멸성을 이루기 위하여 인간적 요소를 태워 없애고자 함이다. 우리는 "불멸성을 문자 그대로 사후 생을 의미하는 것으로 받아들일 것이 아니라 오히려 항존하는 영혼의 깊이로 받아들여야 한다. 좋은 데메텔의 어머니 노릇은 아이를 인생의 열기와 수난 속에 두는데, 이는 불멸의 존재가 되게 하며 영혼 충만을 이루는 길이다. 어머니 노릇은 육체적 생존과 성취―데메텔의 곡식과 열매―만을 내포하는 것만이 아니라 동시에 아이가 자신의 운명의 신비와 미지의 심층세계를 헤쳐 나가도록 안내하는데 관심을 두는 것이다.

내가 하는 상담 활동에서도 어머니와 동일시하는 많은 남녀들을 만난다. 우리가 원형적 존재와 너무 긴밀히 우리 자신을 동일시할 때마다 우리는 왜곡과 과장과 충동에 휩싸이게 된다. 어떤 이는 궁핍한 사람을 만나게 되면 지성과 자제력을 송두리째 잃는 사람이 된다. 어떤 이는 상대방이 너무도 지독하게 필요로 했기 때문에 결혼하게 됐다고 말하는 사람도 있다. 여인들은 상처 입은 예민한 남성에게 끌리기도 하는데, 그들은 인생이 설익은 소년들일 뿐이다. 남성들은 연약한 여성들에게 끌릴 수가 있는데, 그녀들은 모성적인 인도와 보호가 필요한 사람들이다. '어머니 콤플렉스'의 이런 문제들은 어머니가 뭔지에 관하여 더 심층적인 의미가 요청되는데, 이는 우리 자신이 어머니가 되어서가 아니라 오히려 상대방의 마음속에 모성적 충동을 불러일으킬 방법을 찾아냄으로써 모성적 돌봄을 자주 제공 할 수 있다는 지식이 그야말로 요청된다 하겠다.

데메텔과 페르세포네의 신화가 우리에게 가르쳐 주는 것은 어머니 노릇이 다른 이에게 당장 필요한 것은 단순히 돌보는 일이 아니라 각자 개인에게 특별한 운명과 성격이 있다는 사실을 인식하는 것이다. 이것은 곧 영혼의 특질로서 안전과 정상적 생활을 평범히 보장하는 것 까지도 잃을 위험을 무릅쓰고라도 곱게 지켜야 할 특질이다. 어린아이를 운명과 경험이란 불 속에서 태우는 것은 보호받고자 하는 자연스런 욕망을 거스르는 것이다. 그 신화가 보여주는 것은 인간적인 어머니 노릇과 신적인 어머니 노릇 사이에 차이가 있다는 사실이다. 후자는 보다 더 넓은 전망이 있고 심층적 형태의 모성애적 충동이다.

신화 속에서 데메텔이 그때 자기의 신성을 보여주며 자기의 명예를 위하여 신전을 세우라고 요청한다. 우리는 (죽을 몸의) 인간적인 유모로부터 경외의 대상이 되는 여신으로서 데메텔에게로 간다. 우리 각자는 용기를 얻어서 어머니에게 그와 같은 성전을 세워서 인생에서 계속되는 어머니 노릇이 우리를 위해서 그리고 우리 자신의 행동으로부터 나온 것으로서 위대한 어머니 신(the Great Mother)을 부르는 것이 된다. 이때의 어머니 노릇은 어떤 인간적인 모성적 돌봄보다 그 범위가 훨씬 큰 것이다. 실제적으로 표현하자면, 언제라도 우리가 어머니 노릇을 지나치게 한다든가, 남들의 필요에 지나치게 민감하다든가 하는 것을 감지할 때면, 그때야 말로 우리가 더 위대한 어머니를 존중하고, 그 역할을 우리가 직접 떠맡는 것 보다는 오히려 데메텔의 영을 부르는 적절한 때가 아닐까 본다.

정확히 말해서 이야기가 이쯤 전개된 시점에서 (숙명적) 인간으로서 보모의 역할이 끝날 즈음에—데메텔이 밭에서 곡식을 거둘 것을 거부하고 인류의 멸종을 위협한다. 일상생활에서 데메텔의 신비를 전수받게 될 때—즉, 내면의 심층으로부터 사로잡힌바 되어 개성적 인간이 될 때—외향적 세계에서 의미 열매 맺힘의 상실이 있을 수도 있다. 일상적으로 데메텔은 우리에게 식량과 옷감을 주는 어머니 대자연으로서 생존 욕구와 자연계의 쾌락을 주관하는 여신이다. 그러나 우리 자신이 이 신화에 붙들릴 때, 내면적인 지하세계 활동이 선행하는 반면에 이와 같은 외면적 이익은 감소될 수 있다.

이 시점에서 데메텔의 고난이 모두에게 고통스러운 일이 되기 때문에 제우스는 어쩔 수 없이 중재를 찾아 나서게 된다. 그 결과로 하데스의 정당한 주장과 자기 딸의 목숨을 되살리려는 데메텔의 치열한 욕망 사이에 모종의 타협이 가능해진다. 그는 무지개인 아이리스를 불러서 데메텔로 하여금 신들에게로 제자리를 찾아가도록 요청한다. 그러나 아이리스의 설득은 그 시도 자체가 성공을 거두지 못하고 만다. 그 다음으로 그는 신들을 하나씩 보낸다. 그러나 아무도 데메텔로 하여금 땅이 열매를 맺도록 만들만큼 납득시키지 못한다.마침내 제우스는 완전한 중개인이자 중재자인 헤르메스를 파견하여 하데스의 도움을 청한다.

하데스는 "음험하게 미소 지으며 제우스 왕의 명령에 불복하지는 않는다." 그는 페르세포네에게 명하여 어머니에게 돌아가라고 하지만, 먼저 그녀의 입 안에다 석류씨 한 알을 몰래 집어넣으면서 그녀가 결단코 제 영역에서 완전히 자유롭게 벗어날 수 없게 만든다. 그녀가 앞으로 시간의 삼분의 일을 그와 함께 지내고, 나머지 시간을 어머니와 함께 지내게 한다.

한 번은 어느 학생이 나에게 지적하며 말하기를 이것이야말로 잠자는 시간과 깨어있는 시간의 비율이라고 하였다. 밤의 내면적 이미지와 정서는 낮의 내면적 이미지나 정서와 질적으로 다르다. 그것은 특히 생생하면서도 불안하게 할 수도 있다. 우리는 때때로 밤에 꾸는 유쾌한 꿈속에서 머리가 백 개나 되는 수선화를 일별할 수 있는데, 이때의 아름다움은 자연미를 훨씬 뛰어 넘는다. 그러나 우리는 동시에 하데스의 어두운 지하세계의 공포를 느낄 수도 있다. 우리가 상실된 관계나 사라지는 희망이나 실패한 노력 같은 것을 느끼듯이 최소한 인생의 삼분의 일 역시 죽음의 주에게 속한 것으로 보인다.

이러한 죽음의 암시를 데메텔의 힘찬 삶과 조화시킬 수 있는 한 가지 길은 헤르메스에게 의지하는 것이다. 곧 해석학, 우리의 경험 속에 있는 시를 읽어내는 예술에 의지하는 것이다. 이와 같은 헤르메스적인 관점을 어떻게 죽음과 어둠에 관한 우리의 경험이 일상생활과 조화될 수 있을지를 감지할 수 있게 한다. 신화를 들여다보면, 헤르메스가 어머니-영혼과 딸-영혼의 관계를 회복시킬 수 있다. 이때에 어머니 영혼은 어떤 처지에서도 삶이 번창하기를 원하는 반면에, 딸-영혼은 삶으로부터 벗어나 미지의 세계로 향하려는 성향이 있다. 헤르메스의 도움을 받아서, 우리는 우리의 자기파괴성과 우울증을 꿰뚫어 볼 수 있게 할 뿐 아니라 위험한 일과 중독에 걸릴 일로 불장난치는 것을 '꿰뚫어 보는 것'을 가능하게 해주며, 동시에 그런 것이 우리의 삶 속에서 어떤 결과를 가져올 것이며 무엇을 표현하게 될지를 물을 수 있게 된다.

어머니들에게 있어서 공통적인 문제는 자녀들의 복지에 대한 관심이 너무 크든가, 아니면 어머니 역할에 완전히 몰두한 나머지 그들의 자녀들이 개체적인 인격체가 되게 하는 일이나, 그들이 어머니 자신들과 다른 사람이 되게 한다는 것 자체가 어렵다. 나 역시 여성들에게서 종종 듣는 말로 그들의 어머니처럼 되고 싶지 않다는 것이며, 남성들에게서 듣는 말도 그들이 어머니의 지배를 받고 싶지 않다는 것이다. 만일에 우리가 이런 문제들의 개인의 영역에서 떼어낼 수만 있다면, 우리는 데메텔-페르세포네의 신화가 실제로 작용하는 것을 볼 수 있다. 우리는 모두 우리 자신의 심층과 심지어는 우리 자신의 어둠조차도 발견하면서도, 우리를 우리의 인생과 공동체 내부에서 지켜주는 우리 내면에 있는 모성적 안내로부터 우리 자신을 단절시키지 않은 채 스스로 개체적 인격이 될 수 있는 길을 발견할 필요가 있다.

엘리우시스 제전(Eleusinian mystery)에 근본적인 까닭은 우리의 신체적 생존과 동시에 심리적 생존(Survival) 그 자체에 관심하기 때문이다. 우리는 어둠에 대한 위험한 경험을 통하여 인격체가 된다. 우리는 이러한 어려운 통과의례에서 살아남을 수 있다. 진정한 의미의 통과의례는 그것이 어떤 것일지라도 항상 죽음에서 새 생명으로 옮겨가는 것이다. 엘리우스 제전은 우리의 부활을 수반한다―마치 페르세포네처럼, 철 따라 열매와 곡식이 나타나듯이―영혼을 만드는 심층에서 계속적이며 풍성한 삶으로 옮겨가는 부활을 뜻한다. 오디세우스의 아내 페네로프가 오디세이 전 기간 내내 수의를 짜는 것과 같다. 데메텔의 고통과 신경증적인 활동과 격분이 수반되고, 따라서 영혼이 지하세계를 방문하는데 도움이 된다.

페르세포네는 지하세계의 여왕으로 알려져 있으며 미술에서는 하데스 옆에 있는 옥좌에 앉아 있는 모습으로 그려졌다. 그녀는 거기에서 영원한 명예의 자리를 차지하고 있으며, 그녀가 어머니에게 돌아가서, 어느 딸이 자기 어머니에게 하듯이, 자신의 납치사건을 낱낱이 고하더라도, 그 자리는 그대로 유지한다. 영혼은 삶 속에서와 마찬가지로 죽음의 영역에서도 스스로를 세울 필요가 있다.

우리는 대부분이 페르세포네적 경험을 필경 서너 가지는 이야기할 수 있을 것이며, 그런 이야기를 할 때면, 우리는 필경 부활의 주제를 포함시킨다. "나는 내 인생의 이 시기를 통과해서, 지금 이 형편이 더 나아졌다." 우리가 이러한 하데스와의 만남을 통하게 한 것은 우리 내면에 있는 생명과 연속성과 결실에 대한 심오한 모성적 느낌이었다. 이토록 깊숙이 자리 잡은 생명과 그 가능성에 대한 애정이 데메텔의 선물인데 역설적으로 말하자면 극심하게 위협을 당할 때면 더욱 강력하게, 더욱 견고하게 그와 같은 에피소드 안에서 자리 잡고 형성된다. 우리는 엘리우시스 제전에 참여한 사람들이 데메텔을 크게 경축하듯이 우리도 할 수 있다. 곧 곡식 이삭을 손에 들고서, 모든 형태의 죽음이 끊임없이 스며드는 세상에서도 생명은 계속하여 열매를 맺을 수 있음을 상기한다.

이 이야기는 죽음 자체에 관한 명상구실을 한다. 하데스는 우리를 가까이 부르든지 아니면 가까운 사람의 죽음을 통해서든지 우리를 죽음 경험을 수단으로 하여 아래로 끌어내릴 수 있다. 생명에 대한 심오한 모성적 확인이 있어야 그와 같은 죽음이 우리에게 영향을 끼치게 되고, 지하세계의 신비와 익숙해지게 되고, 그 다음으로 결코 전과 동일할 수 없는 생명으로 되돌려 보내게 된다. 죽음 경험이 우리를 터치하고 끌어내리게 할 때, 우리는 우리들 속에 석류 씨를 품고 돌아오는데, 그 열매야말로 겉보기에는 밝고 온전해 보이지만, 내부는 고도로 깔끔히 다듬어져 있고 지하세계를 연상시키는 검은 씨로 가득 채워져 있다.

현명한 어머니는 자기의 자녀가 수세기 전에 엘리우시스에서 극화된 이 제전을 살아 볼 때에만 한 인격이 될 수 있다는 사실을 안다. 우리는 해체로 이끄는 모든 유혹을 숨길 수 없다. 우리는 모든 인간의 고통으로부터 아들을 보호하려고 애썼던 붓다의 부모들 이야기에서 배우듯이, 우리는 죽음의 오염으로부터 자녀들을 지키려고 하지만 헛수고를 할뿐이다. 오히려 온전한 어머니 노릇은 자녀가 위험을 무릅쓰도록 놔둘 것을 요구한다. 어머니 됨(모성)에 대한 심오한 사상은 자신의 딸을 사랑하면서도 제각기 자기들 나름대로 계획과 요구가 있는 다른 신들을 존중하는 데메텔의 위대한 능력을 끌어안는다.

결국에 가서는 데메텔이 자연의 풍요와 충만함을 되돌리고, 그녀를 찬양하는 가수는 하데스가 동시에 부요의 신인 플루토로 알려져 있음을 우리에게 상기시켜 준다. 데메텔과 플루토는 아주 빈번하게 그들의 조화가 수수께끼처럼 나타나기는 하지만 둘 다 생명을 부요하게 한다. 찬양은 기도로 끝을 맺는데, 모두에게 있어서 심오한 어머니를 향한 탄원이다:

> 그토록 큰 선물을 주시는 귀부인이시여,
> 사계절을 가져다주시는
> 통치자인 신이시여,
> 당신과 당신의 지극히 아름다운 딸 페르세포네여,
> 자비를 베푸시고, 나의 시를 받으시고, 대신에
> 내 마음이 원하는 그런 생명을 나에게 주소서.

자녀

로마 가톨릭 교회에서 자시 미사가 시작될 때면, 성가대가 "Puer natus est nobis" "우리에게 한 아기가 태어나셨다" 하고 찬양한다. 크리스마스는 예수가 한 아기로서 신성으로서 인간의 영역에 들어오심을 경축하는 것이다. 이와 같은 신적인 아기의 주제는 많은 종교에서 공통적인데, 하나님의 어린이 됨과 동시에 어린이의 신성을 암시한다. 신화적인 어머니가 모든 삶의 근원적 원리이듯이, 신적인 어린이는 모든 경험의 한 양상이다. 융은 영웅들의 유년기에 관한 신화적인 이야기에서 영감을 얻어서 원형적 어린이로서 영혼의 어린이는 버려지고, 노출되고 상처받으면서도 신적으로 능력 있는 모든 존재로 묘사한다. 우리는 다시 한 번 역설의 중요함을 발견하는데, 힘과 약함이 동시에 작용하는 두 얼굴의 야누스적인 원형을 본다.

여러 문화에서 비롯되는 신화를 보면, 특별한 어린이가 부모에게 버림을 받는데, 들에서나 지체가 낮은 양부모에게 양육된다. 사실상 거기에는 어린이의 한 양상이 있는데, 보다 인간적인 정황 속에 있으면서 보호를 받은 것이 아니라 운명과 시간과 조건들 앞에 철저히 노출되고 있다. 그럼에도 불구하고, 이와 같은 노출이 결국은 어린이로 하여금 뭔가 새롭고 힘 있는 존재가 되게 하는 것이다. 인생에 대한 우리 자신의 노출도 위협이며 동시에 기회가 된다. 우리가 특히 상처받을 만큼 나약하게 느끼는 그런 순간들이야말로 어린이가 무방비 상태로 보이면서도 동시에 인생에서 특별한 역할을 맡을 준비가 되어 있는 태세를 보이기도 할 것이다.

일부 현대 심리학은 '내면의 어린이'(Child Within)를 창의성과 순발성의 인물로 본다. 그러나 융의 어린이는 한층 더 복합적이다. 우리는 이 어린이의 힘에 접근하면서 그의 상처 입을 가능성을 피함으로써가 아니라 그것을 주장함으로써 접근하는 것이다. 바로 어린이로서 인물이 지닌 무지와 무능과 연관된 특별한 힘이 있다. 꿈속에서 종종 어린이들이 나타나는데 도시의 거리에서 방황하고, 버려져서 갈 바도 모르고, 어떻게 도움을 받을지도 모르는 모습이다. 우리는 그런 꿈에서 깨어나면, 다시는 길을 잃지 않고 방향을 모르는 일이 없도록 해야겠다고 결심하고자 하는 유혹에 빠질 수 있다. 그러나 우리가 이 어린이를 인정하고 이 인물을 돌보려고 하면서도 '개선'해 보려는 노력을 기울이지 않는다면, 그때에 비로소 우리는 방황과 자리 바뀜의 혼란과 절망에 대한 자리를 찾아야 한다. 이런 것들 역시 어린이다.

어린이에 관한 초기 논문에서 힐먼은 중요한 점을 한 가지 밝혔다. 곧 우리는 이런 어린이의 열등감 때문에 움츠러들고, 그래서 교육과 세례와 성장을 통하여 그것을 바꿔 보려고 애를 쓴다. 그는 성장 논리에서 어떤 신조를 끌어내는 것에 대하여 반대한다. 때때로 우리는 성장을 멈출 필요가 있다. 우리는 뒷걸음을 치거나 퇴보할 필요가 있다. 성장이란 것이 요즘은 심리학이나 인생에서도 전반적으로 너무 자주 자동적으로 목표처럼 간주되는데, 이는 처지거나 빗나가는 정체와 편차의 필요성 같은 것을 간과하는 감상적 가치가 될 수 있다. 어린이란 자라는 것이 아니기 때문에, 성장하기만을 우리가 항상 기대한다면 어린이는 존중되지 못한다.

날마다 우리는 어린이에 대하여 묘하게 부정적으로 말하는 표현들을 잘 쓴다. 사람들이 어떤 원초적 감정 표현에 관하여 자기 비판적으로 말할 때면 곧잘 '나는 아주 미숙해서'라고 말한다. 만일 어린이에 대한 비평이 아니고, 단순히 사실 그대로 그런 말을 할 수 있다면, 바로 그 순간에 그 신화를 살아내고 있는 면을 정확히 묘사하는 순간이라 할 수도 있다. 나는 현재 미숙하다. 미숙함이 내 본질의 일부이다. 그러나 그런 언표가 종종 의미하는 것은 내가 이런 미숙에 관한 갑작스러운 원치 않는 감정을 불편하게 느낀다는 것이다. 나는 거기서 벗어나서 성장하기를 원한다.

아니면 이렇게 말할 수도 있다. 곧 "어린 시절로 되돌아가려는 이런 것은 해묵은 문제야." 또다시 우리는 어린 시절을 벗어나서 성장해야 할 것으로 생각한다. 이것이야말로 현재 일어나는 모든 문제의 원인이다. 달리 생각할 수만 있었다면 얼마나 좋았을까! 그러나 이렇듯 어린이를 거부하는 것은 자신을 거부하고 따라서 확실히 영혼을 돌보지 않는 또 다른 방식이 된다. 우리의 생각과 꿈속에 영원히 존재하는 이 어린이는 약점과 결함으로 가득 차 있을지 모른다. 그러나 그것이 바로 우리 자신이다. 우리가 우리 자신이 됨은 우리의 강점과 더불어 우리의 간격과 실패가 있기 때문이다. 이밖에도, 어른들의 문제는 어린 시절로 돌아간다는 생각 때문에 그 신적으로 강력한 어린이와 그의 (상상력이) 풍부한 열등감을 계속 유지하게 된다. 명심해야 할 것은 우리가 가장 열등하게 느끼는 바로 그곳에서 가장 쉽게 영혼이 나타난다는 사실이다.

때때로 우리는 삼사십 대 어른들이 "내가 성장해서 어떤 사람이 될지 아직도 모르겠어요." 하며 마음 가볍게 하는 말을 듣는다. 아무리 가볍게 이런 공통적인 정서가 언표될 말을 할지라도 그 감정은 열등감으로 가득 차 있다. 나에게 무엇이 잘못되었는가? 지금쯤은 성공을 했어야 하는데. 돈 많이 벌었어야 하는 건데. 안정이 됐어야 하는 건데. 그러나 이러한 소원에도 불구하고, 아직은 성공과 안정에 대한 준비가 되어 있지 않은 어린이의 감각은 강력하다. 이런 인식을 할 때가 바로 영혼이 충만한 순간일 수 있다. 여기에는 우울한 어조를 띄는데, 이것은 자신의 운명에 대하여 성찰하거나 장래에 대하여 여러 가지로 생각하는 영혼의 신호일 수 있다. 이것은 상상의 세계로 열려진 잠재력이요,

어느 정도는 이것이 바로 어린이의 힘이다. 어린이의 작음과 부적절함은 미래와 잠재력의 분출에 대하여 "열려라 참깨"가 된다.

어린이의 알지 못함(Unknowing)은 동시에 상상력이 풍부한 것이다. 복음서를 보면 어린이 예수가 예루살렘 여행길에서 부모와 헤어졌는데 찾고 보니까 성전에서 랍비들과 신학 논쟁을 벌이고 있었다. 이것이 기적 이야기인가 아니면, 아직도 그만큼 형성되지는 않았지만 그래도 융이 말하듯이 그만큼 지혜로운 어린이의 특별한 지능을 상기시켜 주는 이야기인가? 15세기의 위대한 신학자 니콜라스 쿠사는 일찍이 '교육받은 사람의 무지'의 중요성에 관한 책을 썼는데, 그는 말하기를 심오한 진리를 감지하지 못하게 가로막는 것을 '안 배울 수 있는'(to unlearn)길을 발견해야 한다고 하였다. 우리는 어린이의 '알지 못함' (unlearning)을 성취해야 한다. 우리는 그만큼 똑똑하게 창조되었기 때문이다. 선(禪)이 권고하는 것 역시 '초심'을 잃지 말라는 것인데, 그것이 경험의 직접성(immediacy)에서는 그만큼 중요한 것이다.

이런 것들이야말로 결코 성장하지 않을뿐더러, 우리가 그것들로부터 결코 벗어나서 성장하지 못할 어린이의 특성이다. 무지와 서투름을 지니고 있는 어린이 영혼의 현존이 그런 불편을 야기시키기 때문에, 어린이를 부정하거나 덮어서 가리거나 아니면 사라지도록 강제하려는 유혹을 받기 마련이다. 그러나 그런 형태의 억압은 다만 어린이를 더욱 더 다루기 힘든 상대로 만들 뿐이다. 우리의 무지를 덮으려고 하면 할수록, 그것이 점점 더 드러날 뿐이다. 우리가 냉정하고 산뜻하게 행동하려고 노력할수록, 우리의 무경험이 더욱 명백히 드러난다. 우리가 어른이 되고자 노력할수록, 우리는 어린이다움을 더욱 더 배반하게 된다.

내가 한 걸음 더 나아가 생각하는 것이 있다. 곧 우리가 우리 자신의 내면 속에서 느낄 수 있는 원형적 어린이를 감상할 수만 있다면, 우리는 실제적인 어린이들과의 관계를 더욱 열린 상태로 그리고 감상하는 태도로 맺을 수 있을 것이다. 예를 들면, 어린이들에 관한 영원한 질문으로 말하자면, 우리가 어린이들을 어떻게 교육할 것인가 라는 것이다. 정치인들과 교육자들이 고려하는 것은 연중 학교 교육일수를 더 늘리는 것과 과학과 수학을 더 늘리고, 교실에서 컴퓨터와 다른 기술을 사용하고, 시험을 더 늘리고, 교사들에게는 자격증을 더 늘리고, 예술을 위해서는 돈을 덜 쓰는 것이다. 이런 모든 반응들은 어린이를 최상의 어른으로 만들기를 원하는 자리에서 비롯된 것이다. 고대 그리스 식으로 덕스럽고 현명한 사람이 되게 하려는 것이 아니라 오늘 사회기구(machinery)의 효율적 부품이 되게 하는 식이다. 그러나 이 모든 것을 헤아려도, 영혼을 소홀히 하고 있다. 우리는 생존 경쟁을 위하여 자아(ego)를 준비시키기를 원하기는 하지만 우리는 영혼의 필요는 간과 한다.

'교육'은 '밖으로 인도한다'(lead out)라는 뜻이다. 우리는 이것을 어린 시절로부터 멀리 인도하는 것으로 이해하는 것처럼 보인다. 그러나 이것을 어린 시절 그 자체 속에 있는 지혜와 재능을 끌어내는 것으로 생각할 수도 있다. 섬머힐 학교의 창시자 A.S닐이 여러해 전에 가르쳤듯이, 우리는 어린이들이 이미 재능과 지능을 지니고 있다는 사실을 신뢰할 수 있다. 우리는 어린이가 지적으로 말하자면 "빈 칠판"(tabula rasa), 아무 것도 쓰지 않은 칠판이라 믿는다. 그러나 어찌 보면 어린이는 우리가 짐작하는(suspect)것보다 더 많이 알고 있다.

원형적 어린이를 거스르는 어떤 움직임도 영혼을 거스르는 움직임이다. 이 어린이는 영혼의 얼굴이요, 우리가 영혼의 어떤 측면을 소홀히 할지라도, 그것은 바로 고난의 근원이 된다. 우리가 이루고 있는 사회는 어린 시절 속에 있는 풍성한 기쁨과 순발력을 발견하기가 어렵다고 생각한다. 오히려 전자오락 센터에 막대한 돈을 쓰는데, 그런 것은 어린이 같은 직접적인 즐거움에 대하여 영혼이 느끼는 필요에 대하여는 아무 말도 못한다. 어린이를 국가가 얼마나 잘 돌보는가 하는 명단을 살펴보면, 미국은 하위권에 속한다. 우리가 어린이에 대하여 하는 모든 감상적인 주장에도 불구하고 우리는 진정으로 어린이를 위한 순전한 노력은 기울이지 못하고 있다. 미국에서 어린이 학대는 기승을 부리고 있는데도 불구하고 아직도 그런 일은 대부분 덮여지거나 부인되고 있다. 이런 비극적 상황은 우리가 원형적 어린이를 감상하지 못하는 실패의 원인이며 동시에 징후이다. 어린이를 끌어안는 일이 어른에게는 위협이 된다. 이런 어른들은 경이로움보다는 정보를, 놀이보다는 오락을, 무지보다는 지능에 더 큰 가치를 둔다. 우리가 진정으로 어린이를 돌보려면, 우리는 우리 자신의 하위본성을, 곧 우리의 불굴의 감정과 우리의 광기 어린 욕망과 광범위한 우리의 무능을 직면해야 할지도 모른다.

융은 자신의 회고록에서 어린이에 대하여 괄목할 말을 하였다. 말하기를, 어린이는 "어른보다 더 완벽한 자아의 그림을 그리고, 자신의 순수한 개성 속에서 전인적인 그림을 그려낸다." 그는 계속하여 말하기를 어린이는 문명에 적응하는 과정에서 잃어버린 성취되지 않은 욕망에 대한 원초적 열망을 어른들 속에서 불러일으킬 것이라 한다. 확실히 널리 퍼진 어린이에 대한 신체적 학대나 성적 착취는 우리가 원형적 어린이에 대하여 갖는 어려운 관계와 상관이 있다. 우리는 발전의 신화에 홀린 나머지, 사회적 차원에서 말하자면 우리는 조상들보다 더 지성적이고 더욱 발전하였다고 생각하며, 개인적 차원에서 보자면 어른들이 어른이 보다 더 지적이라고 가정한다. 이런 발달론적 환상이 깊이 파고들어서 우리의 가치관에 커다란 영향을 끼친다. 우리는 계급적인 세계에 살면서 저개발 문화를 경멸하는 방식으로 우리 자신을 원초적 본성으로부터 방어하고, 학문과 세련된 기술을 통하여 점진적으로 필요한 상승과정을 거쳐서 어린이가 어른이 되어야 함을 주장하는 방식으로 우리의 영원한 유아기로부터 우리를 방어한다. 이것은 이전의 실존양태나 새롭게 갖춘 형태 양쪽에 가치를 두는 진정한 통과의례가 아니다. 오히려 어린이를 낮추는 현실에 대한 방어요, 인생에 대한 어른의 지배를 프로메세우스적으로 열망을 당혹케 하지만 그럼에도 불구하고 영혼으로 가득한 그런 낮춤, 겸손이다. 우리가 열등한 자리매김이나 과정을 부정하는 방식을 짜 맞출 때, 그 가운데서도 어린 시절이 두드러지게 나타나는데, 이런 때에는 우리가 영혼을 돌보는 것이 아니다. 우리가 영원한 유아기의 자리를 인정하고, 거기에 불리한 조건들이 덕이 되고, 거기에 있는 부적절한 것들이 영혼 충만한 감수성의 통로가 됨을 알게 될 때 우리가 영혼을 돌보게 된다.

제3장

자기애의 신화:
나르시서스와 자기애

주류 심리학은 강력한 자아에 대하여 상당한 믿음을 갖는다. 자아 발달과 긍정적 자아 개념은 성숙한 인생의 중요한 성분으로 고려된다. 그러나 사물이나 다른 사람들의 세계에 대해서 보다 자기 자신에게 관심의 초점을 맞추는 습관인 자기애는 장애로 고려된다. 이와 반대로 융의 심리학은 무의식을 강조하면서, 그리고 원형심리학은 정신의 비아(非我)인성에 대하여 높은 관심을 두면서 자아는 글자 그대로 도처에서 대체로 망쳐놓은 일을 잘 하는 죄인이라는 인상을 준다. 심지어 꿈 해석에서도 자아는 항상 실수하는 모습으로 보려고 한다. 이기심과 자기애에 대하여 해묵은 경고를 한 종교의 입장을 더하고 보면, 그 속에서 자만심은 죽음에 이르는 죄로 여겨졌으며, 자아에 대하여 마치 도덕적 음모라도 있는 것처럼 보기 시작한다는 것이다.

자기애에 대한 여러 가지 공격이 나타내는 일방적 입장이나 도의가 암시하는 것은 이토록 거부되고 있는 자아와 자기애 주변에는 영혼이 자리 잡고 있을지도 모른다는 사실과, 그렇게 나쁘다고 하는 어떤 것은 그 자체 안에 가치를 틀림없이 지니고 있다는 사실이다. 우리가 자기애와 자기애를 정당하게 거부하는 것이 영혼의 사랑이 지닌 본질에 대한 신비를 덮어씌운다는 것이 가능할까? 우리가 자기애를 부정적으로 낙인을 찍는 것이 영혼이 사랑 받도록 해야 한다는 요청에 대한 방어가 될까?

문제는 단순히 이론적인 것이 아니다. 내가 치료하는 일에서 종종 놀라는 때가 있다. 언젠가 하면, 다른 면에서 보면 성숙하고 분별력이 있는 어른이 어려운 선택을 해야 할 때면 모든 것을 허물어뜨리면서 한 마디로 "나는 이기적 일 수가 없어요." 라고 하는 때이다. 그 사람과 더불어 이렇게 묵직한 도덕적 당위성을 더 깊숙이 파헤쳐 들어 갈 때, 그것이 종교적 양육과 밀접한 관계가 있다는 사실을 보통 발견하게 된다. 그녀가 최종적으로 하는 말은 "나는 절대로 이기적일 수 없도록 교육을 받았다" 는 것이다. 그러나 내가 눈여겨보는 것은 다름 아니라 이 사람이 자신의 사심 없음을 주장하는 반면에, 실상은 자기 자신에게 상당히 몰두하고 있는 것으로 보인다. 사심 없음의 덕목을 추구하면서, 자아에 대하여 주목하는 것은 지하로 숨을 수 있고 결국은 자기가 좋아하는 이론이나 가치에 무의식적으로 그리고 부식(腐蝕)적으로 집착하게 된다. 내가 이제는 어떤 사람이 "나는 이기적인 사람이 되고 싶지 않아요." 라고 하는 말을 들을 때, 자아 문제와 힘겨운 싸움을 해야겠다고 자신을 준비한다.

우리가 공통적으로 다른 사람에게 있는 자기애를 찾아내지 못하는 것은 그 특정 굴(oyster) 속에 모래알이 들어 있음을 표시하는 것이다. 우리의 반응은 거기에 뭔가 중요한 점이 있다는 신호가 된다. 이런 의미에서 자기애는 그림자 같은 특질(Shadow quality)이다. 그림자 같은 뭔가를 만날 때, 우리는 흔히 반감을 느낀다. 그러나 그 까닭은 우리가 자신의 내면에서 반대할만한 뭔가를 맞닥뜨리기 때문이요, 그것은 우리 자신이 씨름하는 것이고, 영혼에 대하여 뭔가 가치 있는 것을 내포하고 있는 것이기 때문이다. 우리가 자기애에 대하여 부정적 이미지를 지니고 있는 것은 자기몰입(Self-preoccupation)속에 내포된 뭔가는 바로 우리에게 몹시 필요한 것으로서 그것은 부정적 내포(connotations)로 둘러싸여 있다. 그것은 우리의 초조해진 도덕성 때문에 궁지에 몰리기는 하지만 동시에 그것은 영혼이 현존하고 있음을 우리에게 알려주는 신호가 된다.

그렇다면, 어떻게 하여 그 흙덩어리 속에 금괴가 들어 있다고 가정하여 자기애의 징후를 보존할 수 있는가? 우리가 어떻게 하면 그 표면의 진흙을 꿰뚫고 심층의 필요에까지 들어갈 수 있을까? 이쯤 해서 우리가 인식하기 시작할 즈음에, 그 해답은 상상력의 지혜가 작용하도록 하는 것이다. 자기애의 경우에는, 그 길은 명백히 깔려 있다. 자기애라는 장애의 이름을 따온 나르시서스의 신화를 연구할 수 있는 길이다.

나르시서스

로마의 작가 오비드(Ovid)가 자신의 작품 〈변형〉(Metamorphoses)에서 이야기했듯이, 나르시서스의 옛 이야기는 그저 단순히 한 소년이 자기 자신과의 사랑에 깊이 빠진 이야기만은 아니다. 그 속에는 수많은 미묘하고도 미세한 이야기들이 들어있다. 예를 들면, 오비드가 말하기를 나르시서스는 강과 요정의 아들이었다. 나르시서스에게는 명백히 말해서 액체나 물과 같은 요소가 있다. 더 나아가서 말하자면, 우리 자신의 자기애에도 그런 요소가 있다. 우리가 자기애에 빠져 자기 도취적일 때, 우리는 고체 같은 근거(땅)에 서 있지 않거나, 맑게 생각(공기) 하거나, 열정(불)에 사로 잡혀 있다. 만일 우리가 신화를 뒤쫓기로 하면, 어느 면에서 우리는 꿈꾸듯 하고, 액체 같으며, 명백한 형태를 취하지 않으며, 확고한 정체 속에서 안전하기보다는 냇물처럼 흐르는 환상 속에 더 깊이 잠긴다.

이 이야기의 첫머리에 나오는 또 다른 자세한 이야기에는 저 유명한 예언자 티레시아스의 예언이 나온다. 그는 나르시서스에 관하여 예언을 하며 "만일 그가 자신을 결코 알지 못할 수만 있다면, 그는 아주 노련하게 오래 살게.될 것이다." 라고 예언한다. 이는 이상한 예언이다. 여기서 가리키는 것은 이 이야기가 자신을 아는 것과 동시에 자신을 사랑하는 것에 관한 것일 뿐 만 아니라 자기 자신을 아는 자각(Self-knowledge)은 죽음으로, 이끌어 간다는 사실에 관한 이야기가 된다. 신화의 이런 측면이 주는 인상은 결국 우리는 단순한 증후군 속에 빠져 있다기보다는 오히려 신비의 영역 속에 들어 있다는 것이다.

그 다음 이야기를 듣는다. 나르시서스의 나이는 열여섯 이며 얼마나 미남인지 많은 젊은이들이 그에게 끌린다. 그러나 오비드가 말하기를 그는 "강한 자만심"(hard pride)으로 가득 차 있어서 아무도 진정으로 그에게까지 뚫고 들어갈 자가 없다. 그를 사랑하게 된 요정에코(Echo)는 묘한 특징을 그 나름대로 지니고 있다. 곧 누군가에게서 방금 들은 말이나 낱말들만을 말할 수 있을 뿐이다. 어느 날은 나르시서스가 친구들이 눈에 보이지 않자 소리쳐 부른다. "아무도 없어요, 여기?" "여기" 에코가 대답한다.

"우리 여기서 만나요" 나르시서스가 말한다.

"여기서 만나요" 에코가 응답한다. 그러나 그에게 에코가 다가가자 나르시서스는 뒤로 물러선다.

"나는 죽을 거요, 그대에게 내 힘을 주면…" 그가 말한다.

"내 힘을 그대에게 주면" 그녀가 자기식대로 말한다. 에코는 거부당하고 좌절할까봐서 비탄에 잠겨 자신의 신체를 잃어버리고 그만 단지 목소리만 남게 된다.

이 초기 에피소드에서 우리는 나르시서스가 자각을 얻기 전의 모습을 본다. 그는 아직도 신비가 되기 이전까지의 자기애가 지닌 이미지를 제공해 준다. 여기서 우리는 징후를 본다. 곧 몰두(Self-absorption)와 마음과의 연결을 어떤 형태로도 허용하지 않는 억제(containment)이다. 순전한 감정이 아니고 강박관념 적인 자기애는 남과 친밀할 여지를 전혀 남기지 않는다. 자기애의 반울림적인 측면─세상의 모든 사물은 다만 자신의 반영이라는 느낌─은 어떤 힘도 내주려 하지 않는다. 바깥세계에 있는 그 누구에게나 그 무엇에게도 응답하는 것은 자기 자신만을 단단히 방어적으로 주장함으로써 지탱하는 여린 힘에 대한 의식을 위험하게 만들 것이다. 모든 징후적 행동과 똑같이 자기애 스스로 주장하는 것들 속에서 바로 자신이 부족한 것을 드러내고 만다. 자기도취적인 사람은 되풀이해서 묻는다. "내가 제대로 하고 있어요?" 그 속에 있는 메시지는 "내가 뭘 하든지, 억지로라도 하려고 아무리 노력하든지, 내가 만족스럽게 하고 있다고 스스로 느낄 만한 지점에

도달할 수가 없어요."라는 것이다. 다른 말로 하자면, 자기애적인 자기 도취자가 자기애를 과시하는 것은 그 자체 속에서 자기 스스로를 적절히 사랑할 길을 찾지 못함을 드러내는 신호가 된다.

융의 심리학적 언어로 말하자면, 우리는 나르시서스의 정신 속에 있는 유년(puer)이나 소년 같은 측면을 거리가 먼, 냉정한,(말없는) 자기 억제적인 것으로 인식한다. 에코는 아니마(anima)로서, 소년적 아름다움에 집착할 필요를 절실히 느끼는 영혼이다. 그러나 나르시서스의 현존 앞에서 영혼은 반울림의 소리로 시들어 버린다. 자기애는 영혼이 없다. 자기애 속에서 우리는 영혼의 실체와 그 비중과 중요성을 없애고, 결국 우리 자신의 생각의 반울림으로 영혼을 환원시킨다. 영혼 같은 것은 없다. 우리가 하는 말이다. 다만 뇌가 전기 변화와 화학적 변화를 거칠 뿐이다. 아니면, 다만 행동이 있을 뿐이다. 아니면 다만 기억과 조절 기능이 있을 뿐이다. 우리의 사회적 자기애에서도, 우리는 또한 영혼을 부적절한 것으로 흘려버린다. 우리가 도시나 국가 예산을 준비할 수도 있다. 그러나 영혼의 필요는 손도 대지 않고 놔둔다. 자기애는 그 무엇에 대해서도 요정이나 영혼처럼 그 자신의 힘을 실어주지 않는다.

그러나 다행히도, 이야기는 계속된다. 나르시서스가 경멸한 젊은이들 가운데 하나가 저주를 한다. "사랑에 빠지기는 해도, 사랑하는 것을 얻지는 못할 것이다." 이는 동시에 우리가 자기도취에서 나오는 차가운 오만을 주변에서 느낄 때 우리의 숨결에 섞어서 내뱉을 수 있는 저주가 된다. 실연당한 애인이 말한다. "누군가를 사랑했다 그 사랑이 되돌아오지 않을 때 그것이 어떤 것인지를 알게 될 날이 있기를 바래요." 우리는 영혼 없음의 냉기를 느끼며 저주를 하게 되는데, 그것은 마치 티레시아스의 이야기 속에 나오는 예언처럼, 실상은 위장된 축복이다.

저주가 작용하면,(저주 당한) 그 사람은 변화될 수도 있다.

신화 속에서, 때때로 저주는 극적으로 성취된다. 이번 경우에 여신 네메시스는 기도를 듣고 응답하기로 결심한다. 이 때문에 우리는 스토리의 다음 단계로 안내된다. 거기서는 한 눈에 봐도 자만에 대한 벌을 주는데 관심이 있는 것처럼 보인다. 나르시서스는 연못에서 변화시키는, 목숨을 위협하는 정신병의 에피소드를 겪게 될 찰나에 있다. 그러나 신의 간섭은 중추가 되는 행동을 깨는 신호가 되어 노이로제는 고통스러운 혼미로 녹아들기 시작한다. 신이 되는 작업은 자각과 자기애를 중심으로 나타날 것을 기대할 수 있다. 정체성은 한층 더 혼란스럽고 유동적으로 될 수 있다.

스토리가 전개되면서, 그 젊은이는 연못으로 다가가는데, 물이 어찌나 잔잔하고 매끄럽던지 인간이나 동물 그 누구도 결코 휘저은 일이 없었던 것 같다. 주위는 차갑고 어두운 나무숲으로 둘러 싸여있다. 나르시서스가 물을 마시려고 물위에 머리를 갖다 대었을 때 물 위에서 그는 자신의 이미지를 보았는데, 그의 눈길은 얼어붙었다. 오비드가 묘사하기를 나르시서스는 그 광경을 보고 매혹되어서 마치 대리석을 깎아 만든 듯이 그리고 특히 상아로 조각해 놓은 듯이 느꼈다. (자기애의 주요 특징인 단단함의 이미지를 주목하라.) 전에도 그를 원했던 젊은이들처럼 나르시서스도 이 모습을 갖추기를 대단히 갈구하였던 것이다. 그는 물속으로 다가갔으나 그 모습을 붙잡을 수가 없었다. 오비드가 말한다. "그대가 찾고 있는 것은 아무 데도 없다. 머리를 돌려라. 그러면 그대가 사랑하는 것이 상실될 것이다."

여기서 우리는 이 증후가 성취되는 시초를 본다. 영혼도 없고 사랑도 없는 자신에 몰입하는 자기애는 점점 더 깊은 자체의 버전 속으로 들어간다. 진정한 고요함(정밀)과 자신에 대한 경이와 자신의 본성에 대한 명상이 된다. 처음으로 나르시스트가—스토리 속에 나오는 주요 이미지로서—자신에 대한 성찰을 한다. 이전에는 자신에게 몰두하는 것이 공허하였으나 이제는 경이로움을 자아낸다. 그러나 이제 변화를 거듭하며 그 자체의 버전 속으로 더 깊이 들어가면서 자기애는 더욱더 실체를 드러낸다. 나르시스트는 실제로 거울에 비친 자신을 보기를 좋아하지만 영혼으로 변화하는 순간에만 그는 더 깊은 내면의 반사됨(성찰)을 즐길 수 있게 된다. 나르시서스처럼, 나르시스트도 자신의 명상을 위한 자신의 이미지가 필요하다. 그것만이 더 얕은 자화자찬의 행동으로 이용한 문자 그대로의 거울보다는 뭔가 좀 더 효과적이고 영혼이 충만한 것이 된다.

　자기애가 성취되는 이미지는 문자 그대로의 것이 아니라 그것은 거울에서 보는 이미지가 아니다. 매디슨 애비뉴에서나 말하는 그런 '이미지'가 아니다. 투사시키기를 원하기는 하지만 자아상도 아니고 자신을 바라보는 방식도 아니다. 나르시서스가 보는 이미지는 새로운 것으로서, 한 번도 전에 본 일이 없었던 것이요, 뭔가 '다른' 것으로서, 거기에 홀리고 매료된다. 오비드는 말한다: "그대가 찾는 이미지는 아무 데도 없다." 의도적으로 찾아질 수 있는 것이 아니다. 햇볕이 밝게 비추지 않고 사람의 손길이 전혀 닿지 않는 숲 속에 있는 연못에 느닷없이 가야 되는 것이다. 나르시스트가 이해할 수 없는 것은 바로 그가 갈망하는 자기 수용(self-acceptance)은 강제하거나 조작할 수 있는 것이 아니라 오히려 발견되어야 한다. 나르시스트가 흔히 서성대는 것보다는 더 깊이 안으로 파고드는 내향적인 곳에서 발견되어야 한다. 뭔가 내적인 물음이 있어야 하고 심지어는 혼동까지도 있어야 할지 모른다.

"도대체 여기서 무슨 일이 벌어지고 있는 거야?" 하고 스스로 묻는 지점까지 가야 할지 모른다.

나르시서스가 물 속에서 자신의 새 모습을 발견한다는 것은 특히 암시적이다. 그의 타고난 권리로서 그의 특별한 본질로서 이런 요소 안에서 그는 자신의 뭔가를 발견한다. 나는 나르시서스의 물을 어떤 상징으로 취급하면서 말하기를 이것이 무의식이라든가 어머니의 자궁이라든가 아니면 그밖에 뭐라고 하는 것을 원하지 않는다. 그 이미지에서 직접 반사시켜 보는 것이 더 좋다. 이를테면, 내 안에 이 연못 같은 뭔가가 있는가? 내게 깊이가 있는가? 나의 느낌이나 생각이 짓밟힌 길에 벗어난 어딘가에 연못처럼 고여 든 것이 전적으로 고요하고 어떤 손길도 닿지 않는 곳이 있는가? 내 안에 어딘가 젖어 있는 곳이 있는가? 삭막한 지성의 자리가 아니라 오히려 촉촉한 느낌과 인간의 영향으로부터 멀리 떨어진 녹색의 비옥한 그늘진 상상력이 있는가? 내가 성찰의 자리에서 붙들 수 있는 드문 순간에 나를 발견하여 거기서 틈을 내어 몽상하고 경탄해 마지않으며 익숙하지는 않지만 결국은 내 자신의 얼굴을 일별할 수는 있는가? 그렇다면, 나르시서스의 신화, 자기애의 치료는 내 안에서 일고 있는 것이다.

스토리가 다음으로 전해주는 것은 어떻게 나르시서스가 동경을 그가 발견한 이미지하고 결합되는 것을 느끼는가 하는 것이다. 이제 그가 쫓아버린 애인들처럼 그는 수척해지며 고통을 겪는다. 사람들은 그가 비탄에 잠겨 에로스처럼 되어서 자기 몸을 잃는 것은 아닐까 하고 의아하게 생각한다. 그러나 의심의 여지가 없이, 그의 정서적 고난 속에는 강렬함이 있다. 그는 나무들에게 말한다. "일찍이 누가 나처럼 동경을 많이 한 사람이 있었나?" 자연에게 말을 건네는 것은 그의 비탄이 그에게 영혼에 대한 새로운 관계를 열어 준다는 것을 보여 준다. 영혼이 현존할 때 자연은 살아 있다.

나는 이것이야말로—나무들에게 말하는 것—자기애를 치유하는 매우 구체적인 부분이 아닌가 하고 생각한다. 이른바 '생명 없는' 세계를 대화에 끌어들임으로써 우리는 세계의 영혼을 인정하고 있는 것이다. 모든 의식이 인간의 것은 아니다. 그런 생각 자체가 자기애적인 신념이다. 우리가 세계를 향하여 말을 할 때 우리가 세계 속에 인격을 투사하고 있는 것이라고 심리학자가 말한다면, 그 심리학자야말로 마치 인격과 영혼은 다만 인간의 주제에만 속하는 것처럼 자기도취적으로 (자기애적으로) 말하고 있는 것이다. 그러나 만일 우리가 상상력 안에서 하는 모든 일이 마치 거울로 된 집안에서처럼 우리 자신에게로 튕겨 온다면 거기에는 영혼은 없고 오로지 '나'와 '나로 인한 산물'(me-products)로서 투사(projections)가 있을 뿐이다. 그렇다면 우리의 동경은 명료화되는 것이 아니라 끝도 없고 열매도 없는 욕망의 만족 속에서 오로지 실행될 뿐이다.

제임스 힐먼은 동경에 대하여 글을 썼는데 동경이 영혼 그것도 특히 젊은 영혼(puer)의 중요한 활동처럼 썼다. 우리 속에 있는 젊음이 수척해지며 애타게 그리워하며 동경한다. 그 젊음은 분리(별거)를 예리하게 느끼며 고통스럽게 집착(애착)을 소원한다. 그래서 심화가 암시하듯이 우리가 새롭게 형성되기를 상상하는 사람이 되고자 하는 압도적인 욕망을 느낄 때 우리는 자기애의 치유를 향하여 나아가는 것이다. 국가도 개인과 마찬가지로 이런 통과의례를 거칠 수 있다. 미국은 기회의 신세계(New World)이자 세계를 위한 도덕적 등대(beacon)가 되고자 하는 위대한 동경을 지니고 있다. 미국은 자신의 이와 같은 자기애적인 이미지를 성취하기를 동경하고 있다. 동시에 현실과 그런 이미지 사이의 거리를 인식하기란 고통스러운 일이다. 미국의 자기애는 강하다. 그것은 세계 앞에 퍼레이드로 펼쳐지고 있다. 만일에 우리가 그 나라를 어디에 올려놓고 보면 자기애가 미국의 가장 명백한 증후임을 발견할 수도 있을 것이다. 그러나 그 자기애는 이렇게 전전으로 중요한 신화가 실생활 속에 나타날 수 있다는 약속을 지니고 있다. 다른 말로 바꾸자면 미국의 자기애는 순전한 새로운 비전이 지닌 세련되지 않은 젊은이(puer)의 정신이다. 트릭은 다름 아니라 심한 자기도취(self-absorption)가 세계와 더불어 사랑의 대화를 나누는 데로 변화할 수 있는 변화의 물로 나아가는 길을 찾는 데 있다.

그러나 증후를 통하여 찾는 길은 결코 쉬운 일이 아니다. 나르시서스는 물 속에 있는 이 소년이 아주 얇은 피막을 사이에 두고 자기와 갈라져 있다는 사실을 인식하기 때문에 고통을 당하여 연못가에 누워 있다. 그 얼굴이 그토록 가까이 있으면서도 손이 닿는 것은 불가능하다. 이런 생각 속에 갇혀 있는데 한 가지 깨달음이 스쳤다. "바로 나구나!" 그는 커다란 놀라움 속에서 말한다. 이 시점까지는 그가 그토록 사랑하였던 그 얼굴이 자기 자신의 얼굴인 줄을 몰랐던 것이다.

이것이 이 이야기의 요점이다. 나르시서스는 물 거울에 비쳐진 사람을 사랑하면서 딴 사람으로 생각하였으나, 사실은 자신이었던 것이다. 나르시서스는 자신의 어떤 익숙한 이미지에 붙들려 있다. 우리는 우리 자신과 동일시하는 표면의 이미지를 사랑한다. 그러나 나르시서스는 그만큼 사랑할 만한 다른 이미지들이 있다는 사실을 우연히 발견한다. 그 이미지들은 바로 아이덴티티의 근원인 연못 속에 있다. 자기애의 치료는 확실히 영혼을 돌보는 한 가지 길로서, 바로 이와 같이 다른 이미지들을 향하여 열려 있다. 신경증의 나르시서스와 같이 자기애는 단단하여 뚫고 들어가기가 힘들다. 그러나 연못가에 있는 나르시서스는 자기의 자연스러운 습기를 회복한다. 꽃이 그렇듯이, 그는 유연해지고 아름다워지고 심을 수 있게 된다.

묘한 점이다. 나르시서스는 그 자아를 대상으로 사랑하는 법을 배울 때에만 자기 자신을 사랑할수 있게 된다. 그는 이제 딴 사람으로서 자기 자신의 이미지를 갖고 있다. 이것은 자아가 자아를 사랑하는 것이 아니다. 이 이야기가 또 한 번 묘하게 발전하면서, 나르시서스는 죽음에 대한 생각을 품기 시작한다. 그는 말한다. "이제 비탄 때문에 내 기운은 점점 쇠약해지고 나에게 남은것이라고는 짧은 수명밖에 없구나. 나는 인생의 전성기에 끊기는구나." 우리는 모든 개시와 모든 통과의 례 속에 묻혀 있는 신비로 이끌려 간다. 곧 이전의 존재 형식은 진짜 죽음으로 느껴진다.

죽음(dying)의 여러 가지 이미지는 우리 자신의 자기애의 움직임과 같이 간다. 곧 그 단단한 껍질을 쓰고 있는 소년은 그의 실존에 굴복해야 한다. 자기애를 통과하는 유일한 길은 치명적 상처, 곧 우리가 이미 세웠고 또 그토록 주의를 기울이며 유지해 온 자아투사(I-project)의 끝장을 느끼는 것이다. 자기애는 환상 속에서 품었던 자신에 대한 엄청난 기대를 문자 그대로 성취한다고 해서 치유될 성질의 것이 아니다. 그것을 패해야 "다른 것"이 나타날 수 있다.

나르시서스 신화는 여러 가지 방식으로 살아낼 수 있다. 때때로 그 연못이 다른 사람 속에 나타날 수도 있다. 그 사람 속에서 바로 내가 사랑하고 또 내가 되고 싶은 이미지를 인식할 수도 있다. 그러나 동시에 나이며 또 내가 아닌(not-me) 이미지와 그렇게 우연히 만나는 것은 위험한 것이다. 인생은 결단코 또다시 똑같을 수가 없는 법이다. 이제까지 나였던 '나'는 빠르게 저하될 수 있고 마침내 자기 변화의 과정에 굴복한다. 자기애는 당근처럼 일생을 통하여 우리를 한 가지 바람직한 '자아'에서 또 다른 자아로 이끌어간다.

치료 과정에서 때때로 "내 생각에 나는 치료사가 되고 싶어요."라고 환자가 말하게 되는 순간에 도달한다. 그런 언표에서 우리는 자기애적인 어조를 들을 수 있다. 하지만 그것은 나르시서스가 말하고 있다고 하는 편이 더 낫다. 이 사람의 상상력이 일단 회전하여 아마 연못을 발견했을 수도 있고, 그 연못에 반사된 어떤 이미지—치료의 신(The Therapist)—를 보았을 수도 있는데, 그것을 사랑하는 것이 아니라면, 최소한 좋아하고 또 그 신화를 대변한다. 내 자신 상담치료사의 한 사람으로서 나는 그런 언표를 정확하게 신화로서 키워주려고 한다. 나는 나르시서스와 자기애를 혼동하지 않으려고 노력하는데, 특히 후자 때문에 속상하게 되면 더욱 그렇다. 그런 순간이 결정적일 수도 있다. 그것이 생명의 새로운 가지가 뻗기 시작하는 것일 수 있으며, 결코 가볍게 봐 넘길 일이 아니다.

오비드는 다음으로 그의 상상을 불의 요소로 바꾼다. 첫째 나르시서스는 비탄에 잠겨 가슴을 치는데 그의 피부는 마치 사과가 빨갛듯이 '묘하게 빛나게 된다.' 그러나 다음 순간, 약한 열 앞에 서도 녹아내리는 초와 같이, 아침 햇살에 녹아버리는 서리처럼, 나르시서스는 숨은 사랑의 불꽃으로 인하여 사라져 버린다. 사랑의 불은 이전의 나르시서스의 특징으로 되었던 냉기를 쫓아버린다. 이 이야기에 대한 신학적 해석은 자기애(self-love)를 부정적으로 보기 위하여 그 이야기를 도덕적 증거로 사용하였다. 그러나 실상은 이 이야기가 보여 주는 것은 사랑이 변화의 요인이라는 점이다. 따듯하게 덮혀 주는 사랑이 영혼을 창조한다.

나르시서스는 연못가의 풀밭에 머리를 누이고 있다가 슬며시 지하 세계로 사라져서는, 거기서 스틱스(styx)강물에 떠 있는 그 이미지를 계속해서 응시한다. 우리의 이미지들, 특히 삶 속에서 나타나고 변화의 에피소드 속에서 중요한 역할을 하는 그런 이미지들은 우리와 함께 영원히 머문다. 일단 우리가 어떤 이미지를 품게 되었을 때, 그것은 잠재적으로 항상 우리가 응시하게 되어 있다. 누구라도 우피찌 미술관 (Uffizi Gallery)에 찾아가서 보티첼리의 ' 프리마베라(Primavera)'를 보고 나면, 일생동안 그 꿈을 꾸거나 미의 척도로 그 이야기를 하게 된다. 어떤 순간의 생각이나 대화 속에서 불현듯이 그것이 나타나서 그의 영원한 현존을 상기시켜 준다.

이 신화의 한 부분이 암시하는 것은 우리가 삶 속에서 우리에게 다가온 이미지를 보살피거나 보존하는 일을 통하여 우리의 자기애로부터 계속하여 영혼을 만들 수 있다는 것이다. 이것은 예술치료나 일기쓰기의 기초가 된다. 변화를 일으키는 어떤 이미지들의 머물 집을 마련하는 것이다. 어떤 사진이나 묵은 편지들이 연못물과 관련될 수도 있다. 문화적으로 말하자면, 물론 우리는 회곡, 회화, 조각품과 지난 여러 세기의 건축물들에 의하여 우리는 끊임없이 우리 자신의 심층으로 초대된다. 예술이 자기애의 치료법이 될 수 있다. '큐레이터' (curator)와 '치료' (cure)는 본질적으로 같은 것이다. 우리의 이미지를 관리하는 큐레이터가 됨으로써 우리는 우리의 영혼을 돌본다.

오비드의 이야기는 화려한 디테일로 끝을 맺는다. 그의 동지들은 그의 시신을 찾으려 하나 끝내 찾지 못한다. 그 자리에서 그들은 중심의 꽃술이 노랗고 꽃잎은 하얀 꽃 한 송이를 발견한다. 우리는 여기서 단단하게 굳은 대리석과 같은 자기애가 부드럽고 유연한 결을 지닌 수선화(나르시서스)로 변화되는 것을 본다. 르네상스기의 박사(magus)가 암시하는 것은 필경 자기애의 순간에 우리가 해야 할 일은 집 주변에 신선한 수선화를 많이 갖다 놓고 우리가 신비 속에 들어 있음을 상기시키는 것이다. 그 이야기는 엄격하고 굳은 자기견제(self-containment)에서 시작되는데 끝은 성격이 꽃 피우는 것으로 맺어진다. 영혼의 돌봄은 증후 속에 있는 신화를 볼 것을 요청하는 바, 자기애의 단단한 표피를 뚫고 나온 꽃이 있음을 알아야 하는 것이다. 그 신화를 알면, 우리는 그 증후를 끌어안을 수 있고, 정신의 질환이 그 자체의 치료가 될 수 있는 법칙이 되는 뭔가를 일별하게 된다.

자기애와 다신론

나르시서스의 이야기가 명백히 해주는 것은 다름 아니라 자기애의 위험은 그것이 지닌 비 유연성(inflexibility)과 경직성이다. 나긋나긋함은 영혼의 특질로서는 지극히 중요한 것이다. 그리스신화를 보면, 거기 나오는 신들과 여신들의 유연성이 그들의 일차적인 특색중의 한 가지이다. 그들이 서로 싸울 수는 있으나 서로의 타당성(Validity)은 인정한다. 신들과 여신들은 제각기 그들의 배치에 따라 다신론을 지탱하는 특수한 방식이 있다.

종교적 신앙으로 이해되기보다는 오히려 심리적 모형으로 이해되는 다신론은 쉽사리 오해를 받는다. 소박하게 진술해서, 그 뜻은 심리학적으로 볼 때 심층으로부터 우리에게 부과된 수많은 다른 요구들이 있다. 이런 모든 충동들은 단 하나의 초점에 맞춰 보는 것은 가능한 일도 아니고 바람직한 것도 아니다. 성격의 단일성을 찾으려고 애쓰기보다는 오히려 다신론 사상은 다원성 안에서 살아갈 것을 암시해 준다. 어떤 이는 그 사상을 필요한 만큼 깊이 연구하지도 않은 채 가정하기를 이는 도덕적으로 어떤 일이 생겨도 되고, 윤리적 규정도 없을 뿐만 아니라 어떤 일이라도 일어나면 일어나는 것이라고 생각한다. 그러나 다(多)는 '여럿' 을 뜻하지 '어떤 것이라도' 를 뜻하는 것은 아니다. 다신론적 도덕성에서 우리는 각기 다른 도덕적 요구 때문에 생기는 긴장을 경험하도록 허용한다.

심리학적 다신론은 양적인 문제이기보다는 질적인 문제에 더가깝다. 자신 속에서 서로 경쟁을 벌이는 영혼의 요구에 대하여 관용하는 것을 발견할 때 인생이 더 복잡해지기는 하지만 동시에 더 흥미로워진다. 한 예를 보면, 고적(Solitude)과 사회생활의 모순적 욕구라 할 수 있다. 우리는 대부분 자기 안에 공동체 정신과 외로움의 정신이 둘 다 있다. 때때로 그 둘은 서로 전쟁을 일으키는 것처럼 보인다. 때때로 다른 사람들은 우리가 그 둘 중에 어느 한쪽에만 충성한다고 불평한다. 그러나 그 둘이 다 짜여져서 인생이 되는 것이며, 기호 논리학적으로 뿐만 아니라 심층적으로 그리 될 수 있다. 사실상 복잡하고 경쟁적인 요구를 깊이 있게 받아들일수록 그 요구들은 각기 더 미묘해진다. 그래서 도시 안에서 어떤 시골을 발견할 수도 있고, 공동체와 세련된 모습을 시골 속에서 발견할 수도 있다. 다신론적 삶을 없애기는 힘들지만 그것이 인생을 흥미롭게 만들고 움직이게 만들어 준다. 한 걸음 더 나가서 보면, 영혼은 다신론의 뒤엉킴 속에서 자라나는데, 그것은 마치 미궁 속에서 수 없이 많이 엎치락뒤치락 반전을 거듭하는 것과 같다.

다신론이 지닌 가장 가치 있는(rewarding) 특성은 각자의 마음과 친밀한 관계를 맺게 해 줄 수 있는 가능성이다. 우리가 유일신적 태도로 삶의 질서를 유지하려고 할 때, 곧 옳은 일을 하고, 전통을 지키고, 삶의 의미를 확인하는 등등, 노력을 할 때, 우리와 배치되는 도덕성이 우리 본성의 어떤 부분을 거리가 멀게 만들거나 별로 알려지지 못하게 만든다. 평생에 캠핑을 한 번도 가보지 않았던 한 사람이 자기는 그런 일을 몹시 싫어할 것으로 생각하고 살았는데, 그 뒤에 그는 하늘의 별빛을 바라보며 잠들기를 좋아하는 애인과 사랑하게 되었다. 야외에 나가 첫 밤을 맞아 그는 찬란한 밤하늘을 올려다보고서는, 자신이 그렇게 소박하고 아름다운 행위를 감상하리라고는 전혀 몰랐다고 고백하였다. 그는 말하기를 자기 내면에 다신론을 향한 작은 문열이 있었음을 몰랐다는 것이었다.

다신론적 태도가 어느 정도 인간의 본성을 수용하는 것과, 동시에 일편단심에 의해서는 차단될 수밖에 없는 자신의 본성을 수용하는 것을 허용한다. 신경증적인 자기애는 영혼의 소재를 이루는 수많은 감정, 추억, 소원, 환상, 욕망 그리고 공포를 멈춰 서서 성찰하고 바로 보는 데 필요한 시간을 허용하지 않는다. 그 결과, 나르시시스트적인 사람은 자기가 누군가에 대하여 단일한 생각에만 고착되게 하고, 바로 여러 가지 가능성은 자동적으로 거부된다. 우리는 신화, 특히 연못 속에 있는 '다른' 얼굴의 발견을 다신론 속에 있는 교훈으로 읽을 수 있다.

그 다음에 우리는 자기애를 문제로 보기보다는 오히려 기회로 볼 수 있다. 곧 성격 결함으로가 아니라 '타자성'(他者性)을 발견하려고 애쓰는 영혼으로 볼 수 있다. 자기애는 자아(ego)에 대한 단순한 초점으로 보기는 좀 약한 반면에 자아(self)의 역설적 의미에 대한 필요를 천명하는 것으로 보기, 곧 자아(ego)와 비자아(non-ego) 양쪽을 동시에 포함하는 것으로 보는 쪽이 더 강하다.

내 생각에, 자기애에 대한 이런 접근이 암시하는 것은 자아와 심지어 이기주의에 대하여 부정적인 것은 잘못되었다는 것이다. 자아는 사랑 받고, 주의가 필요하고 드러남을 원한다. 그것이 자아의 본성의 일부분이다. 정신이 겉으로 눈에 띄게 나타나는 모든 모습은 밥맛없어 보이거나 심지어는 난폭하게 보이는 것을 필요로 한다. 통속적인 심리학은 어린이의 모습을 낭만적으로 보려는 경향이 있다. 사람들은 워크숍에 참석하여 '내면에 있는 어린이를 발견' 하려 하지만, 실제로 그들은 울고, 뭔가 필요하고, 토라지고, 눈에 보이는 모든 것을 쏟고, 오줌 싸는 어린이를 일깨우러 이런 행사에 참석하는 것이다. 그러나 이 모든 것이 역시 어린이의 특성이다. 자아, 곧 '나' 라고 쉽사리 이름 붙이는 전체 구성이 호소하는 듯한 필요를 지니고 있다. 우리가 실상 여러 얼굴을 지닌 사람이란 사실, 곧 영혼의 여러 모습을 인정한다면, 내 생각에는 우리가 다른 어떤 존재보다 더 '나' 라는 인생을 위한 자리를 마련해야 할 것이다.

자기애는 이 '나' 에게 지나친 주의를 기울이는 것에 대한 이야기가 아니다. 만일 우리가 신화에서 교훈을 얻는다면, 자기애는 불행한 상황으로서, 그 속에서 우리 내면에 연못이 있다는 사실을 발견해야 하며, 그 연못에서 또 다른 자아인 '나' 에 대한 더 심층적 의미가 우리의 주의와 애착을 끌기 위하여 나타날 수도 있다. 나르시시스트 적인 사람은 자신의 본성이 얼마나 심오하고 흥미로운가를 단순히 모를 뿐이다. 자기애에 갇혀서 그는 인생의 책임이라는 짐의 무게를 온통 자신의 어깨에 메고 다니도록 정죄되었다. 그러나 일단 '나'라는 인성을 에워 싸고 있는 다른 모습(인물)들이 있다는 사실을 발견하고 나면, 인생의 어떤 일은 그들이 하게 할 수 있다. 자기애는 마음대로 즐기는 쾌락처럼 보일지는 모르나, 만족의 얼굴 뒤에는 억압적인 짐이 있다. 나르시 시스트적인 사람은 사랑 받기 위하여 무척 애를 쓰지만, 결코 성공하지 못한다. 그 까닭은 자기 자신이 사랑 받을 수 있기 전에 자기 자신을 다 른 사람처럼 사랑해야 한다는 사실을 아직 깨닫지 못했기 때문이다.

인생의 꽃이 필 때

몇 해 전에 내가 어느 주립 대학교에서 심리학을 가르치던 때였다. 어느 명석하고 재미있는 학생이 내 강의실에 들어왔다. 그는 아주 성 숙해 보였고, 사회 문제에 헌신적이었으며, 사상 토론을 즐겨 하였다. 심지어 그는 혼자서 무게 있는 책들을 읽고 있었는데, 그 학교에는 그 리 흔치 않았던 일이었다. 그러나 나는 역시 그의 속에서 일찌감치 나 르시서스(Narcissus)를 감지할 수 있었는데, 이를테면 그는 주변에 사 람들을 끌어 모으면서도 일정한 거리를 두는 방식이 있었다. 거기에는 에코(Echo)도 있었다. 그는 여러 출처에서 들은 많은 생각들을 마치 자 신의 것인 양 되풀이하였으며, 그것은 자기애를 여실히 드러내는 신호 가 되었다. 그러나 그가 어느 날 나와 사담을 나눌 수 있느냐고 묻기까 지는 그가 얼마나 그 신화를 향하여 운명이 결정지어졌는가를 인식하 지 못하였다.

그는 나를 마주 보고 앉아서는 특색 없이 진지한 표정을 지었다.

"무슨 일이야?" 내가 물었다.

"내 속에서 어떤 일이 일어나는가를 나는 누군가에게 말해야만 합니다." 하고 그는 눈에 불꽃을 튀기며 말하였다.

"계속 해" 내가 말하였다.

"나는 내 자신에 대하여 뭔가를 발견하였습니다."

"그래요."

"나는 예수 그리스도입니다."

"오" 하고 내가 말하였다. 그가 그런 자존감을 그토록 단호하게 표현하리라고는 준비가 되어 있지 않았다.

"나는 세상을 구원할 사명이 있습니다." 그는 계속 하였다.

"나는 기적을 베풀 수 있다는 것도 압니다. 경우에 따라서는 저를 잘못 생각하실 수도 있습니다. 제 말씀은, 제가 크리스천이거나 예수를 따르는 사람이거나, 그리스도처럼 사는 사람이 아니라는 것입니다. 나는 예수 자신으로서 지구에 돌아온 겁니다. 미친 소리처럼 들릴 줄 압니다만, 이건 사실입니다."

나는 이 젊은이가 그의 삶에서 정말 강렬한 소명을 갖고 있다는 것을 믿는다. 그는 재주가 있고, 확신과 이상과 정력도 있다. 그러나 확실한 것은 그의 중후적인 자기애가 심화되지 않는다면, 그는 정말 어려워질 것이다. 그는 세상에서 아무 것도 성취할 수 없게 될 뿐더러, 고작해서 좌절된 이상주의로 생을 마치게 될지도 모른다. 나는 이 이야기를 주립 병원에서 일하는 한 동료에게 들려준 일이 있다. 그의 응답은, "오, 우리 병동에는 예수가 수없이 많아요" 하는 것이었다. 그러나 내 생각에 현실 생활에 대한 내 학생의 잠재력은 그의 환상적인 자기애가 모호한 만큼 맞먹게 컸다. 그에게 있어서, 영혼의 돌봄은 이런 환상을 가꾸고 키워서 마침내 능력과 효율성으로 통합되도록 하는 것을 의미한다. 이 사람의 환상을 평범한 병리 현상으로 판단하기보다는, 헌신적이고 동기부여가 강한 삶으로 초대받은 것으로 보고 싶었다. 나는 이런 황당한 생각들이 어디서 나왔느냐고 묻기보다는, 나 자신에게 이 젊은이가 자기의 꿈을 어떻게 성취할 수 있을까를 물었다. 그가 예수와 동일시한데서 오는 위험한 광기를 지나쳐 버리자는 것은 아니다. 그것은 기괴한 짐 존스의 생애로 끌어갈 가능성도 있는 것이다. 그러나 만일 자기애를 조심스럽게 긍정적으로 다루기만 한다면, 평범한 삶 속에서 꽃이 피게 만들 가능성을 찾을 수도 있다.

어떤 심리학자들은 이상적인 젊은이(puer)가 근거를 찾으려고 울부짖는다고 주장한다. 그는 인생을 경험하고 나서 환상적인 생각들을 붙들어 매서 보다 더 겸허한 삶을 살게 할 필요가 있다. 그를 아래로 끄집어 내려서 우리 모두가 살고 있는 곳으로 오게 할 필요가 있다. 그러나 나는 이런 정반대의 태도를 향하여 보상적으로 옮기게 하는 일에 대해서는 회의적이다. 그것은 분열 상태를 지속하여 개인을 완전히 혼란에 빠뜨려서 환상적 도피에 사로잡히게 만들 수 있기 때문이다. 우리는 보다 더 동종치료적(homeopathic) 접근법을 택하여 그 증후에 나타난 것을 그대로 수용하면서도 동시에 그것을 심화시키는 노력을 기울여야 한다.

신화에서 나르시서스의 본성은 문자 그대로 꽃이 핀다. 그는 사춘기의 어리석음에 대하여 충분히 자책을 느낄 정도로 성숙한 어른이 되지 못한다. 사실상, 지하 세계에서 영원토록 자신의 이미지를 명상하는 소년의 주제(motif)가 암시하는 바는, 자기애가 치유되는 때가 언젠가

하면, 인생의 본질로 초대되었을 때와, 그 젊음이 가득한 정신이 영혼 속에 영원토록 머물러 살게 될 때라고 한다. 일반적으로 말해서, 어떤 행동이 증상으로 나타날 때는 바로 인정받지 못하거나 우리의 본성의 정당한 일부로 존중받지 못한 경우이다. 나의 젊은 학생은 여러 해 동안 성찰하고 난 뒤에 그의 자기애가 변화하여 그의 인생에 지식을 채워 주는 깊은 신화가 될 수 있을지 모르겠다. 그러나 우리가 개인적으로나 사회적으로 황당한 젊은 시절의 이상주의와 예수나 모차르트나 마틴 루터 킹 2세 같은 이들과 기발하게 동일시함이 없다면, 우리는 어디에 가 있을까? 자기애의 날개를 단 이상주의는 강제적인 근거가 필요한 것이 아니다. 필요한 것은 수용과 명상과 바짝 끌어안아 주는 것이다. 그래야 자연스럽게 상아처럼 단단한 기대에서부터 부드럽고 아름답고 구체적인(earthly) 삶으로 변화할 수 있다.

자기애 속에 있는 가능한 긍정적인 결과를 보지 못하게 종종 우리의 시야가 차단되는 까닭은 그것이 아주 강력한 그늘진 느낌을 만들어 내기 때문이다. 이것은 미국 문화 속에서 공인된 미덕 가운데 하나인 겸손을 거스르는 것이다. 우리는 겸손하고 주제넘지 않아야 할 것으로 되어 있다. 자기애는 그 겸손의 그림자이며, 그래서 우리는 그것을 수용 가능한 수준으로 끌어내리려고 애쓴다. 그러나 자기애는, 사회적 수준에서조차도, 우리에게 필요한 것은 겸손, 특히 억압된 야망에서 일어나는 거짓 겸손이 아니라, 위대한 꿈과, 높은 이상과 우리 자신의 재능과 능력을 즐기는 것임을 암시한다.

자기애에서 문제는 높은 이상과 야망이 아니라, 거기다 구체적인 형체를 덧입히려 할 때 맞부딪히는 어려움이다. 나르시시스트는 자신의 내면에서와 동시에 주변 인물들 속에서 자신의 신화에 대한 저항을 발견한다. 친구나 동료들은 자기애의 어조 때문에 그를 경원시하게 된다. 이러한 반작용, 이 신화에 대한 그들의 '역전이'(countertransference)는 빈번하게 그 어조에서 부모 같거나 도덕적인 것이다. "저 젊은이는 인생을 좀 경험해야 빼기지 않겠지." 아니면, "저 여자는 언제 어른이 되지?" 그러나 자기애에 대한 해결책은 '어른이 되는 것'이 아니다. 그와 반대로 자기애에 대한 해결은 가능한 만큼 그 신화를 실현하게 하는 데 어디까지냐 하면, 작은 봉우리가 나와서 그 자기애를 통하여 인성이 꽃피움을 나타내 주는 시점에까지 이르는 것이다.

자애(自愛)

자기애는 사람이 자기 자신을 사랑하지 못하는 상태이다. 이런 사랑의 실패는 반대 현상으로 오는데, 그 까닭은 자신을 용납하는 법을 찾으려고 너무 애를 쓰기 때문이다. 이 콤플렉스는 너무나도 명백한 노력과 과장을 통하여 드러난다. 자기애의 사랑이 얕다는 것은 어디서나 분명하다. 어떤 사람이 언제나 자신에 대하여 말하는 것을 보면 틀림없이 자신에 대한 아주 강한 의식이 없다는 것을 우리는 본능적으로 안다. 이런 신화에 사로잡힌 사람에게는 자애를 찾는 데 실패하면 그것은 일종의 마조키즘으로 느껴진다. 그런데 마조키즘이 작용하게 되면, 사디스트적인 요소가 그리 멀지 않은 뒤쪽에 있다. 두 가지 태도는 분열된 힘의 원형(archetype)에서 양극적인 요소들이다.

나르시시스트는 남을 배척하는 면에서나 자신의 우월감을 느끼는 면에서도 명백히 사디스트적이다. 마조키즘은 이와 반대로 내가 '부정적 자기애' 이라 부르는 속에서 특히 명백하게 나타난다. 어떤 사람들은 자신들을 끊임없이 판단하고 몹시 꾸짖음으로써 자기애를 피한다고 생각한다. 비록 이것이 자애의 반대로 보일지 몰라도, 이것은 그래도 자기애이다. 삶이나 사 물에 대해서가 아니라, 비록 부정적이기는 하지만 자신에게만 초점을 맞춘다. 마조키즘은 자기비판의 습관으로 나타날 수도 있다.

한 번은 어느 화가가 자신의 그림에 대하여 나에게 이야기를 하고 있었다. 그녀가 자기 작품의 샘플을 보여 주는데, 내가 보기에 그녀가 재능이 클 뿐 아니라 예술에 투신해도 좋겠다고 생각되었다. 그러나 우리가 이야기를 하다 보니까 그녀 자신과 작품에 대한 태도에서 뭔가가 끼어들었다.

"당신 최고 작품에서 퍼스펙티브가 없는 리얼리즘이 나는 특히 좋습니다." 내가 말하였다.

"아, 모르겠어요." 그녀가 말했다.

"내 생각에는 내가 공부를 많이 못했다는 게 보이는 것 같아요. 있잖아요. 저는 늘 예술학교에 가고 싶었는데, 저희 집에서는 저를 보내 줄 수 가 없었거든요."

"그런데 어떻게 그 색채들을 조화롭게 보이도록 하면서 동시에 그토록 대조적인 느낌으로 가득하게 하지요?" 나는 그녀의 스타일에 끌려서 물었다.

"나는 정말 이런 훈련은 못 받았어요." 그녀는 자기의 배경과 족보에 대한 관심을 가지고 계속하여 말했다.

자신을 내리 깎는 일은 자기애를 뒤집어 놓는 것이다. 그렇게 해서 영혼으로부터 세상에 대한 애착을 잃어버리게 한다. 이 여인은 나무들에게 이야기를 하지 못할 뿐 아니라 자기 그림에 대해서도 이야기를 못 하였다—신화 속에서는 나무들에게 말하는 것이 곧 나르시서스가 어 딘가에 담고 있다는 싸인이다—그녀의 '자아'가 방해가 되었다. 그녀 의 이미지에 대한 지나친 관심 때문에 자신의 작품에 대해서는 애착을 갖지 못하였다. 만일 그녀가 자신의 이미지를 예술가로 지니고, 그것 을 사랑했다면, 자신에 대한 열등감은 잊어버리고 작품에만 집중할 수 있지 않았을까 하고 생각해 봤다. 영혼은 항상 애착의 요소를 포함한 다. 그러나 자기애는 우리가 신화에서 보는 대로 자신에 대해서도 애 착을 느끼지 못하는 실패로 나타난다. 우리의 자기애 안에서 우리는 마치 상아로 만들어 놓은 듯이 아름답지만 동시에 차갑고 단단하다.

자기애와 자아에 대한 적절하고 필요한 사랑은 서로 반대되는 것인 데도 불구하고 많은 사람들에게는 이 둘을 구별하기가 어려운 일처럼 보인다. 그래서 칭찬에 너무 굶주려서 혼란에 빠진 사람은 성취의 기 쁨으로부터 움츠려 든다. 이런 사람은 명백한 성공조차도 대수롭지 않 게 여 기거나 치하나 칭찬을 받아들이기가 어렵고, 이런 식으로 사는 것이 그 무서운 자기애를 피할 수 있는 길이 되리라고 생각한다. 거짓 겸손은 자아가 갈망하는 친절을 거부하지만, 거부 그 자체가 자기애적 이다. 기뻐할 수 있는 인생의 가능성에 맞추기보다도 자아에다 부정적 으로 초점을 맞추는 것이기 때문이다.

자기애의 치유, 곧 그 징후로 나타나는 굶주림을 채우는 것은 자아가 필요로 하는 것을 줌으로써 성취되는데, 그것은 바로 성취와 용납과 어 느 정도의 인정에서 기쁨을 찾는 것이다. 자아의 욕망에 대한 마조키 스트적 거부는 전체 영혼을 돌보는 길이 못된다. 그와 반대로, 영혼의 필요를 대가로 삼아서 거짓스런 덕목을 산다는 것은 고행적인 거래가 될 수밖에 없다. 순수성과 절제라는 생각에 의하여 동기가 부여될 때, 사람이 자아에게 대하여 온갖 편안함을 거부 할 수는 있으나, 그래도 자기애는 더욱 커질 수도 있다. 영적 프로그램들을 개인의 발전에 대한 관심이나 당국의 승인을 받은 것이나 성인이 되고자 하는 바람이나 그밖에 다른 고상한 지위에 대한 바람으로 채울 수 있다. 그러나 한 가지 대안적인 접근은 영혼의 불평을 들어주고 영혼이 가장 필요하게 느끼는 곳에 사랑을 주고 주의를 기울여 주면, 그것이 비록 우리가 가장 의심할 것이라도 도움이 된다.

자기애를 치유하는 데 있어서 비결은 그것을 전혀 치유하는 것이 아니라 자기애에 귀 기울여 경청하는 것이다. 자기애란 영혼이 충분히 사랑을 받지 못하고 있다는 싸인이다. 자기애가 오면 올수록, 그만큼 사랑을 덜 받고 있는 것이다. 이 신화는 비상할 만큼 미묘하다. 나르시서스는 자신의 이미지와 사랑에 빠지고 그러면서도 사랑받고 있는 그가 자신인줄도 모르고 있다. 그는 자신의 경험에 의해서 자신이 사랑받을 수 있음을 발견하게 된다. 한 걸음 더 나아가서, 자기 자신을 대상으로 사랑하게 된다. 우리가 사는 개인주의와 주관성의 시대에서 개인을 대상으로 만드는 것은 죄로 간주되었다. 그렇지만 그것이 유일하게 우리 자신을 객관적으로 볼 수 있는 길이다. 우리는 우리의 삶과 인성을 이루고 있는 소재들을 '나' 와 또 다른 떨어진 물질처럼 조사할 수 있다. 나는 소재이다. 나는 사물과 특질들로 만들어졌다. 그래서 이런 것들 을 사랑할 때 나 자신을 사랑하게 된다.

융이 그랬던 것처럼 영혼에 대한 통찰을 얻기 위하여 연금술 쪽으로 눈을 돌리는 이점은 자아가 만들어질 때 재료와 과정과 특질들로 이루어졌다는 관점을 제공해 준다. 곧 염분, 유황, 철분, 수분 ; 차갑고, 따듯하고, 건조하고, 습기가 있고 ; 조리하고, 부글부글 끓이고, 찜을 하고, 펄펄 끓인다. 우리는 영혼의 상태를 묘사하기 위하여 일상의 언어생활 속에서 이런 말들을 사용한다. 우리가 영혼의 객관적 성격을 인식할 때, 그래서 유아론적(唯我論的) 자기도취에 빠지지 않으면서도 영혼을 사랑하게 될 때, 우리는 나르시서스가 그랬듯이 우리 자신을 절대적 타자(Other)처럼 사랑할 수 있게 된다.

우리는 우리의 습관과 약점과 강점과 괴팍한 버릇들을 알고 있다. 그런 것들을 관심과 애정을 가지고 바라보는 것이 반드시 자기애적일 필요는 없다. 사실상 영혼의 특징들을 의식하는 것—즉, 나르시서스가 사랑의 대상으로부터 느끼는 거리—이 자기애가 자아에 대한 순전한 사랑으로 변화되게 할 수도 있다.

그런데, 자기애가 반드시 한 개인의 상태는 아니다. 빌딩이나 예술 작품이나 도시 계획, 고속도로, 영화, 법률 등, 이 모든 것이 그 속에 자기애의 엷은 기미나 큰 줄기의 성향이 들어 있을 수 있다. 자기애적인 물체는 그 자체를 사랑하지 못한다는 것을 보여 주는 사물일 수 있다. 말하기가 좀 묘하지만, 어떤 빌딩이 그 자체의 기본적 형태로도 충분하고 그 자체로 사랑받을만한데도 불구하고 허세를 부리듯이 너무 과시하다 보면 자랑하다가 마치 배 밖으로 뛰쳐나가 물 속에 빠지는 형국이 될 수 있다. 예를 들면, 내가 보기에 엠파이어스테이트 빌딩은 우뚝 솟아 당당히 서 있는데, 우리 도시마다 있는 수많은 빌딩들도 그들의 개성을 너무 주장하는 듯하다. 그들을 따로 떨어져 서 있기를 원하는 듯하다. 그들은 지역 사회 안에서 다른 건물들에 비하여 마치 열등감을 느끼는 것처럼 보인다. 엠파이어스테이트 빌딩은 근처에 있는 건물들이 높이가 더 크거나 작거나 간에 자신의 모습을 잃지 않는다. 그 자체의 자애 속에서 안정감을 지니고 있는 것으로 보인다.

신화가 우리에게 그밖에 뭔가를 또 가르쳐 준다. 곧 자기애는 변화의 큰 틀에서 보면 작은 한 부분이다. 이야기 속에서 보면 장면이 숲에서 지하세계로, 등장인물은 사람에서 꽃으로, 곧 사람이 물체로 바뀐다. 나는 이것을 인간적 주관성에서 떠나 자연으로 움직여 가는 것으로 본다. 자기애가 스스로 치유하면서 거기서 벗어나 피조물의 세계로 들어간다. 우리는 자기애 속에서 자연에게 상처를 입히고, 사랑 받지 못할 것들을 만든다. 그러나 우리의 자기애는 변화되고, 그 결과로 자아를 사랑하게 됨으로 자연의 모든 사물들과 일치감을 불러일으킨다. 그렇다면 우리는 자기애를 공유하고, 상호적인 자아를 지니며 모든 피조물 사이에서 일종의 신비한 동족의 관계(consanguinity)를 지닌다고 말할 수 있을지 모른다. 너무 조심스럽게 신비주의에서 뒷걸음치지 않기로 말하자면, 징후적인 자기애가 순전한 종교적 덕목이 될 때에 비로소 치유될 수 있다고 생각할 수도 있다. 인간의 모든 징후와 문제들은 깊이 있게 파고들어서 심층에서 보고 영혼 충만한 방식으로 인식될 때 궁극적으로 종교적 감각으로 해결책을 찾게 된다.

라이너 마리아 릴케는 이와 같이 일상을 거룩하게, 눈에 보이는 것을 보이지 않는 것으로 바꾸는 변화의 철학을 지닌 시인이었다. 1925년의 한 유명한 편지에서 그는 "우리의 과업은 잠깐 있다가 사라질 이 땅을 아주 깊게, 고통스럽지만 열정적으로 우리 속에 각인 되게 하여서 '눈에 보이지 않게' 우리들 속에서 다시 살아나도록 하는 일이다." 라고 적는다. 이 말에서 나는 나르시서스가 꽃이 피는 것을 연상한다. 자연은 우리 인생들을 통하여 자신을 나타내고, 우리의 인성은 창조물의 행위로서 꽃피운다. 〈모르페우스에게 부치는 노래〉(14행시)에서 릴케는

또 한번 소박하게 나르시서스에 대하여 언급한다:

연못에 반사되어도
우리 눈앞에서 자주 헤엄치네;
이미지를 알라
오로지 이중영역에서
두 목소리는
영원하고 또 부드러워지네.

나르시시스트는 냉혹하게 자기비판을 당하면서도 무정하고 잔인해질 수 있다. 그러나 "이중 영역"(dual realm)이 발견 될 때, 그리고 나르시서스가 그의 타자성(otherness)과 접촉하며 연못에 누워있을 때, 지속적이며 영원하고 흐트러지지 않은 심층이 근거와 자신감을 안겨준다. 그 때 자기애 속에 있는 사디즘의 날카로운 날을 무디게 할 수 있다. 자기발견의 물 속에 부드러움이 있기 때문이다. 나르시서스로서 우리는 더 이상 자기 보존을 시도하면서 대리석처럼 되는 존재가 아니라, 오히려 더욱 더 꽃처럼 되어서 뿌리는 깊어지고, 흐드러진 아름다움은 근거를 찾고 자연의 정직한 겸손을 한껏 즐기게 된다.

문제는 너무 자주 우리의 징후가 손은 못 대는 어려움이 있다. 우리의 교묘한(artful) 참여가 없으면 변형(metamorphosis)은 생기지 않는다. 이것이 르네상스기의 피치노와 피코 델라 비란돌라 같은 마법사들의 교훈인데, 그들의 글을 보면 우리는 우리 자신의 인생에 대하여 예술가나 시인이 되어야 한다는 것이다. 징후는 상상력에 의하여 변화된다. 만일 조금이라도 자기애가 내 입 밖으로 튀어나가는 소리를 듣는다면,

나는 실마리를 잡아서 어디에서 내가 나의 영혼을 사랑하지 않고 돌보지 않고 있는가를 찾을 수 있다. 특수한 언어가 나에게 어디를 보고 무엇을 해야 하는가를 정확히 일러준다. 이상하게 들리겠지만, 만일 자기애를 이렇게만 인식하고 그 속에서 신화의 요란한 소리를 듣게 된다면, 나는 내 자기애에 대해서 감사할 수 있다. 그 속에서 자기수용의 씨앗이 들어있고 더 넓은 세계에 대한 애정과 애착이 있다.

제4장

사랑의 통과의례

플라톤이 말했듯이, 사랑은 일종의 광기, 숭고한 광기이다. 오늘 우리가 사랑에 대하여 이야기하면서 사랑이란 마치 관계의 한 측면인 것처럼, 크게 말하자면, 뭔가 우리가 통제할 수 있는 것처럼 말한다. 우리는 어떻게 해야 사랑을 옳게 할 수 있는가, 어떻게 해서 성공하고, 문제를 극복하여 실패하였을 때도 살아났는가 하는 것에 관심을 둔다. 치료받으러 오는 사람들이 안고 오는 수많은 문제들은 사랑에 대한 상승기대와 맨 밑바닥까지 떨어진 경험 같은 것들이 포함되어 있다. 명백한 사실은 사랑이 결코 단순하지 않다는 것과, 과거의 몸부림과 미래에 대한 희망을 지니고 있으며—어떻게라도 찾아본다면—명백한 사랑의 대상이 되는 사람에게 멀게라도 연결되어 있는 자료로 가득 채워져 있다는 점이다.

때로는 우리가 사랑에 대하여 가볍게 이야기하면서, 사랑이 얼마나 힘이 있고 또 얼마나 지속적인가를 인정하지 않는다. 우리는 늘 사랑이 치유해 주고 온전하게 되는 것을 기대하는데, 실은 알고 보면 사랑이 움푹 파인 틈이나 텅 빈 실패를 만들어 낸다. 이혼을 한번 겪고 보면, 결단코 그칠 줄 모르는 길고도 고통스러운 과정이 되는 일이 흔히 일어난다. 흔히 우리가 옳은 짓을 했는지 완벽하게 알 길이 없고, 그런 결정을 내린 데 대하여 마음의 평화를 누릴지라도 추억과 애착은 다만 꿈속에서라도 지속된다. 사람들은 결코 표현될 수 없었던 사랑에 대하여 정서적으로 심한 고통을 받는다. 한 여성은 자기 아버지가 수술실로 마지막 들어가던 때를 생각만 하면 운다. 평생 동안 그들의 관계가 원만하지 못했기는 하지만, 아버지에게서 사랑한다는 말 한마디를 하고 싶은 강한 충동을 느꼈으면서도, 움츠러들었고, 결국은 너무 늦었다. 양심의 가책은 지독했고 또 지속적이다. 그의 〈향연〉(Symposium), 곧 사랑의 본질에 대한 그의 유명한 책에서, 플라톤은 사랑을 충만과 공허의 자식이라 부른다. 이 두 측면의 각기 다른 측면을 어떤 형식으로든 동반한다.

사랑에 대한 우리의 사랑과 사랑이 어떻게든 인생을 완전하게 해주리라는 상승 기대는 사랑 경험에는 필수적인 부분이다. 사랑은 인생의 그처럼 쩍 벌어진 틈이 아물고 치유되게 할 것을 약속하는 것처럼 보인다. 과거에는 사랑이 그 자체를 드러내면서 고통과 혼란을 안겨 주었다는 것이 곧 차이가 난다. 그런데 사랑 안에서 뭔가 자기 갱신적인 면이 있다. 그리스의 여신처럼, 건망중의 목욕을 통하여 자신의 순결(virginity)을 갱신한다.

내 생각에 우리가 사랑을 경험할 때마다 사랑에 대하여 뭔가를 배우는 것이 사실이다. 어떤 관계에서 실패했을 때 우리는 똑같은 실수를 다시는 되풀이하지 않으리라 결심한다. 우리는 어느 만큼은 터프해지기도 하고, 아마 조금은 더 슬기로워지기도 한다. 그러나 사랑 그 자체는 영원히 젊고, 언제나 젊은이의 어리석음을 어느 정도 드러내기 마련이다. 그래서 결국은 사랑 때문에 겪는 고난이나 막다른 골목 때문에 너무 지치지 않는 것이 더 좋고, 오히려 공허함이 사랑의 유산 가운데 일부이고 따라서 사랑 그 자체의 본질임을 감상하게 된다. 과거의 실수를 피하려 하거나 어떻게 하면 사랑에 대하여 똑똑히 굴 수 있을까를 배우려고 노력하는 따위는 필요치 않다. 사랑 때문에 황폐하게 된 뒤에 우리가 이룰 수 있는 발전은 다시 한 번 자유롭게 사랑 속으로 들어갈 수 있게 되는 것과, 우리의 의심에도 불구하고 사랑에서는 신비하게 필요한 어두움과 텅 빈 상태로 더 가까이 가게 되는 것이다.

사랑을 고려할 때 관계란 측면에서는 덜 생각하고, 영혼의 사건이란 측면에서도 더 많이 생각하는 것이 쓸모 있을지 모른다. 이는 고대의 교본들(handbooks) 속에서 찾을 수 있는 관점이다. 관계가 작용하게 만드는 이야기는 없고, 다만 우정과 친밀에 대한 경축은 있다. 강조점은 사랑이 영혼에 대하여 무엇을 하는가에 있다. 사랑이 더 넓은 비전을 가져다주는가? 사랑이 어떤 방식으로든 영혼이 통과의례를 거치게 하는가? 사랑이 연인들 땅으로부터 멀리 거룩한 것을 의식하는 데로 옮겨 주는가?

피치노가 말한다. "인간의 사랑이란 무엇인가? 사랑의 목적은 무엇인가? 그것은 아름다운 대상과 합일이 되어 유한한(moutal) 인생에게 영원을 가능하게 하려는 욕망이다." 이것은 신플라톤주의자들에게 찾을 수 있는 근원적인 가르침으로서 땅의 쾌락을 영원한 즐거움에 대한 초청으로 보는 것이다. 피치노가 말하기를 이러한 일상생활의 일들이 영원을 향하여 우리를 매혹시키는 '마법의 미끼'라 한다. 바꾸어 말하자면, 두 사람 사이의 완전히 세속적인 (땅의) 관계처럼 보이는 것이 동시에 영혼을 향한 훨씬 더 깊은 길이 된다. 사랑은 사랑 그 자체의 희생자들을 혼란시킨다. 사랑이 영혼 속에서 작용하는 것이 관계에서 명백히 보이는 템포와 필수 조건 같이 세부적인 것들과 반드시 일치하지 않기 때문이다. 독일의 초기 낭만파 시인인 노발리스(Novalis)가 아주 소박하게 표현한 것이 있다. 곧 그의 말에 의하면 사랑은 본디 이 세상을 위하여 만들어진 것이 아니다.

프로이드가 한 가지 방법을 제안한다. 곧 사랑에서 우리가 인생의 우연한 일들로부터 영혼을 향하여 우리의 주의를 돌리라는 것이다. 그가 말하기를, 사랑에는 언제나 초기의 가족 패턴이 현재의 관계로 전이되는 법이다. 아버지, 어머니, 형, 누이 같은 사람들의 사랑에서 늘 보이지 않으나 영향력이 있는 현존으로 암시된다. 프로이드는 우리가 사랑이 꿈틀대면 으레 행동으로 되살아나는 심층적인 환상에로 눈길을 돌리게 한다. 물론 우리는 프로이드가 환원론적으로 말하면서 현재의 사랑이 옛 사랑의 부활이라 하는 것으로 읽을 수 있다. 아니면, 우리는 프로이드의 초대를 받아서, 사랑이 추억과 이미지를 가지고 영혼을 얼마나 풍부하게 만들어 주는가를 생각할 수 있다.

우리가 이해하기로는 사랑이 공동체 전체의 사람들을 끌어들인다는 사실을 프로이드가 우리에게 상기시켜 준다. 내가 약 15년 전쯤에 꾸었던 꿈을 회상한다. 내가 어떤 큰 침실에 있었는데, 내가 평생에 알지 못했던 미인이 함께 있었다. 나는 주의가 산만하기 때문에 밝은 불빛을 끄고 싶었다. 나는 벽에 붙은 긴 스위치를 찾았는데 거기에는 단추가 약 20개 있었다. 하나를 누르니까 어떤 불은 꺼지는데 다른 불들은 켜졌다. 나는 단추들을 누르고 또 눌렀는데 내가 원하는 데로 어두움을 성취하지는 못하였다. 마침내 나는 포기하고 말았는데 그러고 나니까 사람들이 떼지어 그 침실로 들어오기 시작하였다. 가망이 없었다. 나는 그토록 갈망하던 어두움도 프라이버시도 가질 수가 없었다.

사랑은 맹목성과 순수한 몰입과 복잡한데서 해방되는 자유를 바라는데, 이런 사랑에 빠지는 데는 뭔가가 있다. 그 꿈속에서 나는 평범하고, 티 없이 순수한 사랑에 어떤 영혼의 모습도 끼어드는 것을 바라지 않았다. 물론 어떤 빛도 원한 것이 아니었다. 내가 바란 것은 순수한 무의식과 절대적인 어두움이었다. 사실상 두 사람 사이의 사랑이 더 복잡해질 때, 서로에 대한 생각이나 어떤 상황이 전개되는가에 대한 생각을 간직하게 되는 것은 어떤 희생 제물처럼 느껴진다. 영혼이 역사나 그 밖의 다른 복잡한 문제를 안고 개입하게 하는 일이 쉬운 것은 아니다. 한 때 나는 어떤 여성과 함께 일을 했는데 그는 막 결혼할 참이었다. 당시에 그는 일련의 어지러운 꿈을 계속 꿨는데, 꿈속에서 그의 오빠가 끈질기게 결혼을 간섭하는 것이었다. 그 오빠는 여동생을 사랑했고, 여동생이 결혼하면 자기와의 친밀한 관계가 끝날 터이니까 그 결혼을 깨려고 작심하였다. 그 여인은 자신도 오빠를 사랑할 뿐 더러 오빠와 자신의 약혼자와 동시에 결혼할 수 있으면 좋겠다는 식의 깜짝 놀랄 이미지를 갖고 있다고 나에게 말해 주었다. 그의 감정이 그토록 강렬한데, 특히 재미있는 것은 실제로 삶 속에서 그에게는 오빠가 없었다. 오빠는 바로 그 여인의 강력하고 적극적이며 간섭하는 영혼의 모습이다. 오빠는 명백히 그 여인에게 성찰하고 물음을 물을 기회를 주고 있었다. 융의 표현을 빌리자면, 그 오빠는 비판하며 잠시 중지시키는 식으로 값진 아니무스(animus)를 적극적으로 드러내는 모습으로 작용하였다. 오빠는 동시에 영혼의 대표로서 인간의 사랑이란 겉으로 나타나듯이 그리 단순한 것이 아님을 여동생에게 상기시켰다. 결혼에 관한 에세이를 쓰면서, 융은 말하기를 사랑에는 늘 네 사람이 관여한다. 곧 사람과 애인과 아니마와 아니무스로서 관여한다. 그러나 이런 꿈들이 암시하는 것은 그보다 더 많은 사람들이 결혼 첫날밤에 관여하고 현존할 수 있다는 것이다.

프로이드에게서 우리가 얻을 수 있는 일반적인 원칙이 한 가지 있는데, 사랑이 상상력을 폭발시켜서 비범하게 작용하도록 한다는 것이다. '사랑'에 빠지면, '상상'에 젖어들게 된다. 문자 그대로 일상생활의 염려들과, 어제의 걱정 같은 것이 사랑의 공상이 이어지면서 실제로 사라진다. 상상의 세계가 제대로 자리 잡으면 구체적 현실은 슬그머니 뒤로 물러선다. 그래서 사랑의 '숭고한 광기'는 편집병(paranoia)이나 다른 분열증 같은 마니아에 가깝다.

이 말이 그렇다면 우리가 이런 광기를 치유해야 할 필요가 있다는 뜻인가? 로버트 버튼(Robert Burton)은 17세기에 쓴 그의 큼직한 책으로, 독자 스스로 돕는 책인 〈우울증의 해부학〉(The Anatomy of Melancholy)에서 말하기를 사랑의 우울증을 치유하는 길은 하나밖에 없다; 곧 멋대로 사랑에 빠지는 길밖에 없다. 오늘 일부 저자들은 낭만적인 사랑은 환상이며, 우리는 그것을 불신할 필요가 있고, 우리가 재치 있게 굴어서 길을 잃지 않아야 한다고 주장하는 이들이 있다. 그러나 이런 식의 경고는 영혼의 불신을 배반한다. 우리는 환상에 빠지지 않고 인생에 집착하는 사랑으로만 치유될 필요가 있다. 모르긴 하지만, 사랑의 한 가지 기능은 우리에게 빈혈증적인 상상력을 치유하고, 낭만적인 애착을 텅 비우고 이지(reason)에만 푹 빠지는 인생을 치유하는 것이다.

사랑은 우리를 풀어놓아 거룩한 상상의 영역 속에 들어가게 하는데, 거기서 영혼은 확대 되고 초현실적인 갈망과 필요를 상기하게 된다. 애인이 자기의 연인 때문에 부풀어 오르게 되면 그의 결함을 인정하는 데는 실패하게 된다. 사랑은 명목이다: 그러나 그 반대의 경우도 가능하다. 사랑 때문에 사람은 상대방에게서 진정으로 천사 같은 본성이나 거룩한 후광을 볼 수 있게 된다. 확실히 일상생활의 관점에서 보면 이것은 광기요 환상이다. 그러나 우리가 계몽주의나 합리주의 철학과 심리학에 집착하던 손을 놓기만 하면, 우리는 삶 속에 광기, 플라톤의 말을 빌리면 '거룩한 홍분'(divine frenzy)으로 들어오는 영원의 관점을 감상 하는 법을 배울 수도 있다.

사랑은 의식을 꿈의 상태로 가까이 끌어다 준다. 그런 의미에서, 마치 꿈이 시적으로, 암시적으로, 명백히, 그리고 애매하게 드러내 주듯이, 사랑은 왜곡하기 보다는 드러내기를 더 많이 한다. 만일 우리가 사랑에 관한 플라톤의 이론을 진정으로 감상하려 한다면, 우리는 동시에 편집증이나 중독증 같은 여러 형태의 광기를 영혼이 적절한 열망에 도달하려는 증거로 보는 법을 배울 수 있을지 모른다. 플라토닉 러브는 섹스 없는 사랑이 아니다. 그것은 몸과 인간관계 속에서 영원을 지향하는 길을 찾는 사랑이다. 사랑에 관한 책, 〈연회〉(Convivium)—플라톤의 〈향연〉(Symposium)에 대한 답으로서—'플라토닉 러브' 라는 말을 만든 것으로 믿어지는 피치노는 간결하게 말하기를 "영혼은 일부가 영원 속에 있고, 일부는 시간 속에 있다" 고 하였다. 사랑은 이 두 차원 사이에 양다리를 걸치고 서서 양쪽에서 동시에 살 수 있는 길을 터준다. 그러나 삶 속으로 영원이 유입되는 것이 보통은 인정이 되지 않기 때문에, 우리의 계획을 방해하거나 구체적인 이유를 가지고 성취한 평온을 흔들어 놓는다.

트리스탄과 이졸데

사랑의 신비를 감상하기 위하여 우리가 버려야 할 생각은 사랑이 심리적 문제라는 것과 충분히 책을 읽고 지도를 받기만 한다면, 환상이나 어리석음에 빠지지 않고 마침내 사랑을 옳게 할 수 있게 된다는 생각을 버려야 한다. 우리가 영혼을 이지적으로 이해할 수 있을 정도의 사이즈로 줄인다고 해서 영혼을 돌볼 수 있는 것은 아니다. 정신 위생에 대하여 우리 시대가 안고 있는 선입견은 우리가 모든 형태의 매니아를 질환으로 생각하게 만든다는 것이다. 그러나 플라톤이 말하는 ' 숭고한 광기'는 우리가 말하는 위생적 의미의 질병적인 것이 아니고 영혼을 향한 열림이라 해야 더욱 타당하다. 숭고한 광기는 실용주의적인 위생적 삶의 절박한 한계로부터의 구출이다. 인간의 이성으로부터 신성한 신비로 들어 갈 수 있는 활짝 열린 문이다.

서구 전통에서 말하는 위대한 사랑 이야기는 우리가 사랑의 영원한 차원에 대하여 명상을 하도록 도움을 준다. 어떤 이야기들 가운데는 신비의 깊이나 표현의 웅장함이 대단하기 때문에 거의 경전처럼 거룩하게 여겨지는 것이 많이 있다. 어떤 이야기들은 적당히 붉은 가죽으로 제본되어 있고 리본으로 표시가 되어 있으며 일종의 의례를 갖추고 읽혀진다. 사랑의 여러 측면을 보여 주는 것으로서 그런 이야기들 가운데 예수의 수난 이야기(passion: 'passion'은 복합적인 의미를 풍부하게 지니고 있음), 창세기의 천지창조 이야기, 그리고 트리스탄과 이졸데의 벽을 넘어 있는 운명의 이야기들이 포함된다.

마지막으로 말한 이야기가 우리의 주제에 비춰보면 특히 매서운데도 있고 타당성도 있다. 그것은 사랑의 슬픔에 관한 이야기이다. 연인의 이름, 트리스탄은 슬픔(triste)을 의미한다. 그는 태어나면서부터 범상하지 않은 이름을 받는다. 왜냐하면 그의 아버지는 전쟁터에서 치명상을 입고 어머니는 출산하면서 죽는다. 전설과 신화의 많은 주인공들처럼, 제 2 의 부모 사실상 그의 외삼촌 마크 왕이 맡아서 키웠는데, 나중에 그를 양자로 입양하기 때문에, 그는 아버지가 셋이었다고 모두들 말한 것이다. 우리는 부모가 여럿이라는 점에서 특별한 운명의 싸인을 보는데, 범상치 않게 인생의 변덕스러운 여러 측면에 영혼이 노출되는 것이 다.

트리스탄의 이야기 속에 담긴 설득력을 지닌 주요 동기는 물의 이미지이다. 그의 모험은 그곳에 찾아온 노르웨이 뱃사람들과 항구에 정박 중인 배 위에서 체스를 할 때부터 시작된다. 선원들이 그를 납치하여 배를 떠난다. 폭풍이 일자 그들은 폭풍의 신을 달래기 위하여 혼자 젓는 작은 배에 트리스탄을 태워서 떠나보낸다. 그는 아일랜드에 도착하여 여왕과 그의 딸을 만난다. 그는 자신이 진짜 누구인지를 거짓말하여 이름을 탄트리스라고 고친다. 그는 전에 자신이 죽인 적군 가운데 한 사람이 이졸데의 삼촌이란 사실을 그들이 아는 것을 원치 않았다. 그러나 그가 욕조에 앉아 있는 동안에 이졸데는 그의 정체를 발견하고 그의 이름의 수수께끼를 푼다. 그 장면은 일종의 세례요, 그 젊은 이의 사랑의 명명식이나 다름없다. 마침내 또 다른 경우에 오로지 하프만을 갖고 트리스탄은 노도 없고 키도 없는 작은 배를 타고 아일랜드로 향해 간다. 이것은 죠셉 캠벨이 천공(天空)의 음악으로 무장하고 운명에 모든 것을 맡기는 것으로 묘사하는 장면이 다름 아니다.

트리스탄은 재능과 영리함의 대표적인 인물이다. 그의 정체는 표류하거나 물 속에 있을 때 가장 분명하게 드러나는데, 늘 새롭게 태어나고, 영원토록 젊고, 실용적인 삶의 한계로부터 자유롭다. 때때로 남녀를 막론하고 누군가 호수에 떠있거나 욕조에 앉아 있는 꿈을 꾼 이야기를 하는 것을 들을 때면, 나는 트리스탄을 생각하게 된다. 그는 수영하는 사람이 아니다. 그는 늘 물에 떠 있는 그릇에 담겨져 있지만 통제나 안전에 필요한 보통의 수단도 없이 늘 표류하고 있다. 물 속에서 그의 기술은 심미적이고 영성적인 것이다. 그는 자기의 운명을 향하여 표류할 때 가장 상처 입을 가능성이 크다. 그럼에도 불구하고, 그는 그가 지닌 자신의 능력과 인생의 법칙과의 심미적 접촉에 대한 자신감을 즐긴다. 그는 물처럼 유동적으로 흐르기는 하지만 젖지는 않는다.

이렇게 떠있는 틀의 정신은 진하게 사랑에 빠진다. 알지 못한 채 트리스탄과 이졸데는 여왕이 이졸데의 삼촌인 마크를 위하여 만들어 놓은 사랑의 묘약을 마신다. 그리고 나서 그들의 이야기의 후반부는 위협과 혹독한 비판이 가득 찬 세상에서 불륜의 연인이 되는 위험한 시도에 관심이 쏠린다. 그들의 사랑이 어쩌나 강한지 어떤 의무감이나 예의범절 때문에 그만 둘 형편이 아니다. 하지만 그 사랑도 결코 안전하지도 못하고 보호를 받지도 못한다. 그 사랑은 결국 두 연인의 비극적 죽음으로 다 이루지 못한 채 끝난다. 항존하는 그림자처럼, 순풍이 운명으로부터 두 젊은이가 짜내는 스릴과 성공은 사사건건 뒤따른다.

만일 우리가 이 이야기를 문자 그대로 받아들이고 어떤 모랄도 거기서 찾는 유혹을 피하여, 그래서 불륜의 사랑은 마땅한 벌을 받거나 낭만적인 사랑은 미숙하여 재앙에 빠질 운명이 될 수밖에 없노라고 결론을 내리지만 않는다면, 연애할 때에 어떻게 영혼을 돌볼 수 있는지에 대하여 힌트를 얻을 수 있다.

정신(psyche)에 대하여 위생학적 접근을 하기로 말하자면, 우리는 성공적으로 살고 사랑 할 수 있기를 바란다. 어떤 위생학적 기대에서 벗어나는 것은 장애로 특징짓는다. 슬픔이 자리할 공간이 별로 없다. 오늘 트리스탄은 디프레소(Depresso)로 불려야 한다. 왜냐하면 영혼의 슬픈 갈망을 임상학적으로 우울증이라고 하니까 우리는 화학적 치료법을 찾게 된다. 그러나 이 중세의 이야기는 영혼이 연애의 고통(love trouble) 속으로 끼어 들어가려는 불가피한 성향과 긍정적으로 접촉하려는 우리의 필요를 심오하게 충족시켜 준다. 이 이야기는 사랑의 비애(pathos)를 존중하고, 동종치료적인(homeopathic) 치료처럼, 경험으로 알 수 있는 슬픔의 익숙한 부담을 없애버린다. 이때의 카타르시스는 사랑의 정서적 범위를 거슬러서 도덕화하는 힘에 의해서가 아니라 사랑이 영혼을 완전히 촉촉하게 적셔주는 바로 그 슬픔이 강렬한 이미지를 우리에게 주기 때문에 성취된다. 이 이야기는 동시에 우리의 젊은이(puer) 영성과 비극적 사랑을 치료하는 그 힘 사이의 밀접한 관계를 우리가 보도록 도움을 준다.

영혼의 돌봄은 거기에 담겨 있는 정서나 환상이 아무리 반대하고 싶은 것일지라도 그것을 존경하는 것을 의미하다. 트리스탄과 이졸데의 이야기를 읽으면서 우리는 그들의 강렬한 사랑을 확인하는 것과 그들의 속임수 앞에서 반감을 느낄 수 없는 새 중간에 꼼짝 못하고 붙들려 있다. 프랑스의 비범한 작가로서 영혼의 애로와 관련하여 어둔 길에 대하여 오래 동안 이야기해 온 조르쥬 바태유(Georges Bataille)가 말하기를 모든 연애는 죄를 범하는 것을 수반한다고 하였다. 영혼의 금기(taboo)의 근처에서 발견되기 마련이다. 스토리와 영화와 전기와 뉴스 기사 속에서 우리는 수많은 불륜의 경험과 연애의 비극적 속임수 때문에 매혹된다.

영혼의 돌봄에서 여러가지 어려움 가운데 한 가지는 비애(pathos)와 비극의 필요성을 인식하는 일이다. 만일 우리가 사랑을 오로지 높은 도덕적 정상 또는 위생학적 정상으로부터 본다면 우리는 그 영혼이 계곡에 정착하는 모습을 지나쳐 보게 될 것이다. 우리가 우리 자신이 겪은 사랑의 비극에 대하여 성찰할 때, 그 비참한 경험들을 뚫고 나갈 길을 천천히 찾을 때 우리는 영혼의 신비한 길속에 들어가는 통과의례를 거친다. 사랑은 들어감의 수단이며 우리의 길잡이가 된다. 사랑은 우리가 계속해서 미로를 가게 한다. 만일 사랑이 그 자체를 드러내는 그대로 존중할 수 있다면, 우리가 한 번도 예언하거나 바랐던 적이 없는 모양과 방향을 존중한다면, 그 때 비로소 우리는 영혼의 더 낮은 수준을 발견하는 시점을 향하여 길을 나서게 될 터인데, 바로 거기서 의미와 가치가 느리게 역설적으로 자신을 드러낸다. 거기서 우리는 트리스탄과 같이 되어, 운명을 향하여 믿음을 가지고 항해하며, 우리 자신의 자원을 끈으로 잡아 올리면서 간다. 트리스탄은 종교적 인물로서, 사랑을 향한 영성의 길을 가는 수도사이다. 그는 지속적으로 완벽한 신뢰의 태도를 내보인다. 그는 늘 세례를 받으며, 늘 명명되며, 그의 기원과 유지(sustenance)를 담는 물음에 접하고 있다. 자기 자신에게 그토록 가까이 있으면서, 그는 사랑의 불가능 속에서 그의 활기찬 본성을 완성시킬 길을 찾는다. 그의 운명이 드러나면서 위트와 불가능은 계속해서 만나는데, 이는 우리 가운데 누구라도 사랑하게 된다면 나타나는 형태의 모형이다.

만일 우리가 트리스탄을 우리의 사랑의 슬픔을 나타내는 인물로 보고, 문자 그대로 우리의 사랑의 절대적 실패의 대표로 보지 않는다면, 그때 비로소 우리는 사랑의 어둔 심층과 동시에 그 밝고 높을 뿐만 아니라 존중하는 이미지를 갖게 된다. 사랑의 슬픔이 우리를 찾아올 때, 그것은 혼자 젓는 작은 배를 트리스탄이 두둥실 떠 와서 신뢰하면서도 인생의 비극적 측면으로 바짝 다가와 그의 밝은 영을 대속한다. 감정을 풀기 위하여 약을 먹거나 치료의 묘안을 찾을 필요는 없다. 그런 감정을 푸는 것은 중요한 영혼의 방문객을 추방하는 것이 되기 때문이다. 영혼은 명백히 말해서 사랑의 슬픔이 필요하다. 그것은 그 자신의 특유한 지혜를 안겨주는 의식의 형태이다.

실패, 상실, 그리고 분리

우리가 트리스탄과 이졸데의 이야기를 신화로 읽을 때, 우리가 이끌리듯이 성찰하게 되는 것은 실패나 복잡성이 사랑의 일부이지, 전혀 이질적인 것이 아니라는 점이다. 우리는 이끌리어 분리와 상실도 역시 보다 덜 문자 그대로 보게 된다. 그러나 생각이 문자 그대로의 행동과 똑같지 않다. 분리에 대한 개념은 사랑에 관하여 많은 것을 암시할 수 있을지 모르지만 사랑의 행위가 의미하는 것도 오직 한 가지뿐이다. 곧 현재 형태로 나타나는 관계의 파괴뿐이다.

우리가 영혼을 돌볼 때, 우리는 영혼의 여러 가지 공상을 모두 행동으로 환원시키지 않고 거기에다 타당성과 무게를 실어준다. 물론 우리는 때때로 행동해야 한다. 그러나 십중팔구는 그렇게 자주 하거나 그렇게 재빨리 행동에 옮기는 것은 아니다. 달리 말하자면, 우리가 습관적으로 상상하는 것 이상으로 우리의 행동은 더 많은 상상력을 지닌 것으로 보일 수도 있다. 예를 들어서, 달리 보면 완벽하게 건전한 관계를 맺고 있는 두 사람 사이에 갑자기 이별(분리)에 대한 생각이 침입한다면, 그것은 무엇을 의미하는가? 관계의 종언을 의미하는가 아니면 뭔가 더 심층적인 것을 의미하는가?

예민하고 생각이 깊고 선의적인 여성 마리안느가 한 번은 어떤 생각을 마음에 담고 나에게 찾아왔다.

"나는 남편과 떨어져 살아야 할 필요가 있어요. 그런데 내가 그렇게 할 수 있을지 모르겠어요." 얼굴 표정이 고통스럽게 그가 말했다.

"무슨 일이 있습니까?" 내가 물었다.

"그는 멋있는 사람이에요." 그녀가 말하였다.

"저는 그를 사랑하고 존경합니다. 그러나 나는 그를 떠나야 할 필요를 피할 수 없을 만큼 느끼고 있어요. 우리는 많이 싸워요. 우리의 성생활은 아주 밑바닥까지 떨어졌어요. 우리에게는 세 자녀가 있는데, 그는 대단한 아버지예요. 그러나 제가 별거해야 할 필요가 내 아이들에 대한 관심보다 더 강렬합니다."

나는 그녀가 '분리' 라는 말을 되풀이해서 쓰는 것을 눈여겨봤다. 우리는 그녀의 생각과 기대에 관하여 이야기를 나누었다. 그녀는 자신의 결혼생활을 떠난다는 생각 때문에 황폐하게 되는 것을 느꼈다. 그러나 그 필요를 얼마나 강렬하게 느꼈던지, 아무리 설득한다 해도 그 생각에서 헤어날 수가 없었던 것이다. 나는 그녀의 영혼이 제시하는 이미지,

곧 '분리' 에 정확히 초점을 맞추기로 결정하였다.

융은 중세 연금술에 관한 연구에서 분리를 영혼의 활동으로 이야기한다. 분리 곧 separatio가 연금술사들이 생각하기에는 물질을 금으로 변화시키는 과정에서 필수적인 작업이었다. 융은 어두운 심상을 심리적으로 이해하였다. 곧 그에게는 분리나 분화가 필요한 영혼 속에서 물질의 부분들로 더 세분화되는 것이었다. 어쩌면 그 물질들이 너무 단단히 포장되어 있어서 개별적으로는 그것이 뭔지 알려질 수가 없었다. 파라셀서스는 분리(separatio)를 창조에서, 곧 세계의 창조나 모든 인간의 창작행위에서 마찬가지로 일차적인 활동으로 이해하였다. 내가 마리안느의 분리에 대한 욕망을 이야기하는 것을 들으면서 내 머리 한편에는 이러한 옛날 상념들이 차있었다.

마리안느의 경우처럼, 결혼에서 분리에 대한 필요를 생각할 때 명백한 원인은 두 개체의 분화가 부족하기 때문이다. 두 사람이 연애를 하고, 함께 만나서 가정을 이루고 살 때, 그들의 심오한 환상이 맞물리고, 그렇게 되면, 서로가 상대방을 통하여 자신의 신화를 쏟아낸다. 그런 상황 속에서는 사람이 자신의 개성을 느끼기가 어렵다. 우리가 말했듯이, 마리안느에게는 자기 자신을 해방시키려고 시도하였던 강력한 동일시 현상에 관한 또 다른 이야기들이 있었다는 것이 명백하였다. 예를 들면, 그녀의 부모들이 그녀에게는 위압적 이어서 그녀자신의 삶을 살도록 놔두지를 않았다. 그녀에게는 여동생이 있었는데 그 동생 역시 그녀의 삶을 꽤나 간섭하였다.

그녀가 이야기를 하는데 결혼 초기에는 자신의 가정을 꾸리고, 부모와 분리되어서 그들의 영향권에서 자유하려고 하였다는 것이다. 그러나 거듭 거듭, 재정 지원을 통하여 부모들은 그의 가정생활의 중심부를 파고들었다. 그녀 자신도 자기 남편에게 자신의 개성을 못 살리도록 어느 정도까지 허용하지 않았는가를 의식하지 못하는 것 같았다. 그러나 오히려 자기 부모가 자신에게 하듯이 남편을 향하여 행동하였다. 결국에 가서는, 인생의 많은 부분에서 특히, 물론 다른 사람들과의 관계에서 여러 종류의 분리가 그녀에게 필요하다는 점이 명백하게 나타났다. 그녀 자신의 영혼으로 말하자면 그녀가 여러 해 동안 느끼고 살았던 감금상태에서 그녀의 정신이 해방되기를 갈망하는 것처럼 보였다.

어느 날 마리안느가 찾아와서 말하였다. 그녀가 이사를 가기로 결정하였다는 것이다. 그녀가 말하기를 이제야말로 분리를 실현해야겠다는 것이다. 우리는 그녀가 지닌 분리에 대한 욕망에서 여러 가지 레벨의 의미가 있다는 것에 관하여 얼마동안 이야기하였다. 그런데 그녀가 나에게 말하기를 그런 생각들을 하고 살아왔는데, 이제는 그런 것에 관하여 이야기를 하는 것보다는 행동을 해야 한다고 직관적으로 느끼게 되었다는 것이다. 그녀의 결정은 나에게도 의미가 있었다. 의식의 심화가 때로는 삶 속에서 강한 움직임을 요구한다. 자기 뜻대로 산다는 것이야말로 그녀의 영혼이 찾고 있었던 것이 뭔가를 더 정확히 알게 되는 한 방법일 수도 있다.

그녀는 이사를 나가서 직업을 얻었고 새로운 친구를 사귀었다. 여러 명의 남자들과 데이트도 하였다. 대체로 자신의 새로운 자유를 즐겼다. 그녀의 남편이 새로운 환경에 잘 적응하는 것을 발견하고 놀랐다. 그리고 몇 년 만에 처음으로 어떤 질투의 감정을 느끼기 시작하였다. 그때까지는 아주 까마득히 의식하지 못하였던 것이지만 그녀가 별거하려고 했던 동기 가운데 하나는 자기 남편을 벌주거나 아니면 적어도 자신의 분노가 얼마나 큰 것인지를 남편에게 보여 주고 싶었던 것이다.

그녀는 유아기의 패턴을 벗어나서 인생을 맛보았다. 물론 그녀의 부모는 딸의 별거를 강력히 반대하였고, 결과적으로 그녀에게는 이것 또한 부수적인 이득이었다. 부모들의 가치관이나 승인을 거슬러서 행동할 수 있다는 것 자체가 기뻤다. 그녀는 일찍 결혼해서, 이제야 말로 난생 처음 상대적으로 싱글로 독립적인 삶을 산다는 것이 어떤 것인가를 발견하였고, 또 그것이 좋았다. 그녀는 새로운 방식으로 자신을 보았고 또 느꼈다.

이별한 지 석 달이 지난 뒤에, 그녀는 자신의 가정과 남편에게 돌아가기로 결심하였다. 몇 년 후에 그녀는 그 가정에서 잘 살았고, 다시는 관계를 떠날 생각에 시달리는 일이 없어졌다. 다른 테마들은 적잖게 도전도 되었으나 결혼 생활과는 별 상관이 안 될 정도로 삶 속에 끼어들었다. 적어도 한 영역에서 그녀는 이제 '분리된' 사람이다.

마리안느의 이야기가 한 가지 예를 보여 주듯이 영혼의 메시지를 돌보다 보면 예기치 않은 곳으로 갈 수도 있다는 것이다. 분리에 대한 생각이 사랑과 결혼에 반대되는 것으로 보였으나, 그것은 그 일부이고, 이면이고, 사랑을 깨지 않고도 상상력으로 용납할 수 있는 것이다. 심지어 이혼도 일종의 사랑의 성취요, 그 충만함을 살아내는 것으로 보일 수도 있다. 사랑은 우리에게 많은 것을 요구하는데, 거기에는 애착심이나 충성심에 전적으로 대항하는 것처럼 보이는 행동들도 포함된다. 그러나 이와 같은 어두운 특성들도 궁극적으로는, 혹시 불가사의하거나 속단할 것 없는, 그러나 알맞은 집으로 사랑을 모셔다 줄지도 모른다.

사랑의 그림자

우리가 사랑의 그림자를 다루지 않는다면, 우리의 사랑 경험은 불완전하다. 감상적인 사랑의 철학은 오로지 로맨틱하거나 적극적인 면만을 끌어안기 때문에, 그림자의 첫 번째 조짐, 곧 이별에 대한 생각, 관계에서 믿음과 희망의 상실 또는 상대방의 가치관의 예기치 못한 변화 같은 것에 부딪히면 그만 실패하고 만다. 그러한 부분적인 견해는 또한 불가능한 이상과 기대를 안겨준다. 만일 사랑이 이러한 이상을 붙잡지 못한다면, 사랑은 부적합하다는 이유로 망가진다. 우리의 예술과 문학 유산에서 보면 사랑은 종종 눈이 가리워진 상태나 또는 다루기 힘든 사춘기로 묘사된다는 사실을 나는 즐겨 명심한다. 본질적으로 사랑은 부적합하게 느껴진다. 그러나 이런 부적합성은 사랑의 광범위한 정서를 둥글둥글 하게 만들어 준다. 사랑의 영혼은 불완전성이나 불가능성 그리고 미완성 속에 자리하고 있다.

*   *   *

심리치료사로서 나는 그야말로 사랑의 그림자에 너무 익숙한 편이다. 한 사람이 돌봄과 치유를 얻으려는 생각으로 치료를 받으러 온다. 그리고는 치료사와 사랑에 빠진다. 바로 그 상황―정기적인 만남, 호젓한 밤, 친밀한 대화 등―은 이졸데의 사랑의 묘약만큼이나 효과적이고 강력하다. 환자는 치료사에게서 어떤 반응이 있다고 해봐야 별 것 아니라는 강한 정서 때문에 고통을 당한다.

"왜 저한테는 선생님의 생활에 관해서 말씀을 안 하세요?" 환자는 절망에 빠져서 말할 것이다.

"선생님은 거기에 안전하고 편안하게 뚝 떨어져 앉아서 선생님의 전문성으로 보호받으며 계신데, 저는 속을 다 쏟고 있습니다. 저는 스스로 상처입도록 놔두고서 선생님을 사랑합니다. 허지만 선생님은 저를 사랑하지 않으셔요. 저는 한 줄로 꿴 연인들 가운데 하나죠. 선생님은 틀림없이 관음증 환자예요."

우리는 어떤 사람들, 특히 교사나 매니저나 간호사 그리고 비서 같은 어떤 전문직에 있는 사람들과 사랑의 판타지에 쉽게 빠진다. 이런 사랑이 영혼에게는 리얼하다. 그러나 삶의 정황 속에서는 그다지 진실성이 없다. 심리 치료를 받을 때나 약을 쓸 때나 교육을 받을 때면, 보살피는 대화와 친밀한 고백과 혼자서만 경청하는 일들 때문에 사랑이 끌려 나온다. 남에게 경청하고 그들의 복지에 관심을 나타내는 일은 위로하는 경험이 되어서 누가 보지 않을 때는 사랑의 마법적인 후광이 내리 비치게 된다.

그리스인들은 어두운 사랑에 관한 이상한 이야기를 들려준다. 아드메투스는 아폴로의 특혜를 받는 출중한 사람이었다. 왜냐하면 그가 아폴로 신이 곤경에 빠졌을 때 도움을 준 일이 있기 때문이다. 보상으로 그는 죽음을 비켜 설 수 있는 방법을 받았다. 죽음이 그를 하계로 데려가려고 왔을 때, 아드메투스는 누군가 자기 대신에 들어서서 자기를 위하여 죽어 줄 사람들 찾도록 허락을 받았다. 그는 오랜 세월을 행복하게 산 양친 부모에게 자기 대신 죽어달라고 요청한다. 그러나 그들은 합당한 이유를 들어 거절한다. 그러나 그의 부인 알케스티스는 동의를 하고 죽음의 신을 따라서 갔다. 우연의 일치이지만, 때마침 영웅 헤라클레스가 방문 중이었는데, 그 이야기를 들은 그는 죽음의 신을 찾아가서 그와 더불어 씨름을 하였다. 그 때 베일을 한 여인이 지하세계로부터 나타났는데, 그는 헤라클레스에게 구출된 알케스티스를 보냈다.

이 이야기는, 내가 읽은 바로는, 사랑에 대한 심오하고도 불가해한 신비를 말해 준다. 사랑은 늘 죽음과 가까운 관계를 지니고 있다. 전통적으로 이 이야기는 아내가 자기 남편을 위하여 목숨을 희생하는 것으로 읽혀졌다. 그러나 그 해석은, 문자 그대로 받아들였을 때, 여성 혐오증이나, 피상적인 굴종으로 귀결된다. 내 생각에는 알케스티스의 죽음이 연못에서 죽은 나르시서스의 죽음과 더욱 비슷한 것이다. 사랑은 우리의 인생으로부터 데리고 나가서 우리 인생을 위하여 세운 계획들로부터 멀리 떨어지게 한다. 알케스티스는 영혼이 지닌 여성적인 얼굴의 이미지인데, 그 영혼의 운명은 인생에서 벗어나서 죽음과 지하세계로 상상되는 심연을 향하여 움직이게 되어 있다.

사랑과 결혼으로 자신을 떠넘기는 것은 죽음에 대하여 "예" 하는 것과 같다. 굴복은 인생에서 상실을 수반하지만 동시에 영혼에게는 이득도 있다. 그리스도인들이 가르쳤듯이, 영혼은 지하세계에서 제 집처럼 편히 머문다. 사랑은 자아와 인생을 위하여 어떤 이익을 제공해 주는 것처럼 보일 수 있으나, 영혼은 죽음과 사랑이 맺는 친밀한 관계에 의하여 살찐다. 의지와 제어의 상실을 사랑 안에서 느낄 때, 그로 말미암아 영혼에게는 고도로 자양분이 공급될 수도 있다.

그래도, 사랑에서 죽음의 측면은 쉬운 것이 아니다. 그것 때문에 우리의 지상 세계의 가치관과 기대치는 손상되며, 책임질 필요와 모순이 된다. 죽음이 나타날 때, 우리 모두는 아드메투스의 부모처럼 될 수 있다. 그래서 초대를 거절하는 데 탁월한 핑계를 댈 수 있다. 결국은, 나에게도 계획이 있고 편안한 라이프스타일이 있는데, 내가 어째서 모든 것을 영영 바꿀 이 사랑에 지고 들어가야 할까? 우리는 동시에 영웅적으로 될 수도 있다. 헤라클레스처럼, 죽음의 손아귀로부터 우리가 원하는 것을 빼앗기 위하여 씨름을 할 수도 있다. 내 마음속에는 사랑의 요구에 굴복할 용의가 있는 알케스티스가 들어 앉아 있을 수도 있다. 그러나 또 한편에는 그런 생각만 해도 화가 나서 펄펄 뛰며 있는 힘을 다하여 죽음과 싸우는 헤라클레스가 들어 앉아 있을 수도 있다.

그밖에도, 이 이야기는 결말에 가서 양가적으로 엇갈리며 신비 같이 된다. 이 알케스티스가 저 아래로부터 정녕 돌아오는 것인가? 그는 왜 얼굴에 베일을 쓰고 있는 것일까? 우리가 사랑 때문에 잃었던 것을 억지로라도 삶 속에 되살려 놓았을 때, 우리가 얻는 것은 이전의 리얼리티의 그늘에 불과한 것일 가능성이 있지 않을까? 아마 우리는 결단코 영혼을 생명으로 회복시키는 데 있어서 완전히 성공하는 일은 없을지 모른다. 그는 아마도 항상 베일을 쓰고 있거나, 최소한 부분적으로라도 실생활의 고초로부터 보호받을 수도 있을 것이다. 사랑은 전적인 굴복을 요구한다.

심리치료적인 시도에서 우리는 인생을 성공하도록 만들기 위하여 헤라클레스처럼 행동하며, 영혼을 죽음으로부터 구하려 한다. 우리는 한 사람을 우울증에서 건져내서 적극적인 방식으로 인생을 살게 하려 할 때, 그것은 바로 헤라클레스가 원하는 바이다. 그러나 그때 우리는 베일을 쓴 영혼과 대면하게 되는데, 그는 환경에 순응하지만 동시에 위장을 하고 영혼 속에서 왜곡된 모습을 참아내야 한다. 아니면, 우리가 약물의 수단으로 도와서 한 사람을 생활에 복귀하도록 도울 때, 우리가 종종 보는 모습은 그 사람이 산 사람들 속에 돌아오기는 하였으나 얼굴

은 마법의 신령한 힘으로 살려낸 사람(zombie)의 얼굴로서, 이는 헤라
클레스가 생명을 회복시킨 여인과 다를 바가 없다. 생명을 대신하여
싸우는 영웅적 투쟁에 대한 대안은 우리들 속에 있는 알케스티스 같은
것을 찾아야 하는데, 이는 아래로 내려갈 용의가 있어서 운명이 영혼에
게 요청하는 것이라면 뭐라도 견딘다.

　우리는 이론적으로나 실생활의 에피소드에서나 사랑이 뭔가에 대하
여 알고 있다고 생각한다. 그러나 사랑은 영혼의 지하세계에 있는 신
비한 어둡고 움푹한 곳을 향하여 기울어진다. 그 완성은 죽음이요, 그
것은 뭔가 일어나기를 우리가 기대하는 것의 시작이라기보다는 차라
리 이 시점까지 인생이 어떻게 이어져 왔던가 하는 것의 종말에 더 가
깝다. 사랑은 우리가 알고 경험한 바의 가장자리로 우리를 끌어간다.
그래서 우리 모두를 사랑에 동의하고 죽음을 가장한 그를 기꺼이 동행
하려고 할 때면 언제나 우리는 알케스티스가 된다.

공동체적인 사랑

　영혼에게 가장 강력한 필요는 공동체에 대한 것이다. 그러나 영혼의
시각에서 보면 공동체는 사회적 공동체의 형태와 다른 것이다. 영혼은
애착(부착)과 인격의 다양성과 친밀성과 특수성을 갈망한다. 그래서
영혼이 공동체 안에서 열심히 찾아내고자 하는 것은 바로 이러한 특성
이지 생각이 같다거나 획일성 같은 것을 찾는 것은 아니다.

　우리 사회에는 공동체를 충분히 깊게 경험하는 것이 부족하다는 조
짐이 많아 보인다. 공동체를 정력적으로 찾는 노력이 있기는 하다. 마

치 사람들이 이 교회 저 교회를 찾아가 보고, 뭐라고 이름을 붙일 수 없는 공동체에 대한 허기증이 채워지기를 희망이라도 하는 듯이 말이다. 그들은 가정과 이웃의 와해를 한탄하며, 그 옛날 집에서 집 동네에서나 친밀성을 찾을 수 있었던 황금기를 그리워한다. 외로움이 주요 불만이며, 그것은 결국 절망과 자살을 고려하는 데로 귀결되는 가슴 깊이 자리 잡은 정서적 고통의 원인이다.

내가 아는 여성이 있었는데, 사교적이고 대화도 잘하고 많은 것에 관심이 있었다. 그는 항상 뭔가를 하고, 여기저기 다닌다. 그러나 밤이 되어서 관심을 어딘가 돌릴 데가 없게 되면, 귀신 같이 그의 외로움이 나타나서 잠을 못 이룬다. 그녀는 큰 회사의 부사장이다. 그런데도 집에서 겪는 외로움이 너무 심했기 때문에 자살을 생각하기 시작하였다.

그녀는 항상 말하기를, 사람들이 얼마나 좋고, 친구들에 둘려 싸여 사는 것이 얼마나 좋은지 모른다는 것이었다. 그러나 내가 보기에는, 그녀가 실제로 그렇게 됐으면 좋겠다고 바랐기 때문에 그럴지는 몰라도, 이점을 지나치게 강조하였다. 하루는 그녀가 옛 친구를 찾아갔던 이야기를 꺼냈다. 대화가 끝났을 때, 친구가 그녀를 껴안으려 하였는데 그녀는 뒤로 물러섰다. 그녀가 생각하기에 이 여자가 공중 앞에서 애정 표현을 하는 것이 적절치 않다는 것이었다. 혹시 그 친구가 양성 연애자(bisexual)여서 자기에게 지분거리는 것이 아닌가 하고 의아해 하였다 는 것이다.

그 이야기를 듣고 생각하게 되었다. 이 여성의 외로움은 그녀의 삶에 많은 사람들이 있는 것도 아무 상관이 없고, 도덕주의적 자기보호 하고도 상관이 없었다. 나중에 그녀가 나에게 또 다른 이야기를 하였다. 그녀는 수없이 많은 사람들과 해변에서 파티를 하고 있었다. 보통 때와 같이 그녀는 음식을 마련해 주고 접시도 치우면서 자신을 유용하게 만들었다. 모든 사람들이 어울려서 노래도 부르고 농담도 하고 그럴 때 그녀는 슬그머니 뒤로 빠져 어둔 데로 갔다. 그러나 누군가 그녀를 알아보고 중앙으로 끌어냈다. 그녀는 핑계를 대고 도망 칠 줄 알았지만 마음속에서 뭔가 느슨해지면서, 어릴 적부터 알던 노래를 부르기 시작하였다. 전에는 그런 일이 전혀 없었다. 그래서 자신은 당황하였는데, 모두들 좋아하였다. 후에 느낀 것이지만, 그녀는 자신의 외로움에서 돌파구를 찾았던 것이다. 도덕주의와 공동체에 대한 이상으로부터 한 걸음 내려서서 공동체를 무방비 상태에서 순전한 마음으로 경험하게 되었다.

르네상스기의 휴머니스트 에라스무스는 그의 책 〈어리석음 예찬론〉에서 사람들은 어리석음을 통하여 친구들과 어우러진다고 말한다. 공동체는 너무 높은 수준에서 유지되는 것이 아니다. 공동체는 높은 정신에서가 아니고 오히려 영혼의 계곡에서 융성한다. 내가 아는 사제 빌이 자기가 속한 수도회에 관하여 나에게 자주 이야기하였는데, 그곳에서는 공동체가 신앙생활에 관하여 교과서적으로 그리고 영성지도자들에 의하여 언제나 이상적인 모습으로만 논의되었다는 것이다. 그럼에도 불구하고 빌이 자신의 삶을 돌아다보면 진짜 친구라고 생각할 사람은 동료들 가운데 별로 생각이 나지 않았고, 공동체 생활 한 가운데 항상, 외롭게 느꼈을 뿐이다. 친밀해질 기회는 별로 없더라고 그는 말했다. 사람들이 신앙에 대해서나, 필경 스포츠에 대해서 이야기는 해도 자신에 대한 이야기를 하는 것은 기도조차 할 수 없었다. 빌은 말하였다. 개인적인 몸부림을 치는 한 가운데서, 특히 근심 때문에 숨막힐 것 같은 고통을 당하는 속에서 동료 사제들 틈에 앉아 있노라면, 날마다, 주로 듣는 말은 "양키즈 팀이 어떻게 된 거야?" 하는 소리만 들었다. 이런 스포츠 이야기에 끼어들지 못하면, '공동체'의 일부가 될 수 없었다.

외로움은 사람이 어떤 식으로 공동체에 받아들여지는가 하는 태도에서 나오는 결과라 할 수 있다. 자신을 공동체 식구들이 받아 들여 주기를 기다리는 경우가 많이 있다. 정작 그럴 때까지는 그들은 외롭다. 마치 가족들이 돌봐 주기를 기대하는 어린 아이 같은 면이 거기에 있는 것이다. 그러나 공동체는 가정이 아니다. 공동체는 소속감에 의하여 함께 뭉쳐 있는 일단의 사람들이며, 그 감정은 곧 장자권 같이 타고난 것이 아니다. '소속'은 능동적인 동사로서, 뭔가 우리를 적극적으로 하는 것이다. 피치노는 편지를 쓰면서 이런 말을 하였다. "인생의 보호자는 사랑이다. 그러나 사랑을 받기 위해서는 사랑을 해야 한다." 외로움에 짓눌렸던 사람이 세상으로 나아가서 단순히 거기에 소속되기 시작한다. 어떤 조직에 가입하는 것이 아니라, 다른 사람들, 자연, 사회 그리고 세상 전체에 대한 관계성의 감정을 지니고 사는 것에 의하여 가능한 것이다. 관계성은 영혼의 신호이다. 때때로 상처입기 쉬운 관계성의 감정을 허용함으로써 영혼이 삶 속에 펴부어지는 것이지, 어떤 증상으로 자기주장을 해서는 안 된다.

영혼의 모든 활동처럼, 공동체는 죽음과 지하세계에 연결되어 있다. 그리스도교에서 말하는 '성도의 교제 공동체'는 인간 공동체라는 이유 때문에 관계되어 있는 현재와 과거의 모든 사람들을 의미한다. 영혼의 관점에서 보면, 죽은 사람들도 산 사람들 만큼 공동체의 일부이다. 비슷한 정신으로 융은 그의 회고록 서문에서 신비한 코멘트를 한다. '다른 사람들이 빠짐없이 나의 회고록에 들어 올 수 있는 유일한 조건은 내 운명의 두루마리 책에 처음부터 등재되어 있어야 하는 것이다. 그래야 그들을 만나는 것은 동시에 회상이 되는 법이다." 외적인 공동체가 번성하는 때는 내적인 인격들로서 꿈이나 생시나 우리의 생각을 가득 채우는 그런 사람들과 접촉하며 살 때이다. 외로움을 이겨내기 위하여 우리는 이런 내적인 인물들을 실생활 속에 풀어 내놓음으로써 마치 노래를 부르거나 아니면 화가 나서 욕설을 퍼붓든가, 더 육감적이거나 더 비판적이거나 아니면 '내'가 인정하기보다도 훨씬 더 궁핍한 사람을 끌어 낼 생각을 해야 할지 모른다. 내가 누군지를 '인정'하는 것은 그런 (내적인) 사람들을 실생활 속에서 '인정'하는 것이 된다. 그래야 내적인 공동체가 삶 속의 소속감의 출발점으로 역할을 하게 된다. 나는 내가 처음 만난 사람들을 '기억'한다. 나는 내 상상력의 원초적 세계와 접촉하고, 그리고 자기 지식의 기초를 바탕으로 해서 내가 만나는 누구라도 사랑하고 또 사랑을 되받을 수 있게 된다. 공동체의 뿌리는 헤아릴 수 없을 만큼 깊고, 소속의 과정과 외로움을 능동적으로 다루는 과정은 영혼의 심층에서 시작된다.

사랑은 영혼을 자신의 운명의 궤적을 따라가게 하며 영혼의 무한대한 범위인 심연의 가장자리에 의식이 자리하게 한다. 이 말은 사람들 사이의 관계가 영혼의 사랑에 대하여 중요하지 않다는 뜻은 아니다. 정반대로, 영혼에 대한 사랑의 중요성을 인식하게 되면, 우리의 평범한 인간적 사랑이 측량할 수 없을 정도로 품위 있게 된다. 이 가정, 이 친구, 이 연인, 이 짝이 인생 자체의 동기를 부여하는 힘의 표현인 것이며, 영혼을 살아있게 그리고 충만하게 유지하는 사랑의 원천이다. 인간적 친밀성과 공동체성을 발견하는 것을 통하지 않고는 하나님의 사랑에 이르는 길은 없다. 서로가 먹여 줄 뿐이다.

그렇다면, 영혼의 돌봄은 사랑의 많은 형태에 대한 개방성을 요구하는 것이리라. 사람들이 심리치료를 받으러 안고 오는 수많은 골칫거리들은 그 뿌리나 표현이 사랑 속에 자리하고 있음은 우연이 아니다. 그런 문제로 고통을 당할 때 사랑이 관계에 대한 것일 뿐 아니라 동시에 영혼의 사건임을 기억하면 우리에게 도움이 된다. 사랑에서의 실망이나, 심지어는 배신과 상실은 인생에서 비극으로 보일 바로 그 순간에도 영혼에게 봉사한다. 영혼의 일부는 시간 속에, 일부는 영원 속에 있다. 우리가 인생 속에 있는 부분에 대하여 절망을 느낄 때, 영원 속에 자리하고 있는 부분을 기억해야 할 것이다.

제5장

질투와 시기:
극약 치료제

비록 영혼의 돌봄이 변화와 교정과 조정과 향상에 관한 것이 아니라 할지라도, 그래도 우리는 질투나 시기 같은 우리를 어지럽히는 감정들을 지니고 살아가는 법을 찾아야 한다. 이러한 정서는 너무나 우리를 병들게 하거나 속을 썩이기 때문에, 그냥 놔두기를 원하지는 않지만, 여러 해를 두고 그 속에서 허우적대다가는 결국 종잡지 못하는 지경에 이른다. 그러나 그런 것을 없애려는 노력이 모자라고서야 무엇을 할 수 있겠는가? 실마리는 우리가 그것을 싫어하는 감정 바로 그 속에서 찾을 수 있다. 우리가 받아들이기 어려운 것은 무엇일지라도 바로 그 속에 일종의 특별한 그림자가 깃들어 있다. 이를테면, 혐오감의 너울 속에 싸매어 있는 창조성의 보배와 같다. 우리가 흔히 발견하듯이, 영혼에 관한 일에서는, 가장 하찮은 부스러기들이 알고 보면 가장 창조적인 것으로 판명된다. 건축가들이 버린 돌이 머릿돌이 된다.

시기와 질투가 둘 다 공통적인 경험이다. 그 둘은 전혀 다른 감정들이다. 하나는 남이 가진 것에 대한 욕망이요, 다른 하나는 우리가 가진 것을 남이 빼앗을 까봐 두려워하는 공포이다. 그러나 둘 다 속을 썩이는 효과를 지닌 면에서는 같다. 둘 중의 어떤 정서도 사람을 추하게 만든다. 그 둘 중에는 어느 쪽에서도 고상한 것을 찾을 수가 없다. 동시에 사람은 그런 감정에 집착하는 것이 이상할 정도이다. 질투하는 사람은 자신의 의심에 대하여 모종의 쾌감을 느끼며, 시기하는 사람은 남이 소유하고 있는 것에 대한 욕망으로 살아간다.

신화가 암시하는 것을 보면, 시기와 질투는 둘 다 영혼에 깊이 뿌리를 내리고 있다. 심지어 신들도 질투한다. 예를 들면, 유리피데스의 〈히폴리투스〉(Hippolytus)는 순수한 여신 아르테미스에게 전적으로 헌신한 한 젊은이의 신화를 바탕으로 하고 있다. 아프로디테는 그의 일편단심과 자신이 추구하는 사랑과 성에 대하여 지니는 그의 경멸에 대하여 지독하게 화가 났다. 분노와 질투심에 사로잡힌 아프로디테는 히폴리투스의 계모 페드라로 하여금 그와 사랑에 빠지게 만든다. 자연히 온갖 질병과 상처가 뒤따른다. 끝에 가서는 아프로디테가 바다에서 일으킨 거대한 황소모양의 파도에 놀란 자신의 말들에게 히폴리투스는 짓밟혀 죽는다. 이와 같은 형태의 죽음은 어떤 시적인 정의를 그 속에 지니고 있다. 히폴리투스는 사람들, 특히 여성들에 대해서보다도 자신의 신경계의 에너지나 정신을 반영하는 동물들, 곧 말들에게 더 헌신적이었기 때문이다.

그리스 비극 속에서 신들과 여신들이 우리를 향하여 직접 이야기한다. 히폴리투스에 관한 에우리피데스의 희곡의 서막에서 아프로디테는 고백한다. "누구든지 나를 무시하거나 얕잡아 보는 사람, 특히 고질적인 자만심 때문에 그러는 사람에게는 화를 불러일으킨다." 우리는 여기서 B.C. 5세기경부터 프로이트적인 관찰을 발견한다. 곧 성을 억제하면 곤란한 지경에 빠진다. 우리가 여신의 입에서 배우는 것이 있다면, 그것은 바로 우리의 성에 있어서 가장 심층적인 부분이 필요한 응답을 의식이나 의도성으로 제대로 하지 못하면 혼란에 빠질 수 있다는 것이다. (아르테미스 역시 질투의 감정이 있다. 연극이 거의 끝날 때에 가서 아프로디테에 대하여 언급하면서, 아르테미스가 선언한다. "나는 그가 몹시 사랑하는 것을 선택하여 내 활을 구부려 그를 떨어뜨릴 것이다.")

〈히폴리투스〉는 질투에 대한 전형적 형식을 드러낸다. 곧 이 경우에는 두 여신과 인간 사이의 삼각관계이다. 여기에 한 가지 힌트가 있다. 비록 일상적인 삶이 질투심의 초점이기는 할지라도, 중대한 신화적인 주제 또한 암시되어 있다. 우리는 우리의 이해심이나 의지를 가지고 통제할 수 있는 정서처럼 질투라는 것을 생각하려 든다. 그리고 그런 방향으로 있는 힘을 다 쏟으려 한다. 그러나 우리의 노력에도 불구하고, 인간의 영혼은 결국 합리적인 이해심이 미칠 수 없는 훨씬 더 심층적인 차원에서 커다란 투쟁이 연출되는 투기장이라는 것이 입증된다. 질투심이 그토록 압도적으로 느껴지는 까닭은 그것이 표면상의 현상보다 그 이상의 것이기 때문이다. 언제라도 질투심이 나타날 때면, 이슈나 가치관은 영혼 깊은 곳에서 분류되고, 우리가 할 수 있는 일이란 도무지 그런 감정과 동일시하지 않도록 해야 할 것이며, 단순히 투쟁 그 자체가 스스로 끝나도록 할 일뿐이다.

질투

비극이나 신화의 신성한 예술이 우리에게 신들도 질투한다는 사실을 말해준다면, 그 때 우리가 상상 할 수 있는 것은 이런 정서가 모든 일에 대하여 짜놓은 신들의 계획에 맞춰들어갈 필요가 있다는 사실이다. 질투는 단순히 불안이나 정서적 불안정이 아니다. 만일 신들이 질투한다면, 그렇다면 우리의 질투 경험은 원형적인 것이지, 관계나 신성이나 가정 배경으로 완전히 설명될 수 있는 것이 아니다. 질투 속에서 우리가 느끼는 긴장은 다만 우리의 인간적 상황을 바라볼 때 알 수 있는 것보다 훨씬 더 큰 세계가 충돌하는 데서 오는 긴장일 수 있다. 질투심 속에서 영혼을 찾는 첫 걸음은 신화적으로 생각하는 것이며, 이러한 때에 강렬한 정서와 심오한 재구성에 필요한 더 큰 정황이 어떤 것일까를 고려해 보는 것이다.

히폴리투스의 이야기는 질투의 목적에 관한 힌트를 우리에게 준다. 여기 한 사람이 있는 데 그는 날마다 의식적으로 한 여신을 소홀히 하였다. 그 여신의 일은 인생의 극히 중요한 차원, 곧 사랑, 아름다움 그리고 몸을 돌보는 것이다. 그 여신이 선언한다. 그래 좋다. 아르테미스의 순수성과 자족에 헌신해도 된다. 그러나 다른 것에 대한 욕망도 동시에 합당하고 중요하다. 아프로디테의 질투적인 분노와 여신이 바라는 대로 그 젊은이가 하지 않은 것을 그가 여신의 필요성을 소홀히 하였기 때문에 생긴 것이다. 한 가지 신적인 신비, 곧 도덕적 순수성과 성을 배제하는 것에 대한 유일신교적인 초점을 다른 신적인 신비를 잘 못 대하게 된다. 히폴리투스의 잘못(offence)은 영혼의 다신교적인 요구를 부정하는 것이다.

신화적으로 생각하면, 우리 자신의 고통이나 편집병적인 의심이나 질투심 때문에 일어나는 분노 같은 것 모두가 흡족한 관심을 받지 못하는 어떤 신의 불평으로 상상해 볼 수도 있다. 우리가 히폴리투스 같을 수도 있다. 곧 우리가 절대적이라고 생각하는 원칙에 대하여 진지하게 정직하게 헌신하는 반면에, 우리에게 알려지지는 않았으나, 얼핏 보기에 견줄 수 없는 다른 요청이 동시에 끼어들 수도 있는 법이다. 히폴리투스의 오만한 순수성과 여성에 대한 통렬한 증오는 그가 사랑하고 칭송해온 세계와는 다른 세계에 대하여 자신을 개방하는 것을 거부한 것으로 보일 수 있다. 끝에 가서 그는 바로 자신의 자부심이 강한 정신을 나타내는 동물들에 의하여 파멸된다. 그의 고매한 유일신교가 그를 죽인다. 그는 너무 순수하고, 너무 소박하고, 그의 마음에다 인생이 안겨주는 복합적인 요구에서 비롯되어 존재하는 긴장에 대하여 너무 저항적이다.

질투심이 발동하면 대개는 복합적으로 나타내지만, 민감한 사람은 순수주의자나 도덕주의자로 드러난다. 질투는 영혼에 대한 새로운 주장 앞에 굴복할 것을 요구하는 반면에 방어하는 측에서는 도덕 쪽으로 피난한다. 그래도 우리는 명심해야 할 것이 질투는 원형적인 긴장으로서 두 가지 합당한 필요가 상충하는 것이며, 히폴리투스의 경우처럼, 순수성의 필요와 혼합의 필요, 아르테미스와 아프로디테의 상충이라는 사실이다. 우리는 질투를 없애거나 한 술 더 떠서 이겨내려는 노력으로 아르테미스에게 등을 돌리고 싶지는 않다. 좋은 아이디어라면, 그것은 넉넉한 공간을 만들고 장악할 수 있는 힘을 더 끌어 모아서 이 두 여신이 스스로 해결하고 공존의 길을 찾도록 하는 것이다. 이것이 바로 다신교의 요점이며, 영혼을 돌보는 길을 찾는 데 있어서 일차적인 것이다.

히폴리투스의 이름이 뜻하는 것은 '고삐 풀린 망아지(말)'이다. 이 신화에 묶인 사람은, 심령의 동물로서, 그의 말은 가두어 놓을 수가 없는 것이다. 목장의 울타리를 훌쩍 뛰어넘었다. 그 말들은 아름다우면서도 위험하다. 때때로 우리는 사람들 속에서 히폴리투스 같은 말의 심령을 보는데, 문자 그대로 반드시 젊은 것은 아니지만, 종교나 이념에 대하여 열렬히 헌신적이다. 그들의 동기나 헌신의 목표가 고상하고 흠이 없으며, 그들의 결단이야 말로 감동적이다. 그러나 바로 그들의 일편단심이 더욱 어두운 무엇을 드러낼 수도 있는데, 다른 가치에 대한 맹목성이라든지, 때로는 심지어 사디스트적인 요소나 너무 쉽사리 완력을 정당화 하며 과시하려는 성향마저 띤다.

그러나 질투는, 그림자가 드리워진 모든 감정과 같이, 위장된 축복이거나 치료제로 쓰이는 극약이 될 수 있다. 에우리피데의 희곡은 아르테미스트적인 교만을 치유하는 데 관한 이야기로 볼 수 있다. 히폴리투스는 경직되고, 폐쇄적인데 둘로 찢기 운다. 곧 그의 정신적 노이로제는 얽힌 실타래가 풀리듯이 해결됨으로써 치유된다. 끝은 비극적으로 나타나지만, 비극은 심지어 일상생활에서도, 가치 있는 재구성의 형식이 될 수 있다. 고통스럽고, 어떻게 보면, 파괴적이지만, 비극은 모든 일을 새로운 질서 속에 들어가게 한다. 질투에서 벗어나는 유일한 길은 그것을 통과하는 길뿐이다. 우리는 질투가 제방식대로 우리에게 다가서도록 해야 하며, 근원적인 가치들의 방향성을 새롭게 정하는 일을 하도록 놔두어야 한다. 고통이 따르게 마련인데, 최소한 부분적으로라도, 아직 탐험되지 않은 영토를 열고 들어가는데서 부터 시작하여 아직 알려지지 않은 위협적인 새로운 가능성을 직면하여 옛날의 익숙한 진실을 흘려보내는 데까지 가야한다.

한때 나는 히폴리투스와 흡사한 젊은이를 치료하며 일을 하였다. 다만 그는 말 대신에 자전거를 타는 것이 달랐다. 그는 패스트푸드 식당에서 근무했는데 직장동료 한 사람과 연애하였다. 그는 상대방 여성을 열망하였다. 가끔 데이트를 하였는데, 그는 자꾸 야단맞는다는 느낌을 받았다. 그 여성에 관하여 얘기할 때면, 사랑의 언어, 실제로 칭송하는 말로 시작하지만 얼마 안가서는 비난으로 바뀌었다. 그녀의 차가움과 자신에게만 열중하는 것에 대하여 불평하였다. (질투하는 사람이 이타적이거나 자신의 삶에 대하여 합리적으로 느끼는 것이 하나도 이상할 것은 없다. 이기심이란 죄악에 대해서는 너무 깨끗하기 때문에 자기 애인이 자기만 돌본다고 생각하게 되었던 것이다.) 하루는 그가 찾아오더니 하는 말이 자제력을 잃었다는 것이었다. 그는 자기 여자친구에게 무자비하게 소리를 질렀고, 격정이 조금만 지나쳤다면 그녀를 때릴 뻔하였다는 것이다.

우리는 똑같이 그의 분노가 얼마나 강한지에 대하여 관심을 기울였다. 사람이 자기 이미지의 순수성에 깊이 빠져들면 폭력적으로 변하는 이유는 자기 내부에 있는 그런 잠재력에 대하여 눈먼 상태가 심해지기 때문이다. 그럼에도 불구하고 나는 그의 영혼에 반대하는 입장을 취할 수가 없었다. 그의 영혼은 그 순간에 질투심이 가득한 공상으로 들끓고 있었기 때문이다. 그러나 그 자신은 자신의 감정과 생각을 안 좋게 말하고 있었다. 그는 되풀이해서 말하기를 "내가 어떻게 이런 짓을 하며, 이런 식으로 느낄 수 있는 거죠?"

나는 그의 이런 항의가 단순히 그 자신을 순진하게 유지하는 것이라 느꼈다. 그는 자신이 질투 같은 것을 할 수 있는 사람이 아니라고 주장할 뿐 아니라 그런 감정을 전에 한 번도 경험한 바가 없다고 주장하였다. 그럼에도 불구하고 그의 행동은 점점 더 위협적으로 되어 갔다. 나는 그의 질투에 대하여 더 알기를 원했다. 그런 강렬한 감정 한가운데서 느끼는 유혹은 그런 감정이 순수한 정서라고 생각하려는 것이다. 우리는 그 속에 있는 내용, 곧 정서의 바다에서 헤엄쳐 다니는 아이디어와 추억과 환타지 같은 것을 간과한다. 내가 알기 원했던 것은, 바로 이 사람 속에 있는 누가 질투하느냐 하는 것이었다. 에우리피데스에게서 배운 나는 그가 히폴리투스처럼 경멸하는 무슨 제단에 거기 있었던 것이 아니었을까를 생각하였다.

질투를 개인적으로 생각하면서 '나의 불만'에 대해서만 말하는 것으로 다되는 것은 아니다. 질투를 자아의 잘못으로 환원하는 것은 그것이 지닌 복잡성을 간과하는 결과가 될 뿐 아니라 질투가 깊숙이 자리 잡고 있는 영혼을 동시에 회피하는 결과가 된다. 만일 우리가 공청회를 하듯이 질투를 다룬다면, 우리 인생의 역사나 가족사 안에서 뭔가를 발견할 가능성도 있을 것이며, 바로 이 시점에서 그 질투를 끌어낸 주변사정과 현재 진행 중인 신화에 대해서도 발견할 것이 있을 수 있다. 나는 "질투심을 느껴요"라는 요약된 언표 속에 작용하고 있는 주제나 인물을 더 깊이 파고 들어가서 보고 싶었다. 그것은 마치 영혼의 돌봄에서 우리가 현재 어떤 신화 속에 있는가를 온전히 알기 위하여 우리 자신의 비극을 써내야 하는 것과 같다. 이는 정서 속에서 상상력을 발견하는 유일한 길이며, 영혼은 오로지 상상을 통해서만 제 모습을 드러낼 수 있다.

"내 생각에 그가 다른 남자를 만나고 있는 것 같아요."

그가 그 여자에게 소리를 지르고 난 다음날에 나에게 이렇게 말하였다.

"어째서 그런 말을 하게 되었죠?" 내가 물었다.

"그 여자는 내가 전화할 때면, 그녀가 집에 있겠다고 한 시간인데도 없었어요."

"그 여자한테 늘 그렇게 체크했어요?"

"예, 그렇게 안 할 수가 없었어요." 그렇게 말하는 그의 눈에 눈물이 고였다.

"질투심을 느끼는 가운데서, 당신이 인정하지 않고 있는 부분에 대하여 스스로 알고 있는 것이 뭡니까?"

"내가 믿을 만한 사람이 못되는 것 같아요. 나는 보통 어떤 관계에 대하여 충실하지 못하거든요."

"만일 당신의 이런 면에 대해서 그 여자가 안다면 어떻게 될까요?"

"그야 자기가 원하는 대로 자유롭게 하겠죠."

"당신은 그렇게 자유롭게 되고 싶지 않아요?"

"물론, 머리로는 그렇게 자유롭기를 원하죠. 나는 자유를 믿습니다. 숨 막힐 것 같은 관계는 정말 싫어요. 그러나 내 배짱으로는 그 여자가 한 치라도 자유를 누리지 못하게 하거든요."

"그래서 당신은 질투 때문에 더 너그럽지 못하군요."

"네, 이걸 믿을 수가 없어요. 내가 지닌 모든 가치관을 거꾸로 가는 것인데 말입니다."

"당신이 만일 질투심으로부터 뭔가 배운다면, 예를 들어서, 덜 개방적인 태도에 나타난 가치 같은 것을 배우려고 한다면 어떨까요? 아마 삶 전체에서 일반적으로 덜 관용적인 필요가 있을 겁니다."

"덜 개방적이고, 관용적이지 못한 데도 가치가 있다구요?"

"그런 상상을 해 볼 수 있어요." 내가 말하였다.

'내가 보기에는 당신의 영혼 속에 있는 바로 이 적극적이고 영향력이 있는 어린이가 완전히 개방성과 자유를 원하고 있어요. 그것이 억압이라는 쓰레기통 속에 질서와 한계 의식을 남겨 두는 데, 거기서 그 억압된 심리가 거칠어지고 비합리적이고, 심지어 폭력적으로 될 가능성마저 있어요. 그렇게 요구가 많은 것이 자기답지 않다고 나에게 계속해서 말해 왔거든요. 그런데, 그렇게 많은 요구를 하는 능력을 당신에게게서 완전히 끊어 버리고, 그래서 그것이 제멋대로 행동하게 하는 그런 것이 가능할까요?"

"저는 자유를 신봉합니다." 그는 자랑스레 말하였다.

"관계를 맺는 사람들이 서로에게 여유 공간을 주는 것이 필요하죠."

"아마 지금이 당신의 신념체계를 재평가할 때가 된 것 같아요. 당신의 분노와 의심에 모종의 조절과 성찰을 요구하거든요. 당신의 의식적인 동의가 있는지 없든지 당신의 질투심 때문에 삶 속에 한계가 그어지고 있어요."

"내가 경찰관이 되고 있어요. 저답지 않은 일이거든요. 그리고 그 여자는 범인이에요. 그렇기 때문에 벌주는 게 당연하게 느껴져요."

질투는 이상한 배역을 끌어낸다. 곧 도덕주의자, 탐정, 편집중환자, 왕 보수주의자 같은 것들이다. 편집중(paranoia)이란 말은 보통 어원을 따지고 보면 자식(noia)이 나란히(para) 있는 것—한 사람 곁에 나란히 있는 것—곧, 미친 것을 의미한다. 그러나 나는 그것이 한 사람의 자신 밖에 있는 지식이라고 생각하기를 더 좋아한다. 그들은 뭔가 위협적이고 위험한 것이 진행 중에 있다고 가정한다. 그들은 사실을 추적하는 데는 열심이다. 그러나 그들이 행동할 때는 세부 사항을 모르는 것처럼 한다. 나의 젊은 친구가 만일 이 순진한 어린이와 강력하게 자기를 동일시하지 않았다면, 일이 어떻게 돌아가는지 알았을 것이다. 그의 순진함이 일종의 조작이고 눈가리개였다. 사실은 그가 알고 있지만, 순진한 어린이와 동일시함으로써 그는 그 지식을 근거로 하여 행동할 필요는 없다.

편집중환자가 안다는 것은 상처 입는 것을 즐기는 마조키스트를 만족시킨다. 여러 가지 종류의 마조키즘 속에서 순진한 어린이의 역할을 담당하는 것은 전형적이다. 이것이 어찌 보면 마귀를 쫓는 행위일지 모른다. '마귀를 쫓는' 다는 말이 의미하는 것은 악을 막는 마법적이며 의례적이 방식이다. 순진한 사람의 역할을 담당함으로써 그 젊은이는 관계의 복잡한 세계로 들어가지 않아도 된다. 그는 자신의 느슨한 방식은 숨기면서도 그 여자 친구의 느슨함에 대해서는 나무랐다. 만일 그가 복잡한 어른으로서 그 여자 친구에게 접근하면, 그 여자 자신의 이유 때문에 그 여자로부터 배척당하는 운명을 직면해야 했든가, 그 여자의 복잡한 성질을 붙들고 씨름을 해야만 했을 것이 다. 그 대신에 그 친구가 어린이의 자리로 후퇴해서, 거기서 역설적으로, 그의 보호는 그가 상처 입음을 통하여 안전하게 유지되었을 것이다.

그 젊은이가 지닌 폭력에 대한 감정은 그 자신이 지닌 지식의 능력으로부터 그가 어떻게 분리되어 있는가를 보여준다. 구름같이 뒤덮인 순진함 때문에 눈이 먼 그는 자기 친구나 자신이나 일반적인 관계의 복잡성을 모르는 것처럼 보인다. 그는 단순한 관심과 보살핌을 호소한다. 이런 것을 얻지 못할 때, 그는 통제되거나 놀림감이 된다고 느낀다. 그 때, 보다 순전한 힘 대신에, 격렬한 분노가 그에게서 쏟아져 나온다. 역설적으로 말해서, 만일 그가 제멋대로 굴러가는 편집증적인 콤플렉스 대신에 자신의 영혼을 위해서, 탐정처럼, 내면에서부터 질투심이 발동하도록 한다면, 그는 자신이나 사랑에 대하여 많은 것을 발견할 수 있을 것이다. 만일 그가 도덕주의자로 그의 영혼 속에 깊이 자리 잡고 안정한다면, 관용과 요구를 둘 다 동시에 자리 잡고 안정한다면, 관용과 요구를 둘 다 동시에 끌어안을 수 있는 자리가 되는 유연한 윤리적 감성을 발견 할 수도 있을 것이다. 그의 질투 속에 있는 편집증적인 요소는 손을 뻗힐 수 있는 범위 안에서 더 심층적인 지식의 가능성을 지키면서 동시에 그 자체를 의지와 의도성으로부터 분리시키는 일을 함께 한다. 그 감정이 비현실적이고 꼬인 채로 남아 있지만, 그럼에도 불구하고 지혜를 위한 생생한 자료가 된다. 이 증후는 대단히 중요하다. 그러나 거기에는 '교육'을 끌어내서 연구할 필요가 있다. 그 감정이 더욱 더 세련화될 필요가 있고, 폭력과 공허한 의심을 넘어서서 어떤 수준으로 끌어 올려야 한다.

여러 달에 걸쳐서 토론한 끝에 질투심의 생생한 정서가 수많은 이야기와 추억과 아이디어를 불러일으켰다. 우리는 질투에 대하여 설명을 해 주거나 그것을 몰아낼 어떤 생생한 실마리를 찾고 있지는 않았다. 정반대로, 이런 이야기들이 질투의 본체를 드러내 주었고, 그래서 그것이 더욱 진하게 나타날 수 있었다. 아이디어는 바로 질투 자체가 제 모습을 드러나게 하고, 덜 나타나게가 아니라 더 나타나게 하고, 그래서 그것이 지닌 강박충동을 어느 만큼 잃어버리게 하자는 것이었다. 질투의 강박적인 측면은 겉으로 드러나지 않고 제자리를 찾았다 싶을 때 일어나는 감정으로서 부분적으로 보자면 질투는 은폐성의 기능으로 보인다.

질투의 감정이나 이미지가 마음과 정신을 파고들었을 때 일종의 통과의례가 발생한다. 질투하는 사람은 새로운 사고방식과 함께 복잡한 사랑의 요구를 참신하게 감상하는 법을 발견한다. 그것은 영혼의 새로운 종교로 들어가는 '불세례' 이다. 이런 의미에서, 에우리피데스의 드라마가 엄청난 예술로 보여주듯이, 질투는 영혼의 다신교에 봉사한다. 그 속에 있는 엄격한 도덕주의가 나타나는 경우는 질투 그 자체가 있는 그대로 보이는 곳에서 가능하며, 따라서 가치관의 유연성과 탐험의 이름으로 마침내 질투가 누그러진다.

나의 현대판 히폴리투스는 성장해서 이질적 사회의 일원이 되는 것을 원하지 않았다. 에우리피데스에서 젊은이는 사춘기의 동료들이나 자신의 말들과 시간을 보냈다. 여성들은 위협이며 오염이고, '타자성(otherness)' 이 하나의 온전한 성별(gender)로 인격화되어 있다. 나의 자전거 사람 (Bicycle Man)은 절묘하게 젊은이(pure)이며, 그의 생각에서는 소년답게 순수하지만, 그의 행동에서는 사뭇 거칠다. 그에게는 반대되는 사람들이 서로에게 접근하는 데서 발견 할 수 있는 아주 묘한 거룩한(numinous) 특징이 있다. 그는 순수하며 야수적이다. 가치관에서는 고상하고, 여성에 대한 증오심에서는 추하다. 그의 이상주의적 가치관이 어찌나 흠이 없었던 지 그는 자기 자신의 오만과 여성혐오증의 그림자를 보지 못하였다. 순수성이 그의 영혼을 누르고 승리하였기에 따라서 그의 영혼은 깊이 혼란스러웠다.

헤라 : 질투의 여신

아프로디테와 아르테미스가 신화 속에서 찾아 볼 수 있는 유일한 질투의 이미지는 아니다. 모든 신들과 여신들이 격렬한 분노를 띨 수 있다. 그러나 질투에서는 제우스의 아내 헤라가 단연 앞선다. 헤라는 최고의 엽색가인 자기남편에 대해서는 언제라도 발작적인 질투심을 터뜨릴 태세를 늘 갖추고 있었다. 역사를 통 털어서 제우스는 위대한 신이며 동시에 불성실한 애인으로 비판받았다. 그러나 신화는 비록 유한한 인성의 이미지 속에 자리 잡고 있기는 할지라도 인간의 속성과 약점을 문자 그대로 묘사하고 있는 것은 아니다. 우리가 신화를 읽을 때는 언제나 깊이 들여다보면서 그 필연과 신비를 분별할 필요가 있다. 만일 우리가 시인의 눈으로 본다면, 우리는 우주의 통치자가 세상에 있는 만물과 에로스적인 애착을 갖기 원한다는 것이 말이 된다는 사실을 알 수 있게 된다.

그러나 이렇게 끝없는 욕망에 대하여 부인이 된다는 것은 어떨 것인가? 인간적인 술어로 표현하자면, 미칠 정도로 감동적인 예술가의 부인이거나, 아니면 세계적 지도자가 될 만한 카리스마를 지닌 정치가의 부인이 되는 것 같다고 할지 모를 일이다. 누구라도 항상 위협 받는 느낌을 갖지 않으면서 우주적 비율 같은 엄청난 욕망의 소유자에게 부인이 될 수 있을까?

그리스 신화에서 가장 위대한 신의 부인이 첫째로 질투심 때문에 알려진다는 것은 진기한 일이다. 헤라는 백성들의 고난을 돌보는 여왕이 아니다. 절대적 권력을 성취하는 절대적 미인도 아니다. 발작적이며 격렬하게 분노하고, 배반당하고, 능욕당하는 부인이다. 헤라의 격노는 제우스의 세계 통치의 색조가 육욕이듯이 그의 질투가 띠는 색깔만큼이나 짙다. 그것은 마치 제우스의 지혜와 정치권력처럼 질투가 삶과 문화를 유지하는 데 중요한 것 같았다. 신화적으로 말해서, 질투는 삶과 문화 속에서 통치력과 쌍벽을 이룬다.

제우스는 생존에 대한 근원적인 분쟁을 해결하고 '대부'의 원조 노릇을 하면서, 자기가 지배하는 세계 속에서 매사를 탐욕한다. 그의 욕망이 세계를 향하여 내닫는 반면에 헤라의 분노는 가정과 가족과 결혼을 대변한다. 그가 외향적이고, 그녀는 내성적이다. 그 둘 사이의 긴장은 가정과 세계, '우리'와 '타인' 사이의 음양과 같다. 성애적인 창조성은 세계 만들기인 반면에, 질투는 가정과 내면성을 보존하기에 다름 아니다. 우리가 질투심을 갖지 않았다면, 너무 많은 사건이 발생하였을 것이며, 너무 많이 삶을 살았을 것이며, 너무 많은 관계를 형성했으면서도, 심화시키지는 못 했을 것이다. 질투는 한계와 성찰을 강요함으로써 영혼에 봉사한다.

유일신론자가 다신론적인 종교에 접근하는 데 있어서 걸림돌은 다신교의 있을 법 하지도 않은 여러 경험들 속에서 어디서나 타당성을 찾으려는 것이다. 헤라의 종교에서 가장 큰 덕목은 소유욕이다. 그녀의 관점에서 보면, 그것이 정당할 뿐 아니라 부정을 보고 격분하는 것이 당연히 요구되는 것이다. 내가 아는 지독하게 질투하는 젊은이는 아직 소유욕이란 덕목을 아직 발견하지 못한 상태였다. 그는 소유욕이란 자기 밖의 일이며 자기의 가치관에는 이질적인 것으로 느꼈다. 그래서 그의 소유욕은 충동적이고 압도적이었으며 불시에 그를 쳤다. 그 여자 친구 쪽에서 정절을 지킬 것에 대한 그의 절박한 욕망과 그다지 깊지 않은 일체감에 대한 보상이었다. 그는 친밀과 더불어 있음을 가지고 놀았다. 그러나 이런 감정들이 실제로 그에게 밀려왔을 때, 그것은 전혀 낯설게 느껴졌다. 그것을 어떻게 다루어야 할 줄을 몰랐다.

개인의 자유와 선택을 소중히 여기는 문화 속에서 소유하려는 욕망은 한 조각의 그림자이다. 그러나 동시에 그것은 실재의 욕망이다. 질투는 상대방과의 참된 관계 속에서 성취된다. 그러나 이런 관계는 심한 요구를 하게 마련이다. 그것은 우리에게 애착과 의존을 사랑할 것을 요청하며, 견디기 어려운 이별의 고통을 무릅쓸 것과―헤라의 전통적인 속성으로서―상대방과는 동반자 관계 속에서 성취를 찾도록 요구한다.

동시에 우리가 기억해야 할 것은, 소유욕에도 불구하고, 헤라는 성애적 해방의 신에게 끌린다. 헤라는 애착과 욕망 분산의 변증법의 반을 실체화하고 있다. 헤라는 상대방을 소유하는 것과 소유하지 않는 사이의 긴장 속에서 노닌다. 이런 긴장을 가지고 사는 것은 우리 자신의 여러 측면을 한데 모으는 한 방식이며, 우리 모두는 개인들이며 궁극적으로 이생에서는 혼자라는 비전을 끌어내며, 우리 모두가 서로에 대하여 갖는 전적인 의존감을 끌어내는 방식이다. 우리의 어떤 부분이 더 많은 경험과 새 사람을 열망하며 다시 시작하는 것을 열망할 때, 질투는 애착을 회상하며 이별과 이혼의 끝없는 고통을 느낀다.

원형적인 아내

여성이 억압받고 여성적인 모든 일이 평가 절하되는 문화 속에서 '아내' 는 그 이름에 걸맞게 존중받지 못한다. 이 아니마 형상이 남성들의 정신 속에 자리를 차지하지 못할 때 아내의 지위나 신분은 문자 그대로 의존성이며, 여성에게 주어지는 것은 가정과 자녀에 대한 책임이 전부이다. 남성들은 가정생활의 속박으로부터 자유하다. 그러나 그들 또한 상실을 겪을 수밖에 없다. 그 까닭은 가정과 가족을 돌보는 일은 엄청 난 분량의 느낌과 상상력을 영혼에게 되돌려 주기 때문이 다. 전형적 으로 남성들은 사업이나 무역이나 커리어의 모험적 측면을 선호한다. 물론 커리어 우먼도 스스로 문화 세우기의 신화에 헌신하다 보면 아니 마를 상실한다. 남성과 여성 양쪽이 기뻐 할 수는 있다. 이런 상황에서 헤라의 신화적 이미지는 우리에게 아내에게 주어지는 합당한 영예를 상기시켜 준다. 신화적 인물로서 헤라가 암시하는 것은 '아내' 야 말로 영혼의 심오한 얼굴이 라는 것이다.

　헤라 안에서는, 한 인격이 그가 남성이든 여성이든 상대방과의 관계 속에서 가장 개성적이다. 물론 이런 관념은 독립성과 개별성의 가치에 대한 모든 현대사상과 배치되는 것으로 보이기는 하지만 말이다. 우리 시대에서 타인과의 관계 속에서 정체성을 찾는 것은 옳지 않아 보인 다. 그러나 이는 헤라의 신비이다. 헤라는 위엄성과 심지어 신성마저 주어진 의존성이다. 고대에 헤라는 커다란 존경을 받았고, 깊은 애정 과 경외감으로 숭배되었다. 사람들이 어떤 관계 속으로 들어갈 때 너 무 의존적으로 된다는 불평을 하게 될 때, 우리는 이런 증후가 바로 헤 라적인 감각의 부족이라고 볼 수도 있으며, 이에 대한 보약은 사랑과 애착 속에서 이루어지는 더 깊은 일치에 대해 감사하는 마음을 배양시 키는 것이다.

　남녀를 막론하고 어떤 관계 속에서 '아내' 를 불러일으키는 것에는 특별한 재주와 감수성이 필요하다. 보통 우리는 원형적인 리얼리티를 사회적 역할로 환원시킨다. 여성은 슬그머니 아내의 역할 속으로 빠져 들고, 남성은 여성이 그 역할 속에 있는 것으로 대우한다. 그러나 원형 과 역할 사이에는 엄청난 차이가 있다. 어떤 관계 속에 헤라를 끌어 들여서 그 결과로 관심을 집중하며 봉사하는 파트너가 되는 길은 남녀 양쪽에 생생하게 존재한다. 그렇지 않다면, 헤라는 부부로서 상호적인 의존과 정체성의 분위기로서 불러들일 수도 있다. 헤라의 정신으로 부부가 관계를 보호하며 그들의 의존성의 신호를 값어치 있게 본다. 헤라를 위하여, 여행 중이거나 제 고장을 벗어났을 때 전화를 한다. 헤라를 위하여, 미래에 대한 비전 속에 상대방 파트너를 포함시킨다.

질투심은 관계 속에 있는 이런 의존적 요소에 부속되어야 마땅할지 모른다. 질투는 원형의 일부이다. 헤라는 사랑하며 질투한다. 그러나 참된 동반자의 가치가 가슴으로 받아들여지지 않을 때, 헤라는 그 장면을 떠나고, 관계는 단지 함께 있음으로 환원된다. 그렇게 되면 개인들은 스스로 나뉘어져서 자유를 주장하는 독립적 존재가 되거나 '서로 의존하는' (codependent) 사람이 되어 질투로 고통을 겪는다. 만일 결혼에서 파트너 가운데 한 쪽이 명백히 아내(노릇을 하는 경우)라면―반드시 여성일 필요는 없다―그때 헤라는 존중받지 못하고 있는 것이다. 만일 당신의 어려운 결혼 생활의 증상을 직면하고 있다면, 헤라의 비탄(distress)을 찾아보라. 헤라가 그토록 열렬하게 존중하는 결혼은 다만 남녀 사이의 구체적 관계뿐만 아니라, 그것은 어떤 종류의 관계일 수도 있으나, 정서적이며 우주적인 것이라야 한다. 융이 말하듯이 결혼은 항상 영혼의 사건이다. 헤라는 개인의 내면 속에서나 사회 속에서 분명 요소들의 합일을 또한 보호할 수도 있다.

사람들은 자주 아내와 남편에 대하여 꿈을 꾼다. 만일 우리가 이런 꿈들이 실제 결혼 생활과 관계가 없다고 본다면, 그 때는 우리가 더 꿈들의 안내를 받아서 더 미묘한 결합에 대하여 심사숙고 할 수도 있다. 예를 들면, 어떤 남자가 꿈을 꾸는데, 매력적으로 생각하는 한 여인과 바에 함께 있다. 그녀가 그에게 키스하고, 그는 즐긴다. 그러나 그는 자기 아내가 보고 있는가를 알기 위하여 계속해서 뒤를 돌아다본다. 생시에 이 남자는 자기가 끌리는 다른 여자가 있을 때 종종 혼란에 빠지기는 하지만 그래도 행복한 결혼 생활을 하는 편이다. 그는 또한 가끔 알코올에 대하여 꿈을 꾼다. 이런 꿈들을 꿀 때면, 보통 그는 술에 취한 사람과 마주치는데, 그때마다 그는 몹시 반감을 느낀다. 이 사람은 매우 엄격하고 격식을 따지는 사람이다. 그래서 그의 꿈이 확 열려서 여러 방향으로 뻗는 것을 보는 것이 하나도 놀랄 것이 없다. 그의 '아내' —그가 결혼 의미의 전부—에 대한 그의 의식은 강하고 또 그에게 적절히 역할을 한다. 만일 그가 매력을 느끼는 대로 따라서 행동했더라면, 그의 결혼은 벌써 끝났을 것이고, 그의 인생은 분명히 산산조각이 났을 것이다. 이와 반대로, 그의 영혼이 느끼는 디오니스적인 필요와 아프로디테적인 필요가 그의 꿈속에서 알코올과 섹스를 통하여 표현되었듯이 동시에 어떤 관심을 끌려고 한다. 이것이 사실상 이 시점에서 그의 인생에서는 주요한 긴장이다. 그의 아내와 자신의 가치관에 대하여 충실히 이행된 충성심이 보다 더 열정적인 방향으로 실험하고 탐험하자는 초대장 때문에 도전을 받고 있다.

한 여자가 꿈 얘기를 하는데, 꿈에 자기 남편과 세 자녀가 모두 푸른 언덕에서 피크닉을 하고 있는데 머리가 빨간 미지의 여성 셋이 그들과 함께 있었다. 어쩌면 그녀가 꿈속에서 알고 있는 그 세 여성은 남편의 애인들이다. 그들은 또한 아이들에게 어떤 성애적인 관심을 보인다. 꿈을 꾸는 사람은 자기 집 창문에서 내다보는데, 자기 가족이 행복한 것을 보며 느끼는 기쁨과 그 세 여자와 관련된 질투가 뒤범벅이 되어있는 것을 느끼고 있다.

또 다시 우리는 헤라에게 그토록 전형적인 변증법을 본다. 꿈꾸는 그 여자는 꿈속에서 아내와 어머니로서 자기의 역할을 즐기고 있다. 그러나 동시에 그 세 여성의 접근과 성애적인 분위기에 질투를 느낀다. 세 여성의 이미지는 꿈과 예술에서 흔한 것이다—즉, 세 가지 은혜와 세 가지 숙명, 과거·현재·미래가 그것이다. 아마 모종의 새로운 숙명적으로 불타오르는 (붉은 열정)—반드시 사람일 필요는 없다—이 꿈꾸는 사람의 영혼 속으로 들어가서, 새로운 정열과 오랫동안 소중히 간직해 온 생활구조 사이에 익숙한 긴장을 일으킨다. 이 시점에서 꿈꾸는 사람은 관찰자의 역할 속에 있고, 헤라처럼 자기 집에 앉아서 이 새로운 역할을 멀리 떨어져서 지켜본다.

우리가 결합(wed)하는 사랑은 반드시 인간만은 아니다. 시인 웬델 베리(Wendell Berry)는 그의 책에서 재미있는 고백을 한다. 그가 말하기를, 때때로 그가 여행을 하면서 어떤 장소와 연대를 하며 그곳으로 이상한 강렬한 판타지에 사로잡히곤 하는데, 이는 마치 새로운 배우자와 함께 있는 것에 대하여 성애적인 생각을 즐기는 것과 똑같다. 그러나 베리는 다음 순간 헤라의 관점에서 말하는데, 가정에 대하여 충실할 것을 권고한다. 우리가 밖으로부터 오는 이런 유혹에 걸려들어서는 안 된다고 그는 충고한다. 이런 주제에 관한 꿈들은 우리가 이런 긴장을 느끼게 되었을 때 실제로 '어떻게 해야 할지'에 대한 것보다는 덜 확실해 보인다. 그런 꿈들은 단순히 가정에 대한 충성을 유지시키는 정도의 질투와 환경을 제공해 준다. 긴장은 이미 있는 것에 대한 애착과 새로운 정열에 대한 약속 사이에 있다. 영혼을 돌보기 위하여, 우리에게 선택의 여지가 없을 수도 있으나, 다만 우리의 마음을 활짝 열고 그런 긴장을 끌어안고 다신론적으로 양쪽의 필요성에 대하여 충분히 듣는

귀를 갖는 것은 할 수 있을 것이다.

헤라에 대하여 한 마디만 더하자. 역사학자 칼 케레니(Karl Kerenyi)는 융의 친구인데 신화에 대하여 독자적인 접근법을 발전시킨 사람으로서, 그의 저서 「제우스와 헤라」에서 흥미진진한 코멘트를 한다. 헤라는 사랑함에서 성취된다고 그는 우리에게 말해준다. (그런데 '성취된다'는 그 말은, 헤라적이며 특별한 단어이다. 헤라의 속성으로 사용된 다른 단어들은 끝이나 목적을 의미하는 단어 telos와 관련이 있다. 그런데 케레니는 말하고 있다. 곧 헤라에게 있어서 섹스에서 목적과 성취를 찾는 것은 필수적이다. 섹스가 아내가 되는 것의 일부라는 것은 명백해 보인다. 그러나 내가 강조하고 싶은 생각은 바로 이 섹스의 특수한 측면, 친밀과 동반자 관계의 성취에는 신성이 깃들어 있다는 것이다. 헤라는 제우스의 연인으로 존중되었다. '호머의 헤라예찬'은 헤라와 제우스가 밀월을 삼백년간 즐겼다고 한다. 한 걸음 더 나아가서 케레니는 언급한다. 헤라는 해마다 카나토스(kanathos) 춘제에 자신의 처녀성을 갱신한다는 것이다. 실제로 봄이면, 헤라의 동상은 연례의례를 따라 물 속에 담근다. 그리고 자신을 제우스에게 소녀로서 받쳐진다. 따라서 그녀의 섹스 안에서 성취된다.

융의 언어로 말하자면, 헤라는 섹스의 아니마의 일부라고 말할 수 있다. 혼인한 사람들의 침상에서 서로를 만날 때 생전 처음 만나듯이 할 때, 그렇게 해서 처녀성을 갱신하는 헤라적인 상상을 즐기는 것이다. 어떤 관계가 헤라를 존중하면, 두 사람 사이의 성적인 결속을 성취하는 것을 경험하는 기쁨을 누리는 복을 받게 된다. 문제는 헤라의 본성을 통째로 불러들이지 않으면 일이 안된다는데 있다. 그러니까 그녀의 질투와 아내의 신분과 지위가 때로는 열등과 의존을 수반하기 마련이지만, 그것을 다 내포해야 한다. 관계와 영혼 속에서 영혼을 찾으려면, '아내' 원형의 일부로서 열등감마저 감사하게 생각하는 것이 필요할지도 모른다.

속담에 이르기를, 병을 주는 신이, 그 병을 고쳐준다. 이야말로 '상처 입히는 치유자'요, 아니면 '치유하는 상처 입히는 자'이다. 만일 질투가 병이라면, 누구보다 질투를 더 잘 아는 헤라가 치유자가 될 수 있다. 따라서 우리는 원점으로 돌아간다. 만일 우리가 질투를 치유하기 원한다면, 이열치열 같은 동종치료 식으로 우리는 그 속에 들어가야 할지 모른다. 질투라는 이름으로 천명되는 바로 그 특성들—의존, 타인을 통한 정체성, 결합을 보호하려 하는 열망—을 마음으로 더 가까이 받아들여서 헤라가 존중될 수 있도록 해야 할지 모른다. 만일 질투가 충동적이고 압도적이라면, 헤라는 아마 불평할지 모른다. 자기만이 가져다 줄 영혼 충만함을 게을리 했거나 관계 속에 그것을 지니지 못했다고 말이다. 이상하게도 필경 질투 그 자체가 섹스와 친밀함이라는 양쪽의 씨앗을 자신 속에 품고 있다는 것이다.

시기

가슴을 콕콕 찌르는 게 '질투'와 비슷한데, 그것이 바로 '시기'이다. 이는 (지옥에 갈) 치명적인 일곱 가지 죄 가운데 하나로서 명백히 그늘을 드리우는 소재이다. 다시 한 번 우리는 어려운 물음을 묻게 된다. 곧 파랗게 시기가 스미어 나올 때, 그 상황 속에서 영혼을 돌본다면 어떻게 할 것인가? 우리가 열린 마음으로 이 치명적인 죄에 대하여 물을 수 있을까? 다른 사람이 가지고 있는 것을 갈망하는 마음의 시기가 우리를 비틀 때, 영혼이 무엇을 원하는지를 우리가 감지할 수 있을까?

시기는 소모적일 수 있다. 시기는 그 밖의 모든 생각과 감정을 신랄하게 밖으로 몰아 낼 수 있다. 시기는 사람의 마음을 산란하게 할 수도 있고 '감동받게' 할 수도 있고, 우리가 말 하는 것처럼 남의 인생과 지위와 소유 때문에 아파할 수도 있다. 내 이웃은 행복하고 돈도 있고 성공했고 자녀도 있는데, 왜 나는 그렇지 못한가? 내 친구들은 좋은 직업도 가졌고, 잘 생겼고, 복도 많은데, 나는 뭐가 잘못되었는가? 시기하는 마음속에는 상당량의 자기연민이 들어 있을 수 있다. 그러나 진짜 씁쓸한 것은 '갈망' 하는 것이다.

시기가 겉보기에는 자아(ego)로 가득 찬 것 같으나, 근본적으로는 자아 문제가 아니다. 시기는 마음을 갉아 먹는다. 시기는 자아의 과잉이 아니고 영혼의 활동이며, 영혼의 연금술에서 고통스러운 과정이다. 자아 문제는 시기에 대하여 어떻게 응답하느냐 하는 것과 시기가 불러일으키는 구역질나게 하는 소원에 대하여 어떻게 반작용하느냐 하는 것이다. 시기와 정면으로 마주쳐서 우리가 할 일은—이제 와서는 놀랄 것도 없지만—시기가 원하는 것이 무엇인가를 찾아내는 것이다.

강박충동은 늘 두 부분으로 구성되는데, 시기도 예외는 아니다. 한편으로는 시기가 뭔가에 대한 욕망이며, 다른 한편으로는 마음이 실제로 원하는 바에 대한 저항이다. 시기 안에서 욕망과 자기 부정이 함께 작용하여 특징적인 좌절감과 강박관념을 만들어낸다. 비록 시기가 마조키스트적으로 느껴지지만—시기하는 사람은 자신이 불운의 희생자라고 생각하는데—동시에 운명과 성격에 대한 저항의 형태로 나타나는 강한 고집이 내포되어 있다. 시기가 한창 심할 때 사람은 자신의 본성에 대하여 눈먼 상태에 빠진다. 물론 어디서나 마조키즘이 명백할 경우, 사디즘은 바로 그 근처에 숨어 있다. 사디스트가 시기할 경우는 운명이 안겨 준 몫에 대항하여 치열하게 싸운다. 그는 박탈당하고 사기당했다고 느낀다. 자기 자신의 운명이 지닌 잠재적 가치와 접촉이 끊긴 상태가 되기 때문에, 그는 남들이 좋은 행운을 얻는 복을 받았다고 느끼는 정교한 판타지에 빠진다.

시기하는 영혼을 돌보는 요점은 시기를 없애는 것이 아니라, 시기의 안내를 받아서 자신의 운명 속으로 되돌아가는 것이다. 시기 속에서 느끼는 고통은 몸속에서 느끼는 고통과 같다. 시기 때문에 우리는 멈춰 서서 뭔가 잘못되었기에 주의를 집중할 필요가 생긴 것을 주목하게 된다. 잘못된 일이란 바로 클로즈업된 시야가 흐려진 것이다. 시기는 영혼의 원시 현상으로서 가장 가까이 있는 것을 못 보게 되는 것이다. 우리는 우리 자신의 삶 속에 있는 필요성과 가치를 볼 수 없게 된다. 전에 내가 알던 한 여인은 고문 받듯이 괴로운 격렬하고도 무자비한 시기 때문에 여러 해 동안 고생을 하였다. 그녀는 온 종일 공장에서 열심히 일하고, 삶을 향상시키려고 애를 썼다. 그리고 밤이면 자기 집에 가서 숨듯이 처박혔다. 그녀는 자기 주변 사람들이 제대로 살아가는 모습을 차마 지켜볼 수가 없었다. 그녀는 누구한테도 위로 받을 수 없을 만큼 외로움과 지독하게 비참함을 느꼈다. 되풀이해서 그녀는 자기 친구들의 행복을 아주 자세하게 서술하였다. 그들에게 일어난 온갖 좋은 일은 모두 알고 있었다. 친구들 가운데서 누가 새롭게 성공을 했거나 큰 혜택을 입은 소식을 들으면, 그녀는 충격을 받았고, 언제나 지니고 다니는 시기하는 생각으로 가득 찬 마음에다 또 다른 못을 박는 것이었다. 그녀의 친구들은 돈과 좋은 가정과 일의 성취와 친구와 멋진 성생활을 모두 누리고 있었다. 그녀의 말을 듣고 있노라면, 내가 보기엔, 온 세상에 복을 있는 대로 다 받았는데, 오직 그녀만이 외로움과 빈곤의 무거운 짐을 지고 산다는 인상을 받게 된다.

마조키즘의 숨은 측면은 고집스러운 횡포이다. 이 여인의 시기가 안고 있는 고통은 그녀의 엄격함을 베일로 가리고 있었다. 그녀는 바로 자기가 시기하는 친구들을 가차 없이 심판했다. 자기 자신의 가정 안에서는 삼십대가 된 두 아들 위로 떠돌면서 그들의 일거수일투족을 지배하려고 하였다. 그들의 복지를 위해서는 사심 없이 전 생애를 바치는 것처럼 보였으나 누군가의 삶을 책임지는 것을 즐기는 것처럼 보였다. 그녀의 시기는 남들의 삶에 대하여 몰두하는 것과 자기 자신의 삶에 대해서는 소홀히 하는 것을 반영하였다. 그녀가 나를 찾아 와서 시기에 대하여 도움을 청했을 때, 나는 시기를 불러 들여서 무슨 이야기를 털어놓을지 듣자고 생각하였다. 그녀는 물론 자기가 그 시기에서 깨끗하게 헤어 나올 수 있도록 내가 그 길을 찾아 주기를 바라고 있었다. 그러나 시기는 질투와 같아서 장본인이 거기에 집착한 나머지 새 신자를 얻으려는 선교사와 같다. 시기 이야기 속에는 메시지가 들어 있다. 곧 "당신도 나와 같이 분노가 일어나지 않습니까?" 하는 것이다. 그러나 나는 그녀의 분노심에 빠져들고 싶지 않았다. 내가 바라는 것은 그 시기가 무슨 짓을 하고 있는지 그리고 무엇을 염두에 두고 있는가 하는 것이었다.

이 여인이 자라난 가정에는 돈이 별로 많지 않았고 가족들이나 자녀들에게 넉넉히 해주지 못하는 것은 사실이었다. 그리고 더욱이 그녀는 엄격한 종교적 분위기에서 양육되었기 때문에 섹스나 돈에 대해서 여러 가지로 금지하도록 영향을 받고, 남을 위하여 자신을 희생하도록 고정관념을 갖게 만들었다. 그녀는 두 번이나 어렵고 고통스러운 결혼과 이혼을 경험했다. 그러나 이런 사실들도 그녀의 압도적인 시기에 대한 설명으로는 불충분하였다. 그 반대로 기회가 있을 때마다 겪었던 어려움을 목록처럼 되뇜으로써 그녀는 자신의 상태를 합리화시키고 있었다. 그렇게 해서 자신의 시기를 기름칠하며 광을 내었다. 아이러니컬하게도 자신의 불운에 대한 이 여인의 화난 설명으로 인해, 그 여인은 스스로 자신의 과거의 고통을 느끼지 못하도록 마음을 산란하게 만들었다. 증상은 흔히 고통스럽다는 것이 명백했지만, 동시에 의식과 연결되는 더 깊은 고통이나 운명의 근원적인 실재에 대하여 자신을 보호해주는 것이 될 수도 있었다. 그것은 마치 시기가 모든 고통을 속으로 다 빨아들이고, 묘하게 자신의 과거를 지니지 못하게 하는 것 같았다.

우리는 그 여인의 수없이 많은 빼앗긴 경험의 이야기들을 천천히 살피면서 작업을 시작하였다. 나는 그녀가 고통과 의식으로부터 자신의 마음을 교묘하게 딴 데로 돌리는 방식을 살폈다. 예를 들면, 자기 가족에 대해 이런 변명을 하였다. 곧 "그들은 달리 더 알 길이 없었어요. 그들이 최선은 다 했지요. 그들의 의도는 좋았어요." 나는 이렇게 합리화하는 것을 넘어서려고 하였다. 그래서 우리는 둘이 다 그녀의 과거 속에 있었던 슬픔과 공허함을 느낄 수 있었고, 그녀의 부모 쪽에서 있었던 한계와 실패를 인정하려고 하였다.

시기 때문에 비참함을 느끼는 자리에서는 응원단장같이 되는 유혹이 있다. "너는 할 수 있어. 네가 원하는 것이라면 뭐든지 가질 수 있어. 너는 누구만큼이라도 좋은 사람이야." 그러나 그런 접근방법은 시기가 쳐놓은 함정에 곧장 빠져든다. 곧 " 나는 내 인생을 제 궤도에 올려놓을 거야. 그러나 처음 시작부터 이 일은 잘 안되게 되어 있다는 것을 난 알아." 진짜 문제는 좋은 삶을 가지려는 개인의 능력이 아니라, 갖지 않으려는 역량이 문제이다. 우리가 지원이나 적극적 사고를 위하여 보상받기 위한 움직임을 피한다면, 그 대신에 중상을 존중하면서 그것의 안내를 받아서 영혼을 가까이서 살필 수 있는 법을 배울 수 있다. 만일, 시기 때문에 사람이 더 좋은 인생을 바란다면, 공허함을 깊이 느끼는 것이 좋은 생각일 수도 있다. 소원들이란 억제를 위한 앙상한 도구가 될 수 있어서, 고통스러운 공허에 대한 방어로서 비현실적이며 피상적인 가능성 쪽으로 관심을 돌릴 수 있다. 이 여인에게 부족했던 것은 자기 자신의 황폐함과 공허함을 느끼는 역량의 문제였다는 사실이 상당히 명백해졌다.

일단 그녀가 자신의 가정생활이나 누구라도 겪을 수 있는 불운을 겪은 자기 친구들에 대하여 더욱 더 현실적으로 말하기 시작하게 되면서는, 그녀의 목소리에 끼여 있던 시기의 푸념이 빠지면서 보다 구체적이고 냉정한 어조로 바뀌었다. 그렇게 되자 자신의 상황에 대해서 더 큰 책임을 지게 되었고 결과적으로는 개선하게 되었다.

질투와 시기에서는 똑같이, 환상이 힘 있게 사람의 마음을 사로잡는다. 그러나 실생활에서는 동떨어져서 공중에 떠있는 것 같다. 이런 환상들은 환각이며 접근 못하게 박아놓은 이미지 같아서 직접적으로 삶을 터치할 수가 없다. 그러나 상상의 세계에 머물러 사는 것은 일종의 영혼을 회피하는 방식이다. 영혼은 늘 어떤 방식으로라도 삶에 붙어있다. 증상으로서 질투와 시기는 삶을 일정한 거리에 떼어 놓고 있다. 영혼에게 보내는 초대장으로서 질투와 시기는 둘 다 애정과 애착을 되찾을 수 있는 마음속으로 찾아드는 길을 제공해준다.

질투와 시기가 둘 다 그것을 없애려는 인간적인 노력이나 이성에 대한 저항이 된다는 사실은 축복이다. 질투와 시기는 둘 다 우리가 영혼 깊숙이 그리고 건강과 행복에 대한 생을 넘어서 신비 속으로 깊숙이 뛰어들 것을 요청한다. 질투와 시기를 하는 것이 신들이며 그들의 신적인 활동의 깊은 자리를 터치할 때에만 비로소 개인의 변화를 일으키는 반응을 할 수 있으며, 따라서 신화적인 충동이 일어나는 익숙하지 않은 곳으로 데려간다. 궁극적으로 이렇게 어지러운 감정들이 더 큰 깊이와 성숙과 유연성을 가지고 경험되는 인생으로 나가는 길을 제공해 준다.

우리의 과제는 영혼을 돌보는 일이다. 그러나 영혼이 우리를 돌보는 것 또한 사실이다. 그래서 '영혼의 돌봄'이란 말은 두 가지 방식으로 나타난다. 그 하나는 우리에게 영혼이 안겨주는 것이면 무엇이라도 우리가 최선을 다해 그를 존중해 주는 것이다. 다른 또 하나는, 영혼의 돌봄을 행하는 주체이다. 심지어는 그 자체의 병리 현상 속에서, 모르긴 하지만 특별히 그런 때에, 좋은 세속주의에서 탈출 할 수 있는 길을 제공함으로써 영혼이 우리를 돌본다. 영혼의 고난을 특정한 신화적 감성을 재형성함으로써만 벗어날 수 있다. 그러므로 영혼의 고난은 영성이 더 커지도록 움직여 나가는 시작이 된다. 아이로니컬하게도 병을 앓는 상태가 영혼 충만한 종교에 이르는 길이 될 수 있다.

제6장

영혼과 힘

영혼 안에서, 힘이 작용하는 것은 의지와 자아 안에서 작용하는 의미와 같은 것은 아니다. 우리가 무엇인가를 이기적으로 성취하기를 원할 때, 우리는 힘을 모으고, 전략을 개발하고, 온갖 노력을 기울인다. 이는 제임스 힐먼이 영웅적인 또는 헤라클레스적인 행동이라고 서술하는 것에 해당된다. 그는 나쁜 뜻으로 이 말을 쓴다. 곧 야수적인 힘과 좁은 이성적인 비전을 사용하는 것이다. 이와 대조적으로 영혼의 파워는 큰 저수지에 더 가깝다. 아니면, 전통적인 형상으로 말하자면, 급류를 이루는 강물의 힘과 같다고 할 수 있다. 이는 자연스러운 힘이며 조직된 힘이 아니고 미지의 근원에서 솟구치는 힘이다. 이런 종류의 힘을 가지고 해야 할 우리의 역할은 주의 깊은 관찰자가 되어서 영혼이 어떻게 스스로 삶 속에 투입되기를 원하는지 살피는 것이다. 동시에 우리가 해야 할 과제는 그런 힘을 명료화시키고 구조화시키는데 필요한 기묘한 수단을 찾는 것이며, 그에 대한 전적인 책임을 지고, 또한 영혼이 지닌 의도성과 필요성을 우리가 이해하기는 하되 다만, 부분적으로 할 수 밖에 없다는 사실을 받아들이는 것이다.

자아중심적인 의지나, 순수한 피동성의 경우 그 어느 쪽도 영혼을 위해 봉사하지 못한다. 영혼에게 필요한 작업은 많은 성찰과 열성적인 노력이다. 모든 고대 문화를 생각해 보라. 막대한 양의 돈과 물질과 에너지를 투입하여 피라미드와 거석과 성전과 대사원들을 지으며 신성한 놀이와 거룩한 상상력을 나타냈다. 비결은 다름이 아니라 정열과 상상적인 관상(contemplation)을 둘 다 가지고 행동을 힘차게 만드는 영혼 충만한 전망을 찾는 것이다. 나는 여기서 융의 끊임없는 시도를 상기한다. 이론이나 그의 실생활 속에서 그가 일컫는 '초월적 기능'을 발견하려는 것인데, 신비스러운 영혼의 심층과 더불어 의식적인 이해와 의도성을 끌어안는 관점이다. 이것이야말로, 융에서는 바로 자기(self)가 의미하는 것이다.

즉, 이는 행동과 지능의 지레 받침대로서 영혼과 지성의 무게를 동시에 느낀다. 이는 단순히 이론적인 구성이 아니다. 이는 융이 자신의 영혼의 작업에서 보여 주었듯이 한 삶의 방식이다. 이처럼 행동의 근거에 대한 자리매김을 다시 하는 데서 나오는 힘은 깊은 뿌리를 가지며, 자기애적인 동기에 파괴적으로 사로잡히는 것은 아니다.

〈도덕경〉(30장)에서 말하기를, "덕장은 결과를 성취하면, 그것이 전부이다. 그 경우를 이용하여 거기서 나오는 힘을 잡으려 하지 않는다." 영혼의 힘을 분출시키는 것은 자아 속에 있는 틈을 메울 필요나 자아 가상실한 힘을 어설프게 대치시킬 필요나 그 어느 쪽과도 상관이 없다.

이 영혼의 힘이 나오는 근원은 무엇이며, 우리는 어떻게 해서 그것을 분출시킬 수 있을까? 그것을 예기치 않는 곳에서 자주 나온다는 사실을 나는 믿는다. 무엇보다 먼저, 이 힘은 마음에 가깝게 사는데서 나오는 것이며, 어긋나게 사는 데서 나오는 것이 아니다. 역설적으로 말해서, 영혼의 힘은 실패와 우울과 상실에서 나올 수도 있다. 일반적인 규칙으로 말하자면, 영혼은 경험의 틈새와 구멍에서 나타난다. 이러한 구멍을 서술하거나 그로부터 우리 자신을 멀리하는 미묘한 방식을 찾는 것이 보통은 우리에게 유혹이 된다. 그러나 우리 모두가 경험 했듯이 우리가 직업을 잃거나 병을 앓게 되었을 때가 되어서야 그것이 우리는 예기치 못한 내면의 힘을 발견하는 순간들임을 안다.

뿌리 깊은 힘의 다른 근원들은 단순히 성격이나 몸이나 주변 환경의 구체적인 특성들이다. 어떤 사람에게는 자신을 세계의 여러 곳으로 데려가는 반울림의 소리가 있다. 또 어떤 사람은 영리하고, 자기 나름대로 지적이며, 상상력이 있다. 어떤 사람들에게는 삶에 활력을 가져다주기 위해서 이용되어서는 안될 성적인 매력이 있다.

때로는 파워가 필요한 젊은이가 파워를 얻기 위해 인습적인 자리를 기웃거리면서도 자신의 내재적인 자질을 간과한다. 그는 사실상 초조함과 자기 의심으로 가득 차 있을 때 자의식적으로 부드럽게 말하며 편안하게 보이려고 애쓴다. 어느 면에서는 '시원한' 외모를 효과적으로 연출할 수만 있다면, 기필코 파워는 따라 붙는다는 가설이 있다. 그러나 이런 식으로는 거칠게 동떨어질 수밖에 없고, 그는 한층 더 깊게 불안감이란 통 속에 빠져 든다.

작가들은 "자신이 아는 것에 대해서 쓰라."고 가르침을 받는다. 이와 똑같은 충고가 영혼의 파워를 찾는 데도 적용이 된다. 곧 자신이 잘하는 것을 찾는 것이 중요하다는 것이다. 우리는 우리가 아닌 그 무엇이 되려고 시간과 정력을 쓰는 경우가 많다. 그러나 이것은 영혼을 거슬러 역행하는 것이다. 물이 땅의 깊은 곳에서 솟아나듯이, 개성 또한 영혼에서 솟아나기 때문이다. 우리가 우리 됨은 우리의 영혼을 만드는 특별한 혼합 때문이다. 영혼의 원형적인 보편적 컨텐츠에도 불구하고, 우리 각자에게 있어서 영혼은 고도로 특질적이다. 파워는 이 특별한 영혼을 아는 데서 시작되는데, 이는 우리 자신이 어떤 사람이나 또는 어떤 사람이 되기 원하느냐에 대한 판타지와는 전혀 다를 수 있다.

한 번은 내가 강연을 하기에 앞서서 어떤 친구가 나를 청중에게 소개한 일이 있었다. 그는 모인 사람들에게 말했다. "저는 이제 강사가 무엇이 아닌지를 말하겠습니다. 강사는 예술가도 아니고, 학자도 아니고, 철학자도 아니고, 그는…." 나는 이 모든 것이 아니라는 얘기를 들으면서 어쩐지 분함을 느꼈다. 당시에 나는 대학에서 가르치고 있었고 적어도 나는 학자라는 환상을 가지고 있었던 것 같다. 그러나 나는 내가 학자가 아니라는 것 또한 알고 있었다. 내 친구의 범상치 않은 소개는 현명하고 또 절대로 옳았다. 우리 모두는 **때때로 정체성을 비우는** 방법을 쓸 수 있을 것이다. 우리가 무엇이 아닌지를 관찰하면서, 우리가 누구인가에 대한 놀라운 계시를 발견할지도 모른다. 다시 〈도덕경〉(22장)을 보면, 영혼 충만한 비움에 대한 절대적인 언약으로서 예수의 말씀을 반울림시키는 말로 표현하고 있다. 곧 "꼬이면 곧아지고, 뚫리면 찰 것이다."

영혼 충만한 비움은 근심하는 것이 아니다. 사실상, 비움의 느낌을 유지하며 때 아니게 그것을 채우려는 유혹을 이겨낼 때 파워는 쏟아져 들어온다. 우리는 공백(void)을 품어야 한다. 너무나 자주 우리는 파워의 대체물을 잡으려고 손을 뻗치다가 이 충만한 공백(pregnant emptiness)을 잃어버린다. 이를테면, 약함을 관통하는 것이 파워를 발견하는 데 있어서 필수적이다. 약함을 피할 생각으로 동기가 유발되어 힘을 행사하는 것은 순전한 파워가 아니기 때문이다. 이것은 경험 법칙이다. 만일, 우리가 모든 틈새를 사이비 활동으로 계속 채운다면, 영혼은 스스로 설 자리를 잃게 된다.

나는 작가 지망생 청년을 한 사람 알고 있었다. 그의 내면에서 무언가가 그로 하여금 끊임없이 여행하며 보헤미안 생활을 하도록 촉구하는 것이 있었다. 그러나 그는 여행에 대한 욕망을 접고 대학 과정을 밟았다. 당연히 그는 낙제를 했고 그 다음에 긴 여행을 떠났다. 이 사람의 경우처럼, 영혼의 분명하고 또 끈질긴 지시를 간과하고, 그 대신에 필요하다고 생각되는 값비싼 노력으로 파워를 만들어 내기란 쉬운 법이다.

영혼의 논리와 언어

영혼의 돌봄을 시작 할때 관계되는 어려움 가운데 중심적인 것은 이야기가 지닌 본질을 파악하는데 있다. 지능은 이성, 논리, 분석, 연구, 방정식, 찬반양론 같은 것과 더불어 작용한다. 그러나 영혼은 다른 종류의 수학과 논리를 구사한다. 영혼이 제시하는 이미지는 이성적인 정신으로는 즉시 알아차릴 수 없는 것들이다. 암시하거나 덧없는 인상을 남기거나, 합리성보다는 욕망을 가지고 더욱 더 설득하는 편이다. 영혼의 힘을 끌어내려면 영혼의 스타일에 친숙해져야 하며 동시에 주의 깊게 살펴야 한다. 영혼이 지시하는 것은 속없이 많으나, 보통은 지극히 미묘한 것들이다.

수피들의 이야기 두 가지를 살피면 영혼의 언어가 이성적이며 영웅적인 정신에게는 얼마나 야릇하게 나타낼 수 있는가를 보여 준다. 첫 번째 이야기에서, 나스루딘이 레슨을 받으러 음악 선생을 찾아 간다.

"레슨비가 얼마입니까?"

"첫 번째 레슨비는 십오 달라이고, 그 다음부터는 매번 십 달라요." 선생이 말한다.

"좋습니다." 나스루딘이 대답한다.

"저는 두 번째 레슨부터 시작하겠습니다."

이 이야기를 읽는 표준적인 방법이 있는지는 내가 모르지만, 내게는 이 이야기가 서술하는 것이 영혼에 대한 머큐리적인 재치 같은데, 여기서 영혼의 힘이 나올 뿐만 아니라 좀 수상쩍게 자연스럽게 기대에 어긋나는 특별한 논리가 쏟아져 나온다. 연금술사들은 가르치기를 영혼의 작용은 자연을 거스르는 일(opus contra naturam)이라고 하였다. 이 이야기는 영혼이 사물을 이해하는 방식이 얼마나 '비자연적' 인가를 보여주는 예라 하겠다. 어떤 면에서는 예수의 비유와 같은데, 그 비유에서는 해가 다 기울었을 때 온 일꾼들도 동틀 무렵부터 와서 일한 사람들과 똑같은 품삯을 받았다.

영혼은 반드시 오랫동안 열심히 일해야 한다든가, 어떤 식으로든 공정하게 덕을 봐야 한다든가 할 필요가 없다. 결과는 노력보다는 매직으로 성취되는 것이 더 많다. 오랜 시간 일을 했고, 공정했다고 해서 원하는 만큼 영혼이 덕을 봐야 된다는 뜻은 아니다. 순진한 마음으로 일을 시작하면서 열심히 하리라고 동의하고 그렇기 때문에 노력의 대가로 무언가를 기대할 수 있다는 것은 아니다. 어찌 보면 나스루딘처럼 되어야 할지도 모른다. 그래서 최소한의 값을 치루고 빈틈없이 최대의 결과를 얻으려고 하는 것이다. 심리치료를 받을 때 이렇게 말하는 사람이 있을 수 있다. 곧 "나는 이미 이 일을 일 년 동안이나 겪었습니다. 지금 쯤 뭔가 되어야 하는 거죠." 공정성과 합리성에 바탕을 둔 소비자의 논리 보다는 영혼이 작용하는 방식과는 아무 상관이 없고, 영혼의 힘을 찾는 방식치고는 가장 효과가 적은 것일 수 있다.

다른 수피의 이야기는 한층 더 신비적이다.

어느 날, 저녁 누리베는 보통 때보다 일찍 집에 들어왔다. 그의 충실한 하인이 와서 말하였다.

"우리의 여주인이신 사모님께서 좀 수상쩍게 행동하고 계십니다. 마님께서는 지금 큰 장롱이 있는 방에 계십니다요. 그 장은 사람이 들어갈 만큼 큰 건데, 그건 주인님의 어머니 것입니다. 그 속에는 옛날 자수 몇 점만 들어있어야 하는 것입니다. 제가 믿기로는 그 속에 지금 보다는 더 많은 것이 들어 있을지도 모릅니다. 마님께서는 가장 오래 있었던 종인 저에게도 그 속을 들여다 보지 못하게 하십니다."

누리 베이가 자기 부인의 방으로 갔더니 그녀는 그 커다란 장롱 앞에 수심이 가득한 얼굴로 앉아 있는 것이었다.

"그 장롱 속에 무엇이 들어 있는지 보여 주겠소?" 그가 물었다.

"하인의 의심 때문인가요? 아니면, 저를 못 믿어서 그러시는 건가요?"

"저의가 어떤 것인지 생각하지 말고 열어 보이는 게 더 쉽지 않요?" 누리가 물었다.

"그건 생각조차 할 수 없어요."

"잠갔나요?"

"네."

"열쇠는 어디에 있죠?"

그가 손을 내밀었다.

"하인을 내쫓아요. 그러면 열쇠를 드릴게요."

그 하인은 쫓겨났다.

그 여인은 열쇠를 내어 주고는 물러났다. 마음속으로는 어지러웠다. 누리베이가 오랫동안 생각에 잠겼다. 그리고 나서는 정원에서 일하는 정원사 네 명을 불렀다. 그들은 밤을 타서 그 장롱을 열지 않은 채 먼 곳으로 옮겨다가 땅 속에 묻었다.

그 후 그 일은 다시 사람들 입에 오르내리지 못하였다.

이것이야말로 매혹적이고 신비적인 이야기이다. 거듭 말하지만, 나는 이야기를 읽는 표준적인 방식이 있는지를 모른다. 내게는 이 이야기가 영혼을 보여준다. 신비를 담은 그릇처럼 이 여인이 영혼을 전형적으로 보여준다. 나이를 더 먹은 남편은, 노인(senex)으로서, 이 장롱을 열어서 그 신비가 풀리게 하고 싶었다. 여기서도, 음악 레슨 이야기에서처럼, 이야기 속에 어떤 그림자가 깃들어져 있는데, 마치 그 장 속에 한 남자가 있었으리라는 암시가 그것이다. 아니면, 그 부인이 가지고 있었던 장이 어떤 것이라도 그것은 마치 사람의 영혼을 싸고 있는 무엇처럼 한 인간을 담을 수 있는 것은 아닌지? 그 부인은, 또 다시 영혼의 대변인으로서, 그 남편이 장롱에 대하여 갖는 환타지를 따지고 있다. 그러나 전형적인 헤라클레스적인 방식으론 그는 '저의'를 떨쳐 버리고 직접 문자 그대로 그 나무 상자를 열어 보고 싶었던 것이다.

우리는 잠시 멈추어 저의를 음미하는 노력도 없이 비약해서 최종적인 해결책에 도달하려고 하다가 영혼이 작용할 수 있는 경우를 잃어버리는 때가 얼마나 많은가? 우리는 근본적으로 최저선이 보장된 사회여서 열심히 행동하고 긴장을 끝내는 성향이 있어서 우리 자신의 동기와 비밀을 알 만한 기회를 잃고 산다. 그 부인의 관점에서 보면 저의를 고려하지 않은 채 그냥 장롱을 연다는 것은 그리 간단한 일이 아니었다.

그러나 부인이 열쇠를 쥐고 있었다. 융은 말하기를 '아니마'(anima)가 영혼의 얼굴이라 한다. 이 이야기에서 부인이 장롱을 열 수도 있고 닫을 수도 있다. 그 남자가 장롱을 강제로 열게 할 것인가 말 것인가를 중심으로 긴장이 고조된다. 우리는 감추어진 모든 것을 노출시켜야 할 필요가 있는가? 우리는 모든 신비를 다 이해 발견한 것처럼 과학이 드러내는 위대한 이야기를 익숙하게 들어 왔기에, 신비를 모조리 풀어야 할 것처럼 너무 당연히 생각한다. 대안은 이상하게 낯설어 보인다. 그러나 동시에 매력이 있다. 곧 신비를 보존하기 위하여 우리의 지성과 기술을 사용하고 싶은 것이다.

이것은 교훈적인 이야기이다. 끝에 가서 우리는 어떻게 영혼과 관련된 문제를 다루는가 하는 것을 배우기 때문이다. 누리 베이는 오랜 시간 생각한다. 그는 성찰하면서 자신 내면의 여유 공간을 만든다. 그는 네 명의 정원사를 부른다. 융이라면 넷이라는 숫자를 온전함의 상징으로 이해하리라. 그들은 먼 곳으로 장롱을 옮겨다가 묻어 버리고 나서 다시는 그 얘기를 꺼내지 않는다. 우리는 이해와 베일을 벗기는 일에서 힘이 나온다고 생각한다. 그러나 우리는 이런 접근방법이야 말로 너무 멀리 나간다는 사실을 오디푸스의 이야기에서 배워서 알아야 한다. 오디푸스는 스핑크스의 수수께끼를 풀었다. 그러나 그 다음에 그는 눈이 멀게 되었고, 다만 그 후에야 천천히 이성의 범위를 넘어서 있는 신비를 감상하게 되었다. 영혼의 관점에서 보면 그만큼 중요한 것, 아니 그보다 더 중요한 것이 있다. 그것은 다름 아니라 호기심과 의심의 긴박성을 점검하고, 어떤 일들이 멀찍이 묻혀 있도록 놔두고, 영혼의 짝을 신뢰하여 짝꿍의 영혼이 한낮의 밝은 빛 가운데로 끌어내지 않고도 뭔가를 그대로 지니게 하는 것이다.

어떤 남자가 자기가 사랑하는 여인에 관하여 나에게 이야기한 적이 있었다. 서로 싸우고 나서 그는 마음속의 괴로움이 머리끝까지 치솟아서 그만 경솔하게 분별없는 편지를 여자에게 보냈다. 편지가 도착하기 전에 그는 전화를 걸어서 그 편지를 읽지 말라고 말하였다. 그 여인이 나중에 한 얘기이지만, 편지를 받고 나서 즉시 찢어 버렸다는 것이다. 여인은 엄청난 호기심을 느꼈고, 찢고 나서 구겨 버린 종이가 휴지통에 있는데 보니까 그가 끄적여 놓은 글씨들이 보이더라는 것이다. 여인은 유혹을 받았으나, 결국은 안 읽고 내버렸노라고 고백하였던 것이다. 바로 그 순간에 그들 사이에는 무엇으로도 끊을 수 없는 유대가 형성되어 있음을 느꼈다고, 그는 나에게 말해 주었다, 그 여인의 경외심 때문에 관계는 더욱 돈독해졌다. 그가 내게 그 이야기를 들려주었을 때, 나는 누리 베이를 생각하였다. 그 장롱이 닫힌 채로 있어야 된다고 스스로 결정을 내리면서 생각하던 순간에 그가 배운 특별한 교훈은 바로 영혼의 힘이 있다는 것도 아울러 생각하였다.

이런 이야기들이 보여 주는 것은 힘이 반드시 행동으로 드러나는 것이 아니라는 진실이다. 누리 베이는 쉽사리 부인을 압도하고 그의 비밀을 발견할 수도 있었다. 그러나 부인의 프라이버시를 지켜 줌으로써 그는 자신의 힘을 유지하였다. 대체로 보면, 남의 힘을 보호해 줄 때, 우리 자신의 힘을 유지한다.

폭력과 힘의 필요

'폭력'이란 영어 단어 violence는 '생명력'을 뜻하는 라틴어 vis에서 왔다. 그 뿌리가 암시하는 것을 보면, 생명이 내뻗는 힘이 바로 폭력의 속에서 스스로를 내보인다. 근원적인 그 생명력이 마음속에 자리 잡고 있지 않으면, 그 힘은 우리의 억제와 타협, 공포와 자기도취적인 조작에 의하여 왜곡된 모습으로 나타나 보인다.

폭력을 제거하겠다는 단순한 생각만으로 폭력에 접근하는 것은 실수할 가능성이 많다. 만일 우리가 폭력을 근절시키겠다고 노력하기로 말하면, 우리의 창조적 삶을 지탱해주는 심층적인 힘으로부터 우리 자신을 끊어낼 가능성이 크다. 그밖에도 심리분석의 가르침은 억압이 결코 우리가 원하는 것을 성취시키지 못한다는 사실이다. 억압되면 그 결과는 언제나 괴물스러운 모습으로 돌아온다. 영혼이 지닌 생명의 흐름으로써 생명력은 마치 시멘트를 뚫고 자라는 풀처럼, 그리고 제법 짧은 시간 안에 웅장한 문화적 기념물을 없애는 것처럼 식물이 지닌 자연스런 생명력과 같다. 이런 실천적인 힘을 우리가 길들이며 상자곽 속에 가두려고 한다면, 그것은 불가피하게 제 길을 찾아서 빛이 있는 데로 뻗어 나간다.

'생명력의 억제'는 정서적인 문제로 치료받고 있는 사람들 대부분에게 적용되는 진단이라고 믿는다. 요즘은 심리치료사들이 환자들에게 그들의 분노를 표현하라고 권장하는 것이 보통인데, 거의 그것을 만병통치약처럼 여기는 듯하다. 그러나 분노와 그 표현은 생명력 속으로 들어가는 길이기는 하지만 그 생명력이란 것이 현대 사회에서는 희박해졌으며 따라서 사람들이 그것을 느끼기가 어려워졌다는 사실을 생각하게 된다. 르네상스기의 의사들은 분노와 생명을 둘 다 같은 신, 곧 군신의 보호 아래 두었다. 그들이 믿기에 모든 사람들은 내면에 폭발적인 힘이 늘 준비되어 있어서 세상 속으로 풀려나기만 기다린다는 것이다. 단순히 자신이 된다는 것, 곧 자신의 개성과 독특한 재능이 나타나게 하는 것은 군신의 나타남이라는 것이다. 우리 스스로가 진정으로 충만하게 존재하게 할 때, 우리는 우리의 비전을 가지고 세상에 자극을 주기도 하고, 우리 존재의 특유한 방식으로 세상에 도전을 하기도 한다. 연예계나 정치계에서 우리는 때때로 아주 독특한 끼를 가진 사람들이 억제할 수 없는 에너지와 상상력을 가지고 대중 앞에 나타나는 모습을 본다. 다만 그들 자신이 되어서 그들의 예지로 우리를 찌른다. 그들이 대중 앞에 나타나는 모습을 흔히 은유적으로 표현해서 '혜성처럼' 나타난다고 한다. 그들은 길들여지고 겁먹은 채 살아가는 세상 위에 번쩍번쩍 나타나고, 불타오르고, 긴 꼬리를 느리며 내닫는다. 우리는 이런 사람들이 '카리스마'를 지녔다고 하는데 이 말은 신의 은총과 선물을 뜻한다. 그들의 파워는 그들의 자아로부터 나오는 것이 아니다. 우리 눈에 보이는 것은 그들의 됨됨이와 행동 속에서 타오르고 있는 신의 불빛이다.

그러나 인간 역사를 통틀어서 개성의 표현은 현상유지에 대한 위협으로 느껴졌다. 개인이 챔피언 활동을 하며 드러내는 모든 표현 때문에 우리의 문화는 여러 가지 방식으로 순응을 부추긴다. 우리는 현대 생활이 지닌 단조로움과 예측가능성 때문에 기꺼이 점잔빼며 살아가고 있다. 멀리 여행을 가보아도 약간이라도 독특한 상점이나 식당을 찾으려면 어려움을 겪게 마련이다. 쇼핑몰을 가나, 먹자골목을 가나 영화관을 가나 어디서라도 똑같은 옷, 똑같은 상표, 똑같은 메뉴, 몇 안 되는 똑같은 영화, 동일시되는 건축물을 보게 된다. 동쪽으로 가보아도 서쪽에 가서 앉아보았던 같은 식당의자에 앉을 수 있다. 그런데 심리분석에서 말하는 것처럼 반복은 죽음이다. 반복은 개인의 삶의 흐름을 거슬러서 지키면서, 놀라움을 털어 버린 문화 속에 있는 죽음 같은 평화를 추구한다.

새로 나온 음식 같은 단순한 것이 위협적일 수도 있고, 의상패션이 순응이냐 아니면 무정부상태냐 하는 것을 진술하는 것이 될 수도 있다. 정치집단들이 머리카락의 길이를 통하여 자신을 동일시 해왔다. 일상생활 속에서 이와 같은 선택들이 순전한 파워를 지니고 있으며, 질서와 원활한 기능에 대하여 관심을 기울이는 사회는 점차 무의식적으로 스스로를 밋밋하게 만들어서 전체의 유익을 명백히 확보하려고 한다.

억제된 힘이나 증상이 결과적으로 어떤 사물로 다시 나타나는 것은 드문 일이 아니다. 곧 우리의 판타지가 주술적인 물질이 지니는 힘과 유혹 같은 것을 가지고 있는 사물 속에 결정체처럼 명료화된다. 이런 의미에서 우리의 핵 무기고는 신비와 함께 위협을 지닌 것으로써 영혼 속에서 무시되어온 것을 음침하게 운반하는 역할을 한다. 폭탄이나 미사일 같은 것은 끊임없이 날마다 우리 자신의 파멸을 우리에게 연상시킨다. 그런 것들이 우리에게 상기 시켜 주는 것은 아무 것도 견제될 수도 통제될 수도 없다는 사실뿐 아니라 한 사회가 우리 자신을 죽일 수도 있고, 다른 국민들이나 지구 자체를 없앨 수도 있다는 사실이다. 이것이야말로 그 유례를 찾아 볼 수 없을 정도로 힘 있는 주물(呪物)이다. 융 심리학파의 분석학자 볼프강 깅그리히는 '폭탄' 과 창세기의 '황금송아지' 를 놓고 비교한 일이 있다. 둘 다 우상이다. 깅그리히가 주목한 것은 그 송아지는 실제로 황소요, 무한한 동물적 힘을 나타내는 이미지라는 사실이다. 그러나 그는 말하기를 모세가 그 황금송아지를 파괴했던 그 신화적인 순간에 우리는 어두운 힘을 몰아내고 오로지 빛을 향한 제단을 세웠다는 것이다. 그렇다면 우리의 폭탄들은 추방당한 황금송아지의 연속이다. 우리가 우리자신을 어두운 세력들과 연결하는 것을 거부하였기 때문에 그것들은 강제로 주술적 힘을 갖는 형태로 변하였고 그런 상태로 머물면서 매혹적이면서 치명적인 것이 되었다.

그러므로, 나는 겉보기에 해결할 수 없을 것 같은 폭력과 우리가 보물처럼 여기는 반복적인 단조로움 사이의 연결고리를 본다. 전통이 수백년 동안 가르쳐 왔듯이, 영혼에게는 심오하면서도 도전적인 군신의 은총이 필요하다. 그런데 군신은 자기 주변에 있는 모든 것을 정열적 인 삶의 불빛으로 벌겋게 물들이며, 모든 행동에 창조적인 날을 세워주며, 모든 순간과 사건 속에 힘의 씨앗을 심어준다. 군신을 간과하거나 과소평가 할 때 그는 강제로라도 주물적이며 폭력적인 행동으로 나타난다. 군신은 개인적인 분노의 표현보다 무한히 더 크다. 창조적이면서도 파괴적인 그는 투쟁을 위하여 몸을 가누고 있는 생명 그 자체이다.

영혼에 관하여는 중립적인 것이 하나도 없다. 영혼은 생명의 자리요, 근원이다. 영혼이 판타지와 욕망을 통하여 제시하는 것에 대하여 우리가 응답을 할 때나, 아니면 우리 자신을 소홀히 함으로써 고난을 겪을 때, 언제라도 그렇다. 영혼의 힘은 사람을 황홀감이나 우울증 속으로 빠지게 내던진다. 그 힘은 창조적일 수도 있고 파괴적일 수도 있으며 부드럽기도 하고 공격적이기도 하다. 파워는 영혼 속에서 부화되며, 그 다음에 영혼이 표현으로써 그 영향력을 발휘하며 생명 속으로 들어간다. 영혼의 충만함이 없으면 진정한 파워는 없고 파워가 없으면 그 다음에는 진정으로 영혼의 충만함이란 없다.

사도마조키즘

　영혼의 파워가 무시되거나 악용되거나 노리개 취급을 받을 때 우리는 사도마조키즘이라는 참으로 문제가 되는 상태로 빠져들게 된다. 그 범위는 지극히 임상적 중후군에서부터 가장 평범하고도 소박한 일을 처리하는데 작용하는 역할에 이르기까지 넓다. 폭군이나 피해자, 어느 쪽도 존재하지 않는 순전한 파워는 사도마조키즘 안에서 두 부분 곧 폭력과 피해, 통제자와 그 대상으로 나뉜다. 사도마조키즘이 표현상으로는 순전한 힘처럼 보일지라도 실제로는 파워의 실패이다. 언제라도 한 사람이 다른 사람을 피해자로 만들 때, 진정한 파워는 이미 상실된 것이고 문자 그대로 양측 모두에게 위험한 드라마로 자리바꿈이 된다.
　사도마조키즘적인 파워의 분열 상태는 모든 중후적인 행동의 특징들을 지니고 있다. 즉, 문자 그대로 파괴적이고, 양극화 현상이 나타나면서 분열 상태의 한 쪽은 명백히 드러나는 반면에 다른 쪽은 숨겨진다. 폭력을 드러내는 사람들은 가시적으로 통제하는 사람들이다. 반면에 그들의 약점과 무기력감은 덜 눈에 띈다. 이와 반대로, 습관적으로 피해자 노릇을 하는 사람들은 보다 더 미묘한 자신들의 통제 방법에 대하여 전적으로 의식하지 못할 수도 있다. 이 점이 바로 파워의 문제가 다루기 어려운 이유가 된다. 사물이 나타나 보이는 것과 반드시 같지 않다는 점이다. 약자들이 자신을 부풀려서 강하게 행동하려 하며, 터프한 사람들이 자신의 상처받을 가능성, 즉 취약성을 숨긴다. 그 나머지 사람들은 표면을 뚫고 들여다 보지 못한다. 우리는 우리를 에워싸고 있는 모든 파워의 구성이 순전하다고 가정하면서 그 희생자가 된다.

심리치료사로서 나는 매일같이 이런 분열 현상을 다룬다. 어떤 여인이 내게 찾아와서 눈물을 글썽이며 말하기를 결혼한 지 십 년 된 남편이 바람을 피우고 있다는 것이었다. 처음부터 명백한 것은 내가 자기를 동정하며 지독한 배신감을 공감하며 자기 남편을 욕하고, 어떻게 해서라도 그를 바로잡아 주기를 나에게 원하는 것이었다. 그러나 나는 거리를 두었다. 바로 처음부터 나는 두 가지 점을 의식하였다. 하나는 그의 피해 의식이 과장되었다는 점과 또 하나는 나를 통제하려는 그녀의 강제성이었다. 그녀가 말하는 동안 이 두 가지 점이 더욱 명백해졌다. 그녀가 피해자 역할 속으로 너무 깊이 빠져들며 전적으로 동일시하면서 자신을 맞추다 보니까 자기가 남편이나 나를 동시에 통제하려한다는 사실을 까마득히 의식하지 못하고 있었다. 내가 이점을 지적했을 때, 그녀는 내가 틀렸다면서 다시는 오지 않겠다고 하였다. 이런 명백한 위협 앞에서 나는 굽히지 않았고, 마침내 문제점들을 가려내기 시작하였다. 몇 주일 안에 그 남편은 바람피우던 일을 그쳤고, 어느 정도 회복되어 조화가 이루어졌다. 나는 어쩌면 일이 그토록 빨리 해결되는가에 놀랐다. 하지만 그 여인이 말하기를 여러 해 전에 치료를 받는 과정에서도 그 통제의 문제가 제기됐었다는 것이었다. 그녀도 그렇게 생각했고, 우리들 가운데 많은 사람들도 그렇게 생각하는 것처럼, 사람들은 그런 문제를 단번에 해결할 수 있을 것처럼 봤다. 그녀의 진정한 힘은 모든 잘못을 남편 탓으로 돌리기 쉬운 그런 때에 자기의 분노를 점검하고 자신의 내면을 들여다볼 수 있었다는 그 능력에 있었다.

파괴의 어두운 천사

폭력은 그림자, 특히 '파워의 그림자'와 크게 상관이 있다. 현대 미국에서 나서 자란 많은 사람들에게는 그림자의 부재 또는 거부로 나타나는 결백이 영혼이 파워를 실현하는 데에 강력한 장애물이 된다. 사람들의 파워와 결백에 대하여 이야기 할 때면 흔히 종교적 성장 배경을 언급하는데, 이러저러한 방식으로 배운 것이 다른 뺨을 내주고 고통을 겪으라는 것이었다. 데이비드 밀러가 지적하는 대로 양무리의 이미지로 묘사되는 교인들은 미묘하게도 선한 것은 약한 것이고 무언가에 굴복하는 것이라는 생각을 유지한다는 것이다.

또 다른 방식으로 파워를 잃는 길은 미국의 정신 속에 아주 강력하게 살아있는 젊은이(puer) 환상을 동일시함으로써 생긴다. 이상주의의 젊은 정신, 용광로, '누구에게나 기회는 있다. 만인은 평등하다' 등등, 미국적 이상주의는 검은 그림자를 드리울 뿐 아니라, 많은 사람들에게 파워는 바람직하지 않은 것으로 보이게 한다. 그래서 그림자 소재로써 억제되며, 그 결과로 수많은 권력투쟁은 비밀리에 밀실에 서 일어나기 마련이다.

꿈에서 흔히 제시되는 어둔 파워의 이미지는 그 속에서 꿈꾸는 사람이 총칼을 휘두르는 사람이 되거나 피해자가 된다. 예를 들면, 중년의 한 남자가 나에게 와서 꿈 이야기를 하였다. 그의 꿈속에서 그는 은행 문 밖에 서서 문이 열리기를 기다리고 있었다. 다른 몇몇 사람들과 함께 한 여인이 그의 옆에 서 있었다. 그가 눈여겨보니 그에게 가까이 있던 두 남자가 주머니에 총을 가지고 있는 것이었다. 총의 손잡이가 주머니 밖으로 보였는데, 그가 보니 두 남자가 슬그머니 총을 꺼내면서 행동을 개시하려는 듯하였다. 본능적으로 그는 총격전이 벌어질 생각에 겁이 나서 도망치기 시작하였다. 그는 자기 여자 친구를 돌보지도 않고 먼지 속에 남겨 둔 채 달렸다. 깨어보니 자신이 비굴했다는 생각에 죄의식을 느꼈다.

그 남자는 자신의 꿈이 '폭력에 대한 자기의 공포심'을 묘사하는 것이라고 이해하였다. 그는 아주 평범한 대면에서도 커다란 어려움을 느꼈다. 그가 나에게 말하기를 자기의 동반자에 대하여 지나치게 염려하는 것이 자신의 특징인데, 그러나 꿈속에서는 공포심이 자신의 이타주의를 뒤덮어서 놀랄 정도로 재빠르게 도망치고 말았다는 것이다. 그는 또 다른 꿈을 이야기했는데, 그 속에서도 권총을 보고 공포심을 느꼈고 그때에도 그의 관심은 자기 보호밖에 없었다. 꿈속에서 그는 한 번도 싸움에 가담해 본 일이 없고 그것은 그의 생각에 성격의 약점이라는 것이었다.

때때로 꿈속의 인물이 천사와 같다는 사실을 이해하는 것은 유용하다. 그들은 사람 모습을 하고 있으나 그들의 세계는 상상의 세계이며, 그 속에서는 실생활의 자연법이나 도덕률은 정지된다. 그들의 행동은 신비 같고, 문자 그대로 받아들일 수는 없다. 내가 보기에 두 남자는 검은 천사들로써 꿈을 꾼 사람이 실제 행동으로 생각조차 못한 짓을 그들이 하였다. 그는 총을 보고 겁이 나서 도망치기는 하였으나 그렇다고 해서 비겁한 것은 아니었을 것이다. 도망친 것은 총 앞에서 취할 수 있는 지각 있는 반응으로 보인다. 특히 자신이 총을 안 가졌을 때는 더욱 그렇다. 우리가 보기에 그가 애인으로부터 떨어져 간 것은 폭력을 느꼈을 때 일어 날 수 있는 일이다. 그는 이제 더 이상 자신이 보호해야 한다고 생각하며 살았던 여성적인 예민한 세계에 가까이 있지 않다.

그 꿈은 단순히 총에 대한 것만은 아니다. 그 속에는 은행 강탈이 게재되어 있었다. 그 꿈은 도둑질의 필요성에서 한 가지 교훈으로 볼 수도 있다. 때때로 사람들은 서로 잘 지내기 위하여 검은 마스크를 쓰고 주머니에 무기를 넣고 다닌다. 이것은 마치 남성의 국부와 여성의 국부에 해당되는 것 같다.

종교에는 도덕과 상관없이 돈 문제를 처리하는 수수께끼 같은 이야기가 그득하다. 우리가 본 대로 예수가 이야기하는 속에서 어떤 관리인이 하루 종일 일한 사람과 한 시간만 일한 사람에게 똑같은 임금을 지불한다. 그리스 사람들은 헤르메스의 이야기를 즐기는데, 헤르메스는 인생의 첫 날에 자기 형제 아폴로의 소 떼를 훔친다. 헤르메스의 선물을 즐기려면 아폴로적인 가치를 훔쳐야할 필요가 있는 모양이다. 나수루인과 음악레슨에 대한 이야기는 속임수에 대한 초대장처럼 들린다. 복음서 이야기나 수 없이 많은 십자가에 대한 그림에서도, 예수는 양쪽에 강도 두 명이 있는 가운데 십자가에 달려 있는데, 그 중의 한 명은 낙원에 이를 것이라고 예수가 말한다. 이 이미지가 때로는 예수를 면목 없게 만드는 것으로 해석되기도 하지만, 이야기는 동시에 도둑질을 높여주는 것이라 할 수도 있다.

'깊은 곳에서' (De Profundis)라고 알려진 오스카 와일드의 감옥에서 보낸 편지는 낭만적 신학의 비범한 예가 되는데, 거기서 와일드는 예수

의 이미지 속에 비친 그림자의 자리를 논한다:

세상은 언제나 하나님의 완전에 가능한 한 가장 가까이 간 존재로써 성인
을 사랑해 왔다. 그리스도는 자신 속에 있는 신성한 본능을 통하여 인간의
완전에 가능한 한 가장 가까이 간 존재로써 죄인을 늘 사랑하였던 것으로
보인다. 그에게 있어서 일차적인 욕망은 사람들을 개혁하려 한 일이 고통
을 덜어 주려 한 일 보다 더 한 것은 아니었다. 그러나 세상에게 이해 받지
는 못했지만 그 나름대로 죄와 고난이 그 자체로써 아름답고 거룩한 일이
며 완성의 모습이었다고 생각하였다.

만일 우리가 오스카 와일드를 길잡이로 삼고 인간의 꿈에 대한 신학
적 이해를 하기로 한다면 두 명의 총잡이를 예수와 함께 했던 강도처럼
볼 수도 있다. 그들은 은행 강도가 직업인 타락한 천사라 할 수도 있다.
그들이 어려운 진실을 묘사하는 것으로 볼 수도 있다. 곧 영혼이 부유
해지기 위해서는 때로는 강제로, 그리고 어둡게라도 부를 쌓아 놓은 곳
에서 훔쳐야 할 때가 종종 있다. 기대했던 만큼 얻는다든가, 일해서 번
다든가 고생을 하는 것으로는 충분치가 못하다. 예수가 그러했듯이 자
신이 가장 결백할 뿐 아니라 스스로 방어적인 모습과 여인에게 가까이
있는 상태에서 강도들 틈에 자신이 끼어 있는 것일 수도 있다.
　그림자는 무서운 현실이다. 누구라도 입심 좋게 그림자를 다 끌어안
을 것처럼 말하는 사람은 마치 외국어를 공부하는 방법에 익숙하기 때
문에 얼버무리는 것과 같이 그림자의 농도를 결정하는 어둠을 모르는
사람이다. 두려움은 결코 능력으로부터 제거되지 않는다. 그리고 결백
은 언제나 살인죄의 근처에서 발견되게 되어 있다. 골고다에 서 있는

세 개의 십자가는 단순히 악에 대한 선의 승리를 나타내는 것이 아니다. 그들은 그리스도교가 가장 소중히 여기는 이미지 곧 삼위일체를 반영하는 것이다. 그들은 오스카 와일드가 가리키는 위대한 신비를 암시한다. 곧 선은 그 자체를 악과 멀리 떼어 놓을 때 결코 순진할 수가 없다. 만일 우리가 폭력의 자리 매김을 우리 마음속에 분명히 하지 못할 때 우리는 다만 우리의 세계 속에 폭력을 지속할 따름이고, 대수롭지 않은 결백과 동일시할 따름이다.

사람들은 자주 나에게 총이나 그 밖의 다른 무기에 대한 꿈 이야기를 한다. 내 생각에 이것은 영혼이 파워를 사랑한다는 징표가 되지 않는 것만큼 실생활 속에서 결백에 대하여 보상받고 싶은 것도 아니다. 꿈은 흔히 한 사람의 의식적인 자기분석보다도 영혼의 잠재력에 대하여 검열이 덜 된 견해를 갖게 한다. 총이 의례적인 물품이라는 징표는 사회에도 많이 있다. 총은 신비적으로 매혹적이면서도 혼란스러운 것으로써 우리 주변에 있는 거룩한 물품들 가운데 하나이다. 총기 추방에 대하여 항의하는 사람들은 우리의 눈앞에서 생명력(Vis)을 지켜주는 흔치 않은 우상을 대변하는 것일 수도 있다. 총이 위험한 까닭은 우리의 생명을 위협하기 때문만이 아니라 파워에 대한 우리의 욕망을 구체화하고 미신화하며, 우리의 일상생활 속에서 파워가 눈에 띄게 만들 뿐 아니라 동시에 그것을 영혼 충만한 현존으로부터 제거되게 하기 때문이다. 총기가 우리 사회에 현존하는 것은 위협이며, 우리는 그 희생자다. 그리고 이것은 미신적인 주물(呪物)이 우리를 거슬러서 작용하고 있는 징표이다. 우리 마을에서 별난 자리에 앉혀놓은 페인트칠한 낡은 대로는 조용한 마을에 있는 우리집 길 아래쪽에도 하나가 있는데, 경건성을 과시한다. 그리고 우리는 그런 경건성을 지니고 이 거룩한 물품에 경의를 표한다. 이는 곧 살인적인 파워에 대한 우리의 능력을 드러내는 성례전(Sacrament)이다.

　총을 남근의 상징이라고 흔히 말한다. 이것은 다분히 뒤집어서 말해야 할 것이다. 곧 남근이 총기의 상징이다. 우리는 총이 지닌 힘에 매혹되는데, 매혹적이란 말이 본디 남근을 가리키는 것이라는 사실을 주목하는 것은 흥미로운 일이다, 그러나 내 생각에는 총이 겉보기처럼 남성적인것이 아니다. Gun(총)이라는 단어는 여성의 이름 군힐다(Gunnhilda)에서 왔는데, 그 이름이 스칸디나비아 말로는 '전쟁'을 뜻한다. 또 다른 유명한 총은 '빅 버사'(Big Bertha)라고 부르는데, 이는 총이란 것이 여성적 영혼의 힘이 비쳐내는 힘이 된다는 것을 암시한다.

영혼은 폭발적이고 힘이 있다. 늘 행동의 필수조건이며 동시에 의미의 근거가 되는 상상력을 매개로 하여 영혼은 모든 일을 성취할 수 있다. 영혼 속에 있는 감성의 힘에서 영혼은 총이며 잠재적인 파워와 효과로 가득하다. 영혼의 열정을 표현하는 펜은 칼보다 더 강하다. 그 까닭은 상상력은 사람들의 삶을 바로 그 뿌리에서부터 바꿀 수 있기 때문이다.

　우리가 스스로를 위하여 영혼의 능력을 주장하지 않으면 우리는 그 능력의 희생자가 된다. 우리는 감정이 우리를 위하여 작용하기 보다는 오히려 그것으로 인하여 우리가 고통을 겪게 된다. 삶과 단절된 상태에서 생각이나 열정을 속에 지니고 있으면, 속에서 혼란을 일으켜서 결국은 우리가 불안정감을 깊이 느끼게 되거나 병이 나게 만든다. 가슴 속에 분노를 담아 두고 있으면 느낌이 어떨 것인지 우리는 다 안다. 그게 점점 커져서 속 썩이는 분개와 격노로 변하고 만다. 심지어 표현되지 못한 애정도 압력을 만들어서 어떤 종류의 표현으로라도 표출되게 만든다.

　만약 폭력이 억압된 생명의 증후로 나타나게 되면 폭력에 대한 치료는 영혼의 파워를 돌보는 일이 된다. 이런 파워의 징조들, 즉 개성, 괴벽, 자기표현, 열정 같은 것을 부정하는 일도 어리석은 짓이다. 왜냐하면, 그런 것은 진정으로 억압될 수 있는 것이 아니기 때문이다. 시가지에서 범죄가 발생하면, 그것은, 영혼의 관점에서 봤을 때, 단순히 빈곤이나 열악한 생활 조건 때문이 아니라 영혼의 실패와 범죄자의 정신이 스스로 그 정체를 드러내기 때문이다.

　소크라테스와 예수 같은 위대한 미덕과 사랑의 교사들이 처형당한 까닭은 그들의 삶과 말 속에 계시된 영혼의 파워와 세상을 뒤흔드는 위협적인 힘이었기 때문이다. 그들이 총을 지니고 다닌 것이 아닌데도 위협이 되었다. 왜냐하면 영혼을 계시하는 것보다 더 강력한 것은 없기 때문이다. 예수를 강도 두 사람 사이에 둔 이유가 또 있다. 영혼을 부정하는 권력의 눈에는 그가 범법자였다. 폭력적 행위로 나타난 것이 아니었을 때라면, 범죄성과 범법 그 자체는 마음의 어두운 덕목이며 한 개인이 지구상에 온전히 존재하는데 필요한 것이기도 하다. 오직 그것이 억압되었을 때에만, 알고 보면 그들이 시가지를 배회하면서 거부당한 그림자의 화신으로 나타난다.

　영혼 충만한 삶이라고 해서 그림자가 없으란 법은 없다. 얼마만큼 영혼의 파워는 그의 그림자 속에 있는 특성에서 나온다. 만약 우리가 영혼 충만하게 심층에서 우러나오는 삶을 살기 원한다면, 그림자가 점점 더 짙어질 때에도 순진을 가장하는 모든 노력을 포기해야 만 할 것이다. 순진을 포기함으로써 영혼이 가장 온전히 표현되게 하는데 대한 큰 보상은 파워의 증대이다. 심오한 파워가 있는 곳에는 삶이 튼실하고 열정이 넘친다. 이는 곧 영혼이 역할을 하고 적절한 표현을 하는 징조라 하겠다. 존경을 받을 때, 군신(Mars)은 우리가 하는 모든 일에 붉은 색을 짙게 드리워 주면서 우리의 삶을 강렬함과, 정열과 힘이 넘침과 용기로 생기를 더해준다. 군신이 소외될 때 우리는 억제되지 않는 폭력의 맹공을 당할 수밖에 없다. 따라서 군신의 영을 존중하고 영혼이 분출하여 창의성과 개성과 인습타파와 상상력 속에서 생생히 살아나게 하는 일은 중요하다.

제7장

우울증이 가져다주는 선물

영혼은 여러 가지 다양한 색깔로 자기 모습을 드러내는데, 거기에는 농도가 각기 다른 회색, 청색, 흑색 등이 포함되어 있다. 영혼을 돌보기 위하여 우리는 모든 색깔의 농도와 범위를 모조리 살펴야 하며 오로지 백색, 적색, 오렌지 빛 같이 밝은 빛깔만을 인정하려는 유혹을 물리쳐야 한다. 오래된 흑백 영화를 천연색으로 만들려는 '밝은' 아이디어는 우리 문화가 대체로 어둔 색과 회색을 거부하려는 경향과 일치한다. 삶의 비극적 의미에 대하여 방어태세를 갖추는 사회 속에서 우울증은 적으로 또는 불치의 병으로 보이지만, 밝은 빛에 크게 기우는 사회 속에서도, 우울증은 보상이나 하려는 듯이 유별나게 강하게 하는 수가 있다.

영혼의 돌봄에서 영혼이 제 모습을 드러내는 세 가지 방식을 감상할 필요가 요청된다. 우울증에 직면하여 우리는 스스로 물을 수 있다. "이게 여기서 뭐하는 거야? 무슨 필요한 역할이 있다 는거야?" 우울증을 다룰 때 특별히, 이것이 죽음에 대한 우리의 감정에 가까운 기분으로서 인식하며, 우리가 쉽게 빠져드는 감정으로서 죽음을 거부하려는 심정을 막아야 한다. 한 걸음 더 나아가서, 우울증을 맛보는 능력을 개발해야 할지 모른다. 곧 영혼의 위기에 대해서 우울증이 차지하려는 자리를 긍정적으로 존중해야 할 지 모른다. 어떤 느낌과 생각들은 오로지 어두운 기분일 때만 나타나는 것으로 보인다. 그런 기분을 억제하면, 그와 연관되는 아이디어나 성찰 또는 억제하게 될 것이다. 애정의 표현은 사랑의 감정을 위한 것이기에, 우울증은 가치 있는 '부정적' 감정을 위한 중요한 채널이 될 수도 있다. 사랑의 감정은 자연스럽게 애착의 제스처를 낳는다. 똑같은 방식으로 우울증이 지닌 공허함과 우중충함은 밝은 기분의 스크린에 가려 있으면 나타나지 않은 의식이나 명료한 생각을 불러일으킨다. 때때로 사람들은 어두운 기분으로 치료를 받으러 온다. 그러면서, "오늘 사실은 안 왔어야 하는 건데."라고 말한다. 그리고 "다음 주에 좀 더 좋아지면, 그때 와서 상담을 해야 되겠어요." 라고 말한다. 그러 나 나는 그가 찾아온 것을 다행으로 여긴다. 그가 명랑한 기분일 때는 도무지 들을 수 없는 그의 생각을 그때는 들을 수 있고 그의 영혼도 함께 들을 수 있기 때문이다. 우울증은 영혼에게 기회를 주어서 다른 어떤 측면만큼 다양한 본성의 또 다른 측면을 표현하게 해준다. 그러나 이런 것은 우울증이 지닌 어둠이나 쓴맛 을 싫어하면 깊이 감추어질 수밖에 없는 것이다.

농신의 아이

오늘 우리는 슬픔(sadness)이나 우울감(melancholy)보다는 우울증 (depression)이라는 단어를 선호한다. 아마도 이 단어의 라틴어 형태가 한층 더 임상적이고 또 진지한 것처럼 보이기 때문일지도 모른다. 그러나 한때 오류백 년 전쯤에 우울감은 로마의 농신(Saturn)과 동일시되던 시대가 있었다. 우울증에 빠지는 것은 '농신 속으로' 빠지는 것이었으며, 만성적으로 우울감에 사로잡힌 사람은 '농신의 자녀'라고 알려졌다. 우울증은 신이나 그 신과 관련된 항성과 동일시되기 때문에, 우울증은 농신의 다른 특성과 관련지어 생각하게 되었다. 농신은 황금시대를 주재하는 '노인'으로 알려졌다. 우리가 '황금시절'이나 '한창때'를 말할 때면 으레 우리는 과거를 지키는 보호자인 이 신을 불러낸다. 우울증에 빠진 사람들은 흔히 좋은 시절은 다 지나갔고 현재나 미래에는 아무 것도 남지 않았다고 생각한다. 이와 같은 우울한 생각들은 지난날을 선호하는 농신에게 깊이 뿌리를 내리고 있다. 추억과 더불어 시간은 지나간다는 감각을 위한 생각이다. 이런 생각과 느낌은 비록 슬픈 것이기는 하지만, 영혼이 시간과 영원 양쪽에 머물기를 원하는 욕망을 뒷받침 해 준다. 그래서 이상하게도 그런 감정이나 생각들은 즐겁기도 하다.

때때로 우리는 문자 그대로 나이를 먹는 것과 우울증을 연결시켜 생각한다. 그러나 실제로 영혼이 나이를 먹는 것이라고 생각하는 편이 더 정확할 것이다. 경험도 쌓고 지혜까지 얻어가는 것처럼 삶이 계속 전진한다는 실질적인 생각이 나게 만든다. 심지어 삼십대 중반이나 후반인 사람이 이야기하는 가운데 이십 년 전에 있었던 일을 끄집어낸다가 충격을 받으며 멈춘다. "내가 전에는 이런 식으로 말 한 적이 없는데, 이십 년 전이라니, 내가 나이를 먹어가는구나." 이것이야말로 농신이 주는 나이와 경험의 선물이다. 청춘으로 동일시하고 나서는 영혼이 긍정적이며 도움을 주는 나이의 중요한 특징을 갖추게 된다. 만일, 나이를 부정한다면, 영혼도 부적절 하게 청춘에만 매달리다가 상실되고 만다.

우울증은 문자 그대로의 사실이 아니다. 자기 자신에 대한 태도를 갖추는 경험으로서의 선물을 우리에게 안겨 주는 것이다. 무엇인가를 거치면서 나이도 들고 더 지혜로워지는 삶을 살았다는 느낌을 갖게 되는 것이다. 인생이 고난이라는 것을 알 뿐 아니라 지식이 중요하다는 것을 알게 되는 것이다. 더 이상은 거침없이 생기발랄하게 청춘의 순진함을 줄길 수 없게 되고, 상실감 때문에 슬픔을 느끼는 것과 동시에 자기 수용과 자기 지식을 새롭게 느끼는 데서 얻는 기쁨을 아울러 누리게 해주는 인식이 생긴다. 나이를 이토록 의식하게 되면 거기에는 우울증이라는 후광이 생기게 마련이다. 그러나 동시에 어느 만큼의 고상함도 곁들여진다.

우리는 우울증이라고 부르는 농신의 침입에 대하여 자연히 저항을 하게 마련이다. 청춘을 붙잡던 손을 놓아 보내는 것도 어려운 일이다. 그 일은 곧 죽음을 인정해야 하기 때문이다. 우리 가운데서 영원한 청춘을 선택하고자 하는 사람은 한바탕 우울증과 씨름하는 태세를 갖추어야 한다는 데는 의심할 여지가 없다. 우리가 대접을 소홀히 하면 농신이 집으로 찾아오게 만드는 꼴이 된다. 그렇게 되면 농신이 안겨주는 우울증이 이러저러한 이유로 청춘과 희롱하며 장난치던 영혼에게 색깔의 깊이와 실체를 더해 준다. 농신이 사람이 나이 먹으면서 풍상을 자연스레 겪게 하는 것은 마치 기온과 바람과 시간이 곡간에 풍화작용을 일으키는 것과 같다. 농신 속에서 성찰은 심화되고, 생각은 더 크게 시간 감각을 끌어안고, 긴 인생의 수많은 사건들은 증류되어 본선의 의미로 승화된다.

전통적인 문헌에서 보면, 농신은 차갑고 거리감이 있는 특징으로 묘사되지만 동시에 다른 속성들도 지니고 있다. 의학 서적에서는 그를 '지혜와 철학적 성찰의 신'이라 불렀다. 성공한 정치가이자 시인이었던 죠반이 카발칸티에게 편지를 보내면서, 피치노는 책을 쓰면서 학자들과 특히 대단히 학구적인 사람들에게 경고하기를, 자신들의 영혼 속으로 농신을 너무 많이 불러들이지 않도록 조심하라고 하였다. 앉아서 일하는 그들의 직업 때문에 학자들은 쉽사리 심한 우울증에 빠질 염려가 있으니까 암울한 기분에 대처할 방도를 강구해야 할 것이라고 말하였다. 그러나 연구나 사색 없이 사는 인생의 위험이나, 인생에 대한 성찰 없이 사는 위험에 관해서도 다른 책을 쓸 수 있었을 것이다. 농신의 기분은 그 어둠 때문에 위험할 수 있다. 그러나 영혼의 경륜에 대한 농신의 공헌 또는 없어서는 안 될 것이다. 만일 농신이 안겨주는 우울증이 방문하도록 허용한다면, 몸과 근육과 얼굴에까지도 변화가 일어나는 것을 느낄 터인데, 청춘의 열정이 주는 부담감이나 '참을 수 없는 존재의 가벼움'으로부터 어떤 안도감을 느끼게 될 것이다.

만일 우리가 우울증이라는 말이 내포하는 부정적인 개념을 없앨 수만 있다면, 아마 우리는 영혼의 경륜에서 우울증의 역할이 어떤 것인가를 잘 알 수 있게 될 것이다. 만일, '우울'이라는 것이 좋은 것도 나쁜 것도 아니고 '그저 존재의 한 형태'로서 영혼이 제 좋은 때에 저 좋은 이유로 무엇인가 하는 것이라고 하면 어떨까? 단순히 "태양을 돌고 있는 항성 가운데 하나다"라고 생각하면 어떻겠는가? '우울증'이라는 임상적인 용어 대신에 전통적인 농신의 이미지를 쓰는 이점이 있다면, 그것은 바로 우울증이란 제거되어야 할 필요가 있는 문제로 볼 것이 아니라 그것보다는 다양하게 존재의 한 가지 방식으로 볼 수 있게 된다는 것이다.

나이를 먹는다는 것은 인격미를 끌어내는 것이다. 마치 과일이 잘 익어가는 것처럼 한 사람의 개성도 시간을 두고 나타난다. 나이를 먹는 슬픔은 개성적인 사람이 되는 일부이다. 우울한 생각은 내면의 공간 속에 지혜가 머물 거처를 조각하여 마련하는 것이다.

농신은 전통적으로 납과 동일시되었는데, 그 이유는 영혼에게 무게와 밀도를 더해 주어서 가벼운 공기 같은 요소들이 함께 뭉치도록 해 주는 것이다. 이런 뜻에서, 우울증은 생각과 감정이 값지게 응고되도록 돕는 과정이라 할 것이다. 우리가 나이를 먹으면서, 전에는 가볍고 산만하고 서로 연결이 안 되던 생각들이 더욱 밀도 있게 모여서 가치관 과 철학을 형성하게 되고 우리의 삶의 실체와 견고함을 안겨 주게 되는 것이다.

우리는 우울증 속에 있는 고통스러운 공허감 때문에, 우울증으로부터 벗어날 수 있는 길을 찾고 싶은 유혹에 종종 빠진다. 그러나 우울한 분위기나 생각에 빠지면 깊은 만족감을 얻을 수도 있다. 우울증은 아무 생각도 없는 상태로 묘사되는 때도 더러 있고, 붙잡고 늘어질 것이 전혀 없는 듯이 묘사되는 경우도 있다. 그러나 우리가 좀 더 시야를 넓혀서 보아야 할 것이 있다. 곧 공허감이나 인생에서 익숙한 이해심이나 구조의 상실, 그리고 부정적으로 보이기는 할지라도 열정의 증발 같은 것은 인생에 신선한 상상력을 만들어 주는데 활용될 수 있는 요소들이 된다.

우리가 상담자로서나 친구로서 우울증을 관찰하는 입장에 서고, 다른 사람들 속에서 우울증을 다룰 수 있는 길을 함께 찾아 주는 기회가 주어질 때, 우리는 인생이란 언제나 기뻐야 한다는 생각을 버릴 수 있어야 할 뿐더러, 우리는 우울증으로부터 무엇인가를 배울 수 있어야 한다. 우리는 우울증의 여러 가지 특성으로부터 배우고 또 그것이 이끄는 대로 따라 갈 수도 있다. 그래서 이런 우울한 영혼이 자신의 운명을 지극히 진지하고 묵직하게 다룰 때 우리는 우울증이 있는 순간에 더욱 인내심을 가져야 하고 들뜬 기대감을 낮추어야 하고 경계하는 태도를 취해야 하는 것이다. 또한 친밀한 감정을 느끼면서 수용과 억제로써 우울증의 자리매김을 해주어야 한다. 물론 때때로 우울증은 다른 여느 정서와 마찬가지로 일상의 한계를 넘어서 우리를 완전히 약하게 만드는 특성 이 있다. 그러나 극단적인 경우에도, 우리는 우울증의 핵심에서 농신을 찾고 또 그와 친해질 수 있다.

우울증과 연결된 큰 불안한 한 가지는 우울증이 절대로 끝나지 않는다는 것과 인생이 다시는 절대로 기쁨도 활력도 되살릴 수 없다고 생각하게 되는 것이다. 이것은 농신이 멀리 떨어져서도 끊임없이 자신을 괴롭히고, 또 영원히 함정에 빠진다는 느낌이다. 내가 농신의 한 스타일이라고 생각하게 되고 농신이 나의 영혼에 나쁜 영향을 끼쳐서 나를 꼼짝달싹 못하게 하도록 만들고, 갑갑함을 느끼게 만드는 한 가지 방법이라 생각하게 된다. 전통적으로 말하자면, 음울한 분위기 속에서 강한 주제가 있다. 우리가 우울증 속에 있는 음울한 요소들과 싸우기를 멈추고, 그 대신에 우울증으로부터 배우고, 우울증이 지닌 어두운 특성을 어느 정도 성격의 측면으로 받아들이게 될 때, 이런 불안이 줄어드는 것이다.

죽음의 낌새

농신은 추수꾼이며, 수확의 신이며, 농신의 축제인 쌔터넬리아의 후원자이다. 우울증 때문에 시대를 막론하고 모든 사람들은 인생이 끝났다고 말할 뿐만 아니라 장래의 희망도 찾아 볼 수 없게 되었다고 말한다. 그들이 여러 해 동안 지니고 살아온 가치관이나 이해심 같은 것이 어느 날 갑자기 의미가 없어지게 되니까 환멸을 느끼게 되는 것이며, 그동안 소중히 지켜온 진실이 추수 때의 쭉정이처럼 농신의 검은 흙 속에 가라앉는다.

영혼의 돌봄에는 이와 같은 죽음을 수용하는 것이 요청된다. 생명에 대한 우리의 익숙한 생각들을 마지막 순간까지 내세우고자 하는 유혹이 있으나, 실제로 필요한 것은 그런 생각들을 버리고 죽음의 운동 속으로 들어가는 것이다. 인생이 끝났다든가, 계속해서 사는 것이 소용없다고 하는 의미가 증상으로 느껴진다면, 이런 느낌에 대한 긍정적인 접근이야말로 우울증이 불러일으킨 종말에 대한 생각이나 정서에 대하여 의식적으로 그리고 예술적으로 지고 들어가는 것이 될 수도 있다. 르네상스 시대의 가장 심오한 신학자 가운데 한 사람인 우사의 니콜라스는 그가 배를 타고 여행할 때, '우리가 가장 심오한 일들에 대하여 얼마나 무지한가를 인정해야 된다.' 는 사실이 환상을 본 것처럼 그에게 떠올랐다고 말한다. 하나님이 누구신지, 도무지 인생이 무엇인지 모르고 살아가는 자신을 발견하는 것은 무지 곧, 우리 인생의 의미와 가치에 대한 무지에 대해 배우는 것이라는 것이다. 이것이야말로 출발점이 되어서 더욱 더 근거 있고 끝이 활짝 열린 지식으로서 절대로 고정 관념 속에 갇혀 버릴 수 없는 지식을 찾게 해준다. 그가 좋아하는 기하학으로부터 얻은 이 은유를 사용하면서 그는 말하기를 바로 우리의 실존의 기초에 관한 온전한 지식이 원으로 묘사될 수 있다면 우리가 할 수 있는 최선은 다각형에 도달하는 것인바, 확실한 지식에 모자라는 것이다.

　우울증 속에서 종종 찾아 볼 수 있는 의미의 공허와 해체는 우리의 인생을 우리가 이해하거나 설명하는 방법에 대하여 우리가 얼마나 집착하는가를 보여준다. 종종 우리의 개인적인 철학이나 가치관이 너무 깔끔하게 포장되어서 신비의 공간조차 별로 남기지 못하는 것으로 보인다. 그 때에 우울증이 찾아 들어서 구멍을 내는 것이다. 고대 천문학자들은 농신(토성)이 가장 멀리 떨어진 항성으로서 멀찌감치 차갑고 텅 빈 공간 속에 있는 것이라고 상상하였다. 우울증이 우리의 이론이나 가설에 구멍을 낸다. 그러나 이 같은 고통스러운 과정은 치유에 필요한 가치 있는 근거로서 존중될 수 있다.

　이와 같은 우울증의 진실을 일깨워주는 이가 오스카 와일드인데, 그는 스타일의 온전함을 전적으로 삶의 중심적인 관심사로 강조하는 사람으로서 비움의 중요성을 알고 있었다. 그가 한 남자를 사랑한 죄로 벌을 받던 감방으로부터 그의 탁월한 편지 '깊은 곳에서' 를 쓰면서 이렇게 언급한다. '최종적인 신비' 는 자신이다. 균형 속에서 해의 비중을 재고, 달의 발자국을 측정하고, 별을 헤아리며 일곱 하늘의 천체도를 그리고 났을 때에도 남는 것은 자신이다. 자신의 영혼의 제도를 계산할 사람이 누군가?" 쿠사가 말한 바와 같이, 우리가 (수학적 이미지를 주목할 때) 우리 자신의 영혼의 궤도를 계산 할 수 없다는 이 진리를 배워야말 할지도 모른다. 우리 자신의 한계를 배우는 이런 기묘한 교육은 다만 의식적인 노력이라고만 할 수 없을지 모른다. 우리를 사로잡는 분위기로서 우울증이 덮쳐 와서는 최소한 순간적으로라도 우리의 행복을 앗아가고, 우리의 지식과 가설과 바로 실존의 목적에 대한 근원적인 평가조차도 싹 쓸어버리는 것이 될 수도 있다.

고대의 텍스트에는 농신이 '독성'이 있다고 딱지를 붙인 때가 종종 있었다. 우울한 무드 속에 있는 긍정적인 효과를 권장함에서 나는 그 것이 가져다주는 지독한 고통을 간과하고 싶지는 않다. 그렇다고 영혼에게 독특한 선물을 안겨주는 우울증의 형태가 작은 것만도 아니다. 예민한 우울증이 깊고도 깊숙이 판을 벌리면 이것은 또한 그때까지 붙들고 살아왔던 그의 주장을 말끔히 씻어 버릴 수도 있다. 전통적으로 '농신의 아이들'은 목수들을 포함시키는데 그림으로 나타나는 것을 봐도 새 집의 기초와 뼈대를 합치고 있다. 우리의 우울증 속에서도 내적 건설이 진행되면서, 옛것은 지워 버리고 새 것을 덧입힌다. 우리가 꾸는 수많은 꿈이 사실상 건설 현장과 건물이 올라가는 것을 흔히 묘사하는데, 그것은 영혼이 만들어진다는 것을 지적한 바와 같이 우울증이 한참일 때 외적인 삶은 공허해 보일 수도 있다. 그러나 동시에 내면의 작업은 전속력으로 전개될 수도 있다.

우울증과의 화해협정

융 심리학적 용어로 말하자면, 농신은 아니무스적인 남성으로 고려한다. 아니무스(animus)는 영혼 속으로 사상이나 추상적 개념을 뿌리내리게 하는 생명의 깊은 부분이다. 많은 사람들이 아니마(anima)에서 강하다, 곧 상상력이 가득하고, 생명에 근접해 있고, 주변 사람들과 공감대가 형성되어 있으며 연결이 잘 되어있다. 그러나 이런 사람들에게도 어려움이 있을 수 있는데, 그것은 바로 무슨 일이 진행되고 있는지를 보는 일이나, 자신들의 생활 개념을 자신들의 사상이나 가치관에 연관시키는 일을 하는 정서적 개입으로부터 뚝 떨어져 나가는 일이 어려운 것이다.

영혼에 대한 또 다른 고대의 은유를 쓰자면, 그들의 경험은 '촉촉이 젖은' 상태이다. 그들은 삶 속에 정서적으로 아주 개입되어 있기 때문에 결과적으로 그들은 차갑고 메마른 토성(농신)의 먼 지역까지 유람하는 데서 덕을 볼 수도 있다. 이런 메마름은 삶에 근접하는 개입이 지닌 특성으로서의 촉촉한 정서로부터 의식을 분리시킬 수 있다. 우리는 노인들이 어느 정도 거리를 두고 초연하게 자신들의 과거를 성찰할 때 그들에게 이런 것이 발달해 있는 것을 본다. 농신의 관점은 사실상 때로는 오히려 무정하고 심지어 잔인 할 때도 더러 있다. 사뮤엘 베케트의 우울한 희곡 '크라프의 마지막 테이프' 에서 우리는 우울하게 성찰하는 것을 유머 감각과 함께 날카롭게 묘사하는 것을 발견한다. 녹음기를 이용하여, 크라프는 일생 동안 녹음테이프를 틀면서, 과거로부터 들려오는 자신의 목소리를 상당히 우울하게 경청 한다. 테이프 하나를 다 듣고, 앉아서 다른 테이프를 돌린다. "저 바보 같은 못난 새끼 이야기를 듣기만 해도, 삼십 년 전으로 돌아간단 말이야. 내가 저렇게 나쁜 놈이었다고는 믿기가 어렵네. 다행이 이건 어차피 다 끝난 이야기야."

이 몇 줄만 봐도 과거와 현재의 거리가 드러난다. 동시에 훨씬 상큼한 관점과 함께 가치관의 파괴를 본다. 대부분의 베케트의 희곡에서 보면, 등장인물들이 우울중이거나 절망적인 상태를 표현하고, 단편적일지언정 옛날의 의미를 흔적조차 찾아 볼 수 없음을 표현한다. 그럼에도 불구하고, 공허함과 더불어 수수께끼처럼 얽혀있는 삶의 한 부분이 되는 고상한 바보스러움의 이미지를 동시에 제공해 준다. 이런 등장인물들이 드러내는 절대적인 슬픔 속에서 우리는 인간의 조건에 대한 신비를 포착할 수 있다. 의미와 가치가 별안간 사라지는 것을 발견한다는지, 물러날 필요나 모호한 절망감으로 압도당한다는지 하는 것이, 비록 그렇게 느껴질 수도 있지만 실제로 정도에서 벗어나는 것은 아니다. 그런 감정들은 일정한 자리매김이 있고, 영혼에 대하여 일종의 마법을 건다.

크라프라는 이름은 우울증이 인생을 평가 절하한다는 것을 암시하는데 그가 보여 주는 것은 냉혹한 자책과 자기 심판을 임상적인 증상으로 볼 필요가 없다는 것이다. 그러나 인생에서 필요한 어리석음으로서 실제로 영혼을 위하여 무엇인가를 성취하는 것으로 볼 필요가 있다는 것이다. 전문적인 심리학은 크라프의 자기비판을 노이로제적인 마조키즘의 한 형태로서 교정해야 한다고 할 지 모르지만, 베케트가 보여 주는 것은 심지어 그 자체의 추함과 어리석음 속에서조차 그것은 어떤 의미를 지닌다는 것이다.

녹음테이프를 돌리면서 중얼거리며 욕을 하는 크라프는 동시에 우리의 기억을 우리 자신의 정신 속으로 되돌리는 우리 자신의 이미지를 나타내며, 이는 역시 우리가 증류시키는 과정에 있음을 보여준다. 이와 같은 우울한 환원 작업으로부터 무엇인가 본질적인 것이 출현하는데는 시간이 걸린다. 진흙구덩이에서 금이 나오는 것과 같다고 하겠다. 농신(토성)은 때때로 검은 태양 (sol niger)이라 불린다. 그의 어둠 속에서 귀중한 빛이 찬란하게 비치는데, 이는 우리의 본성으로서, 우울증이 안겨주는 선물 중 아마도 가장 큰 것으로, 바로 우울증에 의하여 증류되는 것이다.

만일 우리가 현대 방식으로 우울증을 질병으로 보고 기계적으로 화학적으로 처리하기만 고집한다면, 오로지 우울증만이 제공해 줄 수 있는 영혼의 선물을 우리는 잃을지도 모른다. 특히, 전통이 가르쳐 주는 것을 보면 농신은 무엇이든 그와 접촉하기만 하면, 고정시키고, 어둡게 하고, 무게를 잡게 하고, 굳어지게 만든다. 만일 우리가 농신의 무드를 없앤다면, 어떤 대가를 치르고라도 삶을 밝고 따듯하게 하려는 노력을 소진시키고 말 것을 보게 될 수도 있다. 그렇게 되면 농신을 억제하는 것 때문에 불려 나온 우울증은 점점 증가하고 그 때문에 우리는 한층 더 우울증에 사로잡힐지 모른다. 그리고 농신이 영혼에게 주는 정체성의 예리함과 본질을 잃어버릴지도 모른다. 다른 말로 표현하자면, 농신의 상실이 드러내는 증상에는 모호한 전체의식과 자신의 삶을 진지하게 받아들이지 못하는 것과, 일반적인 불안과 권태로서 농신의 어둡고 깊은 무드를 창백하게 반사시키는 것 등이 포함된다.

농신은 성격의 표면에서보다는 오히려 영혼 깊은 곳에서 정체성의 자리매김을 한다. 정체성은 한 영혼이 자신의 무게와 크기를 찾는 것으로 느껴진다. 우리는 우리가 무엇으로 만들어졌는지 그 재료를 벗겨 낸 후에 비로소 우리가 누구인지를 안다. 이것은 화학적 의미에서 본질로 '환원' 되는 우울한 생각에 의하여 결려내지는 것이다. 몇 달이고 몇 년이고 죽음에 초점을 맞추고 보면 남는 것은 하얀 유령 같은 것이 있는데, 바로 그것이 바싹 마르고 본질적인 '나' 이다.

영혼의 돌봄은 우울증이 상징하는 더 큰 세계를 북돋우어 줄 것을 요청한다. 우리가 임상적으로 우울증에 관하여 말할 때, 우리는 정서적 조건이나 행동적 조건을 생각한다. 그러나 우리가 우울증을 농신이 찾아오는 것이라 상상할 때, 그 때는 농신의 세계 속에 있는 수많은 특징들이 눈에 들어오게 된다. 곧 고립에 대한 필요, 판타지의 옹고, 추억의 중류, 죽음의 수용, 등 몇 가지 이름을 대도 알 수 있는 것들이다.

영혼에게서, 우울증은 하나의 입회예식, 곧 하나의 통과의례이다. 만일 우리가 공허하고 나른한 우울증에는 상상력이 없다고 생각한다면, 우리는 그 속에 있는 통과의례적인 면을 간과할 수도 있다. 곧 공허함은 유쾌 또는 불쾌의 감정과 카타르시스의 이미지들과, 후회와 상실의 정서들로 가득하다. 무드의 농도로 말하자면 회색은 흑백 사진에서만큼 흥미로울 수도, 잡다할 수도 있다.

만일 우리가 우울증을 병리학적으로 보면서, 치료를 받아야 할 증후군으로 대한다면, 그 때는 농신의 정서가 비정상적 행동으로 빠져나가는 것 말고는 다른 도리가 없다. 대안이 있다면 농신이 찾아 들도록 초청하고 그가 와서 문들 두드리면 그가 머물 수 있는 적절한 자리를 마련하는 것이다. 르네상스 시대의 정원들을 보면, 농신에게 바친 초당이 있었는데 어둡고, 그늘지고, 뚝 떨어진 곳에서 한 사람이 물러나서, 우울증적인 사람 속으로 들어가서 불안해 질 두려움 없이 머무르는 곳이다. 우리는 이런 정원에서 모델을 찾고 거기에서 우울증을 다루는 태도와 방법을 익힐 수 있다. 때로는 사람들이 뒤로 물러나서 냉정함을 보여 줄 필요가 있다. 친구로서 또한 상담자로서 우리는 그런 감정들을 바꾸려고 하든가 해석하려고 하지 않으면서, 그런 감정들을 위한 정서적 자리를 마련해 줄 수 있다. 가정집이나 상업적인 건물 안에 방이나 실제적인 정원을 마련하여 한 사람이 물러나서 그 곳에 들어가 명상하거나 생각하든가 아니면 그냥 혼자서 앉아 있기만이라도 할 수 있게 하는 것이다. 현대 건축이 영혼을 인식하려고 노력하게 될 때, 한 개인이 공동체에 참여할 수 있는 원이나 사각형을 선호하는 경향으로 나타나 보인다. 그러나 우울증은 원심력이 있어서 중심으로부터 멀리 떨어져 나간다. 우리는 흔히 우리의 빌딩이나 기관들을 '센터' 라고 부르지만 농신은 아마도 전초지점(outpost)을 더 좋아하는 듯하다. 병원이나 학교에는 '공동실' 이 있다. 그러나 그에 못지않게 '비공동실' 이 되어서 사람들이 물러나서 외로움을 즐기게 하는 것이 되기가 십상이다.

아무도 보는 이가 없을 때에도 텔레비전을 켜 놓든가 하루 종일 비디오를 켜 놓는 일은 농신의 침묵에 대하여 방어하는 것이 될지 모른다. 우리는 멀리 떨어져 있는 토성(농신)을 에워싸고 있는 텅 빈 공간을 없애기를 원한다. 그러나 우리가 그런 빈 공간을 채우려고 할 때, 우리는 농신이 억지로라도 증상을 역할로 담당하고는 치유자나 교사로서보다는 오히려 농신의 전통적인 역할로서 페스트처럼 진료소나 병원에 자리를 잡게 만들 수도 있다.

어째서 우리는 영혼의 이런 면을 감상하지 못하는 것일까? 한 가지 이유는 우리가 농신에 대하여 아는 것이 대부분은 우리에게 증상으로 나타난다는 것이다. 공허는 너무 늦게 그리고 너무 문자 그대로 나타나니까 그 속에 영혼을 지니지 못한다. 우리가 사는 도시에서 보면, 판잣집들이나 실패한 기업들이 경제적 사회적 '불경기' 의 신호가 된다. 도시 안에 있는 이와 같은 '불경기' 의 지역에서 보면 의지와 의식적 참여로부터 쇠퇴는 단절되고 나타나는 것은 오로지 문제나 질병의 외적 표현일 따름이다.

우리는 또한 불경기를 경제적으로나 정서적으로 볼 때, 보다 건강한 계획과 기대를 깨고 기습적으로 들어오는 문자 그대로의 실패와 위협으로 본다. 만일, 우리가 농신을 볼 때, 그의 어둡고 텅 빈 공간들이 삶 속에 자리매김을 할 것으로 기대한다면, 어떨까? 만일 우리가 농신을 달래서 그의 가치관이 우리의 생활방식에 편입되도록 하면 어떨까? (달랜다는 것은 보호의 수단으로 인정하는 것과 존경을 표하는 양쪽을 동시에 의미한다) 우리는 중병에 직면해서도, 우리는 농신에게 더욱 더 솔직함을 보여 줌으로서 존경을 표할 수도 있다. 호스피스 봉사자들의 말을 듣고 보면, 말기 질환의 우울한 사실들을 터놓고 이야기할 때 가족들이 얼마나 힘을 얻는지 알 수 있다. 우리는 우리 자신의 질병이나 의사와 병원을 찾아가는 것을 꼭 같이 우리의 죽음을 면할 수 없는 운명을 상기시켜 주는 것으로 받아들일 가능성이 있다. 이런 상황 속에 있을 때 그것이 미치는 영향으로부터 우리를 보호하려고 하면 우리는 영혼을 돌보지 못한다. 이런 상황에 있을 때는 오로지 우울한 기분을 느끼는 것만이 필요한 것이 아니고, 우울한 감정을 느끼고 있는 그대로 정직하게 표현하는 몇 마디 말이 농신을 달래 주고 계속해서 화해하는 길이 될 것이다.

우울증은 영혼이 지닌 얼굴들 가운데 하나이기 때문에, 그것을 인정하고 우리들의 관계 속으로 끌어들이는 것은 친밀도를 키워 준다. 영혼 속에 편히 머물고 있는 무엇인가를 우리가 부정하거나 덮어놓으려고 한다면 그 때 우리는 남들에게 온전하게 현존할 수가 없다. 어두운 자리들을 감추면 그 결과로 나타나는 것은 영혼의 상실이다. 어둔 자리를 대변하거나 그 관점에서 말하는 것은 순전한 공동체와 친밀한 관계를 향하여 나갈 길을 제공하는 것이 된다.

우울증이 지닌 치유의 능력

몇 해 전에 빌이 나를 찾아 왔다. 그는 내가 앞서 언급한 바 있는 사제로서 나에게 주목할 만한 이야기를 하였다. 그는 사제 서품을 받은 지 삼십 년이 될 즈음에 육십오 세 때에, 뜨거운 동정심을 지니고 살던 시골의 사목으로서 자기 교회의 여신도 두 사람에게 자기 생각에는 완전히 적절한 도움을 준 일이 있었다. 그러나 그의 주교가 생각하기에 그는 교회 기금을 잘못 처리하였고, 또 다른 면에서는 판단력이 부족하였다는 것이었다. 그래서 평생 동안 존경을 받고 살아온 그는 이들의 말미를 받고 짐을 싸서 교구를 떠나고 말았다. 그가 자기 상황에 대하여 나에게 말할 때 빌은 아주 생기 있게 자기 자신의 경험에 대해서 관심을 기울였다. 그는 집단 상담 치료에 잘 갔고 거기서, 특히 그의 분노를 다루는 방식을 발견하였다. 그는 어느 시점에 가서는 자기 자신이 심리치료사가 되기로 결심하였는데, 그 때의 생각은 자기의 동료 사제들을 도와 줄 수 있을 것 같았다. 그러나 자신의 빠져들게 된 어려움에 대하여 이야기 할 때 보니까 그의 설명이나 변명은 나이브하게 보였다. 한 여신도에 대하여 그가 말하기를 "나는 다만 그 여자를 도와주려 한 것뿐이었어요. 그녀에게는 내가 필요했거든요. 나의 관심이 그에게 필요하지 않았더라면 그녀에게 관심을 보이지 않을 겁니다."

나는 어떤 판단을 하지 않으면서 다만 빌의 범상하지 않은 경험과 해석을 있는 그대로 받아들이고 속에 담고 있는 길을 찾아야 한다는 것을 알고 있었다. 우리는 그의 꿈 이야기를 가지고 꽤 많은 시간을 보냈으며 빠르게 그는 꿈속의 이미지를 읽는데 있어서 전문가 뺨칠 정도가 되었다. 나는 집단 상담치료 때에 그가 그린 회화와 그림들을 가져오라고 하였다. 몇 주일을 두고 그런 이미지들을 가지고 이야기를 나눈 끝에 우리는 그의 천성에 대하여 통찰하게 되었다. 이런 미술 작업을 통해 빌은 자기 가정 배경과 아울러 그가 사제가 되기 위하여 결심하게 된 주변의 주요 사건들을 볼 수 있는 기회가 생겼다.

흥미로운 일이 생겼다. 그의 행동에 대한 나이브한 설명이 떨어져 나가고 대신 그 자리를 그의 인생의 굵직한 주제에 대한 더욱 더 실질적인 생각으로 채우게 되자 그의 기분은 어두운 색조가 짙어진 것이다. 그가 신학생 때나 사제가 된 다음에도 내내 사람들에게 대접받아 온 방식에 대해서 분노를 더욱 더 표현하게 되었을 때에 그는 경쾌한 기분을 많이 잃어버렸다. 한편, 그가 사제관에 들어가 살게 되었을 때에, 그는 거기서 대체로 움츠러들어 있었다. 그는 외로움을 끌어안고 사제관 안에서의 활동에 참여하지 않기로 마음먹었고, 최근에 경험한 상처들은 순전히 우울증으로 깊어만 갔다.

이쯤에서 빌은 교회 당국을 비판하게 되었고, 예전에 사제가 되려다가 실패한 그의 아버지에 대해서도 더욱 실감나게 이야기하였다. 빌은 자신은 사제가 될 재목으로 태어난 것도 아닐 뿐만 아니라 자기 자신의 꿈이 아니라 아버지의 꿈을 이루도록 아버지 대신에 자신이 사제가 되었다고 생각하였다.

또한 빌은 자신의 우울증이 자기 인생의 중심적 위치를 차지하고 있다고 믿었다. 그는 진짜 이런 우울한 스타일로 이야기하였다. 곧 "소용없어요. 다 끝난 일이예요. 내가 평생 원하던 것을 얻기에는 이제 너무 늙었어요. 내가 원하는 것이라고는 방에 쳐 박혀서 책이나 읽는 거예요." 그러나 치료는 계속해서 받았고, 매주 그는 우울증 때문에 말하게 되었고, 또 우울증에 대하여 이야기 하였다.

나의 치료 전략은 단순히 빌의 우울증을 있는 그대로 받아들이고, 관심을 보이는 태도를 보이는 것이 고작이었다. 나는 어떤 영리한 기술도 없었다. 나는 그가 어떤 우울증 워크숍에 참가하도록 권하지도 않았고, 자기 내부에 있는 우울한 사람을 접촉하도록 판타지아로 이끄는 노력도 하지 않았다. 영혼의 돌봄은 그런 일 보다는 바로 그 순간에 그의 영혼이 스스로 표현하는 방식을 단순히 감상하려고 노력했을 뿐이다. 나는 그의 어조가 느리고 섬세하며 미묘하게 변하는 것을 관찰하며 빌이 자신의 매너와 말과 꿈과 대화 속의 이미지를 어떻게 끌어들이는가에 초점을 맞췄다.

　우울증에 빠질 때에는 빌이 자기는 절대로 신부가 되지 말았어야 한다고 말하는데, 그의 말을 나는 문자 그대로 받아들이지 않았다. 왜냐하면 나는 그의 사제직이 여러 해 동안 그 자신에게 얼마나 큰 의미를 지녔던가를 내가 알고 있었기 때문이다. 그러나 이제 와서 그는 자신의 소명 속에 숨어 있는 그림자를 발견하고 있었다. 그의 사제 생활은 그 한계에 대한 새로운 성찰 때문에 영혼이 되살아나며 깊이가 더해갔다. 빌은 난생 처음으로 사제가 되기 위하여 자신이 어떤 희생을 했던가를 직면하게 되었다. 이것은 사제직에 대한 적대적 거부가 아니라 완성이었다. 내가 눈여겨보니까 심지어 그가 자신의 희생을 한 겹 한 겹 헤쳐 보며 생각하거나 자신의 사제가 된 데에 대하여 강렬하게 후회하는 느낌을 가지면서도 동시에 그는 교회를 향한 자신의 충성심이나 신학에 대한 지속적인 관심이나, 자신의 죽음과 사후 생에 대한 관심을 나타내는 것을 알 수 있었다. 어떤 면에서 보면 그는 이제 와서야 비로소 사제직의 참된 핵심을 발견하고 있는 것이었다. 강박적으로 남을 돕는 유순한 신부는 사라지고, 그 대신에 덜 조작적이면서도 더욱 강력하고 개성적인 사람이 되살아나고 있었다.

우울한 상태에서 보면, 빌은 다만 익숙한 생활은 죽고 끝이 나며 오랫동안 간직해온 가치관이나 이해심을 비우는 꼴이 되었다. 그러나 우울증은 분명히 그의 나이브한 삶을 바로잡고 있었다. 대부분이 그렇듯이 사람들의 가장 큰 덕목은 동시에 그의 중심적인 결점이 된다. 모든 존재, 이를테면 동식물이나 사람에 대한 빌의 어린이 같은 관심은 그에게 뜨거운 동정심과 이타적인 감성을 듬뿍 안겨 주었다. 그러나 그에게 있는 상처받은 가능성 때문에 동료 사제들에게 농담 꺼리가 종종 되었는데, 그들은 놀림 받는 것 때문에 빌이 얼마나 고통을 겪는 줄은 몰랐다. 그의 너그러움은 무제한인 듯했지만 어떤 의미에서는 그것 때문에 그는 허물어지고 있었다. 그러나 우울증은 그를 강하게 만들었고, 그에게 확고함과 견고함을 새로이 갖추게 해 주었다.

우울증으로 말미암아 빌은 자신의 삶 속에 있는 약함들을 더 잘 돌볼 수 있게 되었다. 전에는 그의 나이브한 관심 때문에 누구에게나 덮어 놓고 승인해 주는 경험이 많았다. 진짜 영웅도 없었고, 전적으로 원수도 없었다. 그러나 우울증을 앓으면서 빌은 사물을 더욱 깊이 느끼기 시작하였다. 그의 동료들을 향한 적개심이 진짜로 담대하게 터져 나왔다. 한 번은 "그 친구들, 모두 일찌감치 죽었으면 좋겠어." 하고 이를 악물고 말하는 것을 들은 적이 있다.

빌은 나에게 자신 있게 말하곤 했다. "나는 늙었어요. 그걸 직면합시다. 나는 칠십이예요. 나에게 무엇이 남아 있겠습니까? 나는 젊은이들이 미워요. 나는 그 젊은 녀석들이 병이 들면 기분이 좋아요. 내 인생에 남은 게 많다고 말하지 마세요. 남은 것이라곤 없어요."

빌은 자신을 노인이 된다는 것과 강렬하게 동일시하였다. 그가 사실을 직면하고 자기의 나이를 부인하지 않고 나에게 말하는 것을 두고 내가 어떻게 시비를 할 수 있을까? 그러나 내가 믿기에는 그가 이토록 똑똑하게 말하는 것이 따지고 보면 다르게 동일시 할 수 있는 옵션에 대한 방어가 될 뿐만 아니라, 역설적으로 말하자면, 빌이 우울증의 더 낮은 차원으로 떨어지는 것을 막아 주는 형국이었다. 바로 그런 특정 순간을 포기함으로써, 날개 속에 숨어서 기다리고 있는 생각은 할 필요도 없고 느낌을 경험할 필요도 없게 되었다.

하루는 그가 나에게 꿈 이야기를 했는데, 꿈속에서 그가 가파른 계단을 내려가고 있었는데, 두 번째 층계를 내려가는데 너무 좁아서 더 이상 내려가고 싶지 않았다. 자신은 저항하는데도, 뒤에서 한 여자같은 이가 계속 내려가라고 윽박지르고 있었다. 이것이 당시의 빌의 상태를 그림으로 보여 주는 것이었다. 그는 상당히 내려가 있었지만 더 깊이 빠져 들어가지 않으려고 싸우고 있었다.

"나는 늙은이야. 나에게 남은 것이라고는 아무것도 없어."라고 말하는 빌의 불평은 진짜로 농신이 치고 들어오는 것이 아니었다. 그가 하는 말이 나이를 확인하는 것처럼 들리지만, 실은 나이에 대한 공격이라고 해야 더 맞다. 그가 이런 말을 할 때면, 내가 생각하기에는 그가 신학생 시절이나 사제로서 여러 해를 두고 성장할 기회를 거부당했던 것이 아니었나 싶었다. 그가 말하는 것을 보면, 그는 어떤 면에서는 내내 어린 아이처럼 살면서 돈 문제나 생존에 대하여 걱정 한번 안하고 인생의 중대 결정 같은 것도 한 번도 안하고 단순하게 장상들의 명령만 따르며 살았다는 것이다. 이제 바야흐로 운명은 불안정과 성찰의 깊은 자리로 밀어 붙였다. 난생 처음 그는 매사를 묻게 되었고, 이제는 놀라운 속도로 성장하고 있었다.

"신부님의 꿈 말이에요." 내가 말하였다. "좁은 계단을 내려가는데 한 여인이 뒤에서 윽박지르는 꿈은 말이죠. 제가 생각하기에 우리가 프로이드에게 눈을 돌려서 그것을 탄생의 시도로 봐야 할 것 같아요."

"나는 한 번도 그런 생각은 안 해봤는데요." 그가 흥미를 느끼며 말하였다.

"신부님은 우울한 가운데에 바르도 상태에 계신 것처럼 보이거든요. 그게 뭔지 아세요?"

"아니요. 한 번도 못 들어 봤어요." 그가 말하였다.

"〈티벳의 사자의 서(書)〉(Tibetan Book of the Dead)에서는 환생의 중간 기간, 곧 다음의 생으로 환생하기 이전의 상태를 두고 바르도라고 설명합니다."

"나는 요즈음 인생의 사건들에 대해서 도무지 아무 맛도 못 느껴요."

"제가 말하는 것이 바로 그겁니다. 신부님은 삶에 참여하고 싶질 않아 하세요. 신부님도 생과 생 사이에 계신 거예요. 그 꿈이 아마 신부님을 초청해서 운하 속으로 들어가시게 하는 것 같아요."

"나는 꿈속에서 마음이 썩 내키지 않는 느낌이었구요. 그 여인 때문에 좀 어지러웠어요."

"우리 모두가 그렇지 않습니까?" 내가 말하였다. 이승에서 다시 태어난다는 것이 얼마나 어려운가, 특히 처음 그런 경험을 하면서 몹시 고통스럽기는 하면서 겉보기에도 성공적이지 못할 때 얼마나 어려운가를 생각하면서 말했다.

"나는 준비가 안 되어 있어요." 그는 이해심과 확신을 가지고 말하였다.

"그건 상관없습니다." 내가 말하였다. "신부님은 어디에 계신지를 알고 계시구요. 거기에 계시는 것이 중요하지요. 바르도는 시간이 걸립니다. 서둘러서 될 일이 아닙니다. 미숙한 탄생, 곧 조산에는 별 의미가 없습니다."

빌은 일어나서 그가 '동굴'이라고 부르는 수도원의 자기 방으로 돌아갔다. "그밖에 별다르게 할 일이 없지요. 그렇잖아요?" 그가 물었다.

"그렇지요." 나는 그에게 무엇인가? 구체적인 희망을 줄 수 있었으면 하는 마음으로 말하였다.

빌은 자신의 신학 강의 시간에 달의 발자국들을 측정하면서 무엇이 영혼에게 유익한가를 자기는 알고 있는 것으로 생각하였다. 그러나 이제 자신의 우울증으로부터 배운 뒤로는 한층 더 굳건하게 진리를 설파하였다. "나는 남에게 인생을 어떻게 살라고 절대로 말하지 않겠어요." 그가 말하였다. "나는 다만 그들에게 그들 자신의 신비에 대해서 말 할 수 있을 뿐이에요." 우울증에 빠졌을 때 오스카 와일드가 그랬던 것처럼, 빌은 신비에 대한 새로운 관점과 새로운 감상법을 찾았다. 사제가 신비에 관한 한 익숙할 것처럼 말들을 하지만 빌의 우울증이야말로 그의 신학 교육에서 진일보하게 만들어 주는 결과가 되었다.

결국 빌의 우울증은 걷혔고, 그는 새 도시로 가서 상담자로서 그리고 사제로서 일하게 되었다. 그가 농신의 학교에서 진리를 배운 것이 어느 정도 효과가 나타났다. 전에는 그가 사람들에게 이야기할 때면 의례히 어둔 감정을 헤치고 나오라고 적극적으로 권면했던데 비하여, 이제는 사람들에게 자신의 삶이나 감정을 솔직히 들여다보도록 도움을 줄 수 있게 되었다. 그는 또한 존경심이나 안정감을 박탈당한다는 것이 어떤 것인지를 알게 되었고, 그래서 비극적인 이야기를 안고 찾아오는 수많은 사람들에게 있는 실망이나 절망을 더 잘 이해할 수 있게 되었다.

영혼의 돌봄이란 것이 징후 속에서 떠다니는 것이 아니라, 영혼에게 필요한 것이 무엇인가를 우울증으로부터 배우려고 노력하는 것을 의미한다. 한걸음 더 나아가서 말하자면, 영혼의 돌봄은 우울증이 지닌 특징들을 천으로 짜듯이 인생에다 짜 넣어서 농신의 미학, 곧 냉정, 고립, 어두움, 공허 같은 것들이 일상생활의 조직에 이바지하는 것이다. 우울증으로부터의 배움에서 사람들은 그 무드를 흉내 내듯이 농신의 검은 옷을 차려 입는다. 농신적인 감정에 대한 응답으로서 홀로 여행 길을 떠날 수 있다. 농신의 피난처가 될 것처럼 뒤뜰에다 한적한 정자 (grotto)를 지을 수도 있다. 아니면, 더욱 내면적으로 살피자면 우울한 생각이나 감정이 그냥 있는 그대로 있게 놔둘 수도 있다. 이 모든 행동이 그야말로 농신의 우울한 감정이 방문한데 대한 적극적인 응답이 될 수 있다. 이런 행동들이 어둡게 아름다움을 드러내는 영혼의 돌봄에서 구체적인 방법이 될 수 있다. 이렇게 할 때 우리는 이러한 마음의 공허가 품고 있는 신비 속으로 들어가는 길을 찾을 수도 있다. 우리가 동시에 발견할 수 있는 것은 우울증이 그 자체 속에 천사를 품고 있다는 사실과 우리를 안내하는 영이 있어서 영혼을 아주 먼 곳까지 데리고 가서 특유의 통찰을 거기서 발견하고 특수한 비전을 즐기도록 돕는다는 사실이다.

제8장

질병, 몸으로 쓰는 시

사람의 몸은 상상력의 무한한 자원이며, 상상력이 마음껏 노니는 마당이다. 몸이야말로 영혼이 가장 풍부하게, 가장 표현적인 형태로 나타나는 모습이다. 우리는 영혼이 수없이 많은 형태로 몸에서 나타나는 것을 본다. 예를 들면 제스처나 드레스, 움직임, 모양, 형상, 체온, 피부의 돌출, 턱, 질병 등으로 명료화되어 나타난다.

예술가들은 몸이 표현하는 힘을 여러 가지 방식으로 전달하려는 시도들을 해왔는데, 오달리스크에서 정식 초상화까지, 루벤의 살색 톤에서 입체파의 기하학적인 표현에 이르는 다양성을 드러냈다. 이와 반대로 현대 의학은 치료에만 열중한 나머지 몸에 내재하는 예술에는 관심을 갖지 않았다. 현대 의학은 어떤 이상이 발견되면 그것이 지닌 의미를 읽어내려 하기 전에 그것을 모조리 제거하기를 바란다. 몸을 추상화시키며 화학과 해부로 처리한다. 따라서 표현적인 몸은 그래프와 차트와 숫자와 구조적 도표 속에 숨겨진다. 어떤 질병이나 역기능적인 장기가 상징적으로 시적으로 암시하는 것에 관심을 두듯이 예술과 조화를 이루는 의학적 접근법을 한번 상상해본다.

영양사와 콜레스테롤에 대하여 대화를 나눈 적이 있는데 바로 이런 문제를 제기했었다. 심장이나 음식에 대한 관계에서 콜레스테롤이 그야말로 끝내주는 요인인 것처럼 관심사로 말하는 것에 대하여 나는 개인적으로 강력하게 저항을 느꼈다. 그래서 내가 갖는 불안에 대하여 그에게 말하였다. "허지만 콜레스테롤이 주요 문제입니다."

그가 말하였다. "심장에 문제가 있는 사람들은 특별히 다이어트하면서 콜레스테롤을 컨트롤하는 일의 중요성을 이해해야만 합니다."

"나는 콜레스테롤이 사실이라는 데는 의심의 여지가 없습니다." 내가 말하였다.

"허지만 내 생각에는 그것을 너무 지나치게 사실상의 문제로 보는 것이 아닌가 하는 점입니다."

"그런데 놀라운 것은 말이죠," 그가 계속해서 말하였다.

"아스피린을 하루 걸러 한 알씩 먹으면, 콜레스테롤의 나쁜 효과를 컨트롤할 수 있다는 것입니다."

"그렇다면 우리 모두가 콜레스테롤 때문에 아스피린을 규칙적으로 먹어야 한다고 권하는 겁니까?"

"콜레스테롤 수치가 높던가, 아니면 심장에 문제가 있으면, 물론 그렇습니다." 그가 확신을 가지고 말하였다.

"어째서 그렇죠?" 내가 물었다.

"그래야 더 오래 살죠." 그가 말하였다.

"그럼, 콜레스테롤과 싸우는 것이 죽음을 거슬러 올라가는 것입니까?" "그렇죠."

"그렇다면, 그게 죽음의 부정입니까?" 내가 뾰족하게 물었다.

"나는 이반 일리치가 한 말을 기억하는데요, 그는 어떤 질병 때문에 죽는 것을 원치 않았어요. 그는 죽음 때문에 죽기를 원했습니다."

"아마 그 말도 죽음의 부정이겠죠."

"이런 게 가능할까요?" 내가 물었다.

"가령, 콜레스테롤 문제가 있을 경우에라도, 그것을 달리 상상해서 이를테면, 죽어야 할 운명과 씨름하는 또 다른 방식이라고 감상할 수는 없을까요?"

"전혀 아이디어가 없습니다." 그가 말하였다.

"우리는 가설은 세우지만 문제는 제기하지 않습니다."

그것이 몸을 대하는 문제이다. 우리는 가설은 세우는데, 그것에 대하여 성찰은 하지 않는 것이다. 만일, 우리가 성찰하기로 말하면, 우리는 콜레스테롤을 다르게 상상할 수 있을지 모른다.

"이 문제가 교통이 혼잡한 고속도로와 비교해 볼 수는 없을까요?" 정신분석학자인 그의 남편이 거들었다.

"아마 우리는 어디서도 혼잡을 원하지는 않을 겁니다. 우리는 시원하게 뚫리는 걸 열심히 바라지요. 길에서나 동맥 속에서도 마찬가지죠."

나는 그의 논평을 고맙게 생각하였다. 그 말 때문에 우리는 문자 그대로의 화학의 영역에서 벗어나서 징후를 상징으로 취급하면서 문제를 전혀 다른 상황에서 볼 수 있는 렌즈로 삼을 수 있게 만들었기 때문이다. 인과적인 사고는 상상적인 성찰을 방해하는 것이 보통이다. 그러나 은유적인 비교를 보는 것은 몸에다 시적인 비중을 더해주는 시작이 된다.

여러 해 전에 제임스 힐먼이 달라스 시에서 심장에 관하여 강연을 한 일이 있었다. 그가 정곡을 찔러 말하기를 심장을 기계적인 펌프나 근육이라고 상상하는 최근의 경향을 지나치게 좁거나 심장 질환이 많이 일어나는 데도 암시적으로 연관이 있을지도 모른다는 것이었다. 우리가 이런 식으로 말하게 되면, 우리는 심장이 용기와 사랑이 자리하는 곳이라고 영혼이 깃든 이미지를 잃어버린다. 심장을 사물로 생각한다면 산책 나가면서 가지고 가든가 가지고 달리면서 운동을 하는 것일 수는 있지만, 그것이 지닌 은유적인 힘을 잃어버리고, 하나의 기능으로 환원시키고 말게 된다. 힐먼이 이런 말을 하고 있을 때였다. 강당 옆자리에 앉아 있던 남자 한 명이 벌떡 일어섰다. 그는 조깅복을 입고 있었는데, 큰 소리로 불평하면서 하는 말이 "심장은 사실상 근육일뿐더러 잘 유지해야 심장마비에 안 걸린다."는 것이었다.

힐먼의 요점은 우리가 수 세기 동안 시와 노래들이 애정의 자리매김으로 대해 왔던 심장을 단순히 신체적인 장기로만 대하게 될 때 오히려 심장을 마비시킬 수 있다는 것이었다. 현대 사상으로 꽉 배어있는 우리가 이 문제에서 우리가 갖고 있는 편견들을 스스로 기억한다는 것이 쉬운 일이 아니다. 물론 심장은 하나의 펌프이다. 그것은 사실이다. 우리의 문제는 사실에다 의미를 부여하는 사고 구조를 통해서 보지 못한다는 것과 동시에 시적인 성찰을 넌센스로 취급하는 것이다. 어떤 의미에서는 그런 관점 자체가 심장을 마비시킬 수 있는 것이다. 우리가 머리로만 생각하지, 더 이상은 가슴으로 생각하지 않는다.

힐먼의 동료인, 로버트 사르델료 또한 지적하는 바, 우리가 두뇌에는 지성과 힘을 부여하면서도, 심장은 근육으로 환원시켜 생각한다는 것이다. 그러나 그는 말한다. 심장은 그 자체의 지성을 지니고 있다. 두뇌의 명령 없이도 심장은 무엇을 해야 할지 스스로 안다. 심장이 갖는 이유 가운데는 두뇌의 동정을 받을 것도, 안 받을 것도 있다. 심장은 그 나름대로 스타일이 있어서 사르델료가 지적하는 바, 격정이나 분노나 섹스를 할 때마다 각각 특별한 힘을 가지고 심장은 고동친다. 두뇌가 차가운 현실에 대하여 시원한 생각을 하는가 하면, 반면에 심장은 열띤 리듬으로 생각한다.

오랜 시간에 걸쳐서 수많은 장기가 지닌 기능과 형태에 대하여 은유적인 풍부함을 인정해 왔는데, 심장은 그 가운데 하나에 불과하다. 역사적으로, 영혼은 그 자리매김으로 비장과 간과 위장과 쓸개와 장과 뇌하수체와 폐에서 발견된다고 봤다. 영어 단어의 schizophrenia(정신분열증)으로 말하자면, 그것은 phrenes(폐)를 '잘라' 또는 '갈라' 놓는 것을 의미한다. 그렇다면 영혼에 대하여 중심이 여러 개인 장을 만들어 내는 것이 단순히 시적인 방종인가, 아니면 몸이 다양한 부분 속에서 갖는 힘인가? 힐먼과 사르델료가 암시하는 것은 고도로 정교화된 장기들에게 적절한 이미지와 정서를 우리에게 안겨주는 것 또한 몸의 기능이라는 것이다.

징후와 질병

심리분석은 심리적 경험과 신체적 질병 사이의 관계를 차트로 만들려고 공을 들여 시도를 많이 하였다. 그러나 넓게 말해서 심리학과 의학은 이러한 시적인 관계를 읽어내기를 거려했다. 15세기에 마르실리오 피치노가 관찰한 바, 화성이 내장을 해체한다는 것이다. 오늘 우리는 언어는 다르지만 필경은 같은 통찰력을 가지고 억압된 분노와 대장염 사이에 관계가 있다고 생각한다. 그러나 우리는 대체로 봐서 특정된 신체적 징후와 정서 사이의 관계에 대해서는 그다지 세련되지 못한 이해를 가지고 있을 뿐이다.

징후(symptom)는 상징(symbol)에 가깝다. 어원학적으로 말하자면, 상징이란 두 가지가 '함께 던져져 있다'는 것인 반면에, 징후는 사고가 났을 때처럼 사물이 '함께 떨어지는 것'이라 하겠다. 우리는 징후가 어디선가 모르게 나타나는 것이라 생각한다. 그리고 우리는 두 가지 일 곧 질병과 이미지가 '함께 던진 것'이란 쪽으로 움직이는 것이 드문 일이다. 과학은 같은 목소리를 내는 해석들을 선호한다. 한 가지 읽는 방법만이 바라는 전부이다. 이와 반대로 시는 해석을 멈춘다는 것을 결코 원치 않는다. 시는 의미에 대한 종말을 구하지 않는다. 질병에 대한 시적인 반응이 의학의 상황에서는 부적절한 것으로 보일지 모른다. 과학과 예술은 해석의 관점에서 볼 때 근본적으로 다르기 때문이다. 그러므로 몸이 질병을 통하여, 스스로 표현하는 것을 시적으로 읽어내는 법은 상상의 법칙에 대한 새로운 감상법을 요청한다. 특히 상상력이 한층 더 새롭고 깊은 통찰 속으로 계속 움직여 들어가도록 하는 의향이 요구되는 것이다.

최근 몇 해 동안 어떤 이들은 질병에 대한 은유적인 견해에 반대해 왔다. 우리가 신체적 질병 때문에 환자들에게 '탓을 돌리는 것'을 원치 않기 때문이다. 그들이 불평하는 말은 만일에 암이 사람의 생활 방식과 관계가 있다고 한다면, 그 사람 자신으로서는 어쩌지 못하는 상황 속에서 있으면서도 한 개인이 질병에 대하여 책임이 있다고 주장하는 꼴이 되기 때문이다. 사람이 질병에 대하여 욕을 먹게 되면 결과적으로 죄의식만 갖게 될 뿐, 상상력은 증가될 것이 없다. 그러나 사르델료의 말을 빌리면, "치료적 처치의 목적은 오직 신체적인 것이 된 일에다 상상력을 되돌려 주는 것이다." 언제라도 우리가 탓할 것에 대하여 자기 매김을 한다면, 우리는 진짜로 어긋난 자리 때문에 희생양을 찾게 될 것이고, 이런 일은 찾기에 어렵기도 하지만 우리가 개인적으로나 사회적으로 스스로 거기에 연루되어 있다. 탓하는 것은 우리의 실수 가운데서 길잡이를 찾는 행위로서 인생을 정직하게 검토하는 일에 대하여 사실은 방어적으로 대체하는 것이다. 근본적으로 말하자면, 이런 일은 오류에 대한 의식을 비켜가는 방법이다. 사르델료가 권하는 것은 심장이 마비되거나 암 때문에 죽음의 판타지에 잠겨들게 될 때 우리가 해야 할 일은 그런 징후에 대하여 경청해야 하고, 거기에 따라서 삶을 조절해야 한다는 것이다. 탓하기 보다는 오히려 응답할 수 있어야 한다. 몸의 메시지를 경청하는 일은 환자를 탓하는 것과 똑같지 않다.

나는 최근에 어떤 경험을 하였는데, 작기는 하지만 몸과 이미지 사이의 관계를 보여 주는 것이었다. 나는 왼쪽 옆구리 아래쪽에 통증을 느껴 왔었다. 의사는 그게 뭔지 분명치가 않았다. 그러나 몇 주가 지나서도 더 악화되지 않자 그는 세밀하게 관찰은 하되 무슨 위험이라도 무릅쓰고 하는 대단한 처치는 하지 않는 편이 좋겠다는 것이었다. 나는 전적으로 동의하였다. 그 대신에 나는 마사지를 해 주는 어떤 부부를 찾아갔는데, 그들을 부드럽게 마사지를 해주면서 통증이 생기는 상황을 보다 큰 범위로 보면서 민감하게 다루는 사람들이었다.

내가 처음 찾아 갔었기 때문에 그들은 나에게 일반적인 질문을 하였다. 무엇을 주로 먹느냐? 요즈음 몸이 대체로 어땠느냐? 현재 느끼는 통증과 관련될 만한 일들이 최근에 뭔가 계속되는 것이 있느냐? 통증이 말을 한다면, 뭐라고 말을 하겠느냐?

나는 이 과정이 통증을 상황화시키기 시작하는 것이라 생각해서 고마움을 느꼈다. 알고 보니 이 단순한 대화가 나에게 심오한 효과를 불러 일으켰다. 그것 때문에 통증을 에워싸고 있는 세계를 관찰하는 방향을 잡게 되었고, 그 속에 있는 시를 귀담아 들을 수 있게 해 주었다.

그 때 내가 마사지 테이블에 누워 있는 동안에 그 두 사람이 내 양 쪽에서 각기 부드럽게 문지르기 시작하였다. 나는 빠르게 긴장을 풀고 편히 쉴 수 있었다. 나는 의식 속에서 우리 작은 동네에 있는 그 작은 방으로부터 멀리 떠밀려 나갔다. 나의 감각은 내 주변에서 일어나는 소리들을 듣기는 하였으나, 나의 집중력은 삶으로부터 격리된 어떤 영역 속으로 가라앉았다.

나는 그들의 손이 내 몸을 어루만지며 별로 압박하지 않으면서 천천히 움직이는 것을 느꼈다. 그때 나는 통증을 느끼는 부위에서 손가락들을 느꼈다. 나는 편히 쉬던 자세에서 일어나서 그들이 더 이상 손을 대지 못하도록 자신을 지켜야 한다고 기대하였다. 하지만, 그 대신에 멀어진 의식의 영역 속에서 그대로 머물러 있었다.

별안간 색깔도 찬란한 커다란 호랑이 여러 마리가 우리에서 뛰쳐나왔다. 그 호랑이들이 너무 가까이 있어서 그들의 몸 전체를 볼 수가 없었다. 그들의 색깔은 자연의 세계에 실존하는 어떤 것보다도 찬란하였다. 그들은 장난기가 있으면서도 사나워 보였다.

마사지하던 사람 중 한 명이 말하였다. "거길 만질 때 느낌이 어떻던가요?"

내가 말하였다. "호랑이들이 나타났어요."

"호랑이들한테 말해 보세요." 그 여자가 말하였다. "그들의 메시지가 뭔지 알아보세요."

나도 알아보고 싶기는 하였으나, 이 호랑이들이 나에게 영어로 말하는 일엔 관심조차 없을 것이 뻔하였다. "호랑이들이 말할 것 같지 않은데요." 내가 말하였다.

마사지를 해주는 그 여자에게 내가 말하는 동안에도 그 호랑이들은 불빛이 흐릿한 그 방안에 펼쳐진 작은 정글의 중간에서 여전히 노닐고 있었다. 나는 그들과 사귀지도 않았고, 그들 역시 나의 애완동물이 되려 하지 않을 것 또한 명백하였다. 나는 꽤 한참동안 지켜보고 있었는데 호랑이들의 큰 몸집에서 풍기는 힘과 화려한 색깔에 경외심을 느꼈다. 호랑이들이 사라지고 난 뒤에 들은 얘기인데, 그 마사지 방에 종종 동물들이 출현한다는 것이었다.

거길 떠나면서 생각한 건데, 여길 찾은 것을 두고 적어도 앞으로 여러 주간 동안 생각해야 할 것으로 느꼈다. 호랑이들에게서 내가 주로 느낀 것은 용기와 힘과 침착 같은 든든한 마음 같은 것이었는데, 바로 내게 필요했던 것들이었다. 그런 것들의 의미가 아니라 바로 그들의 현존이 나에게 자신감과 힘을 안겨 주었던 것으로 보였다. 한참 뒤에도 그 통증이 다시 나타나려고 할 때면 나는 그 호랑이들을 기억했고, 그들에게서 용기를 끌어냈다. 동시에 내가 생각한 것은, 그 호랑이들에게서 배워서 나의 진정한 색깔과 그 속에 있는 화려함과 어느 정도 위세를 보여 줄 수 있을 듯 했다.

우리가 상상력을 끌어다 몸에 연결할 때, 어떤 문제에 대하여 사전적인 설명이나 명백한 해결책을 기대할 수는 없다. 상징이란 종종 두 가지 사물을 피상적으로 짝짓기를 하는 것처럼 다루거나 정의를 내리게 된다. 그것은 마치 꿈을 다루는 책에서, 뱀은 항상 섹스와 관련된 것처럼 말하는 것과 같다고 하겠다. 그래도 더 깊이 들여다보면, 상징은 어울리지 않는 사물 두 가지를 함께 던져 놓고, 그 둘 사이에 존재하는 긴장 속에서 살며 그 긴장에서 우러나오는 이미지를 지켜보는 행위라 할 수 있다. 이런 식으로 상징에 접근하고 보면, 멈춰 설 지점이 없고, 성찰에 끝이 없고, 단 한 가지 의미로 그칠 수 없고, 다음 순간에 뭐를 해야 할지 명백한 지시도 없다.

몸에 대한 이미지의 보고(寶庫)는 없다. 내가 다룬 방법은 통증을 제거하기 위한 것이기 보다는 오히려 나의 상상력을 더욱 더 자극하는 편이어서 나의 몸과 삶에 대하여 더 풍성하게 성찰 할 수 있었다. 이것이야말로 징후가 뭔지를 드러내는 것이다. 마치 사고가 났을 때처럼 몸과 삶이 함께 떨어진 것이다. 반응은 그런 일치를 그대로 담고 있는 것이다. 이것은 우리가 예술이나 신화 속에서 볼 수 있는 수많은 양성적인 이미지를 읽은 한 가지 방법이 된다. 즉, 한 몸에 남성과 여성이 함께 있으면서 이중성을 담아내려고 할 뿐더러 때로는 그로테스크 (grotesque)한 긴장을 살도록 시도하는 것을 나타낸다. 시는 문학에서나 몸에서도 항상 요청하는 것이 있는데 소속이 각기 달라서 떨어져 있는 것도 함께 붙잡아야 한다고 하는 것이다.

이렇게 시적으로 붙잡는 일에는 시적인 태도를 도서실에서 끌어내서 진료실로 가지고 가야 하는데, 측정을 하며 한 목소리를 내는 순수한 신체적 해석보다는 더 깊숙이 몸과 그 통증 속으로 들어가게 이끌어 준다. 그러나 거기에는 반드시 명쾌한 해석이 제시되어야 할 필요는 없다. 명쾌함이란 시가 주는 선물은 아니다. 그와 반대로 시는 깊이와 통찰과 지혜와 비전과 언어와 음악을 공급해 준다. 그런데 우리는 질병에 직면하게 될 때 이런 질적 요소들을 단순히 생각하지 않는 것으로 그친다.

민감하게 시적으로 이미지를 다루다보면 직관력을 유지하게 되는데, 이는 이성적인 해석보다는 정서나 행동 반응에 더욱 직접적으로 연결된다. 여기에 덧붙여서 얻는 효과는 이미지가 고스란히 남아 있게 되는 것이다. 내가 경험한 '처치' 이후에도 오랫동안 내가 만났던 호랑이들이 나에게는 경이와 통찰의 근거가 되었다. 내가 그들에게서 추출해 낸 어떤 특별한 메시지에 의해서도 그들은 격파되지 않았다. 그와 같은 지적인 수술은 내가 발을 들여 놓았던 특수 정글에서 나오는 동물들에게는 보통 치명적이다.

패트리시아 베리는 몸과 이미지에 대하여 중요한 점을 지적한다. 그가 말하기를 이미지 자체가 몸이 있다. 그러나 우리는 사실에만 신경을 쓰는 까닭에 상상력이 지니는 이 미묘한 몸을 감상할 줄 모른다. 우리는 늘 문자 그대로의 삶 속에서 어떤 추론을 찾으면서 이미지에다 몸을 입히는 방식을 생각한다. 예를 들면, 꿈은 반드시 낮 동안에 일어났던 일에 관한 것이어야 한다는 식이다. 회화는 화가의 삶에 관한 것이다. 내 옆구리의 통증은 틀림없이 내가 먹은 음식에 기인한 것이다. 이미지 자체가 몸이 있다는 것을 인식하는 데는 생동적인 상상력이 필요하다. 그 호랑이들은 오렌지색 줄무늬로 불타오르고 있었고, 그들의 몸은 큼직하고 묵직했다. 그런 이미지에다 그들 자체의 신체적인 존재를 허용하면, 그런 이미지를 해석해서 추상화하려는 경향이 더 줄어들 것이다.

아마도 우리는 그들이 말하는 대로 우리가 '우리의 몸속으로' 더욱 들어갈 수 있는데, 우리가 운동하거나 춤을 추거나 마사지를 받을 때에만 그런 것이 아니고, 동시에 우리가 상상의 몸을 바라볼 때에도 그렇다. 나는 호랑이들의 색깔이 뭘 뜻하는지 모른다. 그들의 근육이 지닌 힘이 뭘 암시하는지도 확실히 모른다. 그런 것들이 그들 자체의 몸을 갖게 하는 것이 중요하게 보인다. 그리고 그 과정에서 그것이 내 상상력 때문에 어쨌든 만들어지는 것이므로 그것이 무엇이든지 간에 나는 내 자신의 몸과 더 긴밀하게 조화를 이루는 쪽으로 들어간다.

몸의 즐거움 또는 육체적 쾌락

만일 불안 때문에 나의 대장에 통증이 생기면, 그 때는 그 기관이 단순히 생물학적으로 기능하는 몸의 일부에 불과한 것이 아니다. 그 기관은 의식과 어떤 특정 형태의 표현과 연결고리가 있는 것이다. 프로이드의 유명한 동료로서 헝가리 출신 산도르 페렌치는 몸의 여러 부분이 나름대로 '기관 에로티시즘'을 지닌 것으로 묘사하였다. 그의 말뜻을 내가 제대로 이해했다면, 그가 말하는 것은 각 기관이 나름대로 고유한 생명을 지니고 있는데, 사람들은 이를 두고 성격이 스스로의 활동에 즐거움을 누린다고 생각할 수 있다. 나의 대장이 편치 않을 때, 그 기관이 불평하는 것을 내가 주목할 수 있었다면, 무엇이 그것을 불편하게 곧 '편찮게' 만들었는가를 이해하게 되었을 것이다.

몸의 이미지는 꿈속의 이미지와 같다. 나의 옆구리를 건드리면, 정글이 튀어나온다. 의사를 찾는 많은 사람들이 자기들의 몸에 대하여 '인지적 지도'를 가지고 있을 뿐 아니라 몸 안이 어떻게 생겼는지 상상하며, 병이 들면 어떤 일이 생길지에 대해서도 상상을 한다. 우리가 오로지 전문가의 견해만을 원하면서 한 목소리를 내는 의미만을 주장하지 않는다면, 실상은 전문가들의 견해도 환자들의 생각만큼이나 다분히 환상적인데, 그렇다면 우리는 질병에 대한 환자의 상상에 좀 더 주의를 기울일 수도 있었을 것이다. 심지어 히포콘드리아라고 하는 우울증도 병든 영혼의 진정한 표현으로서 진지하게 다뤄질 수도 있다.

페렌치의 용어로서 '기관 에로티시즘'이 암시하는바, 몸의 부분들이 기능할 뿐 아니라, 그들 나름으로 활동하는 것을 동시에 즐긴다. 그래서 사람들은 기관이 '일하는' 것이 아니라 스스로 즐기고 있는가를 묻게 된다. 페렌치는 우리가 몸과 기관에 대한 생각과 그 신화적인 기반을 수행에서 즐거움으로 바꿀 것을 권한다. 내가 내 자신의 신장과 인터뷰하는 상상해 볼 수 있다. 긴장을 좀 풀고 쉬고 있는가? 자신의 활동을 오늘 즐기고 있는가? 아니면 내가 혹시라도 신장이 의기소침해지도록 하고 있지는 않는가?

'질병'(disease)이란 말은 "팔꿈치가 긴장을 풀고 편히 쉴 수 있는 위치에 놓이지 않았다는 것"을 의미한다. '편안'(ease)은 라틴어 ansatus에서 왔는데, "손잡이가 있다" 또는 "양손을 허리에 댄 채 팔꿈치를 펴고 있다"는 것처럼 긴장을 풀고 편안한 자세이든가 적어도 일을 하고 있지 않는 상태를 뜻한다. 편찮음(Dis-ease)이란 팔꿈치가 없거나 팔꿈치를 놓은 자리가 없음을 뜻한다. 편안은 즐거움의 한 형태요, 편찮음은 즐거움의 상실이다. 질병 전문가는 진단할 때 즐거움의 문제에서 시작해야 한다. 삶을 즐기고 있는가? 즐겁지 않은 부위가 어딘가? 어디선가 즐거움과 다투고 있는가 아니면, 몸의 어떤 부분에서 즐거움을 찾고 있는가? 철학사가 보여주는 괄목할 만한 사실이 있는데, 언제라도 영혼의 자리매김이 관심의 중심이 되면, 즐거움은 가장 탁월한 논의의 요소가 된다는 것이다.

동시에 호기심이 생길 만큼 흥미로운 것은 철학자들의 글을 보면, 즐거움이 영혼에 매여 있을 때, 그것은 억제와 분리되어 있지 않다는 사실이다. 에피쿠로스는 이미 살펴 본 바와 같이 검소한 삶을 살면서도 즐거움(쾌락)의 철학을 가르쳤다. 피치노는 젊은 시절에는 에피쿠로스의 철학을 명시적으로 지지하였는데, (나중에는 그대로 살기는 하였으나, 그렇다고 그것을 터놓고 말하지는 않았고) 여행은 전혀 하지 않았으며, 다른 모든 소유보다도 친구들과 책을 보물처럼 귀중히 여겼다. 그의 플로렌스 아카데미의 모토는 '현재 속의 쾌락' 이라고 쓰인 깃발에 잘 나타나 있다. 그의 편지 가운데서 에피큐리안적인 충고를 한 일이 있다. 곧 "명상이 즐거움보다 앞서 나가지도 말고, 조금이라도 처지지 않게 하라."

우리가 상상할 수 있는 것은 질병이 단순히 신체적 현상이 아니고 사람과 세계의 한 조건으로 봐야할 뿐 아니라 몸이 즐거움을 찾지 못한 것으로 볼 수 있는 것이다. 즐거움이 반드시 감각의 만족이나 새로운 경험을 치열하게 좇는 것이나 소유나 여흥 같은 것만을 두고 말하는 것이 아니다. 진정한 쾌락주의자는 영혼에 집중하면서 즐거움을 찾는 데 열중하기 때문에 그렇게 강박증적일 수는 없다. 만일에 페레치의 기관 에로티시즘과 쾌락주의적인 억제를 한데 묶어 놓는다면, 우리는 온종일 거슬리는 소리나 유선방송 같은데서 터져 나오는 시끄러운 소리에 귀가 아프도록 고통을 당하지 않는 세상에서 살 수 있을지 모른다. 우리는 오염을 생각하면 화학적 독성을 떠올리지만, 영혼은 귀를 통하여 독이 스며들 수 있다. 우리는 향기나 방향의 가치에 대해서도 똑같이 의식할 필요도 있다. 피치노는 세계 속에 영혼을 불어넣을 수 있는 강력한 방법으로서 꽃과 양념의 고급문화를 권고하였다.

현재 우리 가운데 흔한 질병은 문화적으로 마비시키는 상황 속에서 몸이 자신의 권리를 주장하는 것이라 상상해볼 수도 있다. 위가 냉동

식품이나 밀가루 음식을 즐길 수가 없다. 목 뒷덜미가 폴리에스테에 대하여 불평한다. 말은 재미있는 곳에 가서 걷는 시간이 모자라서 지루해 죽을 지경이다. 뇌는 알고 보면 기껏 컴퓨터로 묘사되는 것 때문에 의기소침해지고, 심장은 펌프로 취급당하는 것이 달갑지 않은 것이 확실하다. 요즘은 분풀이를 할 기회도 좀처럼 없고, 간이 더 이상은 열정의 자리가 아니다. 이 모든 고상하고, 풍부하게 시적인 기관들이 의미와 능력으로 가득 차 있는데 비하여, 기능으로만 여겨져 왔다.

모르긴 하지만, 몸을 이토록 상상력의 빈곤으로 간주하는 문화는 아마 우리가 유일할 것이다. 또한 우리 자신의 역사를 보더라도, 우리가 사는 시대가 몸과 질병의 표현 양태로부터 신비를 쫓아내버린 유일한 시대일 것이다. 16세기에 파라셀소스는 의사들에게 다음과 같은 충고를 하였다. 곧 "의사는 모름지기 보이지 않는 것에 대하여 말해야 한다. 눈에 보이는 것은 그의 지식에 속해야 마땅하고, 그는 질병들을 인정해야 한다. 그것은 의사가 아닐지라도 증상을 보고 인정할 수 있는 것과 똑같다. 그러나 이것은 그를 의사가 되게 하는 것과는 거리가 멀다. 그가 의사가 되는 것은 오로지 이름을 붙일 수도 없고, 보이지도 않고, 형체가 없는데도 불구하고 영향을 끼치고 있는 질병을 알 때이다."

이와 같은 파라셀소스의 말은 현대 의학의 상황에 적용하기가 어려울 수 있다. 거기에는 영향을 끼치면서도 눈에 보이지 않는 것은 현미경이나 엑스레이로 보이기 때문이다. 의학은 보이지 않는 것들을 문자로 나타내며 해석한다. 현대의학은 현미경이 질병의 뿌리를 드러내준다고 믿는다. 그러나 현미경은 내부적으로 더 깊숙이 들여다보지 못한다. 파라셀소스적인 의사라면, 감성, 생각, 개인사, 관계, 그리움, 두려움, 욕망 등등, 눈에 보이지는 않으나 질병 속에서 작용하고 있는 요인들을 고려해야 한다.

호머의 〈일리아드〉(Iliad) 제5권에서, 우리는 보이지 않는 세계 속으로 깊숙이 우리를 끌어들이는 상처에 대한 묘사를 찾아 볼 수 있다. 격렬한 정쟁의 와중에서는, 심지어 신들도 상처를 입는다. 아프로디테는 손을 얻어맞고, 헤라의 가슴은 촉이 세 개짜리의 화살을 맞고, 하데스 또한 화살을 맞는다. 이 책은 때로 '상처받은 신들의 노래'로 불린다.

신이 상처를 입었을 때, 그것은 무엇을 의미하나? 흔히 인용되는 것처럼 융은 말하기를 우리가 병을 앓게 되면, 그 신들이 우리에게 돌아온다는 것이다. 나는 오히려 이 말을 바꿔서 신들이 스스로 우리의 상처를 아파하며 겪는다고 표현하겠다. 그들이야말로 우리의 강박충동의 짐을 져주고, 질병은 그들의 고통과 상처의 표현이다. 의학계에서 우리의 하이테크 언어는 상처 입은 신들의 노래를 부르고 있다. '뭔가'가 되기 위하여, 인생이 멋지도록 하기 위하여, 그리고 행복을 찾기 위하여 영웅적인 투쟁을 하려면, 우리가 하는 일들을 '나'보다 더 깊은 곳에 있는 뭔가에다 상처를 입히는 것인지 모른다. 바로 그 실존의 터전이 영향을 받을 수 있고, 따라서 질병이나 질환은 뭔가 깊고 신비적인 곳에서부터, 다분히 신적인 출현처럼 발생한다.

질병은 상당한 만큼 영원한 원인에 그 뿌리를 두고 있다. 그리스도교의 원죄설과 불교의 사정도가 가르치는 것은 인생이 본성 안에서 상처를 입었고, 고난이 사물의 본성이라는 것이다. 우리는 단순히 인생에 참여함으로써, 아담과 하와의 자녀가 됨으로 해서 상처를 입는다. 적절하고 자연스런 상태는 상처가 없는 것이라고 생각하는 망상이다. 어떤 의학이라도 상처받은 상태를 없앤다는 판타지에 사로잡혀 동기부여가 된다면 그것은 인간의 조건을 회피하려는 노력에 불과하다.

이처럼 더 큰 차원을 염두에 두고 우리의 삶을 검토하면서 우리는 어떻게 해서 우리의 행동이 우리 실존의 뿌리를 공격하는가를 보게 될 것이다. 우리는 자기모순과 자기 소외를 찾아볼 수도 있다. 내가 이런 말을 하는 것은 우리의 증상에 대하여 개인적인 죄의식을 갖자는 뜻은 아니고, 다만 우리의 신체적인 문제들을 보면서 우리의 삶과 본성, 곧 신화적으로 말하자면, 신들의 뜻과 일직선으로 맞추는데 안내를 찾을 수 있다는 뜻을 암시하는 것뿐이다. 우리는 이런 일을 사회적으로도 그리 할 수 있다. 만일 우리가 담배를 피우는 일로 인하여 우리 자신을 죽이고 있다면, 우리가 이런 활동을 통하여 성취하려고 하는 것은 그렇다면 무엇인가? 만일 암이 세포 성장이 광포해진 것이라 한다면, 그렇다면 성장에 대한 우리의 경제적, 기술적 열광주의 때문에 치욕을 당한 성장의 신이 있다고 할 수 있지 않은가? 우리의 활동 속에 깊이 박힌 신성한 권리를 분별함으로써 우리는 질병의 '치료'를 찾을 수 있을지 모른다. 고대 그리스인들이 가르친 바에 의하면, 병을 고쳐주는 신이 먼저 질병을 가져다준 똑같은 신이라는 것이다.

우리가 질병의 신화 속을 들여다보면, 우리는 종교적 관점에서 질병을 고려할 수 있다. 이 생각은 종교를 고난에다 끌어대기보다는 고난이 종교를 불러일으킨다는 사실을 보자는 것이 더 크다. 우리가 질병 때문에 이끌리어 바로 실존의 바탕에 대한 경이를 찾게 된다면, 그 때에는 우리의 영성이 강화된다. 우리가 상처받았음을 인정하고 받아들이면, 우리의 관심이 오로지 상처를 극복하기만 바라면 이를 수 없는 경지 곧 전혀 다른 삶 속으로 들어가게 된다. 우리가 질병의 신비적인 출현에 대하여 응답하게 될 때, 우리는 운명에 대하여 책임감 있게 살 수 있다. 만일 신들이 우리의 질병 속에 나타난다면, 그리고 신들이 우리의 일리

아드적인 전쟁(인생의 전쟁)에서 상처를 입는다면, 그런 상처를 피하기 위하여 인생을 회피하는 것은 아무런 의미도 없다. 우리는 마조키스트적으로 질병에 빠져들지 않으면서도, 새롭고도 깊은 가치를 질병 속에서 찾을 수도 있다. 우리는 인생의 전쟁의 위험을 무릅쓰고 살아야 한다. 우리의 심리적인 삶에서도, 고난을 더는 데 필요한 완화제나 기술을 충분히 멀리할 수도 있다. 그 결과로 공격당한 신을 찾고, 그 신과의 관계 속에서 조화를 회복할 수도 있다. 질병은 우리가 종교를 바르게 찾아갈 길을 열어 주고, 이런 일은 운명과 실존의 가장 심층적인 수준에 참여하는 데서 직접적으로 생긴다.

질병, 그 영혼의 친구

그리스의 의술의 신 아스클레피오스에 관한 책을 쓰면서 케레니는 그 속에다 기막힌 고대 조각을 재현시켰는데 그것은 의사가 한 남자의 어깨를 치료하고 있는 모습을 보여 준다. 배경에는 꿈에서처럼(꿈을 매개로 하여 치료했던 아스클레피오스에게는 전적으로 적절한 것이기도 하다)—신이 동물로 나타나는 형태인—뱀이 그 남자의 어깨에 입을 가져다 대고 있다. 이 제스처가 치료에 특별한 효험이 있는 것으로 생각되었다. 이 이미지가 암시하는 것은 의사들이 신체적인 면에서 활용하는 다양한 처치 방법이 거기에 상응하는 대조적인 것을 영혼 속에 지니고 있다는 사실이다. 꿈에서는 치료가 합리적이고 기술적인 절차에 의해서가 아니고 동물 형태에 의해서 종종 이루어진다. 꿈에 관한 보고서가 자주 서술하듯이, 뱀이 단순히 사람의 아픈 곳을 문다. 그러면 환자는 즉각적으로 상당히 독성이 강한 것에 접촉이 되면서 왁찐 주사를 맞는 것처럼 된다.

우리가 이런 이미지에서 배우는 것은 모든 질병이 입체 음향적이라는 것이다. 그것이 작용하는 것은 실질적인 신체조직의 수준에서와 동시에 꿈의 수준에서도 마찬가지다. 모든 질병에는 의미가 있다. 그렇다고 해서, 그 의미가 결코 전적으로 합리적인 말로 해석되어서는 안 될 것이다. 요점은 질병의 원인을 이해하고 나서 바로 그 문제를 해결하자는 것이 아니라 그 질병에 자주 가까이 다가가서 그 질병이 암시하는 곳에서 생명과 특별한 종교적 연결고리를 회복해야 하는 것이다. 우리는 병에 의하여 치유되기 위하여 질병 자체 내에서 신의 이빨을 느낄 필요가 있다. 아주 현실적인 의미에서, 우리가 질병을 고치는 것이 아니라, 우리가 종교적으로 생명에 참여하도록 회복시킴으로써 질병이 우리를 고치는 것이다. 우리의 질병 속에 신들이 나타난다면, 우리의 삶이 어쩌면 너무나 세속적인 것이 되어서 그처럼 신들이 찾아와야 할 필요가 생겼다는 뜻이 따라 붙는 것일 수도 있다.

다음에 보고되는 꿈은 의료 전문 훈련을 받은 민감한 여성이 이야기한 것이다. 그가 흰 가운을 입은 의사 두 사람과 함께 병상에 나란히 누워있다. 그들은 모든 사람이 걸릴 퇴행성 질환에 관하여 이야기하고 있다. 그 중 한 의사가 질병의 초기 증상에서 환자가 듣지 못하게 되는 것에 관심을 둔다. 그가 말하기를 이것이야말로 귀가 먹어서 소리를 못 듣는다는 것이 어떤 것인지를 경험할 수 있는 기회라는 것이다. 꿈꾸는 사람이 걱정하는 것은 만일에 모든 사람이 병이 든다면 사람들은 누가 돌보나 하는 것이다. 그 때에, 장면이 바뀐다. 꿈꾸는 사람이 다른 의사의 진료실로 걸어서 들어간다. 그 의사의 책상 위에 여인상의 도

자기가 놓여 있는 것을 본다. 그 여자가 도자기를 집어서 자기 가슴에 가져다 댄다. 그 의사의 방에는 예술품이 사방에 놓여 있는 것을 알았다. 그가 특별히 주목하는 것은 상아 조각의 여인상인데 황금빛 잎새의 머리카락이 있고 드레스를 입고 있다. 그 도자기를 꺼내서 들고 보니까 어깨 쪽에서 팔 하나가 부러졌는데, 기분이 나빴다.

　이 꿈이 암시하는 것은 여러 면에서 '상처 입은 치유자'라는 고대의 주제를 드러낸 것이다. 의사들은 환자와 함께 병상에 있다. 의사들을 포함하여 모든 이들이 병에 걸릴 것이다. 의사들 가운데 한 사람은 심지어 중상을 경험한다는 생각을 좋아한다. 환자/꿈꾸는 사람은 질병은 피할 수 없는 것이라는 신비적인 진실을 이해하지 못한다. 모든 사람이 감염된다면 그 문제는 어떻게 다뤄질 수 있을까? 의사들은 이런 이슈에 대해서는 관심이 없다. 그들은 질병이 보편적이라는 사실을 이해하고 또 받아들이는 것처럼 보인다.

　그 꿈이 동시에 보여주는 것은 누가 우리를 고치든지 그도 역시 우리의 질병을 가지고 '병상에' 함께 있어야 한다는 것이다. 의사들이 자신들을 질병과 절연 상태에서 환자나 그의 문제를 전혀 낯선 것처럼 만들수는 없다. 의사들이 정확히 말해서 질병을 처치하는 것이 아니라, 질병과 친밀해지고, 그들 스스로가 그 질병을 경험하기 원한다고 표현한다. 심리치료사인 내가 만일 내 환자들이 나에게 가져오는 문제들로부터 나 자신을 방어적으로 거리를 둔다면, 나는 그들로 하여금 보편적인 질환을 계속해서 지니고 살도록 강요하는 반면에, 나 자신은 그런 것으로부터 보호받기 위하여 질병을 다스리는 파워를 가지려고 노력하는 결과가 된다. 그러나 치유는 의사에게서 더 많은 것을 요청한다. 요청하는 것은 다름 아니라 그런 신비에 대하여 관심이 있는 사람으로서,

그리고 질병에 감염될 수 있는 인간 공동체의 일원으로서, 친한 사람처럼 질병에 다가가야 하는 것이다. 우리는 얼마나 자주 알코올 중독자나 약물 중독자들에 대하여 말하면서, 마치 그들은 우리 공동체의 일부가 아닌 것처럼, 그들의 문제가 우리와는 절대로 아무 상관도 없는 것처럼 대하는가?

그 꿈꾸는 사람을 위해서는 다행히도, 세 번째 의사는 파라셀소스나 피치노 같은 사람이었다. 그는 진료실에 예술품을 두고 있다. 그는 의학이 과학보다는 예술에 더 가깝고, 뿐만 아니라 그 부분이 그의 시술에서 역할을 한다는 것은 분명히 알고 있다. 나는 프로이드의 진료실에 고대 예술의 진품들이 수집되어 있다는 것이 생각났다. 많은 사람들의 전통 의술이 보여주듯이, 질병은 이미지를 가지고 다루어야 한다. 환자는 그 나름대로 자기의 치유의 이미지를 볼 필요가 있다. 그것은 바로 우리 가운데 누구라도 고통을 당하게 되면, 우리의 불평불만 속에 감싸여 있는 이야기나 이미지를 찾으려 하는 것과 같다. 그러나 이런 것을 너무 가까이 끌어 대거나 그래서 너무 사사로운 감정으로 대해서는 안 된다. 그렇게 되면 이미지는 깨어지고 만다. 우리가 신에게 접근할 때는 시를 통해서 접근해야 한다. 만일에 질병이 신들이 위장하고 나선 것이라면 그 때 우리의 의술은 예술과 이미지로 가득해야 마땅하다.

노발리스가 말하였다. "모든 질병은 음악적인 문제다. 그 치료 또한 음악적 해결이다. 그 해결이 빠르고 완벽할수록, 그 의사의 음악적 재능은 그만큼 큰 것이다." 내가 이미 언급한 바 있는 수많은 고대 의사들, 이를테면, 로버트 플러드와 피치노 같은 이들 역시 음악가들이었다. 그들은 몸과 영혼의 리듬, 음조, 불협화음 그리고 협화음에 관심을 두었다. 글들은 가르치면서, 의사는 어떤 종류의 질병을 다룰 때에도 반드시 환자의 음악에 관한 뭔가를 알아야 한다고 말하였다. 이 질병의 템포는 어떤가? 삶의 어떤 요소들이 이 질병과 어떤 대위법으로 놓여 있는가? 환자가 통증이나 불편하게 느끼는 불협화음의 본질은 어떤 것인가?

파라셀소스의 말을 빌리자면, "질병은 아내를 요구하는데, 곧 의약이 필요하다. 의약은 질병에 맞춰 조절이 되어야 하는데, 그것은 남자와 여자의 경우에서와 똑같이, 조화로운 전체를 이루기 위하여 둘이 연합해야 한다."는 것이다. 꿈속에서 의사들이 환자와 더불어 병상에 들어가 누웠다는 것은 바로 파라셀소스의 톤과 같다. 질병은 처치(치료)와의 결혼에 의하여 성취되고 완성된다. 아니, 달리 표현하자면, 질병의 '아내'—아니마, 이미지, 스토리 또는 꿈—는 질병에 맞는 의약이다.

그렇다면, 이와 같이 모호한 이미지가 현대 의학의 시술에 어떤 도움을 줄 수 있는가? 파라셀소스적인 아내로서의 의약을 생각하면서, 우리는 질병과 몸의 역사에 관해 우리가 하는 이야기에다 더 큰 중요성을 자리매김해야 할지 모른다. 우리는 질병을 앓을 때에 꾸는 꿈을 주목해야 할지도 모른다. 우리는 현대 의약의 시술에서 남성적인 영웅의 어조를 낮추고 어느 만큼 상상력의 자유를 허용할 수도 있다. 환자 역시 비유적으로 말해서 질병을 권위자로서 의사에게 전적으로 넘겨버리는 대신에, 의사가 질병과 함께 자기의 병상으로 올라오도록 초대하는 태도를 가질 수도 있다. 베드의 은유는 그 에로틱한 내포와 함께 우리가 흔히 의료계에다 일반적으로 연결시키는 권위와 파워의 은유와는 판이하게 다른 것이다.

우리가 질병을 시적으로 검사하기만 한다면, 우리가 삶을 살아가는 방식에 의하여 말해 줄 수 있는 풍부한 이미지를 찾을 수도 있다. 그런 이미지를 따라갈 수 있다면, 우리는 삶을 조율하고 우리 자신이 질병에 의하여 교정될 수 있도록 만들 수도 있다. 내가 질병 없이는 우리가 신체적으로나 심리적으로 치료될 수 없다고 말할 때 의미한 것이 바로 이런 것이다. 예를 들면, 사르델료가 암 속에 있는 이미지를 보면서 결론 내린다. 곧 거기에 담긴 이미지를 보면 우리가 사는 세상에는 사물들이 자신들의 몸을 잃어버렸고 그래서 개성을 모두 잃어버린 것과 같다고 하였다. 이런 질병에 대한 우리의 응답은 플라스틱 재생산의 대량 문화를 버리고 질과 상상력을 지닌 사물들에 대한 감수성을 회복하는 길이다. 만일 우리가 제조업의 오염적인 방법으로 자연을 공격하고, 스피드와 능률의 이름으로 삶의 질이 시들듯이 사라지게 한다면, 여러 가지 징후들이 일어날 것이다. 사르델료가 질병에 대하여 서술하는 것을 보면, 우리의 몸들이 세계의 몸을 반영하거나 거기에 참여하는데, 그래서 우리가 만일에 그 외부의 몸을 해친다면, 우리 자신들의 몸이 그 결과를 느끼게 될 것이다. 본질적으로 세계의 몸과 인간의 몸 사이에는 구별을 지을 수가 없다.

몸과 영혼

15세기 플로렌스에서 보는 인간의 몸은 1990년대의 뉴욕에서 보는 사람의 몸과는 전혀 달랐다. 현대인의 몸은 능률적인 기계라서 제대로 모양을 갖추고 있고 각 기관이 가능한 한 원활하게 그리고 오래도록 기능해야 하는 것이다. 만일 어떤 부분이 잘못되기라도 한다면, 그것은 기계 대용품으로 대체될 수 있다. 이처럼 몸을 기계처럼 그리고 있기 때문이다.

플로렌스의 관점에서 보면, 인간의 몸은 영혼이 겉으로 분명히 나타난 것이다. 영혼이 없는 몸을 누구나 생각할 수는 있었다. 그러나 그것은 정도를 벗어난 것으로 생각되었다. 그런 몸은 부자연스럽게 영혼과 분리된 것이었다. 그런 것을 정신분열증 비슷한 것으로 부를 수도 있는데, 생명도 의미도 없고 시도 없는 상태이다. 그러나 영혼이 깃든 몸은 세계가 지닌 몸에서 생명을 얻는데, 그것은 피치노가 말한 것과 같다. 곧 "세계는 살아서 숨 쉬는데, 우리는 세계의 영을 우리 속으로 끌어들일 수 있다." 우리가 세계의 몸에다 어떻게 하는가가 곧 우리 자신의 몸에다 하는 짓이 된다. 우리가 이 세계의 주인들이 아니라, 그 생명에 참여하는 것이다.

우리가 영혼을 지닌 것으로 우리 몸에 연결할 때, 우리는 몸의 아름다움과 시와 몸의 표현력에 주목하게 된다. 우리가 몸을 기계처럼 다루는 바로 그 버릇은 근육은 도르래처럼, 각 기관은 엔진처럼, 그리고 몸의 시는 지하로 가두어버리기 때문에 우리는 몸을 도구로 경험하고 몸의 시는 다만 질병으로 보는 결과에 이른다. 다행히도 우리에게는 아직도 상상적인 몸을 돌보는 몇몇 제도가 남아있다. 예를 들면, 패션은 몸에다 상당량의 환타지를 안겨준다. 하지만, 현대의 남성용 의상은 이전 시대에 유행했던 것에 비하면 색상이나 스타일의 다양성 면에서 아주 떨어진다. 화장품과 향수가 여성들에게는 손쉽게 이용될 수 있는 것이고 몸이 지닌 영혼을 닦는데 있어서 중요한 면이 될 수 있다.

운동도 판타지와 상상력을 강조하면서, 더욱 더 영혼이 가득하게 할 수 있다. 보통 우리는 운동을 하면, 어떤 것에서 시간을 얼마나 쓰느냐, 심장박동 수는 어떻게 목표를 세우느냐, 그리고 근육을 단련하기 위하여 어디에 초점을 맞추느냐 하는 이야기를 듣는다. 그런데 피치노는 500년 전에 날마다 운동을 하는 데 대하여 좀 색다른 충고를 하였다. 곧 "할 수 있는 대로 기막힌 아로마가 있는 식물들 사이에서 걷고, 그런 속에서 날마다 상당한 시간을 보내시오." 그가 강조한 것은 세계와 감각이었다. 이전 시대에는 심지어 심장이 걷기를 통하여 마사지를 받았다고 말을 해도, 운동하면, 그것은 세계를 경험하며, 그 속을 걸으며 그 냄새를 맡고 감각적으로 세계를 느끼는 것과 갈라놓을 수 없는 일이었다. 걷기의 대가였던 뉴잉글랜드의 에머슨은 그의 수필 '대자연' 속에서 이런 글을 썼다. "들과 숲이 안겨주는 가장 큰 기쁨은 인간과 식물 사이에 신비한 관계가 있다는 것을 암시해 주는 것이다. 나는 홀로 있는 것도 아니고, 아무도 몰라주는 존재가 아니다. 그들은 내게 고갯짓을 해주고 나는 그들에게 말을 건넸다." 이런 식의 에머슨적인 운동 프로그램에서는 영혼이 사람의 인격과 세계의 친화적인 몸 사이에 있는 친밀감을 감지하는 일에 깊이 관여한다.

만일 우리가 우리 자신의 몸과 세계의 몸에 대한 관점을 꽉 잡고 있던 손을 풀고 좀 느슨하게 할 수만 있다면, 수많은 다른 가능성들이 빛을 보게 될 것이다. 우리는 근육뿐만 아니라 코와 귀와 피부도 운동을 시킬 수 있다. 나무 사이를 스치는 바람의 음악소리도 들을 수 있고, 교회 종소리, 멀리서 지나가는 기차소리, 귀뚜라미소리 그리고 자연의 풍부한 음악적 침묵속에서 바람의 음악소리를 들을 수도 있다. 우리는 뜨거운 동정심이나 감사하는 마음으로 볼 줄 아는 눈을 훈련시킬 수도 있다. 영혼은 구체적인 일들에 집착하는 것과 결코 동떨어져 있지 않다. 영혼 가득한 몸 운동은 언제라도 우리를 이끌어 세계와 애정 어린 관계를 지향하도록 해준다. 월덴 연못가에서 은둔 생활하던 상황에서 몸 운동을 한 헨리 소로는 이렇게 쓴다: "나인듯이 소리쳐 부엉 부엉 울게 하라. 이런 소리는 늪이나 황혼녘의 숲에 감탄스럽게 적합하다. 어디 그뿐인가. 밝은 대낮으로는 결코 묘사할 수 없는 것이어서, 사람들이 알아보지 못한 미개발의 광활한 자연이 있음을 암시해 준다." 몸 운동을 근육 단련에만 초점을 맞춘다든지 체지방 때문에 망치지 않은 이상적인 몸매 때문에 동기가 시작된 것이라면 그것은 제대로 되지 않은 불완전한 것이다. 소로의 올빼미 소리를 듣지도 못하고, 에머슨의 밀밭에 파도치는 물결을 돌려줄 수 없는 것이라면, 그런 날씬한 몸은 뭣에다 소용이 있을 것인가? 영혼이 깃든 몸이라야 세계의 몸과 친교할 수 있고, 자신의 건강을 그 몸과의 친밀함 속에서 찾을 수 있다.

영혼지향적인 요가는 수많은 자세와 호흡의 형식을 거쳐서 할 수는 있다. 그런 반면에 몸동작과 자세와 관련하여 일어나는 기억과 감정과 이미지에 주목한다. 운동하는 영혼에게는 자연으로부터 얻는 이미지가 중요한데, 그것은 산책하는 사람의 문화가 중요하고, 자연으로부터 얻는 이미지가 또한 그런 만큼이나 중요하다. 흔히 요가는 초월에 대한 이상을 품고 수행된다. 우리는 몸을 다듬어서 우리 자신의 완전한 이미지와 짝을 이루게 하기를 원한다. 아니면 우리의 몸이나 마음이 정상이나 익숙했던 것을 넘어서는 힘을 갖기를 우리는 원한다. 요가 수행의 이면에는 순수에 대한 완전주의적인 환타지나 이미지가 깔려 있다고도 볼 수 있다. 영혼의 요가가 원하는 것은 의식과 몸 사이의 친밀이요, 우리의 몸과 세계의 몸, 우리 자신과 동료 인간들 사이의 친밀이다. 요가는 어떤 향상의 목표를 향하여 끌어갈 것을 이미지나 기억 같은 것을 경험하지 않고도 수행방법이 가져다주는 상상 속에 깊이 빠져든다.

우리는 몸을 그리기도 하고 사진도 찍는다. 또 몸으로 춤도 추고 장식할 때는 화장품, 보석, 의복, 의상, 문신, 반지, 시계 같은 것을 쓴다. 우리는 몸이 상상의 세계요, 뿐만 아니라 영혼의 에센스라는 것도 안다. 우리가 몸의 건강을 위해서라면, 비타민을 먹는다든가 운동을 하는 것도 좋지만, 그보다는 몸의 표현성을 어느 정도 드러내주는 예술작품을 진지하게 바라보는 것이 더 좋을 수도 있다. 상상이 되지 않는 몸은 질병으로 가는 과정에 있는 것이다. 병이 났을 때 우리가 또한 고려할 수 있는 것은 몸이 당하는 고통이 곧 몸이 고장 난 것으로 봐야 된다는 것이다.

우리에게 있는 병원들은 일반적으로 병이 난 영혼을 다룰 수 있는 채비를 갖추고 있지 못하다. 하지만, 그렇게 하는 일이 대단해야 어떤 변화를 가져올 수 있는 것은 아니다. 영혼이 요구하는 것은 비싼 기술이나 고도로 훈련된 전문가가 아니다. 그리 오래 되지 않은 일인데, 어떤 병원의 행정 책임자가 나에게 병원 운영의 개선책을 문의한 일이 있었다. 나는 몇 가지 간단한 일들을 권했다. 그들의 계획은 환자들로 하여금 날마다 그들 자신의 차트를 읽게 하고, 동시에 그들의 질병의 화학적·생물학적 측면을 서술하는 플렛을 보게 하는 것이었다. 내가 제안한 것은 체온이나 투약에 관한 차트를 주는 것보다 환자들이 입원 중의 인상이나 감정들을 추적하면서, 가장 중요한 것은 그들의 꿈을 날마다 노트하게 하자는 것이었다. 내가 또한 권고한 것은 환자들이 그림도 그리고 조각도 하고 치료받는 동안의 환타지를 춤으로 표현할 수 있는 예술방을 병원에 설치하자는 것이었다. 나는 평상적인 의미로 말하는 예술치료실이 아니라 예술 스튜디오를 좀 더 생각한 것이었다. 내가 동시에 권고한 것이 있다. 곧 시간과 장소를 정해서 환자들이 그들의 질병과 입원생활에 대해서 이야기 하는데, 의료 기술적 포맷을 더욱 강화시킬 그런 전문가와 이야기를 나누게 하는 것이 아니라 진짜 스토리텔러 같은 이야기꾼이나 아니면 영혼이 말하게 하고 이미지를 찾게 하는 것의 중요성을 아는 사람 정도면 족할 것이다.

hospital(병원)이라는 말은 hospis에서 온 말인데, 그 뜻은 '나그네'와 '주인'을 나타내는데, 덧붙여서 '주' 또는 '강자'라는 뜻을 지닌 pito가 같이 있다. 병원은 나그네가 쉼과 보호와 돌봄을 찾을 수 있는 곳이다. 아마도 질병은 병원에 찾아오는 나그네요, 실제의 병원은 낯선 질병을 주인처럼 맞이하는 우리의 능력을 구체적으로 나타내는 유일한 형식이라 할 것이다. 라틴어로 hospis는 동시에 '적'을 의미하는데, 나는 질병 속에 그림자처럼 드리워있는 이런 요소를 잃어버리고 싶지 않다. 질병은 적이다. 그러나 우리는 이미 확신을 가지고 그런 신화를 살아냈다. 이제야말로 질병이 머물 곳과 돌봄을 받을 곳을 필요로 하는 나그네로 봐야 할 때가 된 것이다.

〈사랑의 몸〉(Love's Body)이라는 영혼 가득한 책 끄트머리에 가서 노만 O. 브라운은 말한다 : "언제나 조용히 말하고 있는 것은 몸이다." 우리 자신의 질병을 보살피는 호스피스로서, 그리고 우리의 몸을 돌보는 사람으로서의 우리의 과제는 그런 몸이 하는 말을 들을 수 있도록 우리의 귀를 조율하는 일이다. 몸의 조용한 말을 듣는 것은 문자 그대로의 귀가 아니고, 실제적인 청진기나 CAT-스캔 같은 것은 명백히 아니다. 이런 귀의 기술은 일찍이 발명된 어떤 기구보다도 더 예민하고 감지력이 높은 것이다. 이것은 시인의 귀다. 곧 누구라도 세계를 상상력으로 보는 그런 사람의 귀다. 에머슨은 말하기를 오로지 시인만이 천문학과 화학과 그 밖의 다른 과학의 사실들을 알 수 있다. "시인은 과학을 '싸인'으로 받아들이기 때문이다."

우리는 몸을 사실들을 모아놓은 것쯤으로 이해할 수도 있다. 그러나 우리가 몸에다 영혼을 허용하고 보면, 몸은 무진장의 '싸인'의 근원이 된다. 모든 신체적 특성을 감안해서 몸을 돌보되 동시에 상상력을 더하면, 그것은 영혼을 돌보는 중요한 부분이 되는 것이다. 그러나 그런 프로젝트는 사실을 중시하는 시대 속에 살면서 마법으로 불러일으키듯이 의학적 시를 불러내는 어려운 방법을 주장하는 것과 같은 것이 된다. 의학도들에게 읽힐 책들 가운데 파라셀소스나 피치노, 그리고 에머슨 같은 이들의 책이 목록 꼭대기에 놓일 날이 올 것인가? 언제나 의학도들이 예술 속에서 진지하게 자세히 몸을 연구하게 될 것인가? 의사를 찾아가서 면담하는 속에 환자의 운명적인 역사와 꿈과 질병에 대한 개인적인 환타지를 검토하는 일이 포함될 때는 언제쯤일까?

필경 그 날은 오고야 말 것이다. 이미 왔기 때문이다. 르네상스기의 치료사 피치노는 류트를 갖추고 있으면서 자기 환자의 사회적 불안 장애를 예술로 연주하였다. 키츠는 의학에서 시로 커리어를 쉽게 바꾸었다. 에머슨은 철학자로서 질병의 신비를 탐구하였다. 삶에 대한 기술적 판타지가 현대 의식을 꽉 잡고 있던 장악력이 어느 부문에서는 느슨해지고 있는 것처럼 나타난다. 아마도 몸이 corpus 곧 시체와 동일시되는 것으로부터 해방될 찬스는 있다. 그리고 다시 한 번 몸 자체의 예술을 새롭게 감상함으로써 영혼의 흐름이 활성화될 때 몸이 그것을 다시 느끼게 될 것이다.

제9장

영혼의 경제학:
일, 돈, 실패, 그리고 창조성

영혼을 잘 돌보기 위해서는 삶의 모든 국면에 대해서 지속적으로 관심을 집중해야 한다. 이 말은 본질적으로 평범한 일들을 가꾸는 것을 의미하는데, 이런 식으로 하면 영혼이 가꾸어지고 양육된다. 치료는 대체로 위기에 처한 경우나 만성적으로 괴롭히는 문제가 있을 때 초점을 맞추는 경향이 있다. 나는 정원 만드는 일에 대해서 의논하거나, 집을 짓거나 시의원이 되고자 하는 사람이 치료받으러 와서는 영혼의 문제를 검토한 경우를 한 번도 본적이 없다. 그럼에도, 이 모든 일들은 영혼의 상태와 매우 밀접한 관계에 있다. 만일 우리가 의식적으로 그리고 예술적으로 영혼을 보살피지 않는다면, 영혼의 이슈들은 대체로 무의식적인 상태로 가꾸어지지 못한 채 남게 되고 따라서 대부분 문제점으로 남는다.

영혼의 관점에서 보면, 우리의 일상 중 가장 무의식적인 것은 업무와 업무 환경 곧 사무실, 공장, 상점, 작업실 또는 집이다. 여러 해 동안 실제 생활을 지켜본 결과, 업무(노동)조건이 적어도 결혼이나 가족만큼 영혼에 영향을 끼치며 장애가 될 수 있다는 것을 알아냈다. 그럼에도 불구하고, 그 속에 담긴 심오한 이슈는 인식하지 못한 채, 문제에 대하여 반응하고 조절하려는 유혹을 받는다. 확실히 말해서 우리는 기능과 능률에 지배당하며 따라서 영혼을 가꾸는 일에는 소홀함으로써 영혼의 불만에 맞닥뜨려진다. 우리는 일―일의 스타일, 도구, 타이밍 그리고 환경의 시에 관한 고조된 의식을 갖게 될 때 심리적으로 이득을 볼 수 있다.

　　여러 해 전 나는 '세계는 우리가 읽을 수 있는 책'이라는 중세의 아이디어에 관하여 강연을 한 일이 있다. 수도사들은 일종의 영적 해독 능력을 묘사하기 위하여 '세계의 책'(liber mundi)이라는 표현을 썼다. 그 강연에 참석했던 한 가정주부가 전화해서 이런 방식으로 읽고 싶다며 자기 집으로 와주기를 요청했다. 나는 그런 시도를 해본 일은 없었지만, 치료를 하면서는 여러 해 동안 꿈과 그림들을 읽었던 터라 그 생각에 매력을 느꼈다.

　　우리는 함께 이 방 저 방을 걸으며 자세히 관찰하고 우리가 받은 인상에 대하여 조용히 토론을 하였다. 이렇게 '읽는 것'은 분석이나 해석이 아니라, 이것은 융의 표현으로서 '꿈을 계속해 나가며 꾸는 것'이란 말을 바꾸어서 '그 집을 계속해 나가며 꾸는 것'이라 하는 편이 옳았다. 내 아이디어는 그 집의 시와 알파벳을 보고, 그 집이 건축 양식과 색상과 가구와 장식 그리고 그 순간에 처해 있는 조건이 짓고 있는 제스처 같은 것을 이해하자는 것이었다. 그 여자는 진정으로 자기 집에 헌신적이었으며, 가사 노동은 그녀의 삶 속에 존귀하게 자리매김 되어 있었다.

우리에게 다가온 이미지 가운데 어떤 것은 인간적이었다. 나는 그전에 결혼 생활에 대하여, 자녀와 방문객들과 그녀의 어린 시절에 대하여 이야기를 들었다. 다른 이야기들은 그 집의 건축에 대한 것과, 미국 역사와 관련이 있었고, 또 주거 생활과 집의 본질에 관한 본질적인 문제를 터치하였다.

특히 기억에 남는 것은 매끈한 타일과 고운 색상으로 꾸민 흠 없는 화장실이었다. 화장실은 강렬한 이미지와 심리적인 내용으로 가득한 방이었는데, 신체적인 폐물, 세제, 프라이버시, 화장품, 옷, 나체상, 지하로 연결되는 파이프, 수돗물 등으로 차 있었다. 수많은 꿈들에게는 좋은 환경이었고, 상상의 세계에 대해서는 특별히 매력을 지니고 있다는 표시가 되었다. 내가 보기에 이 화장실은 비범하게 질서정연하고 깨끗하였으며, 그 집을 정직하게 읽을 수 있는 좋은 점을 그대로 지니고 있었다. 우리는 그래서 그 집의 여주인이 그 방을 흠 없게 가꾸어 유지하는데 노력을 기울인 점에 대하여 토의하였다.

이 집을 읽으면서 나는 이 여성을 알아내려고 한 것도 아니고, 뭔가 잘못된 것을 찾아내려 한 것도 아니고, 그녀가 새로운 인생을 살도록 길을 찾아주려 한 것도 아니었다. 다만, 그 집을 특별히 바라보면서 일상적인 평범한 삶속에 숨은 영혼의 싸인들을 일별하기 위한 것에 다름 아니었다. 집을 다 둘러본 우리 두 사람은 똑같이 그 장소와 거기에 놓인 사물들과 일반적으로 연결된 느낌을 받았다. 나로서는 내 자신의 집에 대하여 성찰하며 일상생활의 시에 대하여 더욱 깊이 생각할 수 있는 동기를 찾은 셈이다.

가정이란, 우리가 '바깥일을 가지고 있든지 아니든지 간에, 일상적인 일의 자리다. 당신 자신의 집을 읽다보면, 어느 시점에선가 가사 도구 곧 진공청소기, 빗자루, 걸레, 비누, 스펀지, 설거지통, 망치, 드라이버 같은 것들 앞에 서 있는 자신을 발견하게 될 것이다. 이런 것들은 아주 소박한 것이지만, 그럼에도 불구하고 우리가 집에 있다는 것을 느끼게 하는 근본적인 것이기도 하다. 볼티모어 출신의 천문학자이며 치료사인 진 롤은 가사를 '관상의 길' 이라 일컫고, 만일 우리가 날마다 집 안에서 해야 할 일, 곧 밥 짓는 일에서 세탁에 이르는 일들을 무시하면, 우리는 일차적인 세계에 대한 소속감을 잃어버리게 된다고 했다. 그의 말에 따르면, 날마다 집안에서 하는 일과 우리의 자연환경에 대한 책임감 사이에는 또한 밀접한 관계가 있다.

나는 그 말을 이렇게 표현하고 싶다. 곧 집에는 여러 신이 있다. 그리고 우리가 날마다 하는 일은 우리가 삶을 지탱하는 데 있어서 아주 중요한 집안의 영들을 인정하는 한 가지 방식이다. 그들에게는 빨랫솔이 성물이며, 우리가 이것을 조심스레 사용할 때, 우리는 뭔가를 영혼에게 바치는 것이 된다. 이런 의미에서 화장실을 청소하는 일은 치료의 한 형태가 된다. 실제적인 방과 심장의 어떤 심실 사이에는 상응성이 있기 때문이다. 꿈속에 나타나는 화장실은 우리 집안에 있는 방이며 동시에 영혼 속의 한 공간을 묘사하는 시적인 사물이기도 하다.

내가 이런 말을 하는 것은 삶의 소박한 사물들을 가지고 과장된 의미나 형식으로 팽창시키려 하는 것이 아니다. 그러나 우리가 날마다 하는 허드렛일을 찬찬히 하는 행위 속의 영혼에다 가치를 부여하고 세부적인 일에 눈을 돌리는 것을 상기하고자 하는 것이다. 우리 모두가 알다시피, 어떤 수준에서 보면, 우리가 날마다 하는 일은 우리의 성격뿐 아니라 삶 전체의 질에도 영향을 끼친다. 그러나 우리는 흔히 평범한 가사 노동과 그런 일이 영혼에 주는 선물인 영혼 충만함을 간과한다. 우리의 일상 노동을 남에게 시킨다든지 아니면, 스스로 하되 조심성 없이 하면, 우리는 뭔가 대체할 수 없는 것을 잃을 수도 있으며, 결과적으로 고통스러운 외로움이나 집을 잃어버린 것 같은 상실감 등을 경험하게 된다.

우리는 그 여인의 집을 읽었던 것과 똑같은 방식으로 사회생활 속에서도 집을 '읽을' 수 있다. 곧 주변 환경을 조사하고, 일에 쓰이는 도구들을 자세히 살펴보고, 시간이 어떻게 쓰이는가를 고찰하고, 그 일을 할 때 느껴지는 기분과 정서 등에 주목한다. 일하는 시간을 어떻게 보내는가 곧 무엇을 보며, 어디 앉아서 무엇을 가지고 일을 하느냐 하는 것이 중요하다. 그것은 능률을 올려줄 뿐 아니라 자신감이나 상상력에도 좋은 방향을 제시하는 효과를 얻게 한다. 어떤 사업들은 가짜 벽이나 플라스틱 식물이나 모조 예술품 같은 것으로 영혼이 없는 일의 개념을 덮어 버린다. 이런 것이 바로 우리가 아름다움이란 이름으로 우리의 일터에 갖다 붙이는 것이라면, 그거야말로 우리의 작업에서 영혼 충만함을 잴 수 있는 측정치가 된다. 심각한 결과가 없기 전에는 영혼을 가짜로 대할 수가 없는 법이다. '낙원'이라는 시에서 시인 앤드루 마벨은 '초록빛 그늘에 있는 초록빛 생각'을 언급한다. 플라스틱 고사리에 둘러 싸여 있으면, 우리는 플라스틱 생각으로 가득 차게 된다.

작품으로서 일

많은 종교 전승에서 보면, 일이 거룩한 (성전의) 경내와 동떨어져 있는 것이 아니다. 일이 '세속적'인(pro-fane: 성전 앞에 있는) 것이 아니다. 성전 '안에' 있는 것이다. 예를 들어, 그리스도교나 선불교의 수도사에게는 일이 기도, 명상, 예전만큼 세심하게 마련된 삶의 일부이다. 나는 이런 사실을 한 수도회의 수련사 시절에 배웠다. 수련사란 병아리 수도사라고 할 수 있다. 기도와 명상과 공부와 일 등의 영성생활에서 들고나는 모든 것을 배우는 단계이다. 특별히 기억에 남는 일은 어느 날 사과나무를 전정할 때 있던 일이었다. 위스콘신에서 추운 겨울 날, 나는 사과나무에서 돋아난 잔가지들을 톱질해서 잘라내고 있었는데 잔가지들은 마치 사원의 뾰족탑처럼 사방에 돋아나 있었다. 나는 나뭇가지가 부러지지 않기를 바라면서 잠시 일손을 멈추고 쉬는 동안 스스로 물었다. "나는 왜 이 일을 하고 있는가? 나는 기도와 명상과 라틴어와 그레고리안 성가를 배우고 있어야 마땅하다. 하지만, 나의 손가락은 동상에 걸렸고, 나무 꼭대기에서 지독하게 불안한 상태에 있으며, 톱질을 잘못해서 여러 손가락에서 피가 흐르고 있다. 나는 알지 못하는 일을 하고 있다." 나는 이미 알고 있었지만, 그 해답은 일이 영성생활에서 중요한 구성 요소가 된다는 사실이다. 어떤 수도원에서는 줄을 서서 일하러 가며 행진을 하는데, 후드가 달린 긴 수도복을 입고 침묵 가운데 걸어간다. 수도원의 작가들은 일을 거룩함에 이르는 길로 묘사한다.

제대로 된 종교는 일상생활에서 경험하는 어떤 일에 대해서도 심층적인 차원을 언제나 우리에게 암시해 주며 이 경우에는 현대 세계가 흔히 생각하는 것과는 달리 일이 세속적인 일이 아니라는 사상을 우리에게 알려 준다. 우리가 일을 할 때, 정신을 차리고 기술을 가지고 하든지 아니면 진짜 무의식적으로 하든지 간에 일은 영혼에 깊은 영향을 준다. 일은 상상으로 가득 차 있으며 영혼을 향하여 여러 수준에서 말을 한다. 예를 들면, 일은 특별한 의의를 지니는 회상이나 판타지를 불러내어 상상으로 나타나게 한다. 이런 것은 가족의 신화와 전통이나 이상과 연결될 수도 있다. 그렇지 않으면, 일은 일 자체와 별 상관이 없는 이슈들을 추려내는 수단이 되기도 한다. 우리가 일한다는 것은 알고 보면 여러 세대에 걸쳐서 가족들이 해왔던 것이거나 아니면 수많은 우연의 일치나 우연한 사건들을 거친 연후에 나타난 직업에 종사하고 있는 것이다. 이런 의미에서 모든 일은 소명이다. 의미와 정체성의 근원이 되는 곳으로부터의 소명이요, 그 뿌리는 인간의 의도와 해석을 넘어서 있는 것이다.

* * *

어원학은 일상의 언어 속에 살아 있는 깊은 이미지와 신화를 조사하는 학문이지만, 일에 대해 통찰할 수 있는 몇 가지 단서를 제공하기도 한다.

때때로 우리는 일을 'occupation'(직업)이라 하는데, 재미있는 것은 이 말의 뜻이 'to be taken and seized'(붙들리고 사로잡힌다)는 것이다. 과거에는 이 단어가 성적 의미를 강렬하게 내포하고 있었다. 우리는 우리가 자발적으로 일을 선택했다고 생각하기를 좋아한다. 그러나 실제로는 우리의 일이 우리를 선택했다고 말하는 편이 훨씬 더 정확할 수도 있다. 대부분의 사람들은 자신들이 현재의 '직업'을 갖게 된 경위를 설명하기 위해 곧잘 운명에 대해 운운한다. 이런 이야기 속에는 어떻게 해서 자신의 일이 자신을 차지하게 되었는지 그 이유가 들어 있다. 일은 소명이다. 우리가 그 일을 하도록 부름을 받은 것이다. 그러나 우리는 또한 일에게 사랑을 받는다. 일은 종종 애인이 그렇듯 우리를 흥분시키고, 위로하고, 성취감을 준다. 영적인 것과 에로틱한 것은 늘 함께 있다. 우리가 일을 하면서 에로틱한 느낌을 받지 못한다면 십중팔구는 영적인 부분이 부족한 것이다.

교회에서 행해지는 의례 가운데 세례나 성만찬 같은 의례의 범주에 대하여 전문적으로 붙이는 이름은 예전(liturgy)이다. 이 말은 헬라어 laos와 ergos에서 왔는데, 합쳐서 번역하면 단순히 말해서 '보통 사람들의 일' 또는 '평신도의 노동'이라 할 수 있다. 교회에서 행하는 의례는 일종의 일로서, 영혼의 일이다: 의례란 일 속에서 영혼의 뭔가가 창조된다. 그렇다 해도 그 일을 '세상에서' 행하는 일과 굳이 분리시킬 필요는 없다. 교회나 절에서 일어나는 일이 세상에서 일어나는 일의 표본이 된다. 교회는 세상적인 활동 속에 종종 숨겨져 있는 심오한 특성을 지적해 준다. 그래서 우리가 할 수 있는 말이 있다. 곧 우리가 하는 일이 도로를 건설하든지, 사람의 머리를 깎든지, 쓰레기 청소를 하든지, 모든 일은 거룩한 일이다.

경우에 따라서 우리가 일상적으로 하는 일들을 (종교적으로) 의식한다면 우리는 거룩한 교회와 세속적인 세계 사이에 다리를 놓을 수 있다. 일상적인 일을 거룩하게 만들기 위해서 그 위에 종교성이라는 옷을 입힐 필요는 없다. 의례라는 형식은 어쨌든 일 속에 존재하고 있는 의식적인 특성을 우리에게 상기시켜 주는 방법일 뿐이다. 따라서 자신이 돌보는 모든 물품에 경외심을 가진 성구 보관 책임자같이, 우리도 질적으로 만족스러운 도구 곧 잘 만들었고, 보기도 좋고, 손에 딱 맞는 도구나 환경을 존중하는 청소기 같은 것을 사고 싶은 지도 모른다. 특별한 수예품으로 식탁을 꾸며 의식으로 삼고, 독특한 디자인과 질 좋은 목재로 만든 사무용 책상을 배치함으로써 일터를 깊은 상상력의 장으로 변화시킬 수도 있다. 흔히 일터는 상상력의 공백 지대가 되어 일하는 사람들의 영혼을 먹여주지 못하고 오로지 세속적인 곳으로 전락하고 만다.

일하는 사람들은 자신들의 일이 순전히 세속적이고 기능적인 것이라 생각한다. 그러나 목공이나 비서 업무, 그리고 정원 가꾸는 일 같은 평범한 일들조차도 기능적인 면만큼 영혼과 연결되는 측면도 있다. 중세에는 이런 일들에게도 각각 농업의 신, 상인과 도둑의 신인 머큐리, 사랑의 여신인 비너스 등의 수호신이 있었다. 모든 경우, 영혼에 심오한 의의를 안겨주는 일들이 일상적인 일 속에서 만나지는 것을 나타내었다. 우리가 조상들로부터 배우는 것은 다름 아니라 일상적인 직업 속에 포함된 익숙한 과제가 그 속에 집전하는 신이 있고, 그 신과 관련된 성례전을 구성하고 있다는 사실이다.

또한 신화가 제공하는 암시가 있다. 그것은 일에 대하여 깊이 생각하라는 것이다. 예를 들어, 인형과 장난감을 정교하게 만드는 것으로 잘 알려진 다이달로스는 그가 만든 장난감을 어린이가 가지고 놀면 그것들이 살아났다. 참으로 위대한 신 가운데 하나인 헤파스토스는 다른 신들을 위하여 가구와 보석을 만들었다. 어린이들은 장난감을 마치 살아있는 것처럼 가지고 놀면서 신화를 생생하게 살려낸다. 깊은 생각을 가지고 장난감을 만드는 이들을 다이달로스의 손길에 비유하면 매우 근사한 신화적 의미가 생길 법하다. 그들이 자신의 제품이 아이들 손으로 넘어갔을 때 생겨날 수 있는 마법적인 특성을 깊이 깨닫게 된다면, 거룩한 상상력으로 어린이들의 영혼을 돌볼 수 있다. 이와 같은 원리는 모든 전문직과 모든 형태의 노동에 부합된다.

우리가 일을 생각할 때, 우리는 기능만 고려한다. 그래서 영혼의 요소들은 운수에 맡겨 버린다. 삶에 대하여 예술성이 없으면, 영혼은 약화되고 만다. 내가 보기에 현대의 제조업의 문제는 능률의 부족이 아니라 영혼의 상실에 있다. 영혼을 이해하지 못한 회사들은 자신과는 다른 문화의 일을 바라보면서 그 방법을 모방하려 애쓴다. 그들이 인식하지 못하는 것은 방법만이 유일한 것이 아니라는 사실이다. 다른 문화가 제조와 영업에서 성공하는 이유는 '사람의 마음' 이 요구하는 것들을 염두에 두고 있기 때문이다. 사람의 두뇌만이 아니라 마음에 근거한 일이 되도록 느낌과 감각을 심층적으로 평가하는 일은 무시한 채 표피적인 전략을 베끼는 것만으로는 성공하기 어렵다.

일의 상상력을 풍부하게 하는 또 다른 방법은 융이 연금술을 이용해 작업한 것을 따르는 일이다. 연금술이란 원료를 용기에 넣은 뒤 열을 가하여 자세히 관찰하고, 좀 더 열을 가하고, 다양한 작용을 거치면서 다시 한 번 관찰하는 그런 과정이다. 과정이 끝나면 금처럼 보이는 신비한 물질이 얻어진다. 그것은 현자들의 돌이거나 강력한 연금술약액이다. 융의 관점에서 보면, 연금술은 영혼을 이롭게 하기 위하여 행해지는 영적 시술이다. 화공약품들과 열과 증류 과정을 가지고 작업하는 것은 시적인 프로젝트로서, 그 속에서 실체와 색소와 다른 물질들이 숨겨진 영혼의 평행적인 과정에다 외부적인 이미지를 제공한 것이다. 천문학이 그 전체의 상징체계를 모든 천체의 항성에 근거를 두는 것과 같이 연금술은 그 시적인 영감을 화공약품들과 그들의 상호작용 속에서 찾았다.

천연 재료들 속에서 객관화된, 영혼의 물질들을 가지고 작업하는 과정을 두고 연금술사는 'opus'(작품)이라 불렀다. 우리는 자신의 일상적인 일을 연금술적으로 상상할 수 있다. 평상적인 일에 대한 평범한 관심은, 연금술사가 일컫듯 영혼의 일을 해내기 위한 'prima materia'(원자재)이다. 우리는 인생의 사물들을 매개로 하여 영혼의 재료에 대하여 일을 한다. 이는 신플라톤주의자들이 지지한 고대의 관념이다. 평상적인 삶은 영적인 고등 활동 속으로 진입하는 수단이 된다. 아니면, 우리가 세상적인 일을 열심히 하는 바로 그 순간에 우리는 동시에 다른 차원에서 일하고 있다고 말을 할 수도 있다. 어쩌면 우리는 그것도 모른 채 영혼의 노동에 종사하고 있는지 모를 일이다.

우리는 작품의 개념을 더 자세히 들여다봄으로써 영혼 속에 나타나는 일상적인 일의 역할을 이해하게 될지 모른다. 〈심리학과 연금술〉(Psychology and Alchemy)이라는 저서에서 융은 opus를 상상력의 작품이라 서술한다. 그는 현자들의 돌을 어떻게 생산하는지 방법을 서술한 고대의 연금술 교본에 대하여 논의했다. 같은 대목에서 그는 환상적이 아닌 진정한 상상력에 이끌림을 받아야 한다고 했다. 여기에 대하여 논평하면서, 융은 말하기를 상상력은 "목표도 없고 근거도 없는 환타지를 빙빙 돌려서 신통치 않게 풀어내는 것이 아닌 사상이나 성찰의 본래적인 성취로서 이를테면, 단순히 대상물을 가지고 노는 것이 아니라 오히려 내면의 사실을 포착하고 그 본성에 충실한 이미지로 그것을 묘사하려고 노력하는 것이다. 이런 활동을 가리켜 opus, 곧 작품이라고 한다."

우리가 지적인 추상이나 감성의 더욱 심오한 뿌리에서 우러나오는 것이 아닌 상상적인 환상보다 더 깊이 들어갈 때 우리는 영혼의 일에 한층 더 가까이 다가선다. 우리의 일의 상상력을 불러일으키고 정체성과 운명의 밑바탕에 놓여 있는 이미지에 상응하는 일을 깊이 있게 하면 할수록 영혼을 더욱 더 풍성히 지니게 될 것이다. 일이란 존재의 뿌리를 일깨우고 만족시키는 적절한 연금술을 발견하려는 시도이다. 우리는 일을 하기 위해 많은 시간을 들인다. 그 까닭은 먹고살기 위하여 많은 시간 일을 해야 하는 것뿐 아니라 일이 영혼의 opus(작품)에 중심이 되기 때문이다. 우리는 자신을 솜씨껏 가꾸고 있다. 이는 융의 술어로 말하자면, 개성화하고 있는 것이다. 일은 작품에 대해서는 근원적이다. 온전한 관점에서 보면 인생은 영혼의 구성물이기 때문이다.

이를 더 소박하게 표현하자면, 직업과 작품이 연결되어 있는 것은 일이 우리 자신의 외연이나 성찰의 폭과 같다. 우리가 사업상의 거래를 성공적으로 결말을 지으면 그만큼 기분이 좋아진다. 벗나무 재목으로 식탁을 만들고, 별 모양의 퀼트 작품으로 장식하고, 뒤로 물러나 물끄러미 바라보노라면, 자긍심이 파도처럼 밀려오는 것을 느끼게 된다. 이런 느낌들은 연금술적인 작품이 연출되고 있다는 힌트가 된다. 문제는 만일 우리가 행하거나 만든 것을 한 발 뒤로 물러나서 바라보았을 때 우리의 기준에 못 미치고, 관심이나 집중력을 반영하지 못했다고 평가되면 우리의 영혼은 고통을 느끼는 것이다. 만일 우리가 스스로 나쁜 일을 하도록 허용한다면, 전 사회가 영혼에 대한 상처를 겪게 된다. 우리가 일에 대하여 좋은 느낌을 못 가지게 될 경우, 자만은 자기애로 바뀐다. 영혼 가득히 느끼는 자만은 독창성에는 반드시 필요한 것이지만 자만과 자기애는 같은 것이 아니다. 어떤 의미에서 그들은 정반대이다. 자기애의 이미지는 자신의 외적인 무엇으로 객관화될 필요가 있다. 일의 결과로 얻어진 산물은 연못에 비추인 이미지로 변하고 자신을 사랑하는 수단이 된다. 그러나 그 산물이 만족스럽지 못한 경우라도 우리는 어떻게든 자기애에 빠지기 위해, 거기서 일 자체는 외면하고 필요한 것에만 초점을 맞춘다. 세계를 향한 사랑과 세계 속에서 우리가 맡은 바로 인해 얻어진 자리에 대한 사랑이 결국 유아병적인 갈망으로 바뀐다.

우리가 세계 속의 대상물을 통하여 우리 자신을 사랑할 수 없을 때, 일은 자기애적이 된다. 이것은 나르시스 신화가 지니는 심층적인 암시 가운데 한 가지이다: 인생의 꽃을 피우느냐 그렇지 않으냐 하는 것은, 세계 속에서 자신의 반영을 발견하는가 아닌가에 달려 있다. 그리고 우리에게 맡겨진 일은 반영을 발견하기 위한 중요한 자리가 된다. 신플라톤주의 철학에서 사용하는 말로 표현하면, 나르시서스가 사랑을 발견하는 것은 자신의 밖에 있는 영혼 곧 세계의 영혼 속에서 완성된 자신을 발견하는 것이다. 이 이야기가 암시하는 것은 우리 자신의 분신 곧 자신이 사랑에 빠져버릴 똑같은 쌍둥이를, 세계 속에서 그리고 세계로서 살고 있는 것을 발견하기 전에는 우리 자신의 본성이 활짝 꽃 피우는 일은 결코 이룰 수 없다는 뜻이 된다.

〈심리학과 종교: 동과 서〉(Psychology and Religion: West and East)라는 저서에서 융이 언급한 연금술의 교훈에 따르면, "영혼은 대부분이 몸 밖에 있다."고 한다. 얼마나 비범한 생각인가! 현대인은 배우기를, 영혼에 대하여 어떤 언어가 사용될지라도, 영혼은 두뇌 속에 간직되어 있거나, 아니면 정신과 대등한 것이요, 순전히 인간적으로 주관적인 것이라 믿게 되어 있다. 그러나 만일 영혼이 세계 속에 있는 것으로 생각하기로 하면, 그 때에는 우리가 하는 일이 만들어내는 문자 그대로의 산물을 위해서뿐만 아니라 영혼을 돌보는 방식으로서도, 일은 삶에서 매우 중요한 측면으로 여겨질 것이다.

앞서 신화에 대한 논의 속에서 나타난 바와 같이, 자기애는 나르시스 신화의 실패에 대한 직접적인 반동 속에서 발생하는 한 가지 증상이다. 우리가 하는 일이 자신을 제대로 반영하지 못하게 될 때 우리가 하는 일은 자기애적인 특징을 나타낸다. 내재적인 반영이 상실될 때, 그대신에 우리는 우리의 일이 어떻게 우리의 명성을 반영하는가에 더 관심을 두는 것이다. 우리가 성취라는 이름의 작열하는 빛 속에서 우리의 고통스러운 자기애를 고쳐보려고 애를 쓰지만, 우리는 영혼 그 자체를 위하여 하는 일에 대해 오히려 영혼으로의 집중력이 떨어진다. 우리는 예를 들면 돈, 명예 그리고 성공이란 장식품 같은 이차적인 보상으로 만족을 얻으려는 유혹을 받게 된다.

성공의 사다리를 올라가는 길은 곧 영혼의 상실로 이어진다. 영혼을 염두에 두고 살 수 있는 전문직이나 사업을 선택하는 것이 대안이 될수도 있다. 우리가 일을 선택하기 전 미래의 고용주가 직업에서 얻을수 있는 모든 혜택을 설명해 줄 때, 우리는 영혼에 관한 가치에 대하여 질문해야 한다. 이 일터에서는 정신이 어떤 취급을 받는가? 여기서 인격적으로 대해 줄 것인가? 공동체 정신이 있는가? 사람들이 자신들이 하는 일을 사랑하는가? 우리가 하는 일과 생산물은 우리가 투신하고 긴 시간을 바칠 가치가 있는 것인가? 직업이나 직장 내에서 어떤 도덕적으로 문제될 것은 없는가? 예컨대, 사람이나 지구에 대하여 유해한 물건을 만들지는 않는지, 지나치게 이윤을 추구하거나 인종차별이나 성차별의 억압적인데 공헌하고 있지는 않는지 말이다. 자신의 도덕적 감각을 스스로 깨뜨리거나 소홀히 하면서 영혼을 돌본다는 것은 불가능한 일이다.

나르시서스와 일은 훨씬 더 연관이 있다. 우리의 일 속으로 시원스레 흘러 들어가는 사랑은 자신에 대한 사랑으로 되돌아오기 때문이다. 이런 사랑이 나타내는 사인과 따라서 영혼이 드러내는 사인은 매력, 욕망, 호기심, 개입, 정열 그리고 일과 관련된 충실성 같은 느낌들이다. 언젠가 자동차공장 노동자를 상담했다. 그는 자신의 일을 싫어했다. 그가 맡은 팀은 스프레이로 페인트칠을 하는 곳이었는데, 그곳에서 그는 막힌 파이프를 청소하고 화공약품 혼합비율을 적정선으로 유지하는 등 해결사의 역할을 하였다. 그럼에도 그는 직업을 감옥살이로 여겼다. 어린 시절에 무슨 일이 있었기에 자신의 삶을 그토록 불행하게 하는가 자못 궁금하여 나에게 왔던 것이다.

그가 말하는 동안에 살펴보니까 그를 괴롭히는 것은 대부분이 그가 일하는 환경주변에 초점이 맞춰져 있었다. 그래서 우리는 그가 하는 일에 대해 자세히 논의하기 시작하였다. 그가 꾼 꿈의 일부가 현재의 작업장에 맞춰져 있었다. 그래서 우리는 그가 하는 일에 대하여 어떤 상상을 했는지 그 역사를 비롯하여, 평생 직업에 대한 그의 어린 시절의 환상과, 그가 가졌던 여러 가지 직업, 그가 받은 교육과 훈련, 그리고 현재 하는 일의 습관 같은 것을 캐기 시작하였다. 내가 그에게 어떤 선택의 여지를 제공하거나 더 나은 직업을 찾게 하지는 않았다는 사실을 주목해야 한다. 나는 그의 영혼 속에서 일터에 초점을 맞추고 그가 하는 일에 대한 불평을 경청했다. 점점 그의 성찰을 통하여 변화를 찾으려 하기에 이르렀다. 그 후 그가 대단한 용기를 내서 판매직을 갖게 되었는데, 자기에게는 그것이 더 잘 맞는다고 느꼈다. 얼마 안 가서 그의 '심리적인' 문제들은 사라지기 시작하였다. "저는 제 직업을 사랑합니다." 그가 나에게 말하였다. "실수 때문에 비판을 받아도 상관없습니다. 일하러 가는 게 좋습니다. 그 전의 직업은 나의 것이 아니었어요." 스프레이로 페인트칠하며 해결사 노릇을 하던 일은 다른 사람에게 맞았을지는 몰라도, 그 사람은 아니었다. 그에게는 영혼 가득한 뭔가를 찾아 자리를 옮기기까지는 일을 하는 가운데서도 고통을 겪어야만 했던 것이다.

어떤 직업에 대하여 적성에 맞지 않는다고 말한다면 그 일과 영혼의 관계가 바닥에 떨어졌다는 것이고, 연금술의 언어로 표현한다면, 일과 작품(opus)이 상응성이 없다고 말할 수 있다. 그런 연결고리가 살아있을 때, 일은 훨씬 더 쉽고, 더욱 만족스럽다. 직업과 작품 사이의 대위법이 조화롭기 때문이다. 영혼이 개입될 때 일은 단순히 자아에 의해서만 수행되는 것이 아니다. 일이 더 깊은 곳에서 솟구쳐 오르고, 따라서 정열과 순발력과 우아함이 결코 빼앗길 수 없는 것이 된다.

〈예술가의 생애〉(Lives of Artists)라는 저서에서, 바사리는 르네상스 시대의 조각가이자 건축가인 필립포 브루넬레시에 대하여 이야기한다. 도나텔로와 필립포와 그밖의 다른 예술가들이 플로렌스에 머물고 있던 때의 일이었다. 제법 거리가 먼 코르토나라는 곳에서 정교하게 조각해 놓은 아름다운 석관을 봤다고 말을 했다는 것이다. "필립포는 그 작품이 너무나 보고 싶었다. 그래서 그는 신을 갈아 신거나 옷을 갈아입지도 않은 채 곧바로 코르토나로 달려가서 그것을 스케치해 가지고 플로렌스로 돌아왔는데, 그가 없어졌던 것을 아무도 눈치 채지 못하였다."고 바사리는 쓰고 있다. 바흐에 대해서도 비슷한 이야기들을 하고 있다. 그도 역시 훌륭한 음악을 듣기 위하여 몇 십리도 마다하지 않고 걸어가기도 하였고, 자신이 좋아하는 작곡가들의 작품을 베끼기 위하여 밤늦도록 애를 쓰기도 하였다.

예술가들이 자신들의 비전이나 재주를 좇아 집중적으로 노력하는 것은 영혼 가득한 작품이 지닌 원형적인 차원을 드러내는 일종의 신화라 하겠다. 우리 자신의 삶 속에서 보면 이와 같은 원형이 자그마하게 나타나는데, 그것은 마치 바른 일을 하며 아침을 다 보내고 나서 얻는 엄청난 만족감과 같다고 할 것이다. 다르게 나타낼 때는, 공장 노동자의 경우, 만족스럽게 경력 사원이 될 때 같은 것이다. 경력직에 대한 상담도 근본적으로 구조를 바꿔서 영혼에 초점을 맞추는 일 같은 것을 상상해 볼 수도 있다. 이 때 시험을 하는 것은 적성에 대해서보다는 오히려 '작품'의 특성을 평가하는 것이어야 하고, 토론으로 말하면 삶에 대한 표피적인 자아의 관심보다는 더 심층적인 쟁점을 터치하는 것이어야 할 것이다.

돈

돈과 일은 밀접하게 연결되어 있다. 일 속에 내재한 가치로부터 재정적 이익에 대한 관심을 분리시키고 보면 돈은 직업의 자기애의 초점이 된다. 다른 말로 표현하자면, 돈에 대한 즐거움이 일에 대한 즐거움을 대신한다. 그래도 우리 모두는 돈을 필요로 하고, 돈은 영혼을 상실함이 없이도 일에서 필수 불가결한 부분이다. 결정적인 문제는 우리의 태도이다. 대부분의 일에서 우리가 살고 있는 세계에 대한 보살핌(ecology: 생태학)과 우리의 생활방식의 질에 대한 보살핌(economy:

경제) 사이에는 밀접한 관계가 있다.

ecology(생태학)와 economy(경제)는 둘 다 그리스어 oikos에서 왔는데 넓은 의미에서 '집'과 상관이 있다. 생태학(logos)은 지구를 우리의 집으로 이해하는 것과 거기서 살 수 있는 적절한 방식을 찾는 일에 관심을 둔다. 경제(nomos)는 우리가 세계라는 집과 사회라는 가족과 어울려 사는 방식에 관심을 둔다. 돈은 단순히 우리가 살고 있는 공동체와 환경에 대한 관계의 산물이자 표현이다. 우리는 우리가 하는 일에 대하여 돈을 받고, 그 대신에 우리는 봉사와 제품에 대해 돈을 지불한다. 우리는 세금을 지불하고, 정부는 공동체의 기초적인 필요에 대하여 공급한다. 경제 상태에서 nomos는 법을 의미하지만 자연법을 뜻하지는 않는다. 이 법은 공동체가 필요하다는 것뿐만 아니라 동시에 참여의 법칙을 필요로 한다는 사실을 인정하는 것이다. 돈은 우리가 공동체적인 삶을 살려는 여러 가지 시도와 노력에서 중심적인 것이다.

그러나 공동체는 전적으로 합리적인 구성체가 아니다. 공동체마다 복잡한 성격을 띠고 있으며 다양한 과거와 혼합적인 가치관을 지니고 있다. 거기에는 영혼이 있기에, 또한 그림자도 있다. 돈은 그저 교환의 합리적 수단이 아니고, 동시에 공동체 생활의 영혼을 지니고 있다. 거기에는 영혼의 모든 복잡한 면을 지니고 있어서, 섹스와 질병처럼 우리의 통제 능력 밖에 있다. 우리는 그것 때문에 어쩔 수 없이 욕망과 동경과 시기와 탐욕으로 가득하게 된다. 어떤 사람들의 삶은 돈에 대한 매력 때문에 형성되는가 하면, 어떤 사람들은 유혹을 감지하고는 금욕적인 길을 택함으로써 오염되지 않으려 한다. 어떤 쪽을 택하든, 돈은 영혼 속에서 강력한 위치를 차지하고 있다.

신경증에 걸린 듯이 돈을 다루다 보면 우리의 다른 문제들이 거기에 반사되거나 강화된다. 예를 들면, 우리는 돈을 부와 빈곤의 판타지로 나눌 수가 있다. 만일 어떤 사람이 돈에 대한 태도를 지니는데 그것이 본질적으로 빈곤에 대해 방어적이라면, 그 사람은 결코 부를 참되게 경험하지 못할 수가 있다. 결국 부에 대한 '경험'은 주관적인 것이다. 어떤 이들에게는 부유해진다는 것이 신용카드를 결제하는 것이라면, 어떤 이에게는 롤스 로이스 자동차를 한두 대 갖는 것이어야 한다. 부는 은행 계좌에 의하여 측정될 수는 없다. 부는 일차적으로 우리가 상상하는 대로이기 때문이다. 영혼이나 영혼 자신이 붙이는 부에 대한 딱지에 무지하고 보면 우리는 돈을 좇다가 현기증이 날 수도 있다. 문자 그대로의 빈곤이 언제 밀어닥칠지 모른다고 두려워하기 때문이다.

다시 한 번 종교로 눈을 돌려 빈부에 대한 좀 더 심층적인 이미지를 찾아 볼 수 있다. 수도회에 몸담아 사는 수도사들은 청빈 서원을 한다. 그러나 우리가 수도원을 찾아가 보면, 경내에 얼마나 아름다운 건축물이 들어서 있고 가구들도 얼마나 잘 갖추었는가에 놀랄 것이다. 수도사들은 소박하게 살지만 그렇다고 반드시 내핍 생활을 하는 것은 아니고, 의식주에 대하여 걱정할 필요 또한 전혀 없다. 때때로 수도원의 청빈은 돈이나 재산의 결핍으로보다는 오히려 '공동 소유'로 정의되기도 한다. 청빈 서원의 목적은 모든 것을 공동으로 소유하는 것으로써 공동체를 촉진하자는 것이다.

세계는 그만 두고라도, 만일에 우리가 국가로서, 도시로서, 한 마을로서 그와 같은 청빈 서원을 하면 어떨까? 공동재산의 소유권을 느낌으로 해서 박탈감을 낭만적으로 생각할 것이 아니라 깊은 공동체 의식을 향하여 힘쓸 일이다. 우리는 재산을 분류할 때, 문자 그대로 공적인 것과 사적인 것으로 나눈다. 사유 재산으로 분류된 재산은 지역 분할법 한도에서 소유자가 원하는 무엇이든 할 수 있다. 그런데 이들이 반드시 공동체의 복지를 늘 염두에 두고 있다고 생각하기는 어렵다. 공공 대중이며 대다수인 우리는 사유재산으로서의 건물들이나 기업들에 대해 조건을 제시할 수도 없고, 질적 차원의 향상을 기대할 수 있는 아무 권리나, 의무가 없다.

만일 우리가 지구에 대하여 어떤 형태로든 보편적인 소유권을 느끼지 않는다면, 우리는 청정 해역을 유지한다든가 공기 오염을 방지한다든가 하는 일이 누군가 다른 사람의 책임이라고 생각할 수 있을 것이다. 그러나 진정으로 부유한 사람은 바로 그 모든 것, 땅과 공기와 바다를 다 '소유'한 사람이다. 동시에 빈부를 둘로 나누지 않고 보면 이런 부유한 사람은 아무것도 소유하지 않는다. 영혼의 관점에서는 이 세계를 사용하여 즐기는 삶에 대해 책임을 가진다면, 빈부가 하나로 만나지고, 이 세계는 우리가 지상에서 사는 동안 우리에게 대여되는 것일 뿐이다.

돈은 섹스와 같다. 어떤 사람들은 가능한 한 더 많은 다른 사람들과 성적인 경험을 가질수록 더욱 충족될 것이라고 믿는 이들도 있다. 그러나 엄청난 양의 돈이나 섹스도 갈망을 충족시키지는 못한다. 문제는 소유의 많고 적음에 있는 것이 아니라 돈을 문자 그대로 수단으로 보기보다는 물신(fetish)으로 받아들이는 데 있다. 만일 가난이 싫어서 부를 얻으려 한다면, 그것은 결코 바람직하지 못한 일이다. 영혼은 풍부함뿐만 아니라 그에 못지않게 결핍을 통해서 성숙하기 때문이다.

내가 영혼을 위하여 빈곤을 말할 때 육체적인 삶을 초월하는 수단으로 생각하거나, 낭만적 감상에 빠지는 것을 말하는 것이 아니다. 어떤 영성은 초월과 도덕적 순수를 찬성하고 돈으로부터 야기되는 악을 회피한다. 어떤 사람들은 아무 대가없이 일을 해야 한다고 생각한다. 또 어떤 이들은 돈으로 생길 수 있는 악영향을 피하기 위하여 자신의 서비스를 바터제(barter)로 교환하려는 경우도 있다. 그러나 빈곤도 부유와 똑같이 지나치게 문자적으로 받아들여서는 안 된다. 무조건 돈을 회피하는 사람은 경제가 유지되도록 공조하고 있는 공동체에서는 고립될 수밖에 없다. 부에 대한 욕망은 영혼의 에로스에게 정당한 요소이며 그것에 의해 기쁨을 느낄 수도, 또 기쁨을 잃어버릴 수도 있다. 그것이 지나치게 억제되면 괴상한 방식으로 슬며시 돌아서서는 은밀하게 재정적인 마술을 부리거나 축적에 몰두한다. 종파를 막론하고 모든 종교는 (흔히 암시적으로 진행되기는 하지만) 돈을 모으고 투자하는 일에서 괄목할 능력을 과시한다. 가끔 추앙 받아온 종교 집단이나 지도자가 재정적인 계략을 꾸민 것이 드러났다는 소식을 듣는다. 그것은 그리 놀라운 일이 아니다. 돈의 영혼이 부정될 때, 그 그림자 역시 더욱 늘어나기 때문이다.

섹스와 마찬가지로, 돈도 (두려움과 매혹이 교차하는 만큼) 신령한 것이다. 거기에는 판타지와 감정으로 가득 차 있고 또 이성적 지도에 저항하는 힘이 강하다. 주는 것도 많은 반면에 영혼을 늪에 빠뜨리고 정신을 잃을 만큼, 의식을 강박관념과 충동으로 몰아넣는다. 질적인 차원에서 영혼 충만의 일부를 이루는 돈의 그림자를, 광포해질 수 있는 돈의 증상과 구별해야 할 것이다. 탐욕과 허욕, 사기와 횡령은 돈에게 영혼이 상실되었다는 사인이다. 우리가 영혼의 부유함에 대한 욕구를 표출하며 행동할 때, 공동체적인 돈의 교환 상태로 진입하기보다는 오히려 돈의 물신을 통하여 도덕성은 아랑곳없이 실제로 돈을 끌어 모으는 일에 빠져든다.

　돈의 본질은 교환되는 데 있다. 사실상 우리는 때때로 돈을 두고 말할 때 '거스름돈'(change)이라고 한다. 문화 정신에서 돈의 역할에 대하여 연구한 로베르트 사르델로는 경제를 육체적인 과정에 비유한다. 그는 말하기를 이익과 소비는 숨을 들이쉬는 것과 내쉬는 것과 같아서 돈은 사회라는 몸에서 생명력 있는 행동의 매개가 된다는 것이다. 돈이 공동체 교환(교류)에 더 이상 봉사하지 못하게 될 때, 돈은 공동체적 흐름에 장해물이 된다. 계략과 탐욕스러운 교류의 리듬에 간섭하게 된다. 예를 들면, 어느 그룹이 공익사업을 위하여 모금 계획을 발표하고 나서 조직위원회가 거액을 횡령한 것이 완벽하게 숨겨지거나, 극소한 양으로 보고서에 나타날 수 있다. 돈은 악명이 높게 그늘 속으로 흘러들어갔음에도, 개인이나 집단이 그런 그림자를 자신들끼리만 알고 감출 때 영혼은 상실된다.

　이상적으로 말하자면, 돈은 우리 모두를 문자적으로가 아니라 연금술적 의미에서 부패시킨다. 돈은 순진무구함을 흐리게 하는 반면 재정적 교환(교류)의 엄연한 현실 속으로 들어가도록 다그친다. 돈은 우리로 하여금 신성한 생활 전선에서 손을 맞부딪치며 싸우도록 만든다. 돈은 우리를 순진무구한 이상주의에서 끄집어내서 더욱 심층적이며 영혼 충만한 곳으로 끌어들이는데, 거기서 문화 창조에 실제적인 개입을 통하여 권력과 위신과 자기 가치는 쳐냄을 당한다. 그러므로 돈은 영혼에게 근거와 엄연한 현실을 안겨줄 수 있는데, 안 그러면 영혼은 순진무구함의 부드러운 파스텔 톤으로 사라질 수도 있다.

　돈에 대한 꿈들은 돈에 대한 여러 가지 수준의 의미로 자주 암시하는 바가 있다. 최근에 나는 이런 꿈을 꾼 적이 있다. 이른 아침 어두운 거리를 걷고 있었다. 어떤 사람이 다가와서 내 등에다 칼을 들이대고 말하였다. "거스름돈(change)을 내놔." 나는 오른쪽 바지 주머니에 200달러가 있고 왼쪽 주머니에는 15달러가 있는 것을 알고 있었다. 영리하게 나는 왼쪽 주머니에 손을 넣어 거기 있는 돈을 몽땅 주었다. 그가 더 달라면 어쩌나 하고 생각하였으나 그는 적은 돈을 받아 가지고 달아났다. 잠에서 깨고 나서 나는 그 꿈을 되새기며 생각하였다: 나는 내 자신을 내줄 경향이 있다. 나는 다른 사람들을 받아들이기 위하여 내 자신의 계획을 망칠 수도 있거나, 아니면 내 자신의 필요는 간과한다. 그리고 나서 나는 분개하고 분노를 느낀다.

그 날 늦은 시간에 나는 그 꿈에 대하여 잠시 더 생각하였다. 우리 자신의 꿈에 대한 첫인상은 종종 일방적이며 얕은 것이다. 나의 첫 번째 생각은 내 자신에 대해서 보통 갖는 느낌으로 너무 지나치게 주어버린다는 것이었다. 그래서 나는 그 꿈을 실제로 바라보려고 노력하였다. 아마 그 꿈속에서의 자아는 너무했는지 모른다. 나에게서 훔치려고 한 그 사람을 나는 결심하고 속였던 것이다. 꿈속에서의 어두운 거리와 강렬한 이미지는 나에게 바꾸는 것(change)을 요구하였다. 나는 '바꾸다' (change)라는 단어의 세심한 사용을 그 꿈속에서 주목하였다. 나의 방식들을 바꾸라는 것인가? 도시의 어둠을 바꾸는 일에 참여하라는 것일까? 진짜 가치 있는 것을 내 자신의 곤궁한 그늘진 측면에 주라는 것일까? 내 자신을 내어주는 경향에 대하여 경고하는 것일까? 나 또한 거짓스러운 영리함이나 지나치게 깊은 생각으로 내 자신의 부를 감추려 하고 있는가? 꿈속에서 나는 주저 없이 나의 이중성 곧 '두 개의' 주머니로 어두운 거리를 한 수 높은 꾀로 이길 수 있는 길을 찾았다.

내 생각에 이 꿈은 나에게 영혼의 경제에서 요청되는 교훈을 주었다.

돈은 바로 그것을 표현한 것으로서, 정열과 에너지와 재능과 결단의 형태를 띤다. 많은 사람들처럼, 나도 몸을 입고 사는 삶의 어두운 거리에 대한 두려움 때문에 나의 재능과 나의 영혼의 돈을 축적하고 있는지 모른다. 나는 자원을 나누어서 보관하며, 작은 분량은 잃을 태세를 갖추고 있고, 그와 동시에 더 큰 몫은 축적하려는 의도로 보관하고 있는지 모른다. 흔히 그렇듯이 내가 꾼 꿈은 감추어두고 따지지 못하게 하려는 내 성격의 측면들을 드러내어 고찰하도록 끌어내었던 것이다.

돈의 그림자에 관해서는 도덕적으로 보지 않는 것이나 문자적으로 대하지 않는 것 모두가 중요하다. 예를 들면, 축적의 즐거움은 돈 자체의 원형적인 질로 보일 수도 있는데, 그것이 우리가 돈을 다루는 유일한 방식이 될 때나 아니면 우리가 돈을 순전히 개인적인 이유를 위하여 쓰게 될 때는 돈을 축적하는 즐거움은 영혼을 부인하는 꼴이 된다. 사람이 돈을 가지고 할 수 있는 일 가운데 한 가지는 돈을 끌어 모으고 움켜쥐는 것이다. 이것은 사르델로의 이미지로 말하자면 '숨을 들이쉬는 것'이다. 그러나 그림자가 인정받지 못한다면, 죄의식이 없이 축적이 진행될 수 있는데, 이는 두 가지 일, 곧 돈을 축적하는 그림자를 즐기는 것과 이와 상반되게 순진무구함을 유지하는 사인이 된다.

커다란 이익을 보는 회사가 주머니 속의 무게를 느끼면서 얼마쯤을 내어주는 것을 결정할 수도 있다. 거기에는 두 가지 선택이 있다. 선물을 주는 것으로 해서 공동체 속으로 깊숙이 들어가서는 거기서 회사가 지닌 파워와 책임이 적절히 자리매김할 것이다. 아니면 그 회사가 일종의 영리한 계략을 써서 자기들의 이익을 내어주는 것처럼 보이면서 실제로는 세금혜택을 보면서 약삭빠른 꾀를 써서 죄의식을 지우려고 노력할 수도 있다. 첫 번째 경우는 돈이 아주 자연스럽게 공동체 속으로 들어가는 길을 사는 격이 된다. 두 번째 경우는 회사나 개인이 공동체의 경제를 조작함으로써 그들이 뭔가를 얻어가지고 빠져나간다고 생각할 수도 있다. 그러나 사실상 거기에는 영혼의 상실이 있을 따름이고 돈은 물신이 되어 병리 증상을 일으키게 된다. 한 사회가 돈의 그림자에 의하여 부패할 때, 그 사회는 분열된다. 반면에 재정적인 그림자에 맞춰서 소유하는 사회는 성숙된다.

중세 세계에서는 돈을 세고 안전하게 지키는 일은 농신의 영역으로 이해되었다. 농신은 바로 우울증과 옹색함과 벽사 또는 축귀 그리고 심오한 비전을 관장하는 신이다. 농신은 은행원이 창구에서 돈을 세거나 현금 뭉치를 가방이나 지갑에 간직하는 작은 행위 속에 머물러 산다. 영혼에게는 중요한 이런 제스처는 일상생활에서 돈에 대한 의식이 치러지는 방식이다. 우리가 현찰과 수표와 은행 통장의 패션을 가꾸는 방식 또한 농신의 거룩한 스파크를 일상적인 돈 거래를 통하여 보여준다. 생일 선물로 받은 빳빳한 돈이나 사업을 해서 처음 받은 달러 지폐를 사진틀에 끼어 넣는 것은 현찰 자체가 존중될 수 있을뿐더러 곱게 모셔 둘 가치가 있음을 과시하는 것이다. 축적 역시 그 나름의 의식이 있는데, 치러지는 방식은 침대 매트리스 밑에 쑤셔 넣든지 아니면 스위스 은행 계좌에 넣어 두는 것이다.

돈과 일 사이의 관계는 상당한 판타지가 담겨있다. 그것은 짐인 동시에 비상한 기회가 된다. 일과 관련된 수많은 문제는 돈을 중심으로 생긴다. 우리는 돈을 충분히 벌지 못하며, 자신은 자신의 수입보다 가치가 있다고 느낀다. 우리는 받아야 할 금액을 요하지 않는다. 돈은 우리의 유일한 관심사이다. 아버지들은 자식이 자신만큼, 또는 그 이상 돈을 벌면 자랑스레 여긴다. 젊은이들은 부와 재정적 안정을 증명할 모든 것을 갖추게 되었을 때 비로소 어른 사회의 일원이 된 것을 느끼게 된다. 그 결과 우리는 돈에 대하여 반응할 때, 돈이 지닌 '힘을 피하면서' 귀신 쫓듯이 하거나 강박적으로 대한다. 그러지 않으려면 돈이 가져다주는 특정 판타지 속으로 '들어가서' 거기서 제공해 주는 메시지를 보아야 한다. 예를 들어, 실존을 정당화하기 위하여 돈을 많이 벌어야 할 필요가 있다고 느낀다면, 아마 그 나름대로 진실이 거기에 있다고 봐야 한다. 그 판타지 속에 담겨 있는 영혼 충만을 느끼기 위하여 공동체적이며 구체적 생활 속에 더 깊이 잠겨들 필요가 있을지 모른다. 단지 그 판타지를 곧이곧대로 받아들이지는 말아야 한다. 때론 수백만 달러를 벌어놓고도, 언제나 더 큰 부자가 될까를 기다리기도 한다.

일의 실패

우리가 일을 하는 도중 실패를 맞이할 때, 우리의 잠재적인 영혼은 적잖이 놀란다. 그러나 진지한 노력에도 불구하고 먹구름의 그림자가 드리울 때, 그것은 때로 과도한 상승 기대에 대한 해독제가 된다. 일에 대한 성공과 완전을 바라는 야심은 우리를 계속 달리게 하지만, 실패에 대한 우려는 일에 대한 영혼으로 다가가게 한다. 완전에 대한 생각이 영혼의 낮은 지대로 하강할 때, 그러한 성육신의 몸짓으로 인해 인간적인 성취가 솟아오른다. 우리는 실패 때문에 산산조각이 날 수도 있으나 우리의 높은 목표가 인생에서 창조적인 역할을 하게만 된다면, 그것은 끓어올라야 할 필요가 있을 수도 있다. 완전은 상상의 세계에 속한 것이다. 전통적인 가르침에 의하면, 휴머니티를 결정하는 것은 솟구치는 영이 아니라 삶 속에 자리 잡은 영혼이다.

그리스도교는 이와 같은 하강의 몸짓에 대해 심오한 이미지를 부여했다. 예술가들은 수백 가지 다른 형태의 수태고지를 그려왔고, 그 순간 성령이 비둘기 모양으로 황금빛이 비치는 가운데 미천한 여인 마리아에게 하나님의 아들을 잉태시킨다. 이 신비가 기억될 때마다 한 가지 생각이 생생히 살아난다. 먼저 우리는 감동을 받고, 그리고 나서 우리가 받은 감동에 몸을 입히는 여러 갈래 길을 찾아 나선다.

일에 대한 평범한 실수는 인간적인 한계 속으로 영이 하강하는 불가피한 부분이다. 실패는 신비한 일이지 문제가 아니다. 물론 이 말은 우리가 실패하려고 애써야 한다는 뜻도 아니고 실수를 자학적으로 즐기라는 뜻이 아니다. 우리가 하는 일이 기대에 못 미칠 때마다 성육신의 신비가 작용하는 것을 볼 수 있어야 한다. 우리가 실수 때문에 생기는 열등감이나 겸비한 마음이, 그 나름대로 의미가 있음을 이해한다면 실수는 우리가 하는 일 속에 병합될 것이며, 그것이 우리를 황폐화시키지는 못할 것이다.

연금술사의 용어인, '죽음을 만든다'는 뜻을 지닌 mortificatio는 작품에서 중요한 부분이다. 융은 설명하기를 (고행이나 금욕처럼) 인생에서 '죽음을 만드는' 것 같은 일은 영원한 요인들이 천명되기에 앞서서 반드시 필요한 것이라 한다. "내가 원하던 그 직업을 얻지 못한 것이 결국은 잘 된 일이야"라고 깨달을 때, 그 사람은 바로 이 신비를 표현하는 것이다. 그 기막힌 단순성 때문에, 이런 언표는 인간의 의도와 욕망속으로 스며들어서 마침내 실패라는 신비의 핵심을 사로잡는다. '죽음을 만드는' 순간에 인간의 의도와 야망이 인생과 일에서 반드시 최상의 길잡이가 아니라는 것을 발견할지 모른다.

만일 우리가 이와 같은 실패의 연금술을 포착하지 못한다면, 성공의 기회를 결코 얻지 못할 것이다. 실패에 대한 신비를 이해하고 그 필요성을 인정하는 것은 연금술적으로 영혼에게 작용하는 방식이 되는데, 이를 통해서 우리의 무능을 통해서 보는 눈을 뜨지언정 지나치게 자신의 무능과 동일시하지 않게 해준다. 실패 때문에 문자 그대로 일이 안 되었다는 것은 우리가 이미 살펴 본 "부정적 자기애"에 가깝다. 그것은 인간의 노력 속에 나타나는 신적이며 신비스러운 역할을 부인하는 부정적인 방식이다. 나르시스트는 말한다. "나는 실패작이야. 나는 아무 것도 잘 할 수가 없어." 실패가 마음에 영향을 끼치기보다는 오히려 실패에 푹 빠져서 탐닉하는 것은 마음에는 필수적일 뿐 아니라 영혼을 자라나게 하는 썩히는 행동에 반한 미묘한 방어가 된다. 상상력을 가지고 실패를 감상한다면, 그 실패를 성공으로 연결할 수 있다. 그러한 연결 고리가 없으면 일은 성공에 대한 커다란 나르시스트적인 판타지와 실패로 인한 우울한 감정으로 빠져든다. 그러나 신비함처럼 실패는 내 것이 아니라 내가 하는 일에서 하나의 요소일 뿐이다.

영혼에 존재하는 창조성

우리의 노동 생활에서 영혼의 또 다른 잠재적 근거인 창조력은 다분히 낭만화해 있다. 보통 우리가 창의성에 대하여 상상할 때, 우리는 pure(젊은이)의 관점에서 보며 이상주의와 예외적인 성취에 대한 고상한 판타지를 부여한다. 이런 뜻에서 일은 대부분이 창의적이지 못하고 평범하고 반복적이며 민주적이다.

그러나 만일에 우리가 바로 창의성에 대한 생각을 바닥으로 끌어내리기로 하면 그것은 반드시 예외적인 개인들을 위하여 유보해 놓을 필요도 없고 명석함과 동일시되어야 할 필요도 없다. 평범한 삶 속에서 창조성이 의미하는 것은 모든 경험으로부터 영혼을 위하여 뭔가를 만들어내는 것이다. 때로는 장난삼아, 또는 발명의 관점으로 경험을 변화시켜 의미로 가득 차게 할 수 있다. 어떤 때는 경험을 단순히 기억 속에 간직하거나 성찰함으로써 그것이 지닌 상상력을 품거나 드러내게 만든다.

창조성은 수많은 다른 형태를 취할 수도 있다. 때로는 우울을 동반하기도 한다. 예를 들면, 우울증과 한바탕 씨름하는 동안을, 매우 창의적인 시간을 보낸 것으로 이해될 수도 있다. 골똘히 생각하는 것은 의식의 스타일과 통찰의 브랜드를 창출해 낸다. 그리고 우울한 기분에서 문화와 인성의 중요한 요소들이 출현한다. 융은 자신의 장기간의 분열 곧 자신이 '방향감각 상실의 상태'라고 부른 상태에서 자신의 근원적인 심리학적 통찰을 (수태고지의 언어로) 잉태하였다. 또 다른 때는 아프로디테 식으로 성적인 관심과 욕망에서 솟구치듯이 창조성이 상상될 수 있다. 분명히 말해서 마릴린 먼로는 그녀 나름대로 창조적이었다.

창조성은 그 자체의 그림자를 끌어안을 때 스스로의 영혼을 찾는다. 예술가의 슬럼프는, 예를 들면, 창조적인 과정에서 잘 알려진 부분이다. 때로 영감은 멈추고 작가는 손대기 어려운 빈 원고지와 대면한다. 예술가들뿐만 아니라 모든 사람이 아이디어의 증발을 인정한다. 어머니가 자녀를 양육할 때 몇 달 또는 몇 해 동안이라도 날마다 자녀를 위하여 새로운 아이디어를 짜내면서 즐길 수도 있다. 그러다가 하루는 영감이 떨어지고 공허감이 덮쳐온다. 만일 우리가 이러한 빈자리가 어떻게 창조성의 일부가 되는가를 볼 수 있게 된다면, 우리는 일에서 이와 같은 측면을 우리의 소박한 삶으로부터 그렇게도 빨리 배제시키려 하지 않을 수도 있다.

아마 우리 시대의 가장 위대한 작곡가라 할 수 있는 이고르 스트라빈스키는 열심히 노력한 사람으로서 자신의 음악을 개인적인 표현으로 보기보다는 더 창안하고 작업해야 할 대상으로 보았다. 그는 인터뷰에서 "현재보다도 바하의 시대에 기량이 훨씬 더 좋았다"고 말한 적이 있었다. "먼저 장인이 되어야 합니다. 현재 우리는 '재주' 밖에 없습니다. 우리는 세부적으로 골똘히 빠져드는 열의가 없고 스스로를 장인정신 속에 묻어 위대한 음악가로 부활하려는 모습이 없습니다." 그는 예술가가 영감의 순수한 채널이 되는 데 대하여 의구심을 가지고 있었다. 그는 하버드 대학교 강연에서 말하였다. "불가능한 일이 생길 수 있다면, 그래서 나의 작품이 별안간 완벽한 형태로 나에게 주어진다면, 나는 속은 기분에 빠져 바로 그 작품 때문에 당황하고, 곤란한 입장이 될 수밖에 없을 것입니다."

창조적인 일은 신나고 감동적이고 신적인 것일 수도 있다. 그러나 그것은 동시에 날마다 일어나는 시시한 것이고 불안과 좌절과 막다른 골목과 실수와 실패로 가득 차 있다. 그런 창조적인 일은 밝은 햇빛이 좋아서 미궁의 어두운 그림자를 벗어버리고자 하는 이카루스의 솟구치는 소원 같은 것은 전혀 없는 사람이라도 해낼 수 있는 것이다. 그런 일은 자기애 같은 것이 없을 수 있고 세상을 살면서 뭔가 이루어보려고 하는 사람에게 물질세계가 안겨주는 문제에 초점을 맞출 수 있다. 창조성은 무엇보다도 먼저 영혼 충만하게 이 세상에 존재하는 것이다.

우리가 진정으로 이루어내는 유일한 것은 예술이나 문화나 가정에서나 그 어디서든지 바로 영혼이기 때문이다.

쿠사의 니콜라스와 그를 이어서 콜리지가 인간의 창조성은 우주를 창조하는 하나님의 행위에 참여하는 것으로 묘사하였다. 쿠사니콜라스의 말을 빌리자면, 하나님은 우주를 창조하고, 우리는 '인간세계' 인 소우주를 창조한다. 우리가 날마다 일을 하며 집도 짓고 결혼도 하고 아이들도 키우고 문화도 엮어내면서 우리 모두는 창조적인 사람들이 되고 있다. 주의 깊은 정성과 관심을 가지고 우리의 운명 속으로 들어가서 일종의 영혼 가득한 창조성을 즐기면, 그런 창조성이라면 위대한 예술가들의 작품이 지닌 찬란함이 있어도 좋고 없어도 좋다.

그쯤 되면, 궁극적인 일은 영혼과 연대하는 것이며, 운명의 요구에 응답함과 동시에 영혼이 제시하는 인생의 세부 사항들을 돌보는 일이다. 우리는 마침내 우리의 외부적인 노동과 영혼의 opus(작품)은 동일한 것으로서 불가분의 것임을 아는 시점에 도달할 수도 있다. 그 때는 우리가 하는 일의 만족은 깊고도 지속적인 것으로서 그것은 실패로도, 번뜩이는 성공의 빛으로도 채워지는 것이 아니다.

제 3 부

영성 실천과 심리학적인 깊이

눈앞에 있는 것을 알아보라. 그러면 숨은 것이 드러날 것이다.

— 도마복음서

제10장

신화, 의례, 그리고 영성생활의 필요

나는 계속해서 토박이 생활 곧 그 고장과 문화의 관계에 대하여 영혼이 필요로 하는 것을 강조해 왔다. 영혼은 세부사항, 구체적인 것, 친밀도, 개입, 애착, 뿌리내림 같은 것을 선호한다. 영혼은 동물이 그렇듯, 생명이 직접적인 환경에서 자라게 하는 모든 것을 먹고산다. 영혼에게는 평범한 것이 거룩한 것이고 일상이 종교의 근거가 된다. 그러나 이 문제에 또 다른 측면도 있다. 영혼에게는 영성이 필요하다. 피치노가 충고하듯이, 특수한 영성이 필요하다. 일상, 그리고 아랫것과 어긋나지 않는 그런 것이 필요하다.

현대 세계를 살아가는 우리는 심리학과 종교를 갈라놓는 경향이 있다. 정서적인 문제들이 가족이나, 또는 유아기의 상처와 관계가 있고, 개인 생활과 관련이 있다는 것은 간파하면서, 영성과는 관계가 없다고 생각한다. 우리는 정서적 발작을 '종교적 감수성의 상실'이나 '영적 의식의 결핍'으로 진단하지 않는다. 그러나 정서의 밑바닥에 자리한 영혼이 생명력 있는 영성생활로부터 은사를 입을 수도 있고, 그런 것이 박탈되었을 때는 고통을 겪을 수도 있다는 사실은 명백하다. 예를 들어, 영혼은 명료한 세계관이 필요하고, 신중하게 마련된 가치관이나 전체와 연결된 느낌이 필요하다. 영혼은 또한 불사의 신화와 죽음에 대한 태도가 필요하다. 영혼은 그다지 초월적이지 않은 영성을 바탕으로 했을 때 발달한다. 이를테면, 대대로 가문에서 이어온 전통과 가치관이 그 가정의 영성을 이루는 것 같은 경우이다.

영성은 노력 없이 온전히 이루어지는 법이 없다. 세계 어디를 가도 종교는 끊임없는 관심의 집중과 미묘하면서도 종종 아름다운 기술을 요구 하는데, 바로 이것에 의하여 영적인 원칙과 이해심이 생생히 보존된다. 선한 이유로 인하여 우리는 교회나 절이나 모스크 사원에 정한 시간에 간다. 의식이 물질세계에 머물러 사는 것도 쉽고 영적인 것을 잊어버리는 것도 쉬운 일이다. 신성한 기술은 대체로 우리가 영성적 관념과 가치관을 계속해서 의식하도록 도움을 주는 데 목표를 두고 있다.

앞에서 내가 나에게 찾아오는 환자 한 사람을 소개한 바 있다. 그는 음식에 문제가 있었는데, 그는 꿈에 나이든 여성들이 옥외에서 푸짐한 음식을 마련해준 꿈 이야기를 하였다. 이 꿈이 그 젊은 여성의 음식 문제에 타당성이 있다고 할지라도, 내 생각은 그 꿈은 동시에 그의 영혼 내부에서 원초적 여성성에 대한 배고픔에 대하여 말해주는 것이 있었다. 여성들이 요리한 음식을 먹음으로써 그들의 영을 흡수할 것이었다. 그 꿈은 남성적인 최후의 만찬에 대한 여성적인 버전이다. 음식에 관련된 또 다른 꿈에서 그의 식도가 플라스틱으로 되었는데 그 길이가 충분치 못해서 위장까지 닿지 못했다.

　이 비상한 이미지는 이 세계가 안고 있는 주요 문제 가운데 하나를 완벽하게 묘사하였다. 곧 우리의 내면의 작업을 연결하는 수단이 깊이까지 충분히 닿지 못하고 있다. 식도는 영혼의 주요 기능 가운데 하나를 드러내는 탁월한 이미지이다: 곧 외부 세계의 물질을 내부 세계로 전이시키는 것이다. 그러나 이 꿈에서는 그것이 우리 시대의 표피성을 상징하는 부자연스런 실체인 플라스틱으로 만들어졌다. 그래서 만일 이 영혼의 기능이 플라스틱이라면, 우리는 제대로 먹을 수가 없을 것이다. 우리에게는 외적인 경험을 우리의 내면 깊숙이 들여올 수 있는 더욱 더 순전한 수단이 필요함을 느낄 것이다.

　정신이 관념을 소화시켜서 지성을 생산하는 것과 똑같이 영혼은 인생으로 살면서 그것을 소화시켜서 경험이라는 먹이에서부터 지혜와 품성을 창출해낸다. 르네상스 시대의 신플라톤주의자들은 말하기를 외부 세계가 심층적인 영성의 수단으로 역할을 할 뿐만 아니라 평범한 경험을 변화시켜서 영혼의 소재가 되게 하는 것은 전적으로 중요하다는 것이다. 만일 생활 경험과 깊은 상상력 사이의 연결이 부적절하면, 우리에게 남는 것은 삶과 영혼의 분열이 되는데, 그러한 분열은 늘 여러 가지 징후로 명백히 나타날 것이다.

　식욕감퇴로 굶주린 그 여성은 자기의 식사 의례에서 종교적 실행이 묻어나는 형식을 불러일으킨다. 그 여성이 자신의 몸을 경멸하는 것과 음식을 부정하는 금욕은 유사종교화 징후적 영성을 대표한다. 어느 정도의 금욕이 영성에서 필요한 부분일 수는 있으나 금욕생활에 대한 징후이며 강박 충동적인 접근 방법을 다만 우리가 진정한 종교적 감정으로부터 얼마나 멀리 떨어져 있는가를 보여 줄 뿐이다. 사회적 징후로

서 식욕감퇴가 우리에게 가르쳐줄 것이 있다면, 그것은 신경증으로서
가 아니라 억제가 자리할 수 있는 보다 더 영성적인 삶이 우리에게 필
요하다는 사실이다. 만일 우리의 영성이 플라스틱 식도와 같다면, 신
성한 뜻에서 금식을 하는 것이 아니라 굶어 죽어 가는 꼴이 될 것이다.

　많은 종교에서 음식은 강력한 은유가 된다. 신과 연합하는 성만찬 예
식은 음식을 매개로 이루어진다. 음식을 몸 안으로 받아들이는 것은
신을 자기 안으로 흡수하는 의례의 방식이 된다. 이런 정황에서 볼 때,
그녀의 플라스틱 식도는 성만찬 예식을 간섭하는 것이 되기 때문에 그
의 꿈은 특별히 통렬한 측면이 있다.

　먹는 일 모두는, 영혼과 동시에 몸을 먹이는 일로서, 성만찬 예식이다.
'패스트푸드'를 먹는 습관의 식문화는 현대의 신념을 반영한다. 곧 우
리 속으로 받아들일 필요가 있는 것은 모두 문자적으로나 비유적으로
단순한 먹거리인데, 진정한 실체로서의 음식도 아니고 진정한 식사의
상상력도 아닌 그런 것이다. 보다 덜 문자적인 영역에서 다른 뜻으로 보
자면, 삶을 받아들이고 소화시키고 우리의 일부가 되게 하는 대신에, 또
다른 음식의 이미지로서 정보를 '덥석 물어서' 활용한다. 자연과학이
든 사회과학이든 우리의 과학은 대부분이 내면의 생활은 마치 없거나
한 것처럼 운영되거나 아니면, 적어도 내부 세계는 외부 세계와 상관이
전혀 또는 별로 없는 것처럼 운영된다. 만일 내면의 삶이 인정된다면,
그것은 이차적인 것으로 고려되며 사업이나 일상 생활에 실제적인 관심
을 일단 돌보고 나서야 관심을 기울이는 정도가 된다. 문화적으로 우리
는 플라스틱 식도를 가지고 있는데 필경 패스트푸드 또는 패스트리빙에
나 들어맞는 것이고, 길게 천천히 소화시키고 흡수하는 과정에서 삶을
받아들여야만 할 영혼의 양식에는 결코 도움이 되는 것은 아니다.

심리적 모더니즘

심리학은 최근에 DSM-IV(정신장애 진단편람)로 알려진 장애 목록을 만들었는데, 이는 의사나 보험사가 정서 생활과 행동의 문제들을 정밀하게 진단하고 표준화하는 데 사용되고 있다. 예를 들면, '적응 장애'라 불리는 범주가 있다. 이 문제는 외부에 나타나는 모든 일에 대하여 건강한 반면에 삶에 적응하는 일이 때로는 영혼에게 해로울 수가 있다. 하루 날을 잡아서 내가 개업하는 동안 본 '장애' 목록을 만들어서 내 자신의 DSM-IV를 작성해야 하겠다. 예를 들면, 현대 세계의 가치관을 무비판적으로 수용하는 '심리적 모더니즘'을 진단에 포함시키고 싶다고 하자. 여기에는 과학기술에 대한 맹신과 전기 제품이나 편의 도구에 대한 무절제한 집착이나 과학의 발전이 계속되는데 대한 무비판적 수용이나 광고의 독재 밑에 있는 생활 스타일 같은 것이 포함된다. 삶에 대한 이 같은 오리엔테이션은 마음의 문제까지도 기계적이며 이성적으로 이해하려고 드는 경향을 또한 나타낸다.

이와 같은 현대적 증후군 안에서, 과학기술은 심리적 문제를 다루는데 대한 근원적인 은유가 된다. 현대인은 치료를 받으러 와서는 "이 보세요, 저는 장기간의 분석은 원치 않습니다. 만일 뭔가 고장 났으면 고칩시다. 나에게 뭘 하라고 말씀하시면, 그대로 하겠습니다."라고 말한다. 그런 사람은 관계상 문제의 근거가, 가치관으로 봤을 때 의미가 약하거나, 치명적인 문제를 붙잡는데 실패할 수 있다는 가능성을 거부하고 만다. 현대 생활 속에는 이와 같은 종류의 사고에는 모형이 없다. 거기에는 성찰할 시간이 거의 없고, 가설이 있다면 그것은 정신에는 스페어 파트가 있고, 오너의 매뉴얼이 있고, 치료사라 불리는 잘 훈련된 기술자가 있을 뿐이다. 삶의 모든 문제의 바탕에는 철학이 놓여있으나 사람이 자신의 삶을 순전히 철학적으로 진지하게 성찰하는 데는 영혼이 필요한 법이다.

현대적 증후군이 사람들에게 촉구하는 것이 최신 전자제품을 사서 꼽고 뉴스와 오락물과 방금 들어온 일기예보 같은 것을 보게 한다. 어느 것 하나도 놓쳐서는 안될 만큼 참으로 중요하다. 나는 극단적인 예도 보았다. 이를테면 어떤 사람은 거의 하루 종일 텔레비전 수신기 여러 대를 켜놓고 앉아서 전 세계에서 일어나는 사건들을 지켜보고 있었다. 그는 이 모든 정보가 전문적으로 필요하지는 않지만, 만일 그가 뉴스를 따라잡는데 갭이라도 나타나게 되면 삶을 공허하게 느낀다. 컴퓨터 회사를 경영하는 한 여성은 의료 처치에 필요한 최신 화학제품과 기자재를 잘 알고 어떤 약을 먹으면 무슨 부작용이 있다는 것도 말해줄 수 있다. 그럼에도 불구하고 그의 사생활을 보면, 자신의 삶을 궤도에 올려놓고 안정시키는 일에는 실패하기 때문에 압도당하는 느낌을 받는다. 그의 병은 그가 잘 아는 문자 그대로의 약물 치료를 따르는 것이 아니다. 권태가 영혼의 병이기 때문이다.

때로는 정보와 지혜의 관계가 거꾸로 된 것처럼 보인다. 우리는 건강에 대한 정보의 홍수 속에서 살고 있다. 그러나 몸의 지혜에 대한 감각은 상실하였다. 우리는 여러 가지 보고에 맞춰서 조절하거나 세계 구석구석에서 무슨 일이 벌어지고 있는지를 안다. 그러나 우리는 이러한 세계의 문제들을 다루는 지혜는 별로 많지 않아 보인다. 전문적으로 심리학계에 요구되는 수많은 프로그램이 있고, 정부에서는 종종 심리치료의 실시를 엄격히 요구한다. 그럼에도 불구하고 영혼의 신비에 대해서는 의심할 여지없이 지혜가 턱없이 모자란다.

현대적 증후군은 터치하는 모든 문제를 문자 그대로 보는 경향이 있다. 예를 들면, 고대 철학자들과 신학자들은 세계는 우주적 동물이며 그 자체로서 살아있는 몸과 영혼을 지니고 있는 유기체라고 가르쳤다. 오늘 우리는 그 철학을 지구촌의 개념으로 문자화시켜 표현한다. 오늘 세계의 영혼은 고대에서처럼 데미우르고스라는 조물주나 반신적인 조물주에 의하여 창조되는 것이 아니고 광섬유에 의하여 창조된다. 내가 사는 농촌 지역에서는 작은 집의 뒷마당마다 커다란 텔레비전 수신 안테나를 볼 수 있는데, 이것 때문에 마을 사람들이나 시골 사람들이 지구상에서 펼쳐지는 오락과 스포츠 프로그램들을 즐긴다. 우리는 공동체와 관계성과 우주적 비전을 갈망한다. 그러나 우리는 마음의 감수성이 아닌 문자 그대로 하드웨어를 가지고 그런 것을 추구한다. 우리는 멀리 떨어져 있는 사람들에 관하여 모든 것을 알고 싶어 하지만 그들에게 정서적으로 연결되는 것은 원치 않는다. 우리의 인간학적 지식에 대한 열정은 역설적으로 외국인 혐오증에 빠져 있다. 세계의 다양한 문화에 대한 수많은 연구에는 영혼이 없다. 그래서 인류의 공통적인 유대감이나 공유할 수 있는 지혜를 우리 내면세계 속으로 깊이 들어가지 못할 정보로 대체하고, 우리 자신에 대한 감각을 풍요롭게도 변화시키지도 못한다. 물론 영혼은 처음부터 추출되어 있었다. 우리는 느낌과 상상의 깊이에 대해서 생각하는 것이 아니라 기술과 정보에 대한 교육을 생각해 내고 있기 때문이다.

현대세계로부터의 영성수련

　과거에, 영혼에 관심 있는 사람들은 종종 현대 세계의 이런 문제들을 다루었는데, 어느 정도는 오랫동안 우리와 함께 있었던 것들로서 그 방식은 피정을 위한 장소를 찾았다. 융은 괄목할 만한 예를 한 사람에게서 찾아 제공하는데, 그는 영혼에 맞춰서 조율하면서 자신의 삶을 사회 현실에 맞춰 적응한 것이 아니라 자신의 열망이나 불안감에 맞춰 적응하였다. 융은 자신의 비망록에서 그가 어떻게 석탑을 쌓아 거처를 마련했던가를 이야기한다. 그 석탑이 처음에는 원시적 구조물로 시작하였는데 그 뒤 여러 해를 두고 점점 더 복잡한 것으로 변해 갔다. 그는 처음부터 전체 계획을 염두에 두었던 것은 아니었고, 지나고 보니까 그는 4년마다 건물을 덧붙였다는 것이다. 의미심장하게 '4'라는 숫자가 융에게는 통전성을 상징하였다. 끝에 가서 이 탑은 신성한 자리가 되었는데, 그것은 그의 영혼의 일터로서 거기에서 벽에 그림도 그리고 자신의 꿈에 대하여 글도 쓰고, 사상을 다듬고, 자신의 회상을 즐기며 비전을 기록하기도 하였다. 그의 비망록의 제목은 〈회상, 꿈, 그리고 성찰〉(Memories, Dreams, Reflections)인데, 그가 그 석탑에서 피정을 하며 성취한 일이었음을 드러낸다.

　"나는 전기도 없이 살면서 벽난로나 난로를 피우며 지냈어요. 저녁이면 등불을 밝혔죠. 수도가 없어서 우물에서 펌프로 물을 길어 올렸어요. 나무를 패서 조리를 했지요. 이런 소박한 행동이 사람을 소박하게 만들어요. 그러고 보면, 소박해진다는 것이 얼마나 어려운지요."라고 그는 글로 쓴다.

　융의 석탑 이야기는 우리에게 여러 가지 암시를 해주는데, 특히 현대 생활 때문에 위협을 받게 될 때 어떻게 영혼을 돌볼지에 대한 힌트를 준다. 심리치료가 고립된 성격 문제와 그에 대한 특수한 해결책을 모색하는 데 초점을 맞추는 반면에 영혼의 돌봄은 일상적인 삶의 조건에 집중한다. 어떤 정서적 문제가 상정되면, 진짜 이슈는 어떤 단 한 가지의 상처나 어려워진 관계가 아닐 수도 있다. 어쩌면 이슈는 영혼이 습관적으로 소홀히 취급된 방식으로 형성된 삶 그 자체일 수도 있다. 문제들은 모든 인생의 일부이며 그것들 때문에 영혼이 반드시 시드는 것은 아니다. 영혼이 일상적인 삶의 조건들 때문에 더 고통을 겪는 것은 영혼이 갈망하는 구체적인 경험들을 가지고 영혼을 살찌게 해주지 못할 때이다.

융의 석탑은 그의 영성생활을 위한 개인적인 성전이었다. 우리 가운데 누구라도 그의 예를 따를 수도 있고 그래서 우리 집의 방 한 칸이나 아니면 어느 한 구석이라도 영혼의 일터로 떼어놓을 수도 있다. 융의 석탑은 어떤 공간을 창출해서 그곳에서 그는 개인적으로 그의 인생이 양쪽 끝으로 뻗어서 뒤로는 과거를 성찰하는 쪽으로 그리고 미래를 향해서는 예언자적으로 뻗어 있었던 것이다. 그의 석탑은 그에게 현대 문화로부터의 출구를 마련해 준 구체적인 상상의 작품이었다. 그것은 한편으로는 모더니즘의 한계를 초월하는 길을 희구하는 것이요, 다른 한편으로는 효과적인 영혼의 과학기술은 결정적이라는 그런 의식을 형성할 수 있는 효과적인 수단을 찾는 것이다.

융은 그 석탑에서 영성에 대한 또 하나의 전통적 관심으로서 그의 조상에 대하여 가깝게 느꼈다고 술회하였다. 그는 기록한다. ' 1955년 겨울—55세 때—나는 부계 조상들의 이름을 세 개의 돌판에 새겨서 그 석탑 집 앞마당에 두었다. 나는 천장에다가 내 자신에게서 나온 주제와 내 아내의 팔을 그렸다. 내가 돌판에 작업을 하는 동안 나는 나와 내 조상들 사이의 숙명적인 연결고리를 의식하였다. 내가 아주 강렬하게 느낀 것은 내가 완벽하게 남아 있으면서도 나의 부모와 조부모와 아득한 조상들에 의하여 해답되지 않는 문제들과 일들의 영향 아래 있다는 것이었다.'

이 괄목할 이야기에서 보이는 것은 융의 내면과 외부 세계가 서로 얼마나 풍성한 대화를 하고 있었던가 하는 것이다. 그에게는 영혼을 돌보는 일이 집을 짓고 그림을 그리고 조각을 하는 일이었다. 그의 석탑은 소박함과 영원에 대한 그의 내면적인 절박함을 구체화시킨 상징이다. 그 석탑은 구체화시킨 꿈의 한 조각과 같으며, T. S. 엘리오트의 말을 빌리자면 내면의 상상력에 대한 '객관적인 상관물'이다. 그의 전문적인 저술에서조차 융은 꿈에서 방향 지시를 받은 다음에 연금술에 대하여 광범하게 철저한 연구를 추진할 때처럼 영혼을 따라 선도해 나간다.

영혼의 돌봄에서 무엇이 필요한지를 계속해서 관찰하고 전심전력으로 집중할 것이 요청된다. 영혼을 소홀히 대하는 여러 가지 징조를 많이 가지고 있는 사람이 자기 집에다 영혼의 일터를 마련하려고 부속 건물을 짓는 데 대하여 충고하는 것을 상상해 보라. 심리적 불만을 다루는 일에 그렇게 비싸게, 그것도 외부적인 것을 만든다는 것이 이상하거나 심지어는 미친 짓처럼 보일지도 모른다. 그러나 활동적인 현대 생활 한가운데서 한 시간을 내부적으로 피정하는 것만으로 영혼이 치유되지 못한다는 것은 명백한 일이다. 세계로부터 우리가 피정한다는 것은 일주일에 한번 상담 차 방문하거나 가끔씩 캠핑 여행이나 하는 것보다는 더 진지하게 그리고 우리의 삶 속에 끊임없이 지속되는 식으로 해야 할 것이다.

세상으로부터 떠나 있는 일은 늘 영성생활의 일부가 되어 왔다. 수도 사들은 수도원에서 은둔 생활을 하고, 금욕주의자들은 사막으로 나가고, 미국 원주민들은 비전을 전수받기 위하여 집을 떠난다. 융의 건축학적인 피정은 세상으로부터의 은둔으로서 이러한 원형적 주제의 또 다른 버전이다. 나는 영혼의 삶을 그렇게도 심각하게 위협하는 모더니스트적인 중후군을 다루는 방식으로 집을 떠나 수도원으로 가는 것을 추천하는 것은 아니다. 피정 자체는 영혼 충만한 것일 수도 있고 도피적일 수도 있다. 그러나 어느 정도 피정에 대한 구체적이며 물리적인 표현이 영혼을 살찌우게 하는 영성생활의 시초가 될 수는 있다. 그것이 꿈이나 생각을 담아두는 서랍의 형태를 적당히 취할 수 있다. 이것은 아침마다 오 분 씩 할애해서 지난밤의 꿈이나 그 날을 내다보면서 성찰하는 것을 적는 시간으로 구성할 수도 있다. 쇼핑몰을 돌아다니는 대신에 숲 속을 거닐기로 결정하는 것일 수도 있다. 텔레비전 수상기를 창고에 넣어 두고 살면서 텔레비전을 보는 일은 특별 행사처럼 하는 것일 수도 있다. 영성에 특별히 초점을 맞춰 집중하도록 도움을 줄 성화 한 점을 구입하는 것이 될 수도 있다. 내가 아는 어느 동네에서는 아침마다 한 사람이 지도하는 데 따라 작은 공원에서 소그룹이 기체조를 한다.

이런 것들이야말로 영혼의 영적 필요를 충족시키는 피정의 온당한 형태가 된다. 영성은 거창하게 의식을 갖추어야 할 필요가 있는 것은 아니다. 실상은 영혼이 가장 덕을 볼 때는 다름 아니라 영혼이 즐거하는 정황 곧, 평범하고 일상적인 토박이 생활 속에서 수행되는 영성생활이 가능할 때이다. 그러나 영성생활이 진정으로 요청하는 것은 관심집중과 유념하는 것과 정규적인 것과 헌신 같은 것이다. 영혼을 무시하도록 형성되어 있는 세계로부터 어느 분량만큼이라도 피정할 것을 영성이 우리에게 요청한다.

사회적으로 말하자면, 공공의 방식으로도 피정의 가치를 우리는 또한 인식할 수 있다. 영혼이 피정할 필요에 대하여 민감한 도시라면 어떤 대가를 치르고라도 공원과 정원들이 보호되어 마땅하다. 공공건물들도 영혼을 돌보는 일의 일부로서 직원들이나 방문객들이 순간순간 피정할 수 있는 장소가 있어야 한다. 월남전 당시에 피난민들은 집도 버리고 손에 쥔 것이라고는 아무것도 없이 떠돌면서도 그들의 작은 신주 단지 같은 것은 지니고 다녔다는 이야기가 있다. 우리는 영성에 초점을 맞출 물건에 대하여 더 큰 관심을 쉽게 집중할 수 있고 또 지속할 수 있다. 그러나 이런 선에서 하는 어떤 일도 우리가 영혼 충만 그 자체에 대한 가치를 인정하지 않으면 의미가 있을 수 없다.

영성의 회복

현대 생활의 또 다른 측면은 많은 사람들이 삶 속에서 공식적인 종교 수행을 상실한 것이다. 이는 다만 영성에 대한 위협일 뿐 만 아니라 동시에 영혼으로부터 가치 있는 상징적 성찰의 경험을 박탈하게 되는 것이다. 영혼의 돌봄은 그 속에 공식적인 종교의 회복을 포함시키는데, 이는 지성적으로나 정서적으로 만족을 얻게 하는 길이 된다. 영성 갱신의 명백하고도 힘 있는 근거는 우리가 자라난 종교적 전통이다.

어떤 사람들은 다행히 어린 시절의 전통이 생생히 살아 있어서 지금도 타당성을 살리고 있는가 하면, 어떤 사람들은 그런 것을 찾아야 한다. 수많은 현대인들은 자기 가정의 종교적 전통으로부터 뚝 떨어져 있는 느낌이다. 그들에게는 그런 경험이 고통스러웠거나 너무 나이브하거나 생각이 너무 단순했다고 보이기 때문이다. 그렇다 하더라도, 심지어는 이런 사람들에게도 갱신된 영성의 근거가 될 수 있는 물려받은 종교가 있다. 각자의 가정이 믿은 종교에 관련해서 말하자면 누구라도 '개혁자'(reformer)가 될 수 있다.

세계 종교의 역사를 보면, 거의 모든 경우 우리는 살아 있는 전통을 본다. 모든 전통에서 근원적인 통찰은 항상 일련의 '개혁'(reformations)에서 일어난 참신한 상상력에서 비롯된 것이었고, 달리 보면 죽은 전통 같은 것이 지속적으로 갱신하는 영적 감수성의 토대가 되었다. 그 과정은 예수가 한 일과 다르지 않다. 그는 시나이 산에서의 계명을 산상수훈의 훨씬 더 부드러운 진복팔단으로 대체하면서 옛 계명으로 새 계명을 만들었고, 유대교 자체 내에서 많은 개혁을 이루어냈다. 도교와 불교에서 선이 출현한 것과도 같다. 개인의 삶이 종교 안에서 이 같은 문화적 역동성을 반영할 수도 있는데, 여러 단계를 거치면서 상충하는 충성심과 확신을 경험하기도 하고 급진적인 개혁과 재해석을 통하여 살아남기도 하였다.

내 자신의 경험도 이런 패턴의 종교 개혁을 증언할 수 있다. 나는 열렬한 아일랜드 가톨릭 가정에서 자랐다. 내가 사제가 될 재목을 수녀들이 결정할 때 나는 단연 일급이었다고 확신한다. 나는 하라는 대로 했고 점수도 땄다. 나는 복사가 되어 사제들에게 가까이 지낼 수 있는 자리에 있었다. 초등학교 시절에 나는 장례 미사 때 복사 노릇을 하면서 사제와 조반을 함께 들고 차를 탔다. 내가 준비 과정을 밟은 것이 묘하게 되어서 내가 열세 살에 예비 신학교에 들어가려고 집을 떠날 때는 그저 자연스럽기만 했다.

그 때 나는 여러 해 동안 그레고리안 성가를 불렀고, 묵상도 하였으며, 신학도 공부하였다. 나는 신앙생활을 행복하게 하였고 독신생활에 대하여 별로 걱정도 하지 않고 은행 통장도 없이 잘 살았다. 영성지도자들의 뜻을 따르기가 가장 어려운 일이었다. 그러나 나의 신학 공부는 진전이 있었다. 나는 전형적인 신학 서적보다는 폴 틸리히와 떼야르 드 샤르뎅을 더 열정으로 읽고 있었다. 사실 나의 신학관은 신학 공부의 마지막 단계에 가서 크게 개혁이 되었기 때문에 사제 서품을 받기 직전에 나는 중대 결정을 내려야 할 때가 되었다고 결정하게 되었다. 당시는 60년대 말이었고 혁명적인 분위기가 무르익던 때였다. 나는 신학교를 떠나면서 다시는 신앙이나 사제직을 그토록 헌신적으로 생각하지는 않으리라 마음먹었다.

그 뒤 오래지 않아 나는 별난 체험을 하게 되었다. 나는 여름 동안 화학 실험실에서 일을 하고 있었다. 하얀 가운을 입고 주어진 공식대로 혼합물을 섞고 있었으나 내가 하는 일에 대해서는 아는 것이 없었다. 그러나 내 주변에는 진정한 화학자들이 있었다. 하루 저녁에는 일을 마치고 역까지 가는데 내가 잘 알지 못했던 똑똑한 젊은 화학자 한 사람과 함께 걷게 되었다. 우리는 기찻길을 따르며 여러 가지 이야기를 나누었다. 나는 내가 신학교에서 받은 훈련과 현재 새롭게 즐기는 세속주의에 대하여 이야기하였다.

그는 걸음을 멈추고 자세히 보면서 나에게 말하였다.

"당신은 언제나 사제 일을 할 거예요." 자못 예언자적인 어조였다.

"하지만 나는 실제로 사제가 아니었어요." 나는 설명하였다.

"상관없어요. 당신은 늘 사제 일을 할 거예요."

나는 그가 무슨 말을 하려는 것인지 몰랐다. 그는 현대적인 과학자로서 헛소리를 할 사람이 아니었으나 말하는 것은 마치 무당처럼 하는 것이었다.

"이해가 안 돼요." 나는 기찻길에 서서 말하였다. "나는 사제가 되는데 대한 생각은 이미 버렸고, 어떤 엇갈린 양가적 감정도 없어요. 나는 현재 새로운 세계에서 새 생활을 시작한 것이 기쁩니다."

"오늘 내가 한 말을 잊지 마세요." 그렇게 말하고 나서 그는 화제를 바꾸었다. 나는 잊지를 않았다.

해를 거듭할수록 나는 그의 말뜻을 점점 더 이해하게 되었다. 그러나 그것은 아직도 신비이다. 그 해 여름을 실험실에서 보내고 나서 나는 음악을 공부하러 갔다. 그러나 시간제로 옮겨 적어야 하는 옛날 악보에서 나는 뭔가 빠져나간 것 같은 느낌을 받았다. 나는 일 년 정도를 방황하고 나서 근처에 있는 대학교 신학부에서 학위를 받게 되었다. 하루는 교수 한 분이 내게 다가와서 아마도 종교학으로 철학박사 학위를 받는 것이 좋을 것 같다고 말하는 것이었다.

"그러나 나는 더 이상 정식으로 종교를 공부하고 싶지는 않은데요." 나는 인내심을 가지고 설명하였다. "내가 한 곳을 압니다." 그가 말하였다. "시러큐스 대학에 가면 예술과 심리학과 모두를 엮어서 당신이 원하는 대로 공부할 수 있을 거예요." 3년 뒤에 나는 종교학으로 박사 학위를 받게 되었는데, 그 화학자가 염두에 두고 한 말이 이것이었나 하고 생각하였다. 그것은 사제직은 아니었으나 거기에 가까웠다.

현재 나를 보면, 심리치료사로 활동하면서 영혼의 돌봄이라 불리는 종교적 전통을 회복시킴으로써 심리치료를 변화시키는 일에 관한 글을 쓰고 있다. 영혼의 돌봄은 본디 부제나 사제의 일이었다. 내가 현재

하고 있는 일이 명백히 말하자면 제도권 교회와 아무 상관은 없을지라도 이 일은 그와 같은 종교적 전통이 깊이 뿌리를 두고 있다. 가톨릭 전통은 싫든 좋든 간에 이른바—나에게 말하자면 급진적으로 개혁된—이처럼 흘러간 가톨릭 안에서 형성되기도 하고 살아오기도 하였다. 내가 배우고 자란 그런 가르침은 아주 밀도 있게 다듬어지고 조율되고 적응되어서 내가 결코 계획했던 것은 아니지만 개인적으로 나를 변화시키는 쪽으로 분명히 성취되었다. 그러한 가르침들이 궁극적으로 내 자신의 영성에서 근원이 되었다.

일상의 거룩함

교회와 종교에 대하여 생각하는 데에는 두 가지 길이 있다. 하나는 거룩한 분의 현존 안에 머무는 것과 그 현존에 의하여 우리의 삶이 영향을 받도록 배우는 것과 경험하는 것을 목적으로 삼는다. 또 하나는 우리가 일상생활의 거룩한 차원을 직접적으로나 상징적으로 볼 수 있도록 교회가 우리에게 가르치는 것이다. 나중 것의 뜻으로 보면, 종교란 '기억의 예술'이요, 우리가 하는 모든 일 속에 내재한 종교에 대하여 지속적으로 염두에 두고 사는 길이다. 어떤 이들에게는 종교가 일요일의 일이고, 그들은 삶을 거룩한 안식일과 세속적인 한 주간으로 꼭 나눈다. 또 어떤 이들에게는 종교란 안식일에 감동을 받은 것과 거기서 지탱되는 것을 한 주일 내내 지키는 것이다. 우리의 언어(영어)에서 보면, 요일마다 제각기 농신(토성)의 토요일, 목요일의 뇌신(Thor)에서 월요일의 달에 이르기까지 신이나 여신에게 봉헌되었다. 다른 언어에서도 이와 같은 봉헌은 똑같이 명백하다. 이를테면 이태리어로 금요일은 venerdi인데 그것은 비너스의 날이다.

〈평범하게 거룩한〉(Ordinarily Sacred)이란 탁월한 책의 저자 린다 색슨은 우리가 어떻게 하면 가장 평범한 사물과 환경 속에서 거룩한 것의 출현을 포착할 수 있는가에 대하여 가르쳐 준다. 그녀는 한 노인의 이야기를 들려준다. 노인은 세상을 떠난 자기 부인과 관련된 물건들로 가득찬 도자기 함을 보여준다. 그녀가 말하기를 이것은 언약궤와 그리스도교적인 성막 전통에서 보면 거룩한 상자이다. 이런 뜻에서, 특별한 편지나 다른 물건들을 담아서 다락에 둔 상자는 벽감이요 거룩한 것을 담아놓은 그릇이다. 에밀리 디킨슨의 마흔아홉 편의 리본으로 묶어놓은 시는 조심스럽게 써서 저장한 것으로 적절하게 의식을 갖춰서 보존하고 제본한 거룩한 글이다. 우리 모두는 책이나 상자, 이를테면 한 권의 꿈일지나 마음깊이 느끼는 일기나 깊은 생각을 담은 노트나 특별히 의미가 깊은 사진첩 같은 것을 만들 수 있고, 그렇게 하여 작지만 의미심장하게 일상을 거룩하게 만들 수도 있다. 이런 종류의 영성은 아주 평범하면서도 가정과는 가까운 것인데 특히 영혼에게는 자양분이 된다. 이렇게 낮은 차원에서라도 거룩한 것을 삶과 일체화시킴이 없으면, 종교는 인간의 상황으로부터 멀찍이 떨어져 나가기 때문에 그만큼 타당성을 잃게 된다. 사람들은 형식적으로 보면 극히 종교적인데도 불구하고 일상생활 속에서 가치관을 천명하는 것을 보면 철저하게 세속적이다.

투박한 영성을 감상하는 것은 중요하다. 그것 없이는 거룩한 것을 이상화시키거나 고귀하게 만들면서 삶으로부터 멀리 떨어져 나가게 만들면 그것은 실제로 거룩한 것에 대하여 순전하게 느낄 감수성을 방해하는 결과가 된다. 교회에 가는 것이 단순히 심미적인 경험이 되거나, 아니면 심리학적으로 말해서 심지어는 거룩한 힘에 대한 방어가 된다. 형식적인 종교는 가치와 원칙의 체제 안에서는 아주 강력하고 영향력이 크기 때문에 언제나 신적인 것과 악마적인 것 사이의 첨단에 놓여있다. 종교는 결코 중립적일 수 없다. 종교는 성전의 감정을 정당화시키고 불 지르기도 하며, 사랑과 섹스에 대하여 깊은 죄의식을 기르기도 한다. 라틴어 sacer는 거룩한 것의 뿌리로서 '거룩'과 '금기' 양쪽을 의미하며, 거룩한 것과 금지된 것 사이의 관계는 그만큼 밀접하다.

나는 한 때 어떤 여성과 상담한 적이 있는데, 그는 일정량의 심리학적 모더니즘을 지니고 있었다. 패션모델인 그는 직업적으로 자신의 욕망으로부터 멀리 떨어져 있어야 했는데, 스물아홉 나이에 이미 고개를 넘은 느낌이었다. 처음 만나서 몇 차례 대화를 하며 눈여겨보니까 나이가 들었다는 말을 여러 번이나 하는 것이었다. 그의 말은 아무도 주름이 잡혔거나 흰머리가 난 사람을 모델로 쓰려하지는 않는다는 것이었다. 그래서 여기에 우리의 첫 번째 문제가 있었다. 그녀의 커리어는 자기의 몸과 나이 듦으로부터 자기 자신을 소외시키고 있었다.

나이를 먹는다는 것은 영혼이 스스로 일깨워주면서 삶의 영성적 차원에 주의를 집중하게 하는 한 가지 길이 된다. 몸의 변화는 우리에게 운명과 시간과 자연과 죽음과 성격에 대하여 가르쳐 준다. 나이 드는 것 때문에 우리는 억지로라도 삶 속에서 무엇이 중요한가를 결정해야 한다. 이 여인은 한 발 비켜서게 만들거나 자연스런 과정을 거슬러서 일하도록 부추기는 직업을 가지고 있었기 때문에 결과적으로 분리되는 현상이 그녀의 일과 개인적으로 그녀의 자신감 속으로 파고들었다.

그녀도 아기를 갖고 싶었으나 임신한 상태에서 어떻게 그 분주한 스케줄과 여행을 감당할지 알 수가 없었다. 한 달 정도는 휴가를 낼 수 있을 것 같았으나 그 이상은 어떻게 시간을 더 얻을 수 있을지 몰랐다. 뿐만 아니라 아기를 갖고 싶다는 생각도 혼자서만 알고 있어야 하는 것이었다. 기획사가 어떤 낌새라도 차리고 해고시킬까봐 두려웠다.

그녀는 유대인 가정에서 자랐는데 어릴 적에 성전에 가는 것이 별 의미가 없었다. 이제 와서 보면, 자기 종교에 대한 지식도 없고, 거기에 충성하는 마음이 조금도 없다. 다만 일에만 초점을 맞췄고, 그 직업 때문에 빠른 걸음으로 살아가는 것이 좋았다. 간단히 말해서 그는 제트기 족으로 보다 더 만족스러운 삶과 더 나은 결혼과 아기를 갖고 싶어하는 막연한 동경 속에서 스스로 영혼을 느끼는 그런 사람이었다.

그녀가 나에게 가지고 온 목표는 단순한 것이었다. "난 보다 나은 삶을 원해요. 아침마다 잠에서 깰 때면 공허감을 느끼는데, 그것을 어떻게든 했으면 좋겠어요. 좀 도와주세요."

"꿈을 꿀 때가 있습니까?" 내가 물었다. 내가 발견한 바로는 내면의 생각이나 감정으로부터 단절된 사람은 분주한 외적인 삶에 사로잡혀서, 스스로를 의식적으로 이해하려고 노력할 때에 단순히 멀리 나가지 못한다는 것이다. 사람들은 보통 자기 이해와 합리적 분석을 혼동한다. 우리는 대부분 우리가 어떤 사람인지 아니면 우리가 심리학적인 최신 유행에 빠져있는지 말해주는 구두 테스트를 받기 좋아한다. 그러나 이런 방법들은 우리가 지닌 콤플렉스를 단순화한 공식으로 축소시킴으로써 자기 지식을 억제시키는 경향이 있다.

꿈은 다르다. 꿈은 한 사람 자신의 신화이며 심상이다. 꿈은 이해하기는 쉽지 않으나 바로 그 사실 때문에 성찰하기에 좋은 출발점이 되게 한다. 우리가 일정 기간에 걸쳐서 꿈을 연구하면, 패턴이나 반복적인 이미지를 보기 시작하는데, 이것은 어떤 표준화된 테스트나 자기 분석이 근사치를 내주는 것보다 더 깊은 통찰을 얻게 해준다. "저는 늘 꿈을 꿔요." 나의 내담자가 나에게 말하였다. 그리고 나서 바로 그날 아침에 꾸었던 꿈 이야기를 하는 것이었다. 뉴욕의 한 식당에 앉아 있었는데 자기 앞에 놓인 식탁 위의 접시에서 식사를 시작하고 있었다. 포크를 가지고 접시에 놓인 하얀 크레프를 집어 드니까 그 밑에는 파란 콩 두 개가 있었다. 그것이 꿈의 전부였다.

때때로 꿈은 일본의 하이쿠나 짧은 서정시와 같다. 꿈을 가지고 자리에 앉아야 하는데, 그것은 마치 작은 그림이나 짧은 시 한 구절을 가지고 앉을 때처럼 한다. 식당은 우리가 지나가며 보는 한 장면과 같다. 그러나 우리가 이미 본 바와 같이, 음식이 영혼에 대하여 얼마나 중요하고 또 얼마나 풍부하게 상징적이냐 하는 것은 명백하다. 심리적 증상 또한 체중의 가감에서나, 여러 가지 음식에 대한 알레르기에서나 아니면 특이한 식습관에서 흔히 자명하게 나타난다.

'식당'(restaurant)이란 말 자체가 암시적이다. 그 뜻은 '회복' 시키는 것이고 더 돌아가 보면, stauros란 말은 땅에다 말뚝을 박아서 뭔가를 매어두는 데 도움이 된다. 식당에 있다는 것은 집에서 식사를 하는 것과 같지는 않다. 특히 이 사람의 경우, 식당은 그가 가정을 꾸리는데 느끼는 어려움을 상기시켜 주는 것이었다. 그 여인은 항상 길에서 살다시피 하였고, 식사는 늘 식당에서 하였다.

우리는 또한 꿈속의 짧은 시를 고찰하였다. 그는 더 자양분이 있는 콩을 발견하기 위하여 지독하게 영양이 많지도 않은 크고 넓적한 크레프를 집기 위하여 포크를 써야 하였다. 비록 작기는 하여도 콩은 녹색 자양분을 제공한다. 그것은 백색 담요에 숨겨진 작은 녹색 진주의 자양분과 같다. 녹색은 희망과 성장을 암시하는 색깔이다. 우리는 그녀의 삶 속에 있는 백색 담요에 대하여, 뭔가 희망찬 새로운 가능성들을 덮고 있는 밋밋하고 재미없는 일에 대하여 이야기를 나누었다. 그의 첫 번째 생각은 가사의 고역이었다. 아기가 물론 그 문제에 대한 해결이 되는 것은 아니었다. 그가 말하기를 대체로 불쾌감을 느끼는데 기분이 따분하고 지루하게 느끼는 마치 빛바랜 천으로 덮여 있는 것 같다. 그럼에도 불구하고 그 밋밋함 속에 생명이 묻혀 있다는 것을 감지했다는 것이다.

이 콩 꿈 이야기는 내가 몇 해 전에 들은 꿈을 상기시켰다. 그때는 한 남성이 식당에서 스테이크를 주문하였다. 그런데 그는 그 대신에 큰 쟁반 가득히 콩을 받았다. 그 꿈은 나에게 선 이야기처럼 들렸고 그 뒤로 나는 오랫동안 소박한 도보 여행자가 먹는 음식에 대하여, 특히 의식적으로 뭔가 더 특별한 것을 주문할 때 같은 것에 대하여 성찰하였다. 우리가 이국적인 미식가의 백일몽을 즐길 때 우리 앞에서 지극히 평범한 것이 튕겨 나오게 하는 것이 인생 속에 있는 법이다.

콩 꿈 이야기가 있은지 몇 달이 지나서 그 모델이 찾아왔는데 임신을 하였다는 것이다. 나는 생각하였다. " 아, 크레프에 쌓인 콩들이 그녀의 몸속에서 진행되고 있던 일에 대한 이미지였구나! "

"임신을 했다는 것이 나에게 효과가 있어요." 그녀가 말하였다. "이제는 나의 직업이 인생에서 유일한 것이 아니예요. 그리고 나이를 먹는 것에 대하여 걱정들을 했던 것은 다 그만 두었어요. 상관없어요. 그리고 진짜 걱정되게 만드는 것은요, 하나님 맙소사, 제가 심각한 책들을 읽게 된 거예요."

그녀의 영성이 발전하기 시작한 것이다. 영성은 반드시 세계의 위대한 종교의 웅변적인 언어를 통해서만 표현되는 것은 아니다. 임신한

데서부터 이 여인은 인생철학을 발전시키기 시작하였다. 적잖은 영성의 성취이다. 그녀는 이제 자기 운명 속으로 들어가서 전에는 한 번도 알지 못했던 방식으로 몸 안의 과정들을 통하여 삶을 보고 있었다. 이는 모든 시작이다. 하얀 팬케이크 밑에 있는 두 개의 파란 구슬이다.

나는 일찍이 서구에 선(zen)을 전해준 D. T. 스즈끼에 대한 이야기를 들었다. 그는 수많은 저명한 학자들과 식탁에 앉아 있었다. 그와 같은 편에 앉아 있던 한 사람이 계속하여 질문을 하였다. 스즈끼는 참을성 있게 식사를 하면서 아무 말도 하지 않았다. 선 이야기는 한 번도 읽어본 일이 없는 것이 분명한 그가 마침내 질문하였다. "나 같은 서양인에게 선을 어떻게 요약해 줄 수 있겠습니까?" 목소리에 비상한 힘을 실어서 그의 눈을 똑바로 쳐다보며 스즈끼가 말하였다. "식사나 하시오!"

영성은 세상적인 것 속에 씨앗이 심어지고 싹이 나고 햇순이 돋고 꽃이 핀다. 영성은 가장 작은 나날의 활동 속에서 발견되고 양육된다. 린다 색슨의 도자기 함과 같이 영혼을 먹여주고 궁극적으로 우리의 심리적 상처를 치유하는 영성은 평범한 것으로 치장한 거룩한 것들 속에서 발견되는 것일지 모른다.

신 화

아리스토파네스가 지은 소극 '개구리'에서, 디오니소스 신은 죽은 시인 한 사람을 데려 오기 위해 지하세계로 간다. 도시는 시가 점점 사라져 생기를 잃어가는 중이었고 최상의 해결책은 옛 시절 중 위대한 예술가 한 사람을 되살리는 것이다. 지하세계에서 디오니소스가 만난 예술가는 에스킬로스와 유리피데스였다. 디오니소스는 두 예술가를 심판하여 에스킬로스를 불러내어 시적 기근에 깊이 빠져 있는 도시를 구하도록 한다. 두 예술가가 경쟁하는 과정에서 유리피데스는 한 줄을 해석하는데 기대했던 함축성을 살리지 못해 실격 당한다. 그 한 줄은 '믿지 못할 사람을 믿을 사람으로 보고, 믿을 사람을 불신할 때'라는 구절로서 영혼을 상실한 어느 시간과 장소에서 들을 수 있는 횡설수설의 일부이다.

현재 우리의 문화적 상황은 희곡 '개구리'의 패턴과 꼭 들어맞는다. 우리는 자신을 이해하는 방식에서 깊이를 상실하고, 인생의 복합적이고 함축적인 측면을 묘사하기 위하여 유리피데스가 지옥에서 제시했던 것처럼 종종 앞뒤가 안 맞는 가벼운 언어를 쓴다. 우리도 역시 일상생활의 시에 대한 잃었던 감상을 회복하고 그 깊이를 되찾는 데로 돌아가야 할 필요가 있다. 만일 우리가 복잡한 삶에 걸맞은 시 형식과 적절한 언어를 찾기 위하여 사절을 지하세계의 깊은 곳으로 보낸다면, 결과는 어찌 나올까? 그리스의 비극 작가들이나 철학자들처럼, 우리가 할 수 있는 일은 특정 의미의 신화를 재생시키는 것보다 더 좋은 일이 없을 것이다.

신화는 역사 밖의 시간과 장소에 자리매김이 되는 거룩한 이야기로서 자연과 인생에 대한 근원적인 진리를 허구적인 형식으로 묘사한다. 신화란 늘 인생의 부분이지만 문학이나 사실적인 이야기에는 나타나지 않는 불가시적이며 영원한 요인들에 구체적으로 몸을 입히는 것이다. 대부분의 경우, 우리가 인생담을 들려줄 때, 우리는 순수하게 인간적인 술어로 표현한다. 당신이 마지막으로 괴물이나 천사나 악마를 들먹이면서 뭔가 강력하게 느꼈던 경험을 묘사한 때가 언제였나? 신화는 개인적인 것을 넘어서 모든 인생을 형성하는 원형적인 문제를 반사시키는 이미지를 표현하는 데까지 뻗친다.

우리가 우리 자신의 문제나 고난을 이해하려 애쓸 때, 우리는 어떤 계시적인 이야기를 찾는다. 우리의 표피적인 설명은 보통 약점을 드러낸다. 만족스럽지 못하다. 그래서 우리는 눈길을 가족의 주제로 돌린다. 비록 우리가 어린 시절이나 가족에 대한 이야기를 문자 그대로 받아들이더라도, 내 생각에 우리가 이처럼 과거에 의지하는 것은 신화에가 닿는 방식이다. 그런 이야기야말로 우리가 현재 지니고 있는 심오한 감정을 표현하기에 충분한 깊이를 가지고 있기 때문이다. 우리가 가족을 논할 때, 내가 보여주려 하였던 것은 어머니와 아버지나 그밖의 다른 식구들에 대한 기억은 단순한 기억이 아니라 상상력의 행위라는 점이다. 아버지가 해주었거나 안 해준 것을 이야기할 때, 우리는 실제 과거를 상기시키는 것과 동시에 누구라도 보호자, 안내자로서 그리고 확인자로서 영원한 아버지가 필요함을 묘사하는 것이다. 가족에 대한 우리의 기억은 우리 실제로 살고 있는 신화의 중대한 부분이다.

지난 몇 해 동안, 신화를 주제로 한 문학작품이 많이 출현하였다. 사회가 보여주는 강렬한 반응은 우리가 우리의 경험을 상상하는 방식을 따라서 우리가 심층과 실체에 대하여 필요를 느끼는 것과 상관이 있다고 나는 믿는다. 세계 어느 곳에서 나온 신화집일지라도 그것은 지구 위의 어느 곳에서라도 발견할 수 있는 인생의 근원적인 패턴과 주제를 생생하게 끌어낸다. 신화집이 생긴 문화에 따라서 이미지는 특수할지라도 문제는 보편적이다. 이것이 신화의 가치이다. 그것은 인간 실존의 위대한 개개인의 차이를 날카롭게 가르며 관통하는 점이다.

예를 들어, 신화집은 세상이 어떻게 생겨나고 어떻게 다스려지는가를 묘사하는 우주론을 제공해 준다. 이것은 우리가 사는 물리적인 우주에 대하여 오리엔테이션이 되게 하며 또한 상상력을 갖게 한다. 신화학자들이 주목해 온 것은 심지어 현대과학이 그 모든 사실적 타당성에도 불구하고 가장 진실한 의미에서 우주론과 신화를 또한 우리에게 제시해 준다는 점이다.

사물이 존재하는 방식은 '다만' 신화라는 가설을 판단할 때처럼, 신화는 허위성을 내포하고 있다. 신화는 공상의 세계에서 날아오르는 것처럼 보일 수도 있다. 그 상상이 수많은 신과 악마와 불가능한 행위와 비현실적인 배경으로 하여 종종 환상적이기 때문이다. 그러나 신화 속의 환상적인 요소는 그 장르에는 필수적이다. 그것이야말로 인생의 현실적이고 구체적인 일들로부터 눈에는 보이지 않지만 그럼에도 불구하고 리얼한 요인들 쪽으로 우리를 데려다 준다.

인생이 전개되는 보편적인 방식을 서술하는데 있어서 신화는 범위를 매우 크게 잡기 때문에, 자기 이해를 하는데 있어서 없어서는 안 될 길잡이가 된다. 희곡 '개구리'에서 디오니소스처럼, 적절한 시적인 이해가 부족하면, 우리 역시 억지로라도 지하세계로 여행을 해야 한다. 그런 여행은 반드시 유쾌한 것이 아니다. 노이로제나 정신 이상이 그렇게 내려가는 것을 어두운 형태로 묘사하는 것이 될 수도 있다. 하지만 더 밝은 버전도 있다. 우리도 디오니소스가 그런 것처럼 지하세계까지 위험한 여행을 하지 않을 수 있다. 그 방법은 세계 방방곡곡에서 모은 신화들을 감상하는 것을 회복함으로써 과거에 신화를 만든 사람들을 부활시키는 것이다.

신화집은 신화와 똑같은 것이 아니다. 신화집은 우리가 일상생활에서 살고 있는 신화와 심층적인 패턴을 묘사하려 하는 이야기를 수집해

놓은 것이다. 우리의 어린 시절과 가족에 대한 이야기가 어른이 된 우리가 살고 있는 신화를 불러일으키듯이, 문화적 신화가 집합적으로 현대 생활 속에서 우리가 추적하는 신화적 패턴을 불러일으킨다. 외국 문화에서 가져온 신화까지도 날마다 우리가 심층적인 수준에서 다루고 있는 요인들에 대하여 우리가 상상할 수 있도록 도움을 줄 수 있다. 신화는 사회학이나 심리학이 허락하는 범주보다 훨씬 더 심오하게 상상하는 법을 우리에게 가르쳐 준다. 그런데, 이것은 내가 신화를 심리학적으로 해석하는데 대하여 조심하는 한 가지 이유이다. 우리는 신화 속에 내포된 신비를 환원시켜서 우리 실존에 대한 탐구에는 이미 불충분한 현대 언어나 개념으로 만드는 것을 원치 않는다.

신화집을 읽음으로써 우리는 더 깊게 그리고 이미지적으로 생각하는 법을 배운다. 우리가 신화로서가 아니라 문자 그대로 받아들이고 있는 현대의 신화는 사실과 정보와 과학적 설명으로 구성된 세계관이다. 이런 상황 속에서, 종교의 가르침이나 이야기는 다른 세계에 관심을 두고 있으며 전적으로 다른 것이다. 그래서 우리는 종교와 과학 사이에 일어나는 수많은 갈등을 향하여 달려든다. 아마, 만일에 과학적 전망을 우리가 신화로 이해하였다면, 우리는 동시에 다른 신화도 고려할 수 있지 않았을까 생각한다.

신화는 언제나 상상의 한 방식이다. 신화적인 이야기의 출발점이 될 수 있는 사실을 제외하면, 신화는 본질적으로 사실에 관심을 두지 않는다. 내가 잘 기억하고 있는 아일랜드의 안내원이 있다. 그는 산등성이에 거칠게 입을 딱 벌리고 갈라진 곳을 가리키며 설명하기를, 악마가 땅을 한 입 크게 물어뜯어서 생긴 틈이라는 것이다. 신화는 종종 물리적인 증거에서부터 시작된다. 그러나 다음에는 그것을 허구를 위한 뜀

틀로 삼는데, 허구의 진실은 이야기를 만든 물리적 세계보다는 오히려 인간의 삶과 가치에 관심을 둔다. 우리가 신화를 거슬러서 그 물리적 근거로 소급해가며 우리가 신화를 설명했노라고 생각할 때, 우리는 거꾸로 가는 것이다.

과거에 일어난 사건들에 '따라 야기된' 오늘 우리의 감정이나 행동을 설명하려 할 때도, 똑같은 원리가 작용한다. 신화론적인 사고는 문자 그대로의 원인을 찾는 것이 아니라 오히려 깊은 통찰력이 있는 상상을 찾는다. 과거를 고려하기는 하지만, 신화로서의 과거는 사실로서의 과거와는 다르다. 신화처럼 우리가 우리의 삶에 대하여 들려주는 이야기도 현재 속에 작용하고 있는 주제와 인물을 암시한다. 우리가 전적으로 역사 밖으로 나갈 만큼 먼 과거로 소급해 올라간다면, 예를 들어서 올림퍼스 신전이나 에덴동산까지 간다면, 인간 실존의 터전이 되는 근원적인 주제를 터치하게 된다.

신화의 깊이는 여러 특징이 있는데, 그 중 하나는 영혼을 살아나게 하는데 유용한 수단이 되게 하는 것이다. 이미 살펴본 바와 같이, 평범한 인생의 한계를 넘어서 뻗어 나가는 시간의 의미 속에서 영혼은 가장 편하다. 영혼은 평범한 삶의 구체적인 일에 바탕을 두고 있기는 하지만 영혼은 영원한 문제에 관심을 갖고 있다. 이것은 시간과 영원에 대한 해석으로서, 수많은 종교가 탐구한 위대한 신비 가운데 하나이며, 그 자체가 많은 신화의 주제가 된다.

신화를 심리학적으로 읽으려 시도하는 현대의 작가들은 고대의 의례를 현재 수행하고 있는 사람들이다. 우리 자신의 서구 역사는 전통적 신화가 지닌 현대적 의미를 탐구하는 문헌으로 가득 차 있다. 그러나 그런 노력에서 중요한 것은 신화를 우리 자신의 개념으로 축소되지 않게 하는 일이다. 오히려 신화는 우리의 심리학적 사고의 폭을 확대시켜서 결코 완전하게 설명될 수 없는 인생 속에서 작용하고 있는 신비를 그 속에 포함시킬 정도가 되어야 한다. 우리가 상상력을 현대 심리학으로 번역하듯이 옮기는 것이 아니라, 신화로 인해 상상력이 자극받을 수만 있다면, 신화는 심리학적 사고에다 영혼을 불어넣을 수 있다.

신화집은 또한 우리가 나날이 살고 있는 심화를 감지하는 법을 우리에게 가르쳐 줄 뿐 아니라 개개인으로서 특히 우리가 그 속에 있는 것을 관찰하는 법을 가르쳐 준다. 우리의 모든 신화적인 깊은 이야기를 그리스나 로마의 이름으로 딱지를 붙일 필요는 없다. 신화학은 우리의 신화에 대한 도움이 되지만, 그 속에는 특수한 악마도 있고 신성한 존재도 있으며 자신이 갈 저승 풍경과 투쟁도 있다. 융이 우리에게 충고하기를 전통적 신화로 눈을 돌려 가지고 '확대해서' 우리에게 특수한 주제를 더 명백히 보고 더 예리하게 들으라는 것이다. 그러나 중요한 것은 비록 인생이 문자 그대로의 인과적인 것이라 할지라도, 사실은 우리가 깊은 이야기들을 종종 무의식적으로 살고 있다는 사실을 깨닫는 것이다.

우리는 정죄를 받아서 우리가 상상할 수 없는 삶을 살아내고 있다. 우리는 신화 속에 붙잡혀 있다. 우리가 드라마 속에 나오는 어떤 인물의 역할을 하고 있는 줄도 모르면서. 영혼을 위한 작업 속에는 우리의 삶의 근거를 형성하는 이런 신화들을 의식해가는 것이 포함되어 있다. 신화의 중심적인 등장인물이나 주제와 친숙해진다면, 우리가 그들 속에 사로잡힐 때 우리에게 덮쳐오는 강박충동과 맹목성으로부터 자유로울 수 있기 때문이다. 다른 면에서는 우리의 삶과 꿈속에 있는 이미지들을 탐구할 목적으로 일기, 꿈 일지, 시, 회화, 심리치료 같은 상상력을 실제로 활용하는 일의 중요성을 볼 수 있다. 이런 방법들은 우리 자신의 삶을 이루는 소재로서의 신화 속에 우리가 능동적으로 계속해서 개입하게 만들어 준다.

아리스토파네스의 드라마에 나오는 개구리들의 합창은 신화에 수용되는 삶의 방식에 대한 좋은 이미지를 제공한다. 개구리들은 양서류로서 땅 위에서도 살고 물속에서도 살 수 있다. 희곡에서 그들은 디오니소스와 그 일행을 지하세계로 안내할 수 있다. 신화적인 삶의 영혼 충만을 우리가 즐기기 위하여 우리에게도 의미와 가치가 진정으로 형성되는 우리 자신의 심층을 알고 그 속으로 찾아들어 가게 해 줄 양서류적인 능력이 필요하다.

개구리들이 개굴개굴 우는 소리를 듣고 디오니소스가 불평하니까 개구리들이 자신들은 팬과 아폴로와 뮤즈의 사랑을 받고 있다고 말한다. 그 신들은 바로 음악과 서정시의 가치를 인정할 뿐 아니라 인간의 삶 속에 있는 시적 감성의 기반을 이루어 주고 있는 신들이다. 시적인 의식이 없으면, 신화는 경직된 근본주의가 되고, 우리의 개인적인 이야기에 대한 방어적인 태도가 될 뿐이다. 그러나 뮤즈의 도움으로 신화는 일상생활에 깊이와 통찰과 지혜를 더한다.

의례

역사적으로, 신화와 의례는 한 줄로 서 있다. 민족은 저마다 창조 설화와 민족 신에 관한 이야기를 갖고 있으며, 민족 신을 숭상하고 의례 속에서 자신들의 창조를 경축한다. 신화가 문자 그대로의 경험이 아니라 느낀 경험에 대하여 이야기를 하는 방식인 반면에, 의례는 정신과 마음을 향하여 말을 하기는 하지만 그렇다고 해서 반드시 문자 그대로 의 정황 속에서 어떤 의미를 갖는 것은 아닌 그런 행위이다. 교회에서 사람들이 빵을 먹는 것은 육신을 위한 것이 아니라 영혼을 살찌게 하는 행위이다.

만일 우리가 어떤 행동들이 실생활에 영향을 끼치는 대신에 영혼을 향하여 말하는 것이라는 소박한 생각을 끌어안는다면, 그래서 우리가 하는 수많은 일에서 기능이 차지하는 지배적인 역할을 포기한다면, 우리는 나날들 속에서 영혼에다 더 큰 비중을 둘 수 있을 것이다. 옷 한 벌이 유용할 수도 있으나, 동시에 그것은 영혼의 주제와 관련하여 특수한 의미를 지닐 수도 있다. 음식이 지니는 어떤 상징적 암시성이나 그 음식을 차리거나 먹는 방식에 신경을 쓰며 주목함으로써 만찬이 의례가 될 만큼 수고를 하는 것은 그만한 가치가 있다. 어느 정도 생각이 필요한 이런 부가적인 차원이 없으면, 삶이 매끄럽게 진행된다 해도, 천천히 영혼은 약화될 것이고 마침내 영혼의 현존은 오로지 징후들 속에서만 나타나게 될 것이다.

노이로제나 명백히 말해서 정신병이 흔히 강박적 의례의 형태를 취한다는 것은 주목할 값어치가 있다. 우리가 어떤 음식, 흔히 '즉석식품' 같은 것은 계속 먹으면서 끊지를 못한다. 우리는 텔레비전 수상기에서 물러나지를 못하는데, 특히 인이 박힌 것처럼 익숙해진 프로그램이 나오면 더욱 그렇다. 이런 것이 바로 강박적인 의례가 아닌가? 몹시 불안한 사람들은 부적절한 순간에도 의례적인 소리 같은 것을 흥얼대거나 과장된 의상을 입거나 강박적으로 손을 씻는다. 그런 사람들은 자신들이 실제로 표현하고자 하는 의미를 과장하는 손짓이나 팔짓으로 제스처를 쓴다. 내가 아는 어떤 사람은 악의 현존을 느낄 때마다 둘째손가락들을 서로 엇갈리게 하는데, 이런 짓을 한 시간에 여러 차례 반복한다. 그리고 또 어떤 여성은 말하면서 한 문장을 마칠 때마다 자기의 무릎을 친다.

이런 노이로제 같은 의례가 나타나는 것은 상상력을 잃었거나 더 이상 영혼의 돌봄이 없을 때 생기는 현상으로 볼 수는 없을까? 바꾸어 말하자면, 나날의 삶 속에서 의례가 있기만 하다면 그 의례가 영혼을 상상의 세계에 머물게 하면서 문자주의로부터 멀리 떨어져 있게 해준다. 노이로제는 상상력의 상실로 정의될 수 있다. 우리가 "실제로 행동한다"고 말할 때 그 뜻은 이미지의 영역 속에 간직되어야 마땅한 것이, 마치 삶이 시가 아닌 것처럼 그 삶 속에서 사는 것과 같다는 것이다. 노이로제적인 종교의례를 치유한다는 것은 우리의 일상생활 속에서 보다 더 순전한 종교의례인 의례를 다듬어내는 것이라 할 수 있다.

의례는 세계의 경건성을 유지한다. 우리가 하는 모든 일이 아무리 단순한 것일지라도 그 주변에 상상력의 후광을 지니고 있다는 사실과 그것이 영혼에게 봉사한다는 사실을 알면 그것 때문에 삶이 풍요로워지고, 우리 주변의 사물들이 더 귀하게 되고, 더욱 더 보호와 돌봄을 받을 만한 가치가 생긴다. 꿈속에서 작은 물건에라도 중대한 의미를 지니는 것과 같이 의례 때문에 생기가 돋는 삶 속에서도 무의미한 사물은 하나도 없다. 전통 문화를 볼 때 의자나 도구 같은 것에다 정교하게 얼굴이나 몸을 조각하는 것은 사람들이 평범한 물건들 속에서도 영혼이 깃들어 있음을 인정하는 셈이고, 마찬가지로 간단한 일조차도 의례가 된다는 사실을 인정하는 것이다. 우리가 다량 생산하는 상품 위에다 상상력의 표시는 전혀 없이 단순히 기능성을 그려 넣은 스탬프만 찍어대는 것은 보통 일들 속에서 의례가 맡을 역할을 부인하는 꼴이다. 우리는 우리의 삶에 생기를 돋울 수 있는 영혼을 쫓아 버리고 있는 셈이다.

우리가 교회나 절에 가는 것은 그런 강렬한 전통 의례에 참여하기 위한 것이지만 또한 의례를 행하는 법을 배우기 위한 것도 된다. 전통이 의례에서 중요한 부분이 되는 까닭은 영혼이 개인의 의식보다는 훨씬 더 큰 범위를 차지하기 때문이다. '짜 맞춘 의례'는 반드시 옳은 것이 아니거나 우리 스스로 꿈을 해석하는 것과 같이 우리의 자질구레한 이론을 뒷받침하는지는 몰라도 영원한 진리를 지지하는 것은 못된다. 어느 수녀들의 그룹이 여러 해 전, 성금요일 예배에서 부활절 찬송을 부르기로 결정하였다. 그 이유는 그리스도의 죽음에 초점을 맞추는 것이 너무 정신적으로 불건강한 것 같고 맥 빠지게 한다고 여겼기 때문이다. 성금요일의 무드가 지닌 깊이가 비록 어둡기는 할지라도 전통은 그런 감정 속에 담긴 중요성을 더 잘 알았을 법하다. 우리가 의례를 우리의 삶 속에서 더욱 중요하게 자리매김할 것 같으면, 형식을 갖춘 종교와 전통의 길잡이 역할을 하는 데 도움이 될 것이다.

우리가 흘러가는 유행보다도 의례 전승에 더욱 민감한 교회를 찾기 원하는 까닭도 따지고 보면, 일반적으로 말하는 보수주의를 위해서가 아니라 깊은 다면적인 영혼이 장기간에 걸친 시간을 반영하는 전통 속에 보존되어 있기 때문이다. 내가 자란 곳은 가톨릭이다. 내 기억으로는 비록 제단을 나무로 만들지라도 성인의 뼈나 제단의 벽돌 한 장까지도, 거기에 필요하였던 것이다. 내가 그와 같은 신성한 기술에 대한 정보를 편한 마음으로 받아들이고 나서 인식하게 된 것은 우리 집에 가족의 유품을 두는 것이 중요한 일이라는 사실이다. 내 말뜻은 꼭 뼈가 아니라 기념이 될 만한 것들 또는 사진이나 묵은 편지 같은 것들이다. 나는 돌로 된 것들도 원하는데, 그런 것은 나 개인의 삶에 비하자면 영혼이 사는 광대한 시간을 상기시켜 주는 것이기 때문이다. 내가 또한 교회에서 배운 것은 초를 반드시 밀랍으로 만들어야 한다는 것과 성만찬용 빵과 포도주를 선별하는 것이 특히 중요하다는 사실이다.

나는 소년 시절, 제단 위에 놓인 미사를 위한 거룩한 책을 본 기억이 있다. 그 책은 붉은 가죽으로 제본되어 있는데 책갈피에 술이 달린 색색의 넓은 리본으로 표시되어 있었다. 본문은 큰 글자로 되어 있고 전례에 대한 지시는 붉은 글자로 인쇄되어서 검은 색으로 인쇄된 기도문과 확연히 대조를 이루었다. 나는 지금까지도 이런 특징들로부터 얻은 교훈을 간직하고 있다. 예를 들어, 주서(rubrics) 곧 의례를 어떻게 행하라고 정확하게 일러주는 붉은 글자로 된 지시의 중요성을 명심하고 산다. 마음속으로 나는 날마다 주서 곧 일들은 어떻게 처리해야 하는지 특별한 방식에 주목할 수 있다.

자연히, 내가 암시하고 있는 것이 표피적으로 받아들여질 수도 있을 것이다. 때때로 사람들은 영혼이 없는 의례에 사로잡힐 수도 있다. 그들은 너무 가볍게 주서를 가지고 논다. 내가 말하고 있는 것은 어떻게 하면 우리가 하는 일들이 이루어져서 진정으로 영혼을 살찌우게 하는 차원을 불러일으킬 만큼 격을 갖춘 깊은 성취감을 느낄 것인가에 대한 것이다. 나는 지금 소년 시절에 경험한 미사의 의례에 대하여 다분히 감상적인 것을 상기하고 있는 것이 아니다. 내가 나중에 신학교 강의실에서 배운 바에 의하면 의례가 효력이 있는 것은 의례를 행하는 사람의 의도 때문이라기보다는 ex opere operato 곧 '행해진 일 때문'이라는 것이라고 한다. 아마도 이것은 순전한 의례와 의식주의를 논하는 것 사이의 중대한 차이라 하겠다. 곧 의례를 행하는 사람의 개인적인 의도나

선호는 소재 그 자체에서 나타나는 전승과 의례에 뒷줄로 서는 것이다. 주서는 어떤 표피적인 자리에서 솟아나올 수는 없다. 그것이 개인의 취향이나 배경과 밀접하게 연결될지는 몰라도, 그 사람의 정신 내면의 깊은 곳에 자리 잡고 있는 견고한 근거에서 솟구쳐야 마땅한 일이다. 융이 그의 돌 조각품을 사랑한 것은 감상적인 것도 실험적인 것도 아니었다. 그것은 그 자신에게나 먼 훗날 현재 그것을 바라보는 우리에게나 똑같이 정직성을 지니고 있다. 그러나 그렇게 특별히 의식화하는 형태가 모든 사람에게 적합할 수는 없다.

우리가 우리 자신의 주서와 의례의 소재를 찾는 데 도움을 받을 생각으로 제각기 사제나 목사나 랍비를 찾아간다면 얼마나 흥미로울까. 이런 영성의 전문가들은 오늘 세상 사람들이 선호하는 사회학이나 경영학이나 심리학의 훈련을 받기보다는 오히려 의례 같은 것에 학문적 깊이를 가지고 훨씬 앞설 수는 있다. 영혼을 더욱 잘 돌볼 수 있는 길은 여러 해에 걸쳐서 개인의 행동이나 관계에 대하여 상담을 받은 것보다는 오히려 깊은 의례적 생활을 발전시키는 것을 통해서 가능할 것이다. 만일 우리가 삶 속에서 심리적 적응의 노력은 조금 덜 하고 의례를 더 많이 경험한다면, 우리는 사랑이나 정서 같은 영혼의 일에서 한층 더 좋은 시간을 가질 수도 있다. 우리는 순수하게 현세적이고 개인적이고 즉각적인 문제들을 더 심층적이고 지속적인 영혼의 관심들과 혼동한다.

영혼에게 강렬하고도 진한 영성생활이 필요한 것은 몸에 음식이 필요한 만큼이나 그리고 똑같은 방식으로 필요한 것과 똑같다. 이는 수세기에 걸쳐서 영성의 대가들이 전해준 교훈과 이미지이다. 이런 사상 속에 담긴 지혜에 대하여 의문을 가질 이유가 없다. 그러나 똑같은 대가들이 보여 주는 것은 영성생활이 위험할 수 있기 때문에 세심한 주의가 필요하다는 것이다. 영성생활에서 우리가 광신적으로 치닫거나, 우리에게 동의하지 않으려는 사람들과 싸우거나, 우리의 개인적 집착 때문에 남을 개종시키려 하는 일이 우리 자신의 영혼 충만을 표현하기보다 쉽고, 우리 자신의 신앙에 대하여 자기도취적으로 만족하거나 모든 사람에게 가능한 영성의 의미와 기쁨을 찾기보다 쉽다. 지난 세기의 역사가 이미 보여 준 것은 정신 질환이나 폭력에 대한 노이로제적인 영성의 경향이었다. 영성은 강력하다. 따라서 그 잠재력은 선을 위한 것만큼이나 악을 위해서도 강렬하다. 영혼에게는 영이 필요하다. 그러나 영성 또한 영혼이 필요하다; 곧 깊은 지성과 상징적이며 은유적인 삶에 대한 민감성과 순전한 공동체 그리고 세계에 대한 애착 또한 필요하다.

우리는 아직도 어떻게 해서 보다 더 영혼 충만한 종교와 신학이 개인적으로나 공동체적으로 긍정적인 공헌을 할 수 있을지에 대한 아이디어가 없다. 우리의 문화가 필요로 하는 것은 어느 특정 전승을 주창하는 것이 아니라 영성 지도에 대하여 영혼에게 필요한 것을 돌보는 일이다. 이 목표를 성취하기 위하여 융의 말을 따라 점차 영혼이 종교로 돌아오도록 노력해야 할 것이다. 융은 1910년에 프로이드에게 보낸 편지에서 다음과 같이 썼다: "얼마나 무진장한 기쁨과 분방함이 우리의 종교 속에서 잠자고 있는지요. 우리는 그 사랑의 찬송이 열매 맺도록 해야 마땅할 것입니다."

제11장

영성과 영혼의 결혼

영성에서 우리는 의식과 인식과 최고의 가치를 얻으려고 애쓴다. 영혼 충만에서는 인간의 경험이나 감정 양면의 가장 즐거운 것이나 가장 지치도록 하는 것을 모두 견디어낸다. 이 두 가지 방향은 인생의 근본적인 맥박을 형성하며, 어느 정도는 그 둘이 서로를 끄는 힘을 갖고 있다.

아무도 우리가 물질주의와 소비주의의 시대, 그리고 가치관이 상실되고 윤리 기준이 전이된 시대를 살고 있다고 이야기를 들을 필요가 없다. 우리가 자신을 살펴보면 옛 가치관과 방식으로 돌아가자고 역설하고픈 유혹을 느낀다. 과거에 우리는 보다 더 종교적인 국민이었을 뿐만 아니라 사회 전체에 걸쳐서 전통적 가치가 영향력이 있었다고 보인다. 그러나 그것이 과거에 대하여 희미하게나마 향수를 느끼는 관점이든 아니든 간에, 우리는 융이 이전의 상태로 돌아감으로써 현재의 어려움을 해결하는 방식에 대하여 경고하는 것을 명심해야 할 것이다. 융은 이와 같은 책동을 일컬어 '페르조나의 퇴행적 회복'이라 한다. 사회는 제각기 이와 같은 방어 전략에 빠져서 과거로부터 끌어 낼 수 있는 보다 더 좋은 조건이라고 상상되는 것을 시도하려 애쓴다. 문제는, 기억이 항상 상상의 일부이며, 다른 시기의 어려웠던 시절이 후일에는 무의식적으로 '한참 좋았던 시절'로 황금색으로 빛나게 꾸며지는 것이다.

만일 우리가 과거를 회복함으로써 현재를 개선할 수 있다는 유혹을 물리칠 수 있다면, 우리는 현재 당면한 도전에 직면할 수 있다. 나에게는 우리가 전혀 영성으로부터 멀리 떨어져 표류하는 사회가 아니라, 그와 반대로, 어떤 의미에서는 필요 이상으로 영적인 사회로 보인다. 잃어버린 영성과 무디게 만드는 물질주의에 대한 열쇠를 찾기 위해선 단지 영성에 대한 탐구를 강화하는 것뿐 아니라 영성을 다시 상상해 보아야 한다.

1400년대 후반 피치노는 저서 〈생명의 서(書)〉(Book of Life)에서 영과 몸, 종교와 세계, 영성과 물질주의는 모두 양극화하는 분열의 함정에 빠질 수 있다고 술회하였다. 곧 우리가 강박적으로 물질주의자가 될수록 영성은 더욱 신경증적으로 될 것이며, 그 반대도 마찬가지다. 어쩌면 우리의 광적인 소비 사회는 삶에 대한 추상적이며 지성 편중의 접근 방법에 대한 경향에서 도망자의 영성의 표징을 내보이고 있는지 모른다. 피치노는 이러한 분열을 치유하기 위해 영과 몸이 자기 자신들의 극단적인 만화가 되지 않도록 하는 방지책으로서 그 둘 중간에 영혼을 형성하도록 권고하였다. 그렇다면 물질주의에 대한 치료는 우리의 영성수련과 지성 생활, 그리고 세계에 대한 감성적이며 정신적인 개입을 할 자세 속으로 영혼이 돌아오게 하는 구체적인 방안을 찾는 것이 될 것이다.

　가장 넓은 의미로 볼 때, 영성은 삶 속에서 눈에 보이지 않는 요인들에 대한 접근이나 돌보려는 시도와 이 세상의 개인적인, 구체적인, 제한적인 문제들을 초월하려는 시도의 한 측면이다. 종교는 종교학자 미르체아 엘리아데가 표현했듯이 'in illo tempore', 곧 우리의 계산 밖의 다른 시간으로서 신화의 '시간'이라고 부르는 창조의 시간으로 이승 저 너머로 눈길을 뻗치는 것이다. 종교는 또한 사후 생과 이승에서의 최고의 가치에 관심을 둔다. 이와 같은 영성의 관점은 영혼을 위하여 필요한 것으로서, 비전과 감동과 또 거기에 필요한 의미를 폭넓게 제공해 준다.

　영성은 구체적으로 말해서 반드시 종교적이지는 않다. 수학이 넓은 의미에서는 영적이며, 구체적 삶의 세부사항으로부터 추출해낸다. 만일 집이나 일상으로부터 잠시 떠나거나, 높다란 고목들과 인간적인 스케일을 훌쩍 넘어서 진행되는 자연의 과정에 감동을 받는 것이 한 방법이 된다면, 햇살 가득한 가을날에 숲 속을 거니는 것도 영성적 활동이 된다. 플라톤주의자들이 말하였듯이, 영은 우리를 인간적 차원의 한계 밖으로 끌어 올려 주며, 우리의 영혼을 살찌게 해준다.

　지적이며 기계적인 지식의 추구는 때때로 영성생활에서 찾아볼 수 있는 엄청난 열정과 유일신적인 일편단심을 가지고 수행될 수 있다. 트레이시 키더는 저서 〈새로운 기계의 영혼〉(The Soul of a New Machine)에서 실제로 영혼에 관하여 이야기하지는 않으나, 컴퓨터를 발명하거나 개발하는 사람들에 대하여 서술하면서, 그들은 가족의 손실을 겪으면서까지 기술 시대에 대한 비전을 위하여 자신을 부정하며 몽땅 바치는 헌신적인 사람이라 한다. 그들은 '기계의 수도사들'이다.

그 옛날의 수도사들처럼, 그들 또한 그들이 하는 노동 수련의 영성에 사로잡혀 살면서, 빛과 전자의 세계에서 자연계를 방불케 할 정도로 재생산하는 기계를 추적하는 열정으로 말하면 금욕적인 생활을 할 수 있는 사람들이다. 컴퓨터 그 자체는 삶의 구체적인 문제들을 디지털 수학이나 광 그래픽으로 세련화하지만, 그것은 싫든 좋든 간에 물질의 영성화 또는 해체하는 작업이다. 중세의 수도사들도 지성적인 지식이나 독서, 필경이나 경건한 도서관의 사서 임무를 보면서 지상의 삶을 승화시키는 그들 나름의 방법으로 분주하게 살았다.

경험을 추상화하는 데 있어서 영혼에게는 몇 가지 심각한 결함이 생긴다. '알려진' 세계에서 살려는 지성적 시도는 평범한 일생 생활로부터 무의식적인 요소들 곧 우리가 매일 부닥치면서도 별로 알지 못하는 일들을 앗아간다. 융은 무의식과 영혼을 동등하게 다룬다. 그래서 우리가 모든 신비로부터 보호받으며 순응함으로써 편안한 마음으로, 지성적으로 예측 가능한 세계 속에서 온전히 의식적으로 살려고 노력할 때, 우리는 날마다 영혼 충만한 삶에 대한 기회를 놓치고 만다. 지성은 알기를 원하고, 영혼은 놀라기를 원한다. 지성은 앞을 내다보며 계몽과 타오르는 열정의 기쁨을 원한다. 영혼은 늘 내면으로 끌려 들어가며 관상과 지하세계의 보다 더 그늘지고 신비적인 경험을 찾는다.

제임스 힐먼이 관찰한 바에 의하면, 우리의 영성이 충분히 심오하지 못할 때, 영성은 뒷문으로 살짝 빠져나가서 이상야릇한 모양으로 온갖 종류의 이상한 열광주의를 띤다. 우리는 실제적인 종교적 감성에서 광신주의로 치달을 수도 있다. 예를 들어 수세기에 걸쳐서 점성술이 문학과 종교의 바탕에 엮여져 들어갔다. 그리스도교의 시초는 물고기 곧 점성술 시대의 물고기자리와 우연의 일치를 이루는데, 이와 같은 점성술의 요인에 관하여 읽은 책 한 권을 저술하였다. 거룩한 예술의 역사는 내내 점성술의 주제와 이미지를 내보이는데, 늘 교리와 제사의례로 표현되는 신비와 연결되어 있다. 그러나 오늘에 와서는 점성술이 신문 지면에 글자 맞추기 옆에 쯤 가서 자리하게 되었다. 한때는 종교 예술과 신학에 포함될 수 있었던 살아 있는 신화가 이제는 안방의 놀이가 되었다. 이것은 우리의 영성이 그 깊이와 실체를 어떻게 상실하였는가를 보여주는 하나의 작은 예에 불과하다. 다른 말로 표현하자면, 피치노의 표현대로 영성이 이제는 더 이상 영혼을 지니고 있지 못한다.

근본주의와 그 '치유' —다신론

영혼을 상실할 때, 영성은 흔히 근본주의라는 그림자 형태를 취한다. 내가 어느 특정 집단이나 종파를 두고 말하는 것이 아니라 뭔가에 대하여 우리의 시각을 사로잡는 관점을 두고 하는 말이다. 근본주의의 본질에 대하여 서술하는 한 가지 방법은 음악적 아날로기아를 통하여 하는 것이다. 피아노 앞에 가서 낮은 C를 제법 세게 치면, 알든 모르든 간에 일련의 톤 전체를 들을 것이다. '펀더멘탈' 음은 분명히 들린다. 그러나 C와 G와 E와 심지어 B플랫의 오버톤이 그 소리에 포함되지 않는다면, 그 소리는 매우 이상하게 들릴 것이다. 나는 근본주의—펀더멘탈리즘—을 삶의 오버톤 곧 상상력의 풍부함과 다신론에 대한 방어라고 정의를 내리고 싶다. 대학에서 내가 가르친 학생들은 근본주의자들이었다. 그들은 헤밍웨이 소설에서 오버톤 곧 미묘한 인용문에 대하여 토론하는 것을 반대하였다. 어떤 사람이 꿈 이야기를 하는데, 뱀 한 마리가 성경 아가서를 암송하면서 자기 얼굴을 뚫어지게 바라보고 있으면, 그 것은 그 전날에 자기네 뒷마당에서 지렁이 한 마리를 봤던 경험이 나타 난 것에 불과하다고 한다면, 그런 사람은 근본주의자가 되는 것이다.

여기서 우리는 한 가지 중요한 법칙에 도달하는데, 종교적 영성이나 온갖 이야기와 꿈과 그림에 적용시킬만한 것이다. 지성은 요약된 의미 를 원하며 모든 것이 잘 되고 정신의 목적적인 특성에 들어맞는 그런 것이다. 그러나 영혼이 갈망하는 것은 성찰의 깊이와 의미의 여러 층 과 끝이 없는 뉘앙스와 참조 사항들과 암시와 예상 같은 것들이다. 이 모든 것이 이미지와 스토리의 질을 풍부하게 해주며, 반추할 만한 요소 를 많이 안겨줌으로써 영혼을 즐겁게 해준다.

반추는 영혼이 주로 즐기는 것 가운데 하나이다. 초대 그리스도교 신 학자들은 성서 본문에 어떻게 해서 한꺼번에 여러 수준에서 읽혀질 수 있는가를 상세히 토의하였다. 그 속에는 문자 그대로의 의미와 알레고 리적인 의미와 (죽음과 사후 생에 관심을 갖는) 신비적인 의미도 있었 다. 그들은 출애굽기 이야기를 전형적으로 설명하면서 예를 들면, 죄 속에 갇혀 있는 영혼을 해방시키는데 대한 알레고리로 말하였다. 그러 나 이것이 그 스토리의 유일한 의미는 아니었다. 이와 같은 수행은 성 서에 대한 '원형적' 독서를 암시하는데, 성서 이야기를 단순한 도덕적 교훈이나 신앙 고백이 아니라 인생의 뿌리를 형성하는 신비에 대한 미 묘한 표현으로 간주한 것이다. 기적 이야기가 그리스도의 신성에 대한 단순한 증거가 안 될 수도 있다. 사실상 영혼은 신성을 받아들이는데 별 문제가 없다. 그러나 그 대신에 영혼의 다양한 방식에 대한 헤아리 기 어려운 진실은 어느 정도 표현할 수는 있다. 삶 속에서는 제각기 하 나만 있을지라도, 영혼이 마치 수백 개의 빵과 물고기로 배불리 먹을 길이 있는 것인가? 모든 혼인이 가나에서 있는 것이기는 하지만, 결혼식에서 물이 포도주로 변하는 길이 있는가?

영혼의 관점에서 보면, 수많은 교회와 그리스도교에 대한 헤아릴 수 없이 많은 이해가 풍부함은 될지언정, 모든 교회를 하나로 만들려는 어떤 시도도 궁극적으로는 바로 종교의 생명에 대한 위협이 될 수 있다. 이탈리아의 르네상스가 동방교회와 서방교회 사이에 열렸던 공의회로부터 큰 스파크를 받았음을 기억하는 것은 흥미로운 일이다. 공의회를 개최하는 과정에서, 각처에서 온 상상력이 풍부한 사람들이 플로렌스에서 만나서 사상의 교합을 통하여 그리스도교적 생활방식에 전혀 새로운 전망을 열었고, 그리스 사상과 마법의 실제에 노출되면서 엄청난 영향을 받기도 하였다. 공의회에서 있었던 대화의 덕을 입은 피코 델라 미란돌라는 〈시적 신학〉(Poetic Theology)이라 불리는 책을 쓰기로 결심하기에 이른다. 코시모 디 메디치는 이집트의 마법의 신학에 관심을 갖게 되었다.

스토리의 무한한 내적 공간이 종교에서 비롯되든 일상생활에서 비롯되든, 그것은 바로 그 자체의 영혼이다. 우리가 거룩한 이야기에서 신비를 박탈한다면, 남는 것은 사실을 싸고 있는 부서지기 쉬운 껍질과 단 한 가지 의미를 지닌 문자주의가 될 뿐이다. 그러나 우리가 스토리에다 영혼을 허용하면, 그것을 통하여 우리는 우리 자신의 깊이들을 발견할 수 있다. 근본주의는 의심과 절망과 공허라는 어두운 요소들을 키질하여 날려 버리면서, 스토리를 이상주의적으로 로맨틱하게 만들려는 경향이 있다. 그것 때문에 가로막혀서 우리는 스스로 의미 속에 참여하고 우리 자신의 미묘한 도덕적 가치를 개발하는 힘든 노력을 저버리고 만다. 거룩한 교훈적 이야기는 우리 자신의 정체성에 대한 신비를 심화시키는 잠재 능력이 있는데도 불구하고, 근본주의 안에서는 그것이 방어적으로 사용되어 개인이 선택과 책임과 계속적으로 변화해 가는 자신의 정체감 때문에 염려하는 것을 덜어주려 한다. 어떤 상황에서나 근본주의의 비극은 생생한 삶을 한 개의 딱딱한 얼음 덩어리 같은 의미로 얼려버리는 그 능력에서 찾아볼 수 있다.

근본주의에는 융학파-프로이드학파, 민주당-공화당, 락-블루스 등 온갖 종류가 있다. 그것은 우리가 말하는 개인적인 이야기를 어떻게 이해하는가 하는 방식과 상관이 있다. 예를 들면, 이 심리학의 시대를 살면서, 우리가 어린 시절에 일어났던 일 때문에 인생을 살아가는데 어떤 문제가 있다고 확신하는 사람이 많이 있다. 우리는 발달심리학을 문자 그대로 받아들이면서 우리가 형성된 것에 대하여 뭐든지 부모 탓을 한다. 그러나 만일 우리가 그런 어릴 적 이야기들을 통하여 볼 수 있고, 신화처럼 그 이야기에 귀 기울여 들을 수 있고, 그 속에 있는 시를 포착하고, 그 속에서 울려 퍼지는 영원한 신비를 들을 수 있다면, 상황은 달라질 수도 있다.

최근에 나는 요즘 이야기 하고 있는 근본주의와 관련된 예와 맞닥뜨렸다. 사무실에 앉아서 전화를 받던 중, 맑고 차분한 목소리로 "여보세요? 저는 근친상간을 겪은 사람인데요, 선생님과 이야기를 하고 싶어요."라는 사람과 통화하게 되었다.

나는 이름도 밝히지 않고, 몇 마디 대화도 오가지 않은 상태에서 단도직입적으로 두 마디 말로 자신의 삶을 설명하며 자신의 정체를 밝히는 갑작스러움에 당황하였다. 물론 이 사람이 고통스러운 경험을 했다는 사실을 인식하였고, 마치 알코올 문제로 몸부림치고 있는 사람이 "나는 존입니다. 나는 알코올 중독자예요." 라고 말하는 것처럼, 용기를 내어 자신의 문제를 인정하고 있음을 가상히 여겼다. 하지만 나는 그가 처음으로 말을 하면서 "저는 근친상간을 겪은 사람이에요."라고 '되뇌는' 것에 끌렸다. 처음 시작하는 말에서 그는 자신이 근친상간 이야기와 동일시된다고 이야기하는 것이었다. 그것은 근본주의자의 신앙고백처럼 들렸다. 나는 그래서 처음 몇 순간, 만일 이 여인이 외래환자가 된다면 어떻게 그의 근친상간 경험과 그의 근본주의를 동시에 다룰까하고 생각하였다. 자신의 고통이나 고난 그 어느 것도 부인하지 않은 채 그가 자신의 근친상간 이야기를 꿰뚫어 볼 수 있을 것인가? 그가 어릴 적부터 한 이야기의 주인공으로 살아온 것보다 결과적으로 자유로워지는 개인이 될 수 있을까? 문화적으로 정의가 내려진 근친상간을 불가피한 심리학적 상처(외상)로 받아들이고 그래서 자신의 신화의 일부로 삼았던 것은 아닌가?

내가 이미 말한 것처럼 영혼은 일반적인 이야기가 아니라 구체적인 것에 더 흥미를 느낀다. 그것은 개인의 정체성에도 들어맞는다. 어느 집단이나 증후군이나 진단과 자신을 동일시하는 것은 결과적으로 추상적 개념에 빠지고 만다. 영혼은 개체성에 대한 강렬한 의미를 안겨주는 바, 개인의 운명과 특별한 영향과 배경 그리고 특유한 스토리를 갖게 해 준다. 정신보건 체계는 위급한 환자나 만성질환자를 관리하는 데 있어서 양쪽에 모두 압도적인 필요에 직면하여 사람들에게 정신분열증 환자, 알코올 중독자 그리고 생존자/희생자라는 딱지를 붙여서 가정이나 거리에서 삶의 혼돈 상태에 어떤 질서를 부여한다. 그러나 공통적인 주제는 아무리 많다할지라도 개개인이 각기 특별한 이야기를 할 것이 있다.

그러므로 그런 사람에 대한 영혼의 돌봄은 '그녀의' 소박한 이야기를 하는 데서 시작해야 마땅하다. 사실상 나는 그 스토리 속에 있는 뉘앙스를 포착하기 위하여 몇 번이라도 같은 이야기를 들으려 한다. 내 생각에는 이 여인이 자기 자신의 스토리 속에서 자신을 눈여겨보고 자신의 집단적인 근본주의적 정체성의 일부라도 잃어버리는 혜택을 볼 수 있을 것 같았다. 그녀가 자신이 근친상간의 희생자라는 관념을 가지고 자신의 신비를 걸러내기 분주한 시간에 자신의 영혼을 일별한 시간이 있었을까? 내가 이런 말을 하는 것은 그녀의 경험이나 심지어는 이 사건이 그녀의 발달 과정에서 유별나게 중요하다고 믿는 그의 신념의 중요성을 감소시키려는 뜻이 아니다. 그러나 그녀의 스토리는 심화되어야 할 필요가 있고, 좀 더 복합적으로 감지될 필요가 있으며, '이런 경험을 했으니까 영원히 상처를 입고 살 것이다.' 라고 말하는 사람의 견해뿐만 아니라 수많은 견해를 통하여 성찰되어야 할 필요가 있다.

우리 모두는 자신에 대한 근본주의적 스토리가 있어서, 그런 이야기들을 문자 그대로 받아들이고 또 열심히 믿는다. 보통 이런 이야기들은 너무 익숙하여 우리 스스로의 힘으로는 그것을 꿰뚫어 보기가 어려운 법이다. 이런 이야기들은 너무나 설득력이 있고 확신을 갖게 하기 때문에, 그런 이야기들이 개별적으로 발전된 경우를 제외하고는, 다분히 종교적, 도덕적 원리처럼 돼 버린 결의문이나 격언처럼 되도록 만든다. 초대 교회의 그리스도교 신학자들처럼 우리도 이런 이야기들을 들춰내어서 그 미묘함과 플로트의 구조와 장르와 시적 형태를 드러내게 해야 한다. 그것은 그런 이야기들이 비난받게 하거나 비신화화 되게 하자는 것이 아니라 그들이 지니고 있는 의미와 가치의 범위를 더욱 더 크게 드러내게 하자는 것이다.

우리가 종교적 이야기를 하거나 우리 자신의 이야기를 하거나 똑같은 문제들은 자주 나타난다. 우리가 너무 자주 듣는 것은 결론과 이야기의 풍부한 세부 내용을 환원시켜서 모두를 압도하는 의미와 도덕률이 된 것이다. 융의 언어로 말하자면, 우리는 이런 이야기들 속에서 아니마(anima), 곧 그들의 삶과 숨 쉬는 영혼을 찾을 필요가 있다고 말할 수 있다. 스토리에 영혼을 불어넣는 것은 우리의 이미지를 도덕적으로 설명하는 일을 그만 두게 하고, 이야기를 처음부터 제약시키거나 기울게 만드는 이데올로기보다는 오히려 이야기 자체를 위하여 말하게 만든다.

가톨릭 신자들은 고백성사를 하기 때문에 정신과에 갈 필요가 없다는 말을 들었다. 내가 시사하고자 하는 것은 성서로 눈을 돌려 영혼의 본성에 대하여 큰 통찰을 얻으려는 사람은 심리학이 따로 필요 없다는 사실이다. 일반적으로 말해서, 심리학은 성서보다 더 추상적이고 덜 이미지적이며, 더 과학적이고 덜 시적이다. 그렇기 때문에 영혼의 돌봄에 대한 약속이 덜하다. 그러나 성서를 보면서 도덕적 확신과 믿음의 기적적인 증거와 삶의 선택들을 어렵게 만드는 일에서 의심이나 불안을 기피하는 법을 찾는다면 그것은 통찰을 구하려는 것과는 매우 다른 것이다. 근본주의자들에게는 성서가 확신할 대상이다. 그러나 영혼에게는 성서가 종교적 상상력을 위한 커다란 자극제가 되며 가장 심오하면서도 가장 숭고한 가능성을 위하여 마음을 찾기 위한 큰 자극이 된다.

어느 날엔가 나는 '원형 심리학'이 전 세계로부터 모을 수 있는 종교 텍스트 속에 있는 영혼을 우리에게 보여주게 되기를 기대한다. 현재는 텍스트와 역사와 구조에 관한 연구, 곧 테크노 영성적인 이슈에 강조점이 있다. 소수의 신학자들, 특히 데이비드 밀러, 볼프강 기거리히, 그리고 린다 색슨 같은 이들이 성서 연구에 원형적 상상력을 접목시켰으나 앞으로 해야 할 일이 더 많이 남아 있다. 무죄와 고난의 문제를 안고 씨름해 본 사람이라면 누구라도 익숙한 주제와 인물들로 가득 찬 욥기 같은 책은 수없이 많은 극적인 버전 속에서 풍부한 상상력과 함께 열렸을 뿐 아니라 동시에 융의 심리학 연구에서도 새롭게 열렸다. 그러나 성서에 근거를 둔 사회로서 우리는 과연 에덴으로부터 추방된 리얼리티를 온전하게 느끼고 있는가? in illo tempore 곧 태초의 우리 조상들이 그랬듯이 우리가 감히 낙원의 뱀과 이야기를 시도하였는가? 우리가 그 뱀을 우리의 가정과 도시들 속에서 인식하는가? 도대체 그 뱀과 우리들의 꿈속에 나오는 뱀과 무슨 관계라도 있는 걸까? 우리가 주는 꿈이 내재적으로 성서나 토라와 무슨 상관이 있을 지에 대하여 진지하게 고찰이라도 하는가?

영혼이 자기표현을 하는 복합적 수단은 그 깊이와 미묘함의 한 측면이다. 우리가 뭔가를 영혼 가득히 느낄 때 그것을 명백히 표현하기가 때로는 어려운 법이다. 당황한 나머지 적절한 말을 찾지 못하여 그만 스토리나 이미지 쪽으로 눈을 돌리게 된다. 쿠사의 니콜라스는 결론짓기를 우리는 종종 대안은 없고 다만 '수수께끼 같은 이미지'를 끌어안고 살 따름이다. 영혼은 지적인 이해보다는 관계성에 더 관심이 많기 때문에 영혼이 경험과 친밀한 데서 오는 지식은 거리를 두고 할 수 있는 일종의 분석보다 명료하게 설명하기가 더욱 어렵다. 영혼은 늘 과정 속에 있으며, 헤라클리토스가 말하는 것처럼, 자기 나름대로 운동 원칙이 있다. 그래서 정의를 내리거나 고정적인 의미를 가지고 못 박듯이 말하는 것이 어렵다. 영성이 영혼과 이러한 가치들과의 접촉을 상실하게 될 때, 영성은 경직되고 단순해지며 도덕주의적이며 권위주의적으로 되는데, 이는 영혼의 상실을 무심코 드러내는 특성들이다.

잉그마 베르히만의 걸작 영화 '화니와 알렉산더'가 이런 차이를 생생하게 보여 준다. 거기서 가정생활의 생기 곧 화려한 친척들과 풍성한 음식과 축제의 분위기와 신비와 어둔 그늘을 경직된 권위주의적인 주교와 대조시킨다. 영화의 무드가 재미, 친밀, 외설스러움, 음악, 성격, 소속감, 그리고 가정의 따뜻한 느낌으로부터 규칙, 외로움, 형벌, 공포, 정서적 거리감, 폭력, 그리고 도피에 대한 희망으로 바뀐다. 명백히 말해서 주교라는 인물을 통하여 제시되는 것은 영성이 아니라 오히려 영혼으로부터 단절된 근본주의적 종교의 영이다. 심지어 최고의 엄격한 형태의 영성도 영혼 충만함과 공존할 수 있기 때문이다. 은둔 생활을 하였던 토마스 머튼은 그의 유머와 웃음으로도 잘 알려져 있다. 성토머스 모어는 영성수련의 일부로 맨몸에 거친 모직 옷을 입고 살았으면서도 위트가 있었고 강한 가족 간의 유대감이 있었고, 법률과 정치에 깊이 개입하였고 따뜻한 우정을 지니고 살았다. 문제는 인간 생활에 절대적으로 필요한 영성 그 자체에 있는 것이 결코 아니고, 영성과 영혼이 따로 분리될 때 일어나는 편협한 근본주의가 문제인 것이다.

영성에는 수많은 종류가 있다. 우리가 가장 익숙한 영성은 초월의 영성으로서 최고의 비전과 보편적인 도덕률과 인간 생활의 수많은 제약으로부터의 해방을 높이 추구하는 것이다. 손가락으로 교회를 만드는 어린이들의 게임을 해보라. "여기는 교회가 있고, 여기는 뾰족탑이 있다." 거기서 우리는 초월적 영성에 대한 소박한 이미지를 얻게 된다. 그러나 "문을 열면 여기에 모든 사람들이 있다." 하고 보면, 영혼의 내면적 다양성이 있다. 이것은 플라톤이 묘사한 동상과 같아서 겉에는 사람 얼굴이 있으나, 일단 열고 보면 그 속에는 모든 신이 내포되어 있다. 나무 한 그루, 동물 한 마리, 작은 숲 하나라도 모두가 종교적 관심의 초점이 될 수 있다. 한 장소의 영성은 우물이나 땅바닥에 그린 그림이나 돌을 쌓아 놓은 것으로도 표시될 수 있다. 옛 전쟁터나 우리의 조상들이 태어난 집이나 조지 워싱턴이 잠잤던 곳 같은 데에다 역사적 표적을 남길 때, 우리는 순전한 영성적 행위를 하게 마련이다. 우리는 특정 장소에 붙은 특별한 영을 존중한다.

가족 또한 영성의 근거이자 초점이 된다. 수많은 전통 속에서 가족의 사당이나 사진이 별세한 가족들을 기린다. 가족들의 모임과 방문과 스토리텔링과 사진첩, 유품들 그리고 심지어 그들의 회상을 녹음한 노인들의 녹음테이프를 듣는 의례 같은 것도 영혼을 살찌게 하는 영성적 행위가 될 수 있다.

신들과 여신들을 도처에서 보는 다신교도 세상에서 영성적 가치를 찾는 쪽으로 유용한 길잡이가 되어 준다. 이런 식으로 영성을 확장하기 위하여 다신론자가 되어야 할 이유는 없다. 르네상스 이탈리아에서는 그리스도교에 헌신적인 경건하고 유일신적인 주요 사상가들도 광범위한 영성을 위해서라면 그리스의 다신론에 눈을 돌렸다.

우리는 그리스 사람들로부터 배울 것이 있다. 예를 들어, 아르테미스의 영성을 실행하는 일이다. 아르테미스는 숲과 외로움과 출산하는 여인과 소녀들과 자기 충족의 여신이었다. 그의 스토리를 읽고 수많은 그의 회화나 조각을 관상하면서 우리는 세계 속에서나 동시에 우리들 속에서 자연의 신비는 어느 정도 배울 수 있다. 아르테미스를 통하여 감동을 받아서 동식물의 방식으로 신비를 탐구할 수도 있고, 아니면 혼자 뚝 떨어져서 시간을 보내며 아르테미스가 지켜주는 외로움에 봉사할 수도 있다. 침입과 침해에 강력하게 대항하며 보호해 주는 여신이 있다는 사실을 아는 것만으로도 우리 자신의 삶이나 다른 이들의 삶 속에서 그와 같은 영을 함양하는 데 도움이 될 수 있다.

다신교는 아프로디테적인 영성에서와 같이 우리가 가장 기대하기 어려운 곳에서도 영성을 찾을 수 있도록 이끌어준다. 섹스가 영혼의 깊은 신비의 근거가 되고, 거룩한 일이 되며, 영혼을 형성하는 데 있어서 근원적인 경험 가운데 하나가 될 수 있다는 사실을 발견할 수 있다. 아름다움, 몸, 호색, 화장품, 치장, 의상, 그리고 보석 곧 세속적 패션에서 다루는 것들도 아프로디테의 의례와 스토리 속에서 종교적 중요성을 찾는다.

만일 우리가 영성생활에 대한 다양한 근본주의적 태도를 넘어설 수만 있다면, 이를테면 지나치게 단순한 코드의 도덕성에 집착하는 것이든지 스토리의 고착된 해석이든지 개인의 생각은 소중히 여기지 않는 공동체라든지 하는 것은 넘어설 수만 있다면, 영성적일 수 있는 여러 가지 다른 방법들이 눈에 들어올 수 있다. 우리는 그래서 몸과 개성과 상상력과 탐구에 대한 영혼의 필요와 대항하지 않으면서도 영성적일 수 있는 길이 있다는 사실을 발견하게 될지 모른다. 결과적으로 모든 정서와 인간의 모든 활동과 삶의 모든 국면들이 영혼의 신비 속에 깊이 뿌리를 두고 있으며 그래서 거룩하다는 사실을 발견할 수도 있을 것이다.

공식 종교의 영혼

영성과 영혼 충만을 동시에 이룰 수 있는 또 다른 길은 영혼을 향하여, 그리고 영혼에 대하여 종교가 공식적으로 하는 '말씀'을 듣는 것이다. 융은 자신의 삶 속에서 좋은 예를 보여 준다. 그는 가톨릭교회가 1950년에 선포한 성모 마리아 승천 교리에 매료되었다. 융이 가톨릭 신자가 아니었다는 것은 상관없다. 그에게서 이 일은 영혼에게 중요한 날이었다. 그의 말을 빌리자면, "종교개혁 이래 가장 중요한 종교적 사건"이다. 그의 생각에 이 사건은 여성을 신성의 영역으로 끌어 들였고, 나아가서는 인간의 삶 속에 하나님의 성육신이 이루어짐을 알리는 신호탄이었다. 그는 그 교리에 관한 찬반 논쟁을 이성적으로 하는 것은 논외로 간주하였다. 그는 성모 마리아가 루르드의 어린이들에게 발현하였다는 보고와 함께 그것이 교황에게까지 보고되었다는 사실에 더 관심이 있었다. 그는 이 교리가 인간과 신 사이의 강력한 연합을 바라는 집단적 필요성 때문에 생긴 것으로 보았다. 그에게는 이 교리가 세상의 모든 이들에게 중대한 사건이었던 것이다.

융은 글 속에서, 여러 가지 전승을 인용하면서 가톨릭 미사와 중국의 황금꽃 이미지와 티벳의 〈사자의 서〉 용기 등의 상징주의의 영혼이 내포한 암시 같은 것을 탐구하였다. 이때의 위험은 그런 접근법이 종교를 심리학적으로 처리하거나 의례나 교리를 심리학적 문제로 환원시킬 우려가 있다. 그러나 종교적 이야기나 의례 속에서 영혼에 귀 기울여 듣는 것은 환원적일 필요가 없다. 르네상스 신학자들처럼, 우리도 우리 자신의 전통적 교리에다 특별한 지위와 명예를 안겨줄 수 있으며, 동시에 영혼에 대한 언표로 들을 수도 있다.

종교의 공식적인 가르침과 의례와 이야기는 영혼의 신비에 대하여 성찰할 수 있는 근거를 끊임없이 제공한다. 예를 들어 공생활을 시작할 무렵에 세례를 받으려고 요단강에 서있는 예수의 이야기를 생각해 보라. 이런 장면은 누구의 삶에서도 중대한 순간을 묘사하는 것이다:

곧 사람이 스스로 시간과 운명의 강력한 흐름 속에 서 있음을 느끼는 것이다. 가톨릭의 가르침은 세례의 물은 흘러야 한다는 것이다. 무엇보다도, 개개인이 제자리를 찾아야 하는 사건들과 사람들의 흐름을, 바로 세례의 물이 상징한다는 것이다. 헤라클리토스는 "만물이 흐른다."고 간결하게 말하면서, 강물을 인생 유전의 흐르는 이미지로 사용하였다. 우리는 이러한 공적인 근거로부터 어떻게 하면 특수한 상황 속에서 영혼을 이해하고 또 다룰 수 있는가를 배우며, 동시에 그들이 꿈에 나타날 때 비슷한 이미지를 어떻게 이해할 수 있는가를 배우게 된다.

우리가 그리스도교 신자든 아니든, 우리는 요단강에 서 있는 예수 이야기를 읽으며 감동을 받고 우리 자신이 세례를 받는다. 요단강은, 복음서가 말해 주는 대로, 삶을 충만하게 살려는 것과 일과 사명을 감당하려는 것과 따라서 지극히 높은 곳에 계시는 아버지와 보호하시는 성령의 축복을 받으려는 의지에 대한 원형이다. 르네상스 화가 피에로 델라 프란체스카는 요단강의 이 장면을 그리면서 전적으로 위엄을 갖추고 예수가 우뚝 서 있는 모습을 보여주면서, 반면에 배경에는 세례 받기 위해 차례를 기다리는 (우리 가운데 아무라도) 옷은 거의 벗어서 머리 위로 치켜 들고 서 있는 평범한 자세를 절묘하게 묘사하고 있다. 이것이야말로 안일하게, 건조하게, 무덤덤하게 살길을 찾는 대신에 실존의 강물 속으로 용감하게 뛰어드는 의지를 감동적으로 보여 주는 이미지이다.

종교적인 성화상과 건축물도 영성과 영혼이 어떻게 만나는가를 보여 준다. 유럽의 대성당들은 하늘 높이 치솟는 첨탑과 끝이 뾰족한 높은 창문들 속에서 영성을 묘사한다. 로켓이 지상을 떠나 우주로 향하듯이 첨탑들이 공중으로 사라진다. 그러나 이런 대성당들이 또한 색채, 조각물, 조소, 묘소, 지하납골당, 벽장, 채플, 성물궤, 이미지, 성소 등으로 가득 차 있다. 이 모든 것이 영혼이 깃드는 곳으로서 내면성과 성찰, 상상력과 이야기 그리고 환상의 자리가 된다. 대성당은 영혼과 영성이 연합하는 곳으로 볼 수 있는데, 이 둘은 대등한 중요성을 지니고 있으며 내재적으로 서로 관련이 되어 있다.

오늘 종교에는 사회과학을 의지하여 영성을 타당하게 만들려는 경향이 있다. 일상생활과 정식 종교 사이의 보다 더 깊은 연합은 종교를 영혼을 위한 안내로 이해하는 데서 발견될 수 있을 것이다. 개인 생활이나 사회생활을 이와 같은 영성적 관념과 분리시키지 않을 때, 교회 안에서 진행되는 일과 마음 속 가장 깊은 곳에서 무엇이 일어나고 있는가 사이에서 더욱 긴밀한 관계를 찾을 수 있다. 그렇게 되면 우리가 인식하게 될 것이 있다. 곧 심리학적 타당성이나 사회학적 타당성보다 더 우리에게 필요한 것은 종교의례로서 이해심과 관심을 가지고 수행하는 의례가 필요하며, 경외심을 가지고 들려주고 깊이 있게 토의되는 이야기가 필요하며, 전통적 가르침과 이미지를 통하여 심오하게 전수되는 영성 지도가 필요한 것이다.

영혼을 지닌 아이디어

내가 심리학 대학원 과정을 처음으로 가르칠 때 일이었다. 학생들은 독서 목록에서 프로이드와 융의 저서를 발견하고는 걱정이 되어 불안해했다. 그들은 나에게 와서 책 읽기가 너무 어렵다고 불평하였다. 그들은 성숙한 학생들이며 이미 그 분야에서 일하고 있는 사람들이었다.

그런데도 그들은 주요 저술가들의 저작에 대하여 겁을 먹었다. 그들은 여러 해 동안 심리학의 원조들의 이론을 체계화하고 요약한 교과서를 가지고 교육을 받았다. 그러나 교과서는 이해하기 어려운 사상을 단순한 개요로 환원시켜 놓은 것이다. 복잡한 사상을 미끈하게 처리하는 과정에서 영혼은 상실된다. 프로이드, 융, 에릭슨, 클라인과 그 밖의 심리학자들의 저술의 아름다움은 그 글의 복잡함 속에 있으며, 저작마다 나타나는 내면의 모순 속에 있으며, 교과서 어디에서도 찾아 볼 수 없으나 원 저작에서는 도처에서 나타나는 개인적인 기벽과 선입견 속에 있다. 프로이드나 융보다 더 심한 기벽을 지닌 저술가를 찾아보기는 어려울 것이다. 그러나 그들의 개인적인 스타일 속에 그들의 저작의 영혼이 깃들어 있는 것이다.

한 번은 심리학 석사논문을 심사하는 자리에 참석해 달라는 요청을 받은 일이 있다. 나는 제법 분량이 있는 연구논문을 읽고는 '토론'에 할애된 문단은 95쪽에 단 하나밖에 없음을 발견하였다. 질의 시간에 나는 그 여학생에게 연구논문에서 토론 부분이 어째서 그렇게 짧으냐고 물었다. 나머지 심사위원들은 놀란 표정으로 나를 쳐다보았고, 나중에 들은 이야기지만, '사색'은 권장될 일이 아니기 때문에 토론은 최소한 그 정도로 짧게 하도록 되어 있다는 것이었다. '사색'(speculation)이란 단어가 마치 외설처럼 울렸다. 분량이 많은 연구에 확고하게 근거를 두지 않은 어떤 것도 사색으로 간주되면 비교할 가치는 별로 없는 법이다. 하지만 나에게는 사색이란 단어가 좋은 단어다. 영혼의 단어로서 거울을 의미하는 speculum에서 파생되었는데, 성찰과 관상의 이미지를 지니고 있는 것이다. 이를테면 그 학생은 분량이 많은 연구를 세심하게 수행하면서 주제의 영성을 충족시켰다고 할 수 있겠으나, 영혼을 위해서는 한 것이 별로 없었다. 그 여학생이 자기 연구계획에서 밝힌 세부사항을 탄탄한 실력으로 열거하며 기술하였고 수많은 시간을 들여 자료를 수집하고 연구를 수행하였으나 자기 연구에 관련된 문제들에 대하여 보다 심층적으로 성찰하지는 못하였다. 그 학생은 이에 대한 보상을 받았다. 반면에 나는 현대 심리학에 뒤떨어진 사람으로 간주되었다. 그 학생은 통과되었고, 나는 낙제한 셈이 되었다.

지성은 종종 확고한 근거에 자리 잡고 있는 증거를 요청한다. 영혼의 생각은 다른 방식으로 근거를 찾는다. 이는 설득과 섬세한 분석과 내면의 논리와 우아함을 좋아한다. 영혼의 생각이 즐기는 토론 방식은 결코 완벽하지 않으나 좀 더 이야기도 하고 독서도 할 욕망을 품은 채 끝나는 방식을 즐긴다. 불확실성과 경이로움으로 만족한다. 특히 윤리적 문제에서는, 결정이 내려진 뒤에도 꼼꼼히 살피고 문제를 제기하고 계속해서 성찰한다.

연금술사들은 그릇 밑바닥에 있는 축축하고 질퍽한 물질에 열을 가해야 증발과 승화와 응축을 발생시킬 수 있다고 가르쳤다. 삶의 진한 요소는 상상력을 가지고 탐구하기 전에 먼저 증류되어야 할 필요가 있다. 이런 식의 승화는 본능과 신체로부터 방어적으로 도망쳐서 합리성 속으로 숨는 것이 아니다. 이는 묘하게 경험을 끌어올려서 사상과 이미지와 추억과 이론이 되게 하는 것이다. 결과적으로 긴 시간의 부화 과정을 거쳐서, 그 모두가 생활 철학으로 응축되어 각자에게 독특한 특징을 띠게 된다. 생활 철학은 그 자체를 위하여 사상을 추상적으로 집합시킨 것이 아니라 대화와 독서를 숙성시켜서 사상이 되게 하여 일상의 분석이나 결정과 결합되게 하는 것이다. 그런 아이디어들은 우리의 정체성의 일부가 되어서 우리가 일을 할 때나 삶의 결정들을 내릴 때 자신감을 갖게 해 준다. 그런 아이디어들이 더 풍성한 경이와 탐구를 위한 확고한 기반을 마련해 줌으로써 마침내 종교와 영성수련을 거쳐서 인간의 경험을 흠뻑 적시는 형용키 어려운 신비로 발전시킨다.

영혼은 진리에 대한 권리 주장에서 상대성을 알고 있다. 항상 거울 앞에 서서 사색적인 기분이 되어서 스스로 진리를 발견하는 모습을 지켜보기도 하고, 그러면서도 주관성과 상상력이 항상 작용하고 있다는 사실도 알고 있다. 진리란 실제로 영혼의 단어는 아니다. 영혼은 진리보다는 통찰을 더욱 추구한다. 진리는 결단과 방어를 요구하기 위하여 정지하는 지점이다. 통찰은 더 깊은 탐구를 불러들이는 의식의 단편이다. 지성은 통찰에서 얻은 진리를 가두는 경향이 있는 반면에 영혼은 어느 정도의 지혜가 성취될 때까지 통찰이 계속해서 생기기를 희망한다. 지혜는 진리에 대한 지성의 열망과 본질적으로 착잡한 인간의 조건을 받아들이는 영혼의 수용을 결합시키는 결론과 같다.

우리는 영혼의 방식으로 생각하기 전에는 영혼 충만한 영성을 갖추기는 어렵다. 만일 우리가 영성수련의 길을 찾으면서 지성적인 방식만 끌어들인다면, 우리는 바로 처음부터 영혼이 없는 상태에서 시작하는 수밖에 없다. 현대 문화 속에서는 영성에 대한 편견이 너무 강해서 우리의 사고방식에서 심오한 혁명을 일으켜야 비로소 영혼의 선물이라 할 수 있는 깊이와 섬세함을 영성생활에 부여하게 될 것이다. 그러므로 영혼 지향적인 영성은 영혼의 특성들을 재평가하는 데서 시작된다. 그 특성들은 바로 섬세함과 복잡성, 숙성과 세속성, 불완전성과 모호성 그리고 경이 등이다.

심리치료 과정에서 나는 사람들에게서 종종 너무 복잡해서 다루기 힘든 감정이나 사건들에 의해서 압도당하고 있다는 말을 듣는다. 그래서 나는 혼자 생각했다. 곧 만일 이 사람이 자신의 가치관을 통해서 생각하고 보편적인 삶에 대하여서나 구체적으로 자기 자신의 삶에 대하여 어떤 이론에 도달할 수만 있다면, 그렇게 압도당하고 있다는 느낌은 수그러들 것이라는 사실이다.

내가 채식주의자가 되어야 할 것인가? 도대체 정의로운 전쟁이 가능한가? 내가 도대체 인종적 편견으로부터 자유로울 수 있는가? 내가 환경에 대한 책임감을 어느 한계까지 느껴야 하는가? 내가 정치적으로 어느 정도 적극적이어야 하는가? 이러한 도덕적 성찰은 결코 명료성이나 단순성을 갖기 어려운 생활 철학이 생기게 한다. 그러나 이와 같은 영혼의 생각들은 이미 형성된 일련의 원리에 직선적인 집착과는 다른 형태의 뿌리 깊은 도덕적 감수성을 일으켜 주면서, 그러나 그에 못지않게 확고하면서도 필요한 것이다.

뿌에르 영성의 심화

자기애에 대해 성찰할 때 융 심리학이나 원형 심리학에서 뿌에르(puer)라고 부르는 관점과 태도를 살필 기회가 있었다. 뿌에르는 소년 같은 영혼의 얼굴이며, 남자아이나 젊은 청년의 이미지로 완벽하게 묘사되는 정신을 지닌다. 그러나 뿌에르적인 태도는 실제의 소년이나 남자나 어떤 연령층이나 또는 사람에 국한되지 않는다. 어떤 사물도 뿌에르적인 특성을 지닐 수 있는데, 예를 들어 집의 경우, 편안함이나 실용성보다는 나르시스트적인 자기 이미지를 살리기 위하여 지었다면 뿌에르적이라 할 수 있을 것이다.

　뿌에르적인 태도는 세상적인 사물들에 부속되어 있는 것이 아니기 때문에 그것이 종교나 영성생활 속에서도 널리 퍼져 있는 것이 하나도 놀랄 일이 못 된다. 예를 들어 이카루스는 미궁에서 도망치는 젊은이인데, 자기 아버지 다이달로스가 만든 밀랍으로 만든 날개를 걸치고 (아버지의 경고가 있었음에도 불구하고) 태양에 너무 가까이 날다가 비극적으로 땅에 떨어졌다.

　이 이야기를 해석하는 하나의 방법으로 뿌에르가 영성의 날개를 달고 새처럼 미궁처럼 복잡한 삶을 벗어나려고 한다는 것으로 이해할 수 있다. 그의 도피가 극단적이어서 인간 영역의 범위를 벗어나고 태양은 그를 죽음으로 곤두박질치게 만든다. 이 이야기는 뿌에르의 방식으로 수행되는 영성의 이미지이다. 누구라도 일상생활의 굴곡으로부터 벗어나기 위하여 종교나 영성수련으로 방향을 돌릴 수 있다. 우리는 일상의 갑갑함과 지루함을 느끼고, 그렇게 되면, 그 모든 것을 초월할 수 있는 길을 희망하게 된다.

　내 자신이 수도원 생활을 했기 때문에 일상생활 위로 올라서는 느낌이 순수성과 속박에서 벗어난 기분과 더불어 얼마나 신나고 상쾌한 것인지를 안다. 나는 아직도 그런 것을 그리워하는 순간들이 있다. 내가 그곳에서 여러 해를 지난 끝에 거기를 떠나 처음으로 세상으로 나가려고 할 때, 결혼해서 두 자녀와 행복하게 살던 한 친구가 찾아와서는 내가 계속 머물러 있도록 이야기하는 것이었다. 그가 자신을 위하여 어느 만큼의 열린 하늘이 필요했고, 가정생활의 갑갑함에서 벗어날 수 있는 기분 전환을 원한다는 것은 명백해 보였다. 내가 그런 것을 어떻게 놓칠 수 있는가를 그는 이해할 수가 없었다. 그가 말하였다. "당신은 지금 완전히 자유로운 몸이야. 아무도 딸린 식구가 없잖아."

영성생활의 수직적 움직임은 자유로운 것만은 아니고 동시에 감동적이고 물론 의기양양하게 만들기도 한다. 거기서 얻는 우월감은 세상적인 것 대부분에 대한 박탈이 요구되어도 그럴만한 가치가 있어 보인다. 그러나 뿌에르의 영은 미궁의 복잡성으로부터 도망치려는 욕망이 대단히 강하기 때문에 그 자체의 초월성이 지닌 열 때문에 녹아 버릴 수가 있다. 오로지 '영적 노이로제' 라 불리는 것이 발달할 수 있게 된다. 나는 헌신적인 젊은이들을 봐 왔다. 그들은 자기 박탈을 지나치게 끌고 가서 그들이 지닌 영적 포부에 속박되었으며 그 결과로 우울증이나 강박관념에 빠지고 결국 이카루스처럼 추락하였다. 영적인 사람들 가운데는 세상적인 것을 효과적으로 등지고 살기는 하지만 남들을 위해서는 그들이 회박하게 만든 영성의 분위기 속에 위험이 있게 하는 이들이 있다. 높게 나는 뿌에르를 영혼에 매여 있게 만드는 일이 쉬운 것이 아니다.

벨로로폰은 신화에 나오는 또 다른 소년이다. 그는 신들과 여신들의 대화를 엿듣기 위하여 날개 달린 말 페가수스를 타고 가지만 그 역시 실패한다. 여기에서 종교의 또 다른 뿌에르적인 측면을 보게 되는데 이는 사람이 알도록 주어지지 않는 것을 알려는 욕망이라 하겠다. 오늘 '신들린' 사람들이 "하나님이 나에게 뭘 하라고 말씀하셨다." 는 말을 제법 흔하게 듣는다. 그들은 이런 말을 내면의 영성적 대화의 의미에서나 능동적 상상이라는 융 심리학의 의미로 말하는 것은 아니다. 그들은 구체적으로 그리고 문자 그대로 하나님께로부터 어떤 비밀을 위탁받아서 자신들이 선택되었다는 말을 하려고 하는 것이다. 이런 식으로 인정받았다는 이야기를 들으면, 비밀스런 종교적 메시지의 가장 자리를 금박으로 꾸미는 듯한 자기애를 감지할 수 있고, 이런 식의 상승을 동반하는 지상의 삶으로부터 떨어져 나가는 것을 두려워하게 된다. 물론 명상 수행에서 얻는 지식이 있다. 그러나 어떤 지점에 가면 열망이 지나칠 수도 있으며 그 결과로 무너지게 되면 세상에서의 삶으로부터 극심하게 초연해질 수도 있다.

파에톤은 태양의 마차를 타고 하늘을 질러가려 하였으나 땅에 떨어져 박살나고 말았다. 사냥꾼 악테온은 숲 속을 헤매다가 아르테미스가 목욕하는 곳에 뛰어들었다가 사슴으로 변한다. 그래서 사냥감이 되어 죽는다.

내가 신화에 나오는 이런 젊은이들의 이야기를 소개하는 것은 도덕적인 어조로 무언가를 암시하기 위해서가 아니다. 신화에 나타나는 벌은 문자 그대로 읽을 필요는 없다. 오히려 어떤 행동이 구체적인 결과를 끌어낸다는 생각을 할 필요가 있다. 뿌에르 영성에는 인과응보가 있다. 뿌에르 인물 각자에게 독특한 고난은 단순히 그 패턴의 이면이다. 악테온이 그랬듯이 만일 우리의 관심 집중력이 헤매게 놔두면 보통 사람의 눈에는 감추어진 놀라운 광경을 얼핏 보게 될 수 있을지는 모르지만, 우리의 행운 때문에 우리도 역시 변화하게 될 것이다. 이야기들 속에서 나타난 징벌을 보면 영혼이 신성을 향하여 움직이는 뿌에르의 영향을 받는다는 사실을 가르쳐 준다. 영향 받는 것을 피할 길은 없어 보이지만, 필경 영적 비전은 어떤 대가와 함께 온다는 사실을 앞서서 알아야 한다. 아빌라의 테레사 같은 신비스런 작가들은 영성생활을 하는 사람들에게 규칙적인 지도와 선을 주장하는 데 있어서는 견고하기가 비길 데 없다. 테레사 같은 수녀들에게 경고하면서 고해를 듣는 신부들의 충고를 자세히 경청하라고 하였다. 우리가 숭배하는 여신의 동물로 악테온이 그랬듯이 문자 그대로 변화하기를 원치 않는다면, 마음속으로 그리고 마음에 대하여 우리의 비전이 작용하도록 해야 할 것이다.

예수는 뿌에르의 특성을 많이 가지고 있었다. "나의 왕국은 이 세상에 속한 것이 아니다."라고 그는 되풀이해서 말하였다. 그는 이상주의자로서 형제애를 설파하였다. 그는 스스로 아들의 이미지를 견지하면서 자기는 아버지의 일을 하고 있다고 또한 말하였다. 그는 상처입기 쉬운 어린이의 마음을 지니고 살았으며, 또 다른 젊은 종교적 이상주의자인 가우타마 붓다와 같은 식으로 권력과 부에 대하여 악마의 유혹을 받지만 쉽사리 그러한 세상의 요구를 쏠어버린다. 그는 자연법에 도전하는 기적을 행하는데, 그것은 모든 뿌에르의 열망이기도 하다. 그리고 햄릿 같은 뿌에르처럼 그는 아버지가 내리는 영성적 명령의 짐을 지고 다닌다. 그에게는 우울한 측면도 있었는데, 겟세마네 동산에서 고뇌하는 모습으로 잘 요약된다. 마지막으로 예수는 신화 속에 있는 뿌에르들처럼 십자가에서 수직적으로 들려 올라간다. 물론 거기서 먼저 매를 맞고 피를 흘리고 뿌에르가 전형적으로 고난을 당하는 모습으로 보인다.

예수와, 더 연장해서 보면, 그의 종교 속에서 뿌에르는 친 가족과 거리가 떨어져 있는 모습으로 드러난다. 그의 어머니가 찾고 있다는 말을 들었을 때에 그는 청중을 가리키며 "여기에 나의 어머니와 아버지가 계신다."라고 하였다. 여성들과의 관계는 명백하지 않으나 그는 보통 남자들 여럿이서 함께 지내는 모습이었는데 이것 또한 뿌에르의 주제이다. 그는 또한 체제, 특히 그의 손위 사람들이나 종교적 지도자들과 교사들과 사이가 껄끄러웠다.

뿌에르의 정신은 우리에게 신성한 비전과 필요한 이상주의를 제공해 준다. 그것이 없으면 우리에게 남는 것은 사회 구조라는 무거운 짐과 빠른 속도로 발전하는 세계에 적합하지 않은 생각뿐일 것이다. 동시에 뿌에르의 정신은 영혼에 상처를 입힐 수 있다. 예를 들면, 날개를 달았거나 말이나 마차를 타고 일상생활 위로 높이 솟아 오른 상태에 있으면, 자기 스스로 무적 불패로 생각한다. 실패와 일상적인 유한한 인생의 약점에 대하여 둔감해질 수 있다. 사람들이 뿌에르의 정신과 친밀함을 찾기가 또한 어렵게 느낄 것이다. 매혹적이며 매력적일 수 있으나 등 뒤에는 묵직한 막대기를 지니고 다닌다. 뿌에르 속에는 사디스트적인 끼가 숨겨 있어서 그것이 타격을 주기 전에는 사람들이 짐작도 낌새도 잘 느낄 수가 없다.

솟구쳐 오르기만 하는 뿌에르 속에는 동시에 잔인성도 있을 수 있다. 어떤 젊은이가 꿈 이야기를 하는데 그가 꿈속에서 쌍발 비행기를 타고 자기가 자라난 농장 위로 날았다는 것이다. 그가 땅 아래를 내려다보니까 자기집 앞에 식구들이 모여 있었다. 그들이 손짓하며 내려와서 같이 있자고 하였으나 그는 계속해서 그들 주위를 돌며 비행하였다. 뿌에르의 정신은 종종 가족의 복잡한 삶으로부터 거리를 유지한다. 영혼의 관점에서 보면, 이 꿈이 보여주는 것은 미궁처럼 복잡한 삶에 대한 방어일 뿐 아니라 가족의 영혼 속으로 하강하는 것보다는 공중으로 상징되는 뿌에르의 정신을 선택한 것이다. 가족은 불행하고 거부하는 것을 느낀다. 이 주제는 컬트에 참가하는 자기 자녀들을 납치해서 그 일에서 손을 떼게 만드는 가족들 속에서 반울림되는 것을 볼 수 있다. 이슈가 되는 것은 이카루스와 미노타우르의 원형적인 투쟁으로 볼 수도 있는데, 뿌에르를 위협하는 미궁처럼 복잡한 삶의 한가운데 있는 게걸스러운 야수가 그것이다. 그 야수는 젊은 남녀를 먹고산다는 말이 있다.

내가 한 번은 어느 영성적인 교회에서 꿈에 대한 이야기를 하게 되었는데, 중년여성 한 사람의 참가자가 꿈 이야기를 하는데 자기와 가족이 등산을 하고 있었다는 것이었다. 길이 어려워서 그들은 어떻게 해서 날카롭고 뾰족한 바위들을 타고 올라갔다. 꼭대기에 가서 보니까 꿈을 꾼 사람은 굵은 로프에 걸려 있는데 그 끝에는 사위가 대롱대롱 매달려 공중에서 허우적거리고 있었다. 심지어는 그의 옷이 바람에 잔뜩 부풀어 있었다. 그가 '팽창' 되어 있다고 말하는데, 실제로 말하는 사람은 그 말속에 담긴 심리학적 뉘앙스가 어떤 것인지 포착하고 있는 것 같지는 않아 보였다. 그가 말하기를 자신이 로프를 놔 버리면 자기 사위는 날아가서 사라질 것 같았다는 것이다. 사위는 아무 일이 없다는 듯이 기분이 아주 좋다고 확신하고 있었다. 장모가 보니까 로프가 느슨해서 끊어질 위험은 없어 보였다.

나는 그 꿈이 그 꿈을 꾼 사람의 영성생활을 그림처럼 보여 주어 관심을 가졌다. 그 인생의 이 시점에서 영성의 길을 가파르게 오르고 있었는데 동시에 가족들 때문에 전적으로 세상과 연결된 삶을 살 수 밖에 없는 어머니였다. 그 투쟁의 끝에 가서 자기 정체를 찾고 보니까 자기 영혼의 사위의 안전에 대하여 두려움을 느끼는 어머니였다. 영성을 놔 버리면 공중으로 사라질까 봐 두려웠던 것이다.

우리는 또 다른 역설에 도달하였다. 영성을 위하여 우리가 꼭 필요하다고 느끼는 근거가 때로는 영성이 모든 것을 꽉 잡게 만들었을 때 발견될 수 있다는 것이다. 꿈속에서 사위는 하나도 걱정을 안 하였는데, 꿈을 꾼 사람은 걱정을 하고 있었다. 사위는 팽창을 즐기고 있었는데 장모는 그것을 두려워하고 있었다. 장모는 영성을 향하여 바위투성이의 고통스런 길을 기꺼이 가고자 하면서도 영성 자체의 뜨는 힘은 믿지 않았다. 어떤 점에서 이 여인은 명상과 공부와 금욕적 생활 같은 모든 형태의 몸부림치는 노력보다 한층 더 어려운 뭔가를 해야 할지 모른다. 로프를 놔 버리고 영성이 스스로 어떤 수준을 찾게 해야 할지 모른다. 이 여성은 땅을 믿었고, 땅의 요구들을 다룰 줄도 알았다. 그러나 자신의 영성이 솟아올라서 도달할 높이에 대해서는 두려웠다.

여기서 우리는 주제가 꼬이는 것을 본다. 도망자의 영성으로 영혼에 대한 위협을 느끼지만, 치솟는 영성에 두려워 떨며 매달려서 지상의 책임감을 무겁게 느끼면서 영성을 과소평가하는 것 때문에 실제의 피해는 입을 수 있다. 꿈속에서 로프는 느슨했고 젊은이는 어느 수준에서 날고 있는 것을 즐기고 있었다. 그는 더 높이 치솟아 오르는 것을 절제하지 않았다. 꿈을 꾼 사람은 상황을 잘못 읽었고 결과적으로 자신이 불필요한 고민 속에 빠져 있었음을 발견하게 되었다. 그 꿈은 우리가 영성이 끌어올려 줄 높은 경지를 두려워하는 사람들이라 잠재적으로 우리를 변화시켜 줄 능력이 있는 영성을 조절하고 억누르는 종교의 형식으로 방향을 돌린다는 나의 인상을 뒷받침해 준다. 우리는 교회 다니면서 영성을 인정하는 만큼이나 억제하기도 한다. 영성과 영혼의 결혼을 준비하는 일은 그 영성이 날아서 공중에서의 즐거움을 찾게 해 주는 것이다.

마이스터 에카르트의 말을 빌리자면, "하나님의 뜻을 이루기를 바라고, 영원성과 하나님에 대한 갈망을 지니고 사는 동안은, 그만큼은 진정으로 가난한 사람이 아니다." 꿈을 꾼 그 사람은 사위로 위장한 천사를 놔 보낼 수가 없었다. 그 여인은 산꼭대기까지 올라간 것이었다. 명백히 그는 자신의 영성 속에서 진정한 성취를 어느 정도 거두었다. 그러나 바로 그 시점에서 그 여인은 공포와 욕망과 노력 같은 것을 놔 버리는 바로 그런 영성적 빈곤의 신비를 헤아리지 못하였던 것이다. 사위 되는 남성의 바지는 영성으로 가득했다. 그 바람 때문에 적당히 풍선처럼 되어 인간적인 차원에서 떠있게 만들었다. 그가 로켓을 타고 있는 것은 아니었다. 그는 어릿광대 같았고, 물 불 가리지 않는 영성의 천사 같았다.

영은 우리가 만일 제자리를 찾도록 범위를 허용하지 않으면 그것은 바로 중상적인 형태의 컬트나 야바위 짓으로 채워질 수도 있다. 중상적인 뿌에르의 문제를 해결하기 위하여 그 반대편인 '노인의 세넥스 쪽으로 방향을 돌릴 필요는 없다. 우리가 할 수 있는 일은 뿌에르를 진지하게 받아들이고, 그에게 관심을 집중하며 자신의 타당성과 적실성을 스스로 간직함으로써 몸을 굽혀 땅 쪽을 향하게 하는 것이다. 우리가 이야기하고 있는 꿈꾼 사람은 정당하게 영성에 굶주린 사람이다. 근거를 찾으려고 했던 그의 시도는 명백히 방어적이며 공포에 사로잡힌 것이었다. 우리는 영성을 이성 속에다 유지시켜야 한다고 생각하는 경향이 있다. 그러나 그 꿈에서 보여 주는 바와 같이 영성은 그 스스로 수준을 찾을 수 있다. 영성은 스스로 내재적인 제한의 원리를 지니고 있다.

믿음

믿음은 영적 은사로서 영혼이 스스로 자신을 계속해서 드러나도록 만들어 준다. 믿음이 영혼으로 충만할 때, 믿음은 항상 경이와 탐구의 토양에 뿌리내린다. 믿음은 방어적인 것도 아니며 믿음의 어떤 대상에 집착하며 안달하지도 않는다. 그 그림자로서 의심은 온전히 성숙된 믿음 속으로 들여올 수가 있기 때문이다.

당신 자신이나 다른 사람 또는 삶 그 자체에 대한 신뢰를 상상해 보라. 그래서 증거할 필요도 과시할 필요도 없는 것, 그리고 불확실성을 내포할 수 있는 그런 것을 상상해 보라. 사람들은 때때로 영적 지도자를 신뢰하다가 그가 이상에 맞게 살지 못하면 심한 배신감을 느낀다. 그러나 믿음으로 진짜 신뢰하는 것은 삶이나 인성이 결코 그림자가 없을 수 없기에 배신은 불가피하다는 것을 알면서 누구를 신뢰할 것인가 여부를 결정하는 것이다. 믿음이 요구하는 상처받을 가능성은 우리가 자신에 대한 대등한 신뢰를 하는 것과 맞춰볼 수 있다. 그 감정은 바로 배신의 고통을 느끼면서도 살아남을 수 있는 것이다.

영혼의 신앙에는 항상 적어도 두 인물이 있다. '신자' 와 '불신자' 가 그것이다. 생각을 따지는 것이나, 그때 그 때 결단으로부터 표류하는 것이나 자신의 신앙을 이해하는데 있어서 끊임없이 변화하는 것 모두가 지성에게는 약점으로 보일수도 있으나, 영혼에게는 필요한 창조적인 그림자로서 그것을 채우며 동시에 완전주의를 제거하는 노력을 통하여 실제로 잘 다듬어진 세련된 믿음 안에서 둘 다 건설적 역할을 한다. 삼위일체의 제 삼위는 깊은 신뢰를 가지고 사는 육신 속에 있는 생명이다.

우리가 믿음을 실천하면서 살 때 어느 정도 불확실성을 허용하지 않으면 우리는 신경과민에 빠져 피해를 입는다. 즉, 우월감을 느끼거나, 우리를 배반했다고 생각되는 사람들에게 몹시 꾸짖을 권리가 있는 것처럼 느끼거나, 신뢰의 가능성에 대하여 냉소적이 되거나 할 수도 있다. 신실하지 못함이 스스로에게는 없다고 주장하게 될 때, 우리가 알고 보면 그것이 우리 자신에게서는 분리되어 떨어지되 남에게는 들어가 있는 것처럼 된다. "이런 사람들은 도무지 신뢰할 수가 없어." "내가 믿어준 이 사람은 비열하고, 도대체 믿지 못할 사람이야." 믿음의 긍정적 면 만 살다보면, 그 반대 측면에서는 남에게 대하여나 인생이 안겨주는 변화에 대하여 성가신 정도로 편집병적인 의심을 품게 만든다.

동시에, 우리가 믿음의 그림자 측면을 인정하지 않는다면, 우리는 믿음을 로맨틱하게 만들든지 환타지 속에 가두어 결국은 삶과 동떨어지게 만드는 경향이 생긴다. 융은 그의 환자 가운데 한 사람인 신학자의 꿈 이야기를 한다. 꿈속에서 그는 오랫동안 회피해 왔던 호숫가에 다가선다. 가까이 가는데, 바람이 일어 물을 휘젓더니 물결이 친다. 그는 두려움에 사로잡혀 깬다. 그 꿈을 논하면서, 융은 그에게 복음서에 나오는 베데스다 연못을 상기 시켰는데, 거기서 천사가 그 연못을 휘저으니 치유의 물이 되더라고 하였다. 그러나 그 환자는 응답하는데 썩 내키지 않았다. 그는 그렇게 휘저음을 좋아하지 않았고, 신학과 삶의 연결고리를 보지도 못했다. 융이 코멘트 하기를, 그 환자는 그의 모든 학식에도 불구하고, 자신의 꿈이 지닌 상징적 생명의 타당성을 자기 영혼의 열망과 연결시켜서 볼 수가 없었다. 융의 말을 빌리자면, 그가 지닌 태도에서 볼 때, "경우에 따라서 성령에 관하여 말하는 것은 전적으로 옳다. 그러나 그것은 경험될 수 있는 현상은 아니다"라는 것이다. 우리가 평생을 두고 우리의 신앙을 말로 표현할 수 있다. 그러나 응답이 없이는 불완전하다. (그런데 응답이란 말은 그리스어 낱말 가운데 "신에게 제주를 붓는다"는 뜻을 지닌 것과 연관이 있다.) 인생의 숱한 도전과 영혼의 물을 휘젓는 것에 대하여 신뢰하면서 응답하는 것이야말로 믿음을 완성하는 일이 된다.

우리가 갖는 믿음이 종종 거품일 가능성이 많아서 실은 일상생활에 직접적으로 타당성을 갖지 못한다. 내가 함께 일한 여러 사람들이 종교에 헌신적인 사람들이어서 믿음에 대한 프라이드가 대단한 사람들이었다. 그러나 그들은 자신에 대한 신뢰가 없었고, 자신을 인생에 내어 맡기지를 못했다. 사실은 그들이 자신의 신앙 체계를 이용하여 인생에 일정한 거리를 두었다. 그들이 종교를 믿는 것은 절대적이었고, 그것이 생의 전부였다. 그러나 어떤 사람을 신뢰하거나 자신들의 삶 속에서 새로운 개발에 대하여 신뢰하도록 요청을 받으면, 그들은 도망쳐서 숨을 곳을 찾는다. 신앙은 고착되어 있고 불변의 것일 수도 있다. 그러나 믿음이란 물을 휘젓는 천사와 같은, 그런 천사의 현존에 대하여 거의 언제나 응답하는 것이다. 아니면, 동정녀 마리아에게 나타나서 그가 하나님의 아들을 잉태하게 된다는 메시지에 대하여 터무니없는 신앙을 요구하는 천사와 같을 수도 있다. 마리아가 천사에게 말한다. "Fiat mihi" "무슨 뜻인지는 몰라도, 당신의 말씀대로 나에게 이루어지기를 바랍니다." 이 천사 가브리엘은 사실 우리가 생각하는 것보다 더 자주 나타나서 우리가 신뢰하고 받아들여야 할 새로운 형태의 삶을 잉태하게 되리라고 우리에게 말해준다.

나의 사촌 가운데 수녀가 된 사람이 있었는데 한 번은 자기가 겪은 엄청난 신앙의 몸부림에 대하여 은밀히 얘기해 준 적이 있었다. 영성의 꽃이 일찌감치 핀 그녀는 일찍이 수녀원에 들어가서 그토록 열심히 수도 생활을 여러 해 동안 하였다. 끝없는 이상주의와 함께 늘 생생하게 살아있는 지적 호기심을 가지고 그녀는 신앙생활에 대하여 공부하였고, 항상 믿음을 강화하면서 시대에 맞춰 사느라 무척 노력하였다. 그러나 그녀에게는 상냥함을 조절해주는 실용적이면서 진지한 면도 동시에 있었다. 그녀가 신학이나 명상이나 교육에 대하여 이야기할 때면 이승의 아이러니와 부조리를 늘 감지하고 있는 영성지도자처럼 마음껏 웃곤 하였다.

높은 영성과 실용성이 그토록 흥미롭게 배합된 것을 보면 그녀에게 있는 두 가지 측면의 열정을 동시에 보여준 듯하였다. 그녀는 여러 해 동안 여름학기를 통하여 과학 공부를 해서 학위를 얻고 자신이 속한 수도회에서 운영하는 여러 고등학교에서 과학을 가르쳤다. 그녀는 또한 초교파적인 교회일치운동(ecumenism)에 대하여 사람들이 얼굴을 찌푸리며 비판적이었을 때에도 선불교와 동양적인 명상법을 배우기도 하였다. 그녀가 무엇을 말하거나 행동을 하더라도, 사람들은 그녀에게서 탁월한 의도의 순수성과 함께 무한한 결단력을 느낄 수 있었다.

어느 날 그녀는 자신이 희귀한 고통스러운 치명적인 병을 앓고 있다는 사실을 발견하게 되었다. 점점 그녀는 가르치던 일을 포기하고 보다 더 많은 시간을 자기 몸을 돌보는데 써야만 하였다. 그녀는 이 의사 저 의사를 찾아다니며 자신의 흔치 않은 상태에 대하여 조금씩이라도 정보를 더 모으려 하였다. 한 시점에 가서, 그녀는 전국에 있는 어느 의사보다도 필경 자기 병에 관하여 자신이 더 많이 알고 있다는 사실을 알게 되었다. 그녀의 특징답게, 자기가 할 수 있는 최상의 방법으로 자신의 삶을 정돈하기 시작하였다. 그녀는 자신의 병을 연구하여 스스로 돌보기 위한 자신만의 섭생법을 개발하였다.

그러다가, 한참 앓는 가운데, 그녀는 고통과 삶의 단절로 진짜 대가를 치르게 되었다. 그녀는 신앙을 잃어버렸다. 이 사람이야말로 평생을 바쳐 영성을 개발하고 신앙생활에 온전히 헌신한 사람이었다. 입원했던 동안에 깊은 우울증에 빠지게 되었노라고 나에게 이야기하는 것이었다. 그녀가 믿었던 모든 것이 깊고 어둔 구멍 속으로 허물어져 내렸고 그녀가 정직하게 올곧은 삶을 살려고 하였던 이전의 노력이 수포로 돌아간 느낌이었다. 그녀가 신부의 심방을 요청하였을 때, 그녀가 신앙을 잃었다고 말하니까, 경악스럽게도 그 신부는 황급히 입원실에서 빠져나가 버렸다. 그 신부가 그녀의 의심과 우울증으로부터 도망치듯이 서둘러서 문을 열어 제치고 나갈 때 그가 보여준 뒷모습이 오랫동안 기억에 남았었다고 나에게 이야기해 주었다.

그녀에게는 어두운 정서 속으로 가라앉을 밖에 다른 도리가 없었다. 그토록 열심히 공부하여 영성수련을 한 그녀가 그런 신앙의 위기를 맞게 되리라고는 결코 생각조차 할 수 없던 일이었다. 그녀가 기대할 수 있었던 것은 고작해서 여기저기서 부딪히면 극복할 수 있는 문제들을 경험하면서 계속하여 상승하는 것뿐이었다. 그러나 그녀의 운명은 엉뚱한 방향으로 이끌려서, 영성의 공백과 절망이 지배하는 삶의 자리에까지 오게 되었던 것이다.

그리고 나서 그녀는 자신의 내면세계 깊은 곳으로 이끌려 들어가 모든 영적 야망과 그 때까지 성취하였던 모든 만족을 말끔히 비운 채 자신이 어떤 존재가 되어야 할 것으로 알고 있었던 인격의 문턱에까지 이르렀다. 그녀에게는 안내자도 없었고, 다음 순간 어디로 가야할지 어떤 힌트도 없었다. 자기 앞에 삶이 없었고 누구도 말을 건넬 사람이 없었다. 그녀는 동방의 비움이란 개념에 관한 책도 읽었으나 그것이 그토록 삭막하고 무기력하게 느껴질 줄은 몰랐다.

그러나 그녀는 내게 말하였다. 그녀는 결과적으로 자신의 우울한 생각과 정서로부터 곧바로 솟구쳐 오르는 일종의 새로운 믿음을 발견하게 되었던 것이다. 그것이 그토록 깊은 텅 빈 구렁 속에서 휘젓는 것을 느끼며 충격을 받았다. 그것에 대하여 무엇을 생각해야 옳을지 몰랐다. 그것은 자기가 평생 동안 배우고 가꾸어 온 믿음과는 너무도 달랐기 때문이었다. 그것은 그녀의 질병이나 무기력함과 떼어놓을 수 없는 것이었다. 그러나 이런 새로운 영성 안에서 그녀는 깊은 평화를 발견하였다. 이제는 더 이상 병원의 성직자나 그 밖의 어떤 사람으로부터 얻는 위로를 갈망하지 않게 되었다. 그녀는 이렇게 느끼게 된 새로운 믿음을 묘사하기가 어려웠다고 말하는 것이었다. 그녀가 이전의 영성수련을 통하여 가꾸어 왔던 믿음과는 비교하기 어려울 만큼 달랐고 또 깊었기 때문이었다. 이 믿음 속에는 더 뚜렷한 개성이 있었고, 상상했던 것보다 자기 자신의 정체성이나 질병에게 더 가까이 연결되어 있는 느낌을 받았다. 그녀는 자신에게 필요했던 것을 자기만의 방식대로 혼자서 발견하였던 것이다. 자기 신앙의 상실과 회복에 대한 이런 이야기를 나에게 들려준 뒤 얼마 안 되어서 그녀는 편안하게 숨을 거두었다.

영혼의 경제학이란 것이 있어서, 새로운 영역의 사고나 감성이나 관계 속으로 진입하는 데는 호된 값을 치러야 한다. 꿈은 돈의 이미지로 이와 같은 교훈을 가르쳐 준다. 꿈을 꾸는 사람은 철도 여객 전무나 도둑이나 상점 주인에게 돈을 주기 위하여 주머니 속에 손을 넣으라는 말을 듣는다. 신화에서 보면, 지하세계에 여행하는 사람은 통행세를 낼 수 있도록 잔돈을 준비해 오라는 충고를 받는다. 나의 친척은 망각의 강에 다다랐을 때 사공에게 뱃삯을 톡톡히 치렀다. 그는 오랫동안 지녔던 확신과 영성생활의 기쁨을 포기해야 하였다. 이전의 믿음을 다 비우고서야 그것이 새로워졌고 또 완성되었다.

인간의 고난과 상실 속에는 이성을 가지고는 도저히 이해할 수 없는 신비가 있는데, 그것은 욥이 겪은 신비와 같다. 그것은 믿음으로 살 수 있을 뿐이다. 고난은 우리가 일상적으로는 소홀히 하는 자리에 집중하도록 억지로라도 만든다. 그 수녀가 오랫동안 집중했던 것은 자신의 영성수련에 초점이 맞추어져 있었다. 그러나 그 다음에는 영성의 어떤 소도구도 렌즈도 없이 억지로라도 자기 자신의 마음속을 들여다보게 되었다. 그녀는 그런 믿음이 오로지 영성생활이나 고등 계시로부터만 오는 것이 아니라, 그것은 동시에 깊은데서 뿜어 나오는 것처럼 오거나 지극히 개인적인 삶의 자리에서 나오는 아주 비개인적인, 그래서 일반적인 현실처럼 다가오는 것임을 배워야만 하였다. 내 생각에는 그녀가 수많은 신비가들이 가르쳐주는 그런 교훈을 배웠던 것 같다: 곧 이런 필요한 차원의 믿음은 '알지 못함'에 의하여 부화되는 것이다. 쿠사의 니콜라스가 말하기를 우리는 교육을 받아서 무지 속으로 들어가야지, 안 그러면 하나님의 온전한 현존은 영영 다가오지 못하는 것처럼 멀리 떨어져 있을 수밖에 없다고 하였다. 뭐가 어디로 가는지 아니면 우리가 무엇을 할 수 있는지를 모르는 그 어려운 지점에까지 도달해야만 한다. 바로 정확한 그 지점이야말로 참된 믿음을 향하여 열린 문이다.

하나님과의 합일

모든 일상의 몸부림 한가운데서 우리는 계몽과 모종의 해방을 희망한다. 우리의 기도와 명상 속에서 우리는 평범한 삶의 성취를 희망한다. 융이 늘 가르쳤던 것은 이 두 가지 아니마와 아니무스는 hieros gamos 곧 거룩한 결혼이라 할 수 있는 신비한 결합을 가능하게 한다는 것이다. 그러나 그것은 결과적으로 그리 쉬운 결혼이 아니다. 영은 자기 나름대로의 야망과 열광주의와 근본주의와 완전주의 안에서 내뿜어 나오는 경향이 있다. 영혼은 끈끈한 기분이나 불가능한 관계나 강박적인 걱정 속에 처박힌다. 결혼이 성립되기 위해서는 각자가 상대방을 올바르게 인식하는 법과 또 상대에 의하여 영향을 받는 방법을 배워야 한다. 마찬가지로 영성의 높은 목표는 영혼의 낮은 한계에 의하여 조절되어야 하며 영혼의 무의식은 관념과 상상력에 의하여 일깨워져야 한다.

이와 같은 합일을 향한 움직임은 시도되어야 할 일이며 또한 작업도 하고 여행도 해야 하는 일이다. 이것이야말로 영혼 만들기에 대한 관념으로서 키츠가 서술하고 힐먼이 권고하는 바와 같다. 영혼 만들기는 시간과 노력과 기술과 직관과 용기가 필요한 여행이다. 영혼과 함께 하는 모든 작업은 연금술이나 순례나 모험과 같은 과정이어서 우리가 즉각적인 성공도 기대할 수 없거니와 어떤 식으로도 끝이 나지 않는 과정일 뿐임을 아는 것은 도움이 될 것이다. 모든 목표와 끝은 자기 스스로 발견하게 하는 것이고, 상상될 수 있는 만큼 중요한 것이지만 결코 문자 그대로 성취될 것은 아니다.

영성 문헌에서 하나님께 이르는 길이나 완전에의 길은 종종 오름으로 묘사된다. 그것은 단계적으로 이루어질지 모르나 목표는 분명하고 방향은 정해져 있고 길은 곧다. 그러나 우리가 이미 살펴본 바와 같이 영혼의 길에 대한 이미지는 아주 다르다. 그 길은 막다른 골목마다 끝에 가서 보면 괴물이 있는 그런 미로와 같거나 오디세이 같은데 그 속에서 목표는 명백하지만 그 길은 기대 이상으로 훨씬 더 멀고 꼬여 있다. 오디세우스는 'polytropos' 곧 수없이 많이 돌아가는 사람인데, 이 단어는 영혼의 길을 위해서는 좋은 말이다. 데메테르는 사방으로 딸을 찾아 나서는데 마침내 지하세계에 내려간 뒤에야 지구가 소생할 수 있게 된다. 트리스탄의 길 또한 이상야릇한 것인데, 그는 바닷길을 여행하는데 노도 삿대도 없이 하프를 연주하며 간다.

영혼의 길은 일편단심으로 계몽을 향하여 질주하는 것보다는 삶의 복합성으로 들어가는 통과의례와 더 비슷하여서 그 위에서는 짜임새와 장소와 사람들이 중요하다. 영혼이 건들거리듯 길을 가며 장애물 때문에 지연되기도 하고 온갖 매력 때문에 정신이 분산될 때 목적이나 지향성이 없는 상태는 극복될 수 없다. 발전에 대한 소원은 제쳐놓아야 할지 모르겠다. 그의 시(Endymion)에서 키츠는 이 영혼의 길을 정확히 묘사한다:

허나 이것이 인생이다: 전쟁과 행위,

실망과 불안,

상상력의 몸부림은, 멀리 또 가까이,

인간은 모든 그 속에 이 좋은 것을 지니고 있나니,

그리하여 그들은 아직도 공기이며, 묘한 음식이어서

우리로 하여금 실존을 느끼게 하도다.

이것이야말로 영혼의 길의 '목표' 곧 실존을 느끼는 것이다. 인생의 몸부림이나 불안을 극복하는 것이 아니라 일차적으로 인생을 알고, 그 정황 속에서 충만하게 실존하는 것이다. 영성수련이 때로는 남의 발자취를 따라 가는 것으로 묘사된다. 예수는 길이요 진리요 생명이다. 보살의 삶은 그 길의 모델이 된다. 그러나 영혼의 오디세이나 아니면 그 미로 속에서 갖는 느낌은 아무도 전에 이 길을 가 본 사람이 없다는 것이다. 치료받으러 오는 이들이 종종 묻는다. '누가 이런 경험을 한 사람이 있는지 아세요?' 이 영혼의 길에서 맞닥뜨리는 막다른 골목들이 남에게도 익숙하다는 것을 알게 되면 안심이 될 것이다. "내가 바른 궤도를 가고 있다고 생각하세요?" 누군가 다른 이는 이렇게 물을 것이다. 그러나 사람이 할 수 있는 일은 다만 이 순간에 어디에 있느냐 하는 것이다. 어떤 때는 활짝 깨어있는 의식의 빛 가운데서 사방을 둘러보고, 어떤 때는 신비와 미지의 깊은 그늘 속에 편안하게 서 있을 때도 있다. 오디세우스는 자신이 집에 가고 싶은 것을 알면서도 여러 해를 키르케의 침상에서 지내며 영혼을 개발하는데, 그 섬은 원형으로 되어 있어서 모든 길이 돌고 돌았다.

영혼의 길에 대하여 말하는 것이 어찌 보면 전혀 맞지 않는 것일 수도 있다. 그 길은 구불구불한 길이요, 헤매는 길이라고 하는 편이 더 낫다. 영혼의 길은 노이로제 성향만큼이나 높은 이상으로 표시되며, 무지만큼이나 지식으로, 그리고 일상의 화육된 구체적 삶만큼이나 높은 수준의 의식으로 표시된다. 따라서 최근에 살다가 복잡한 일이 생겨서 친구를 만나 그 이야기를 하려고 할 때, 굽이치는 길에서 또 한번 도는 길에 대하여 관심하는 것이 된다. 영혼은 복잡한 일이나 틈새가 벌어진 상황으로 살아 나오는 일을 통하여 더 위대해지고 심오해질 수 있다. 그것은 마치 나의 사촌의 영혼이 비극적인 질병 속에서 믿음을 회복하였던 과정에서의 경험과 같다. 영혼에게는 이것이야말로 신비가들의 '부정적인 길'로서, 완전을 추구하던 것을 포기함으로써 가능한 거룩함으로 나가는 열린 길이다.

영혼의 길에 대한 또 다른 서술은 융의 개성화 개념에서 찾아볼 수 있다. 나는 융의 저술에 익숙한 사람들이 서로에게 물으면서, 마치 개성화가 치료가 성취되는 정점이나 되는 것처럼, "당신은 개성화되었어요?" 하는 말을 들어왔다. 그러나 개성화는 목표도 목적지도 아니고, 그것은 하나의 과정이다. 개성화의 본질로서 내가 강조하고자 하는 것은 특유한 개인이 되는 일이나 영혼의 작업에 능동적으로 개입하는 일에 대한 감각이다. 나의 모든 재능과 결함으로서의 틈새들과 노력들이―연금술의 용어를 빌리자면―합쳐지고 굳어지면서 특유한 개인으로서 내가 되는 것이다. 쿠사의 니콜라스는 '쥴리아노'라는 이름을 가진 사람에게 편지를 쓰면서, '모든 일이 당신 속에서 쥴리아노 화하였다'고 했다. 영혼 만들기 과정에 열심인 개인은 하나의 '인간 세계'로서 소우주가 된다. 삶의 커다란 가능성들이 우리들 속으로 들어오도록 허용할 때, 그리고 그들을 우리가 끌어안을 때, 그때 가서야 우리가 가장 개성화되는 것이다. 이는 쿠사의 성인이 여러 가지 방식으로 묘사한 역설이다. 길든 짧든, 평생을 두고 우주적 인간과 영성의 이상은 인간의 몸 안에 다양한 정도의 불완전으로 드러난다. 그리스도의 몸이나 부처의 본성 같은 거룩함이 우리의 모든 복합성과 우리의 모든 어리석음 속에서 우리 안에 화육된다. 거룩함이 우리의 평범한 삶을 통하여 빛을 낼 때 그것은 광기로 나타나거나 우리가 하나님의 바보들로 나타나기 십상이다.

내가 아는 개성화 개념 정립 가운데 가장 훌륭한 것은 제임스 힐먼의 〈분석의 신화〉(Myth of Analysis) 가운데 있는 감동적인 문단이다:

투명 인간은 보일 뿐 아니라 뚫고 들여다보여져 어리석게 보이는 사람으로서 감출 것은 하나도 남김이 없고, 자기 수용을 통하여 투명해진 사람이다. 그의 영혼은 사랑을 받으며, 전적으로 드러나고, 전적으로 실존적이다. 그는 있는 그대로이고, 편집병적인 은폐로부터 자유롭고, 자기 비밀에 대한 지식과 자기의 비밀스러운 지식으로부터 자유한 사람이다. 그의 투명성은 세계와 비세계(not-world)에 대한 프리즘 역할을 한다. 성찰하는 식으로 자신을 아는 것은 불가능한 일이다. 오로지 사망 기사에 대한 마지막 성찰만이 진실을 말해 줄지 모를 일이고, 오직 하나님만이 우리의 진정한 이름을 아신다.

영혼의 길은 또한 바보의 길이다. 이 바보는 자기 지식을 가진 체하지도 않거나 개성화나 완전을 확실히 이룬 체 하지 않는 바보이다. 만일 이 길에서 뭔가를 성취했다면, 그것은 쿠사의 성인이나 다른 신비가들이 저술한 절대적인 '알지 못함'이거나 존 키츠의 '부정적인 능력' 곧 '불확실성과 신비와 의심 속에 있으면서 사실이나 이유를 안달하며 찾지 않는 상태에 있는 것'이다.

우리가 어떤 사람이 되고자 하는 바가 아니라 정확히 현재 어떤 사람인가를 있는 그대로 드러낼 때, 통전적인 인생의 신비가 순간적으로 화육의 섬광처럼 반짝이며 빛이 난다. 영성은 평생을 두고 인생의 본질과 운명에 관심을 기울여 돌봄으로써 투명해진 이와 같은 인생의 평범성에서 뿜어 나온다.

영혼의 길은 불행한 그늘진 삶과 같은 그림자를 은폐하는 것을 허용하면 반드시 불행한 결과를 맛보게 된다. 마음 속 핵심에 생기는 유리 곧 현인의 돌(philosopher's stone)을 얻는 목표를 성취하는 일은 인간적인 열정이 법석을 떨 만큼 치열함이 없이는 안 되는 일이다. 연금술적으로 말하자면, 많은 재료가 있어야 공작새의 꼬리나 귀중한 금이나 다른 이미지의 목표를 세련되게 만들어낼 수 있다. 연금술적인 영혼 충만한 삶을 위한 원료로서 인간적 가능성의 무게를 전적으로 감당할 수 있다면, 그 때에 가서 그 길의 끝자락에서 자기 자신의 내면세계 속에서 유리에 대한 비전을 보게 될 것이며, 자신의 영혼 속에 고상하게 서 있는 이스터 아일랜드의 석상들을 느끼게 될 것이며, 자신의 수명기간 안에서 시간의 영겁을 표시하는 스톤헨지의 돌멘을 느낄 수 있을 것이다. 그쯤 되면, 용기를 가지고 돌봄을 받은 영혼은 견실해지고 풍상을 겪은 만큼 노련해지고 신비스러워져서 바로 그런 자신의 존재로부터 거룩함이 뿜어 나올 것이다. 그렇게 되면 거룩한 바보의 영성을 발산하게 될 것인데, 이는 바로 인생을 주어진 그대로 대담하게 살았을 뿐 아니라 무겁지만 창의적인 용량의 불완전을 지닌 인성을 과감하게 드러내며 살아온 바보인 것이다.

〈회상, 꿈, 그리고 성찰〉의 끝자락에 가서 융은 이렇게 기록한다. "온전한 인간은 도전을 받고 자신의 전적인 리얼리티와 한판 싸움을 붙는다. 그 때에 가서야 그는 온전해지고, 오로지 그 때에 가서야 하나님이 탄생하실 수 있다."

영성생활은 영혼으로부터나 삶과의 친밀한 관계로부터 분리된 상태에서는 진정으로 향상될 수가 없다. 사람도 마찬가지이지만, 하나님도 자신을 낮추어 사람의 육신을 입으실 때에 성취된다. 성육신에 대한 신학적 교의가 암시하는 바는 인간의 불완전이 신비한 타당성과 가치를 지니고 있는 것으로 하나님이 타당하게 여기신다는 것이다. 우리의 우울증과 질투와 자기애와 실패는 우리의 영성생활과 안 어울리는 것이 아니다. 실은 본질적인 것이다. 제대로 돌보기만 하면, 영성이 너무 확대되어서 완전주의나 영적인 교만의 오존 속으로 뻗치는 것을 그런 것들이 예방할 수 있다. 더욱 중요한 것은, 그들이 자신의 영성적인 감각의 씨앗을 공급해 주어서 별에서 떨어져 나오는 것을 보완해 준다. 영성과 영혼, 곧 아니무스와 아니마의 궁극적 결혼은 하늘과 땅의 결혼이요, 높은 이상과 야망이 우리의 가장 낮은 증상과 불평들과 연합하는 것이다.

제4부

세계 영혼의 돌봄

예술가에게서 겸손은 모든 경험을 그가 솔직히 수용하는 것이다.
그것은 마치 예술가에게서 사랑이 세계를 향하여 자신의
몸과 영혼을 드러내는 미를 소박하게 느끼는 것이다.

— 오스카 와일드

제12장

아름다움과 사물의 소생

최근에 나는 가톨릭의 미사에 참석하면서 미사를 라틴어로 드리던 옛적부터 내가 잘 알고 있었던 고대의 기도문이 번역된 것을 들으면서 강렬한 인상을 받았다. 라틴어에서 그 기도를 정확히 번역하면, '주님, 오직 한 마디 말씀만 하옵소서. 그러면 제 영혼이 나을 것입니다.' 이다. 새 영어 번역은 '주님, 오직 한 마디 말씀만 하옵소서. 그러면 제가 나을 것입니다' 로 되어 있다. 그것은 작은 차이 같지만, 상당히 중요한 이야기다. 이제 우리는 더 이상 영혼(soul)과 자기(self)를 구별하지 않는 것이다. 영혼의 돌봄에 대한 생각을 자기 향상의 범주 속에 자리매김을 하고 싶은 유혹을 받을 수 있는데, 그렇게 되면, 그것은 영혼의 돌봄이기보다는 훨씬 더 자아에 대한 작업이 될 수 있다. 그러나 영혼은 자아(ego)가 아니다. 영혼은 개인과 사회의 무한한 심층으로서, 모두가 합하여 우리의 정체성을 이루는 모든 수많은 신비한 측면들로 구성되어 있는 것이다.

영혼은 우리의 개인적인 환경이나 개념을 넘어서 존재한다. 르네상스 시대의 박사(magus)는 영혼이 우리가 자신을 깊이 들여다 볼 때 일별하는 신비로서 더 큰 영혼 곧 세계의 영혼, anima mundi의 일부라고 이해하였다. 이 세계의 영혼은 자연 그대로이든 사람이 만든 것이든 간에 각기 개별적인 사물에 영향을 끼친다. 사람이 영혼을 가지고 있듯이, 집 앞에 서있는 나무도 영혼이 있고, 마찬가지로 그 나무 밑에 주차되어 있는 자동차에도 영혼이 있다.

정신을 화학 기계처럼, 몸을 기계처럼, 제조된 세계를 인간의 두뇌와 기술이 빚어낸 경이로 생각하는 현대인에게 세계의 영혼, anima mundi에 대한 생각은 정말 이상하게 보일지 모른다. 심리학에서 어느 정도로 최상의 형태는 경우에 따라 직관적 센세이션을 갖게 하는데, 만물이 살아 있다는 것은 현상을 투사하는 것으로 설명하는 것인 바, '무생' 물에 대한 인간의 환타지를 무의식적으로 안겨주는 것과 같다. '무생' 이라는 말의 뜻은 '아니마가 없는' 곧 anima mundi, 세계의 영혼이 없다는 것이다.

우리가 삶이나 인성을 사물에 투사하는 것을 현대적으로 설명하는 데 있어서의 문제는 그것이 우리로 하여금 자아 속에 깊숙이 내려가게 하는 것이다. 곧 '모든 삶과 성격은 나에게서 곧 내가 어떻게 경험을 이해하고 상상하는가 하는 데서 나온다.' 사물 자체가 생명력과 성격을 지니도록 허용하는 것은 전혀 다른 접근법이다.

이런 의미에서 영혼의 돌봄은 모더니즘의 패러다임에서 한 발 비켜서서 전혀 다른 뭔가로 들어가는 것이다. 내가 세계에다 그 자체의 영혼을 시인할 때 내 자신의 입장은 변한다. 그리고 나서 세계의 사물들이 스스로를 생생하게 제시할 때, 나는 지켜보고 귀담아 듣는다. 나는 그들을 존중한다. 나는 그들의 창조자도 지배자도 아니기 때문이다. 그들은 내가 그런 것처럼, 그들 나름대로의 성격과 독립성을 갖는다.

제임스 힐먼과 로베르트 사르델료는 두 사람 다 우리 시대의 세계영혼에 대하여 광범하게 글을 쓴 사람들로서 설명하기를 물체들이 언어를 통해서가 아니라 그들의 괄목할 개성을 통하여 스스로 자기 표현을 한다는 것이다. 동물은 자신의 생활 습성이나 스타일을 통하여 인상적인 자태로 영혼을 드러낸다. 자연 속의 사물들 또한 비슷하게 탁월한 특수성을 가지고 자신을 보여준다. 강물의 힘이나 아름다움은 당당하게 자신의 현존을 드러낸다. 인상적인 건물은 우리 자신이 영혼 충만한 것처럼, 구석구석이 개성적인 모습으로 우리 앞에 우뚝 서 있다.

우리가 자연 속에서 사물들의 영향을 깊이 받을 수 있다는 것은 누구나 안다. 어떤 언덕이나 산이 개인의 삶이나 가족이나 공동체에 대하여 깊은 정서적 초점이 되어 준다. 우리 고조할아버지 할머니가 아일랜드에서 이민 오셔서 뉴욕 북부에 정착하셨을 때, 그분들은 시골에다 잘 되는 농장 하나를 자그마하게 시작하였다. 그들은 여러 종류의 가축도 길렀고, 다양한 곡물을 심었고, 과수원도 만들어서 정성껏 돌보았다. 그들이 지은 집은 밖에서 보면 우아하게 보였고, 안에서 보면 옛날 그림자 사진들로 가득했다. 연주용 피아노 한 대가 작은 응접실 벽 앞에 놓여 있었고, 주방은 주로 사교 센터 역할을 하였다. 집 앞에는 커다란 밤나무 두 그루가 있었는데, 오십 년 넘도록 가족뿐만 아니라 멀리서 찾아오는 방문객들에게도 그들과 함께 아름다움을 선사하였다.

그리 오래되지 않은 일이지만, 나는 사촌 몇 사람과 그 옛집을 찾아간 일이 있었다. 그 집은 다만 사냥터로만 땅을 쓰고 싶어 하는 사람에게 팔렸던 것이다. 알고 보니 헛간은 무너져 내려 흔적도 없이 사라졌다. 집의 기초를 둘러싸고 자라난 잡초들 때문에 이제는 집조차 잘 보이지 않게 되었다. 그러나 과수원의 한 부분은 아직도 볼 수 있었고, 밤나무들은 여전히 고상함과 따스한 온기를 잃지 않고 있었다. 나의 사촌들과 나는 그 나무들 이야기를 하면서, 무더운 여름밤이면, 사람들이 그 나무 밑에 앉아서 무용담이나 그 밖의 수많은 옛날이야기를 하던 사람들 이야기도 함께 나누었다. 나는 아저씨가 나뭇가지 하나를 잘라서 엇갈리는 곳에 말발굽의 편자 못자국 같은 모양을 보여주며, 그 나무를 왜 말 밤나무라고 부르는지 설명해 주던 일을 기억하였다.

누군가 길을 넓히거나 집을 새로 짓기 위하여 그 밤나무들을 베어낸다는 것을 생각한다면, 나와 내 가족들에게 그것은 아픈 상실감으로 다가올 것이다. 그것은 단순히 지나간 세월의 상징이기 때문만이 아니라 그 나무들은 아름다움으로 가득 차 있고 또 수많은 추억을 끌어내는 묘한 분위기로 둘러싸여 있기 때문이다. 진정한 의미에서 그 밤나무들은, 좋은 다르지만 다른 공동체가 아닌, 우리 가족의 일부로서 우리에게 개체로서 한데 묶여 있다.

만들어진 물체들도 영혼을 지니고 있다. 우리는 그들에게 애착을 느끼고 그들 속에서 가득한 의미를 발견하고 아울러서 깊이 느끼는 가치와 따스한 추억도 지니게 된다. 이웃사람이 그러는데, 자기는 다른 도시로 이사를 가고 싶은데, 아이들은 지금 사는 집이 너무 좋아서 이사를 못 가게 한다는 것이었다. 우리는 이런 사물에 대한 애착심을 알고 있다. 우리는 그것을 진지하게 받아들이지도 못하고 우리의 세계관의 일부가 되는 것을 허용하지 않는다. 만일 우리가 우리에게 가까워질 수 있고 또 그들의 아름다움과 주관성을 표현하는 능력을 사물들이 지니고 있다는 사실을 더욱 진지하게 받아들인다면 어떻게 될까? 그 결과는 영혼의 생태학이 될 것이다. 그래서 추상적인 원칙보다는 오히려 인식과 관계성을 바탕으로 하여 세계의 사물들에 대한 책임감이 높아질 것이다. 사물들에 대하여 우리가 깊이 느끼면서 관계를 맺으면 우리가 그들을 오염시키거나 지속적으로 추하게 만드는 일을 못하게 될 것이다. 우리는 해운 수송이나 제조 때문에 아름다운 바다의 만을 하수 체계로 만들 수 없을 것이다. 우리의 마음들이 이렇게 영혼에 폭행을 가하는 것에 대하여 항의할 것이기 때문이다. 우리가 나쁘게 취급하는 사물들은 따지고 보면, 그들의 영혼을 무시하고 있는 것이다.

내가 지금 서술하고 있는 애착은 사물들에 대한 감상주의나 이상주의를 펴고자 함이 아니다. 오히려 물체에까지 연장되는 공생의 센스를 말함이다. 애착은 피상적이기 때문에, 자연을 감상주의적으로 대하면, 그것은 실제로 자연의 남용을 부추기게 될 수 있다. 물론 정서적인 관계를 느끼지 않고도 지적으로 지구를 사랑한다는 것이 가능해 보일 수도 있다. 그러나 자연과 진짜 관계를 맺으려면, 자연과 더불어 시간을 보내고, 관찰하고, 자연이 주는 교훈들에 대하여 열린 가슴을 가짐으로써 관계가 형성되어야 하는 것이다. 어떤 관계라도 진정한 관계가 되려면, 시간과 일정한 상처받을 가능성이 요구될 뿐 아니라 영향도 받고 변화 받을 수 있는 가능성에 대한 열린 태도가 있어야 한다.

깊은 생태학적 감성은 오로지 깊은 영혼에서만 나올 수 있다. 이런 깊은 영혼은 공동체 안에서 잘되며, 마음과 동떨어지지 않는 생각 속에서, 그리고 구체적인 일들에 대한 관계성 속에서 잘되며 번성한다. 이것은 단순한 생각이다. 구체적으로 사물들을 사랑하지 못한다면, 세계를 사랑할 수 없다. 세계란 개별적인 사물들 속에서가 아니고서는 실존하지 못한다. anima mundi, 세계의 영혼은 각기 사물 속에 있는 영혼에 관련된다. 따라서 영혼에 관한 학문으로서 심리학은 적절하게 사물들에 대하여 관심해야 한다. 그렇다면, 궁극적으로 볼 때, 심리학과 생태학이 중첩된다. 세계의 돌봄은 자연 속에서 뿐만 아니라 동시에 인간 속에서 살고 있는 영혼을 돌보는 것이기 때문이다.

'생태학'(ecology)이란 단어로 돌아가 보자. 이미 살펴 본 바와 같이 'oikos'는 '집'을 의미한다. 영혼의 관점에서 말하자면, 생태학은 지구(earth) 과학이 아니다. '가정'(home) 과학이다. 우리가 어떤 정황 속에 있든지, 우리가 어디에 있든지 간에 집에 대한 센스를 가꾸어내는 것과 생태학은 관계가 있다. 세계의 사물들은 우리의 가정환경의 일부이다. 그래서 영혼 충만한 생태학은 세계가 우리 집이라는 느낌뿐만 아니라 그 집에 대한 책임이 의무나 논리에서 비롯되는 것이 아니라 진정한 애정에서 나온다는 느낌에 뿌리를 둔다.

사물에 대한 관계를 느끼지 못하면 우리는 세계에 대하여 무감각해지고 따라서 그토록 중요한 가정이자 가족인 세계를 잃는다. 우리가 시내 거리에서 '집 없음'을 보는 것은 우리가 마음 속 깊은 것에서 느끼는 '집 없음'의 반영이다. 우리와 사물들 사이를 연결시켜주는 세계 영혼을 느끼지 못한 채 우리가 생명이 없는 세계에서 사는 만큼 우리 모두가 경험하는 영혼의 박탈 현상을 바로 집 없는 사람들인 노숙자가 구체적으로 드러낸다. 우리는 우리가 느끼는 외로움이 다른 사람들과 상관이 있는 것처럼 가정한다. 그러나 그것은 동시에 우리가 지닌 철학으로 우리가 비인격화시킨 세계와의 소외된 관계로부터 비롯되는 것이다. 집 없음이 실상은 우리가 만든 사회와 문화의 거울인 때에도,

우리는 그것이 경제와 상관있다고 가정한다.

　우리가 실제로 사는 집이 아무리 초라하더라도, 그 집을 돌보는 것은 또한 영혼을 돌보는 일이다. 우리가 돈이 아무리 조금 있을지라도, 우리 집에서 느끼는 아름다움의 중요성을 염두에 둘 수 있다. 우리가 어디에 살고 있든지, 우리는 이웃과 한 동네에 살고 있으며, 우리는 이렇게 넓은 평수의 땅을 또한 우리의 집으로 그리고 우리 마음의 상태와 통전적으로 묶여있는 장소로 가꾸어 갈 수 있다.

　모든 가정은 소우주요, 원형적인 '세계'로서 우리의 집이나 땅의 한 필지나 아파트 안에 구체화된 것이다. 수많은 전통들이 인정하는 바와 같이 집집이 해와 달, 별무리, 하늘을 둥근 캐노피처럼 반영시킨 돔 같은 우주를 상징하는 장식을 지니게 함으로써 원형적인 특성을 지니고 있다. 건축 양식과 장식품으로 봐서 셰익스피어의 글로브 씨어터(지구 극장)에는 축소판 지구라는 항성이 있다. 우리 각자는 우리 가정의 글로브 씨어터에서 살고 있는데, 거기서 일어나는 일이 우리가 사는 전 세계에서 일어난다.

　마르실리오 피치노가 권고하는 것은 우리 모두가 우리와 우주 사이의 관계를 상기시켜 주는 이미지를 우리 집에 꼭 두어야 한다는 것이다. 예를 들어서, 그가 제안하는 것은 우리가 침실 천장에다 우주의 모형이나 별자리 그림 같은 것을 마련하라는 것이다. 얼마 전까지만 해도, 우리는 바깥채에다 달을 새겨 넣곤 하였다. 그러나 이제는 우주적 모티브를 건축에서 볼 수 있는 것은 드문 일이 되었다. 다만 예외적인 것은, 찌를 듯이 하늘을 가리키는 첨탑 역할을 하는 뾰족한 지붕이 있다. 아니면, 물이 잘 빠지도록 문제를 해결하는 지붕의 기하학이라 설명할 수도 있을 것이다.

뉴멕시코의 주니(Zuni) 인디언들은 우주적 집의 개념을 그들의 신화를 통하여 표현한다. 그들의 창조 설화에서, 그들이 사는 마을의 위치는 물 위로 성큼성큼 걸어 다니는 벌레가 발견하였다는 것이다. 그 벌레는 대륙을 가로질러 몸을 뻗으며, 그 심장을 주니에 머물도록 한다는 것이다. 우리 모두는 우리가 사는 집의 신화를 이와 비슷한 이야기로 하면서 그것이 어떻게 해서 우리가 동물의 심장이 박동하도록 하는가에 대한 이야기를 하는 것이다. 주니 족이 '중심지'를 노래할 때, 진짜 집은 언제나 곧바로 특정 장소이며 동시에 전 세계가 된다는 신비를 인정한다. '주니에 비가 내리면, 온 땅에 비가 내린다.' 라고 주니 족이 읊는다. 우리 자신의 집과 고장에 대한 이 심오한 개념은 진짜 영혼 충만한 생태학의 기초가 된다. 마음이 개입되는 한, 장소에 대한 돌봄은 뒤따르기 마련이다.

사물의 정신병리학

사물들에게 영혼이 있다면, 그들 또한 고통도 받고 노이로제가 될 수도 있다. 그것이 영혼의 특성이다. 따라서 영혼의 돌봄은 구체적으로 물건들을 챙기고, 어디서 어떻게 고통을 받는지, 그들의 노이로제가 어떤지 눈여겨보며 그들을 돌봐서 건강을 되찾게 하는 것을 의미한다. 로베르트 사르델료가 제안하는 바에 의하면, 건물에는 상주하는 치료사가 있어서 고통을 당할 때면 돌봐야 한다는 것이다. 그는 입주자들에 대한 것이 아니라 건물 자체에 대한 이야기를 한다. 그의 제안이 암시하는 바는 우리가 보통 사물의 상태에 대하여 관심하지 않고, 우리가 참아내야 하는 것 이상으로 우리 사회의 사물들 속에 있는 추함과 소홀함을 견디어 낸다. 우리는 우리 자신의 고통이 얼마나 우리의 사물들이 앓는 질병을 반영하고 있는지를 인식하지 못하는 것처럼 보인다.

세계의 영혼 곧 anima mundi의 개념 속에는 우리의 영혼과 세계영혼 사이의 분리는 없다. 만일 세계가 노이로제에 걸리면, 우리도 그 장애를 함께 할 것이다. 만일 우리가 우울해진다면, 그것은 우리가 우울한 건물 안에서 살거나 일하고 있기 때문일지 모른다. 17세기의 박사 로버트 플루드가 그린 것처럼 옛날 삽화들이 보여주는 것은 하나님이 창조라는 거대한 악기를 조율하는 모습이다. 이 거대한 세계라는 기타 줄에는 천사들과 사람들과 사물들이 달려 있다. 우리는 모두 같은 톤의 각기 다른 옥타브처럼 공명하며 진동한다. 그리고 우리의 심장들은 물질세계와 영적 세계의 리듬과 같은 리듬으로 박동한다. 사물들이 우리의 운명이나 상태 속에 참여하듯이 우리는 그들의 운명과 상태 속에 개입한다.

사르델료가 세계의 영혼(anima mundi)의 영성으로 묻는 물음은 도전적이다. 곧 우리의 몸이 아파하는 암이, 부식되어 가는 우리의 도시가 앓는 암과 본질적으로 같은 것인가? 우리의 건강과 세계의 건강이 하나로 똑같은 것인가? 우리는 이 세계가 우리를 공격하고 우리에게 질병과 사망의 씨를 뿌리는 독소로 가득 찬 우리의 원수라고 생각하는 경향이 있다. 그러나 만일에 세계영혼과 우리의 영혼이 하나라면, 우리가 세계의 사물들을 소홀히 하거나 악용할 때 우리는 동시에 우리 자신을 악용 내지 학대하는 것이다. 우리가 만일 건전한 실천 생태학을 발전시키려고 시도하기로 하면 우리는 동시에 우리 자신의 내면의 오염을 관리할 필요가 있다. 만일 우리가 치료나 그 밖의 다른 방법을 통하여 우리의 개인 생활을 깨끗이 하려한다면 우리는 동시에 세계가 앓는 노이로제와 사물들이 당하는 고통에 대하여 관심을 가지고 돌보아야 할 필요가 있다.

영혼의 돌봄에는, 세계가 당하는 고통에 대한 눈과 귀를 가질 것이 요청된다. 수많은 미국의 도시에는 거리나 공터에 버려진 쓰레기가 널려 있다. 이를테면 폐타이어, 기구, 가구, 종이, 음식 쓰레기, 녹슨 자동차 등이다. 집들은 널을 처놨고, 창문은 박살나 있고, 나무는 썩고, 잡초들은 어지럽게 자라 있다. 우리는 그런 광경을 보며 생각한다는 것이, '해결책은 빈곤 문제를 해결하는 것이다.'라고 한다. 그러나 어째서 사물들 자체를 위하여 느끼지는 않는가. 우리는 병들고 상하고 죽어가는 고통당하는 상태에 있는 사물들을 보고 있다. 우리 앞에 있는 질병은 우리의 세계에 대한 관계의 실패이다. 우리 속에 있는 무엇이 그렇게 만들어서 세계의 사물들이 그토록 괴롭힘을 당하고, 우리에게서 보살피는 응답이 없기 때문에 그렇게 많은 증상들을 보여주고 있는 것일까? 우리가 사물들을 그토록 안 좋게 대하면서 우리는 무엇을 하고 있는 것인가?

우리가 사는 도시들 속에 있는 쓰레기 치우는 곳이나 자연 경관을 가로막는 고속도로변의 광고판들이나 추억과 오랜 과거를 지닌 건물들을 생각 없이 부수는 일이나, 싸구려 주택이나 상업용 건물을 짓는 일들, 이 모든 일과 사물들을 다루는 방식으로 헤아릴 수 없이 많은 영혼 없는 방식들이야말로 세계 자체에 대한 우리의 분노와 격노를 가리킨다. 시민들이 유조차나 지하철이나 교량이나 보도 위에다 스프레이 페인트로 낙서할 때, 명백한 것은 그들이 단순히 사회에 대하여 화가 나 있는 것이 아니다. 그들은 사물들에 대하여 분통을 터뜨리고 있는 것이다. 우리가 세계의 사물들과의 관계를 이해하려고 한다면, 우리는 이런 분노에 대한 통찰을 발견하여야 한다. 어떤 수준에서 보면, 우리의 공공장소를 더럽히는 사람들은 우리를 대신하여 그런 짓을 하고 있는 것이기 때문이다. 그들이 하는 일에 우리도 연루되어 있다.

어째서 우리의 문화는 사물들에 대하여 그토록 화가 나 있는 모습으로 보이는가? 어째서 우리는 우리가 사는 세계를 만족스럽고 편안한 집을 충분히 만들어 줄 수 있는 바로 그 사물들에 대해서 우리의 좌절감을 쏟아 부을까? 아마도 그 해답은 이럴 것이다. 곧 우리가 영혼으로부터 연결이 끊어지고 엄청난 수명 기간이나 심지어 무시간적인 요소들과 끊겼을 때, 우리는 고통스럽게 이상적인 미래와 불멸을 고대한다. 사물들의 수명은 사람들과 다르다. 그들은 훨씬 더 많은 세대를 살아남는다. 옛날 건물들은 우리가 속해 있지 않았던 과거를 상기시켜준다. 만일 우리가 자아와 동일시된다면, 그런 과거의 시간들이 불멸을 바라는 우리의 욕망에 대한 모욕이 된다. 효율적인 제조업의 선구자 헨리 포드가 말한 것으로 생각되는데, 역사는 엉터리다. 우리의 평생의 노력이 신세계를 만드는 일과 성장과 끊임없는 향상을 지향하기로 말하면, 과거는 우리의 적이요, 죽음을 상기시켜주는 것이다.

성장과 변화에 대한 집중은 자아의 한계를 초월하는 부분으로서 영원한 실재에 대한 인식을 침식한다. 그러나 영혼은 과거를 사랑하며, 역사로부터 단순히 배우는 것이 아니라 있었던 것에 대한 이야기와 흔적을 바탕으로 삼고 번성한다. 플라톤과 르네상스 시대의 플라톤주의자들이 영혼의 힘으로 묘사한 예언은 평범한 의식을 초월하는 식으로 과거, 현재, 미래를 끌어안는 삶에 대한 비전이다. 그러나 일단 자아보다는 오히려 영혼을 돌보는 쪽으로 관심을 돌리고 나면, 우리는 모더니즘의 편견과 다만 오늘만을 위해 살려는 편견으로부터 탈출하게 된다. 영혼의 감성은 옛날 방식과 옛 지혜와 그 시대의 맛과 멋을 건축 양식과 디자인 속에 담고 있는 건물들에 대하여 감상하는 눈을 일깨워준다. 영혼은 과거를 사랑하며, 단순히 역사로부터 배우는 것이 아니다. 있었던 것에 대한 이야기와 흔적을 먹고 산다.

우리는 또한 더 이상 우리에게 소용이 없다고 느끼는 사물들에 대하여서도 화가 난다. 우리의 도시를 오염시키는 수많은 녹슨 물건들은 구식이거나 더 이상 기능하지 못하는 도구들이다. 어떤 사물을 기능이란 개념으로 정의를 내린다면, 그것이 더 이상 기능하지 못할 때, 우리는 그것에 대한 느낌이 없다. 우리는 적절한 매장 절차도 없이 그것을 내버린다. 그럼에도 불구하고 옛 물건들은 결과적으로 영혼을 상당히 지니고 있다는 사실을 드러낸다. 나는 지금 뉴잉글랜드 지방에서 수많은 조그만 옛날 식 농장들 사이에서 살고 있다. 예를 들면, 거기서 종종 보는데, 옛날에 말이 끌던 고무레가 아름답게 목장에 놓여 있고, 옛날의 헛간이 바람에 기울어져 있거나 한때는 저택이었던 집의 형체가 이제는 근사한 폐허로 변해 있는 모습들이다. 과거 시간들의 증거인 이런 부분들이 문자 그대로 영혼과 함께 빛난다.

조경 역사가 J. B. 잭슨은 그의 논문 '폐허의 필요성'에서 그런 사물들에 대하여 결정적인 점을 지적한다. 그가 말하기를 부식되고 있는 사물들은 탄생과 사망과 대속의 신학을 표현한다는 것이다. 다른 말로 하자면, 우리의 물건들도 우리처럼 언젠가는 죽게 되어 있다. 우리는 사물들이 영원히 살 것처럼 그러지만, 만물이 제 수명을 지니고 있다는 사실을 우리는 안다. 우리가 사는 도시나 시골 할 것 없이 쓰레기가 널려 있는 것은 죽음을 꾀로 이기려는 시도의 일부가 될 수는 없다. 우리는 사물들이 죽는 것을 원치 않는다. 만일 그들이 죽거나 더 이상 기능을 하지 못하게 되면, 우리는 화가 난다. 분노에 사로잡혀서 우리는 그들에게 온당한 매장을 하지 않는다. 그러나 그들의 현존은 문자 그대로 부식을 불가피하게 상기시켜 준다. 우리는 과거를 존경하지 않는다. 그래서 과거는 인간의 형체나 상상력 없이 우리 자신의 분노의 얼굴을 가지고 제 모습을 우리에게 드러낸다. 우리는 우리 앞서 있는 날들을 기억하지 못하고, 그래서 그런 날들의 속에 사물들이 우리의 거리마다 어지럽게 흩어져 있다. 잭슨은 기념물이 어원학적으로 말하면 '상기시켜 주는 것'이라고 지적한다. 우리의 쓰레기는—상상력에 의하여 치유되지는 않았지만—우리가 소홀히 한 과거를 상기시켜 주는 것이다.

영혼의 돌봄에서 근원적인 원칙은 영혼은 돌봄을 필요로 한다는 것이다. 만일 우리가 고통을 당하거나 부식되어 가는 사물들을 돌보지 않는다면, 특히 그들의 인간적인 사물들이 아니기 때문에 고통은 안 당한다고 가정해서 그런다면, 그때는 그들의 죽음이 우리를 문자 그대로 압박하는 중상이 될 것이다. 그들의 병이 인간적인 것으로 나타날 것이다. 사물들도 쇠약해지는 고통을 당할 수 있다는 것을 믿지 못한 채, 우리는 그 고통을 뒤집어쓰게 될 것이다.

사물들이 기능에 대하여 죽을 때, 그들은 역사의 이미지로 부활할 수 있다 : 그래서 역사가 영혼을 위해서는 좋은 것이다. 우리는 집을 골동품으로 장식하면서 영혼을 사로잡는 방법으로 그렇게 한다. 그리고 도시마다 박물관은 초점이 된다. 죽음을 거부하는 세계에서는 생명력 또한 사라진다. 죽음과 삶은 동전의 양면이기 때문이다. 아니면, 죽음이 문자 그대로의 형태로 나타날지 모른다. 예를 들면, 쓰레기가 잘 잊혀지지도 않고 귀신처럼 따라붙는 것이어서 우리는 이제 더 이상 그것을 잘 파묻지를 못한다. 특히 우리가 사물을 만들 때, 처음부터 죽음을 겪지 않도록 구워서 만들기 때문에, 그들이 세계에 독소를 뿜는 능력은 더욱 더 분명해졌다. 우리가 사물들을 불멸의 것으로 디자인할 때, 우리는 문자 그대로 부활과 불멸을 해석한다. 그들의 유효기간이 끝났다고 해서 사물들이 그냥 사라지는 것은 아니다. 알렉 기네스가 출연한 옛날 영화 '흰 양복을 입은 사나이'에서 한 남자가 때도 타지 않고 해지지도 않는 양복 한 벌을 발명하였다. 처음에는 그것이 기술의 승리요, 인류에게 주는 선물처럼 보였다. 그러나 얼마 안 가서 드러난 사실은 이 영원한 양복은 저주가 되어 노동자들에게서 생계를 박탈할 뿐 아니라 (결국은 손으로 일하는) 영혼의 제조 과정을 박탈하게 되었다.

우리 이웃집 목장에 있는 옛날의 농기구처럼 폐허들이 우리에게 보여 주는 것은 어떤 사물의 기능이 떠나간 뒤에도 뭔가 아름다움의 잔재가 남아있다는 것이다. 비록 기름을 잘 쳐서 기능을 잘하던 여러 해 동안에는 숨어 있었을지 몰라도, 이때에 영혼이 드러나는 것이다. 영혼은 기능에 대한 것이 아니라 아름다움과 형태와 추억에 대한 것이다. 예술가 메리트 오펜하임이 광적인 아이디어를 내서 찻잔 안을 모피로 대었을 때, 자기 작품에 나타난 영감을 사람들이 그 예술 행사의 주요 이벤트로 생각하는 것을 보며 충격을 받았다. 화가는 찻잔이 지닌 기능을 마치 일식처럼 가림으로 해서 그 잔의 성격을 드러내는 우아한 방법을 찾았던 것이다. 그의 혁명적인 행위는 영혼에 이르는 돌파구를 찾은 셈인데, 이는 지배적이며 맹목적인 이용의 신화를 뚫고 스며들어 감으로써 성취된 것이다.

사람이 그렇듯이, 사물도 기능으로 환원될 때 고통을 당한다. 따라서 세계의 영혼을 돌보는 일도 우리가 사물이 무엇을 할 수 있는가 그 기능에 대한 관심보다도 그 사물이 어떤가 그 존재에 대한 관심을 더 가지고 보아줄 것을 요청한다. 예술이 이런 것을 우리에게 돕는 방법은 미학적 맥락에서 사물의 틀을 다시 짜줌으로써 성취되는 것이다. 그것이 '모피로 안감을 댄 오펜하임의 찻잔' 이든 '캔버스 위에 스프 캔'을 그린 것이든, 선(Zen) 같은 직관성을 가지고 명료화된 알브레히트 뒤러의 '구두와 건초더미' 이든 간에, 예술은 이렇게 우리에게 도움을 준다.

아름다움, 영혼의 얼굴

역사를 훑어보면, 우리는 르네상스기의 플라톤 학파나 낭만파 시인들 같은, 영혼에 초점을 맞춘 사상적 학파들을 찾을 수 있다. 이처럼 영혼을 의식한 작가들이 어떤 공통적인 주제를 강조하였다는 것을 주목하는 것은 흥미로운 일이다. 그 공통적인 주제는 관계성, 주체성, 상상력, 죽음, 쾌락 등이며, 거기에 덧붙일 수 있는 또 하나는 아름다움이다.

영혼을 소홀히 하는 세계에서 우선순위를 매길 때 아름다움은 맨 나중에 놓는다. 학교의 지성 중심의 교과과정을 보면, 과학과 수학 같은 것을 주요 과목으로 꼽는다. 그것이 기술발전을 향상시킨다고 믿기 때문이다. 일반적으로 예산 삭감을 해야 할 경우, 예술 분야가 가장 먼저 거론된다. 심지어 운동 분야보다 먼저 깎는다. 이런 예를 통하여 우리가 알 수 있는 것은 예술은 없어도 괜찮다고 여기는 태도이다. 곧 기술

없이는 못 살고, 아름다움 없이는 살 수 있다는 것이다.

아름다움은 장식품에 불과하고 없어도 된다는 가설은 영혼에 필요한 것을 제공해 주는 일이 얼마나 중요한지 이해하지 못함을 드러낸다. 영혼은 아름다움 때문에 자란다. 음식이 몸에 중요한 것처럼, 마음을 끄는 복잡하면서도 즐거운 이미지는 영혼에 중요하다. 우리가 만일 심리학의 뿌리를 인간 행동과 정서 생활에 관한 의학적 관점에 둔다면, 일차적인 가치는 건강이 될 것이다. 그러나 심리학에 관한 개념이 영혼에 기초를 둔다면, 치료의 목표는 아름다움이 될 것이다. 내가 말하고자 하는 것은 만일 삶 속에서 아름다움이 결핍되면, 우리는 필경 우울증, 편집광, 무의미성, 중독증 같은 불안 증세를 영혼 속에서 겪을 것이다. 영혼은 아름다움을 갈망하는데, 그것이 없을 때에는 제임스 힐먼이 '아름다움 노이로제'라고 부른 장애를 겪게 된다.

아름다움은 영혼이 그 나름대로 존재하는 특이한 방식으로 도움을 준다. 예를 들어, 아름다움은 마음을 사로잡는다. 영혼에게 중요한 것은 실생활의 분주함에서 벗어나서 무시간적인 영원한 리얼리티를 관상하는 것이다. 전통은 영혼에게 필요한 이와 같은 것을 휴가(vacatio)라고 이름 붙였다. 성찰과 경이의 순간이 좋아서 일상적인 활동으로부터 휴가를 갖는 것이다. 혼자서 차를 몰고 고속도로를 달리다가 문득 숨을 멈추게 하는 광경을 지나게 된다. 차를 멈추고 잠시만이라도 밖으로 나와서 자연의 웅장함을 바라보게 된다. 이것이 바로 아름다움이 마음을 사로잡는 힘이요, 그렇게 영혼이 드러내는 갑작스러운 열망이 하자는 대로 하는 것이 바로 영혼에게 필요한 것을 채워주는 방법이 된다. 아름다움에 대한 담론이 때로는 뜬구름 잡는 이야기처럼, 때로는 철학적 담론처럼 들릴 수 있다. 그러나 영혼의 관점에서 보면, 아름다움은 일상생활의 필요한 부분이다. 날마다 우리는 아름다움을 느낄 경우를 영혼이 일별하는 순간을 경험한다. 그것은 다만 상점 앞을 지나다가 진열되어 있는 아름다운 반지나 옷의 디자인이 마음을 사로잡는 것을 눈여겨보는 것만으로도 가능하다.

보티첼리의 유명한 그림 '프리마베라'(Primavera)에서 원을 그리며 춤추는 '삼미신'(Three Graces)은 아름다움과 절제와 즐거움을 상징한다고 말하는 학자들도 있다. 르네상스기의 저술들을 보면, 이 세 가지는 삶의 미덕이다. 여기에 해당하는 현대적인 것은 뭐라고 할 수 있을까—기술, 정보, 커뮤니케이션? 르네상스 시대의 미덕은 직접적으로 영혼과 상관이 있다. 보티첼리의 그림을 보면, 에로스 곧 정욕이 절제를 향하여 불붙은 화살을 쏜다. 정욕과 집착의 화살이 우리가 달리는 트랙에서 멈추게 하고, 우리는 아름다움에 사로잡혀서 그 즐거움을 느낀다. 겉으로 보면 이루어진 것은 하나도 없다. 우리는 눈길을 사로잡은 반지를 사거나 그 광경을 사진 찍거나 하는 일은 안 할 수도 있다. 사로잡힘을 경험한 그 순간, 영혼이 좋아하는 음식, 곧 관상을 하도록 초대하는 광경으로 소박하게 먹여주는 것이다.

그렇다면, 영혼에게서 아름다움은 형식의 즐김으로서가 아니라 몰입과 관상을 권유하는 사물 속에 있는 질로서 정의될 수 있을 것이다. 근대 일본의 공예 운동의 창시자 소에쓰 야나기는 아름다움이란 무한대의 범위를 상상력에 부여하는 것이라 정의하였다. 그는 또 말하기를 아름다움은 결코 마르지 않는 상상력의 근원이라 한다. 매력과 흡인력이 있는 것이 반드시 예쁘거나 즐겁거나 한 것이 아닐 수도 있다. 실상은 미운 것일 수도 있는데, 그럼에도 불구하고 그 나름대로 특별한 아름다움에 대하여 정의하면서, 개성을 가지고 자신을 드러내는 것이라 한다.

야나기와 힐먼의 요점은 아름다움이란 꼭 예쁜 것을 뜻하는 것이 아니다. 어떤 예술 작품은 보기에 즐거운 것이 아니다. 그럼에도 불구하고 그들의 내용과 형식이 마음을 사로잡고 유혹하며 심오한 상상의 세계로 마음이 빨려들게 한다.

만일 우리가 영혼을 돌보려고 한다면, 그리고 영혼이 아름다움 때문에 자란다는 것을 안다면, 아름다움이 더 깊고 더욱 명확히 자리하게 한다는 것을 깨달아야만 한다. 우리가 교회나 절에서 볼 수 있듯이 종교는 항상 아름다움의 가치를 이해해왔다. 절 건축은 오직 실용적인 것만을 고려하지 않았으며 늘 상상력을 추구했다. 교회의 높은 첨탑이나 장미 창문은 좌석을 늘이거나 독서에 필요한 채광을 위해 디자인한 것이 아니다. 그러한 건축양식은 영혼이 아름다움을 필요로 한다는 것을 말해주고 있다. 그 건축물 자체에 대한 사랑은 물론 그 용도까지도 거룩한 상상력을 위하여 특별한 기회를 갖게 하는 것이다. 교회와 절과 키바(Kivas)와 모스크를 본받아 우리의 가정과 상업용 건물과 고속도로와 학교에서 이와 똑같은 필요에 대하여 관심도 기울이고 예산도 배정할 수는 없을까?

문화 예술을 파괴하는 반달리즘은, 학교와 공동묘지와 교회를 그 대상으로 즐기는데, 역설적으로 사물의 거룩함에 대하여 관심을 끈다. 빈번히 우리가 거룩함에 대한 감각을 잃었을 때, 그것은 부정적인 형식으로 다시 나타난다. 검은 천사들의 작업이 흰옷을 입은 천사들과 전적으로 다른 것이 아니다. 그렇다면, 여기서 볼 수 있는 것이 사물을 악용하는 데 대한 해석을 또 달리할 수 있는데, 그것은 지하세계가 그들의 거룩함을 재구축하려는 시도와 같다고 할 수 있다.

아름다움을 감상하기 위해서는 단지 영혼을 휘젓는 힘에 대해 개방성을 가지면 된다. 우리가 만일 아름다움에 영향을 받을 수 있다면, 영혼이 우리 속에서 살아 있을 뿐 아니라 건강한 것이다. 영혼의 위대한 재능은 영향을 받는 것이기 때문이다. 패션(passion)이란 말은 기본적으로 '영향을 받는 것'을 의미한다. 패션은 영혼의 본질적인 에너지이다. 시인 릴케는 꽃의 구조에 대한 상상을 통해 수동적인 힘에 대하여 묘사하면서 그것을 '무한한 수용의 근육'이라 불렀다. 우리는 흔히 영향 받을 수 있는 능력을 힘이나 힘찬 근육의 작업으로 생각하지 않는다. 그러나 지금 영혼을 위하여, 꽃을 위하여 우리는 그런 표현을 쓰고 있다. 그것은 그러한 것들이 가장 끈기 있는 작업을 필요로 하며, 우리 삶 속에서 중심이 되기 때문이다.

사물의 소생

역사의 각기 다른 시점에서 우리는 지배하기 원하는 존재들의 계급에 대하여는 영혼을 부정해 왔다. 한 때 여성에게는 영혼이 없다 말한 적이 있다. 잔인한 제도를 선언하고 나서 그것을 신학적으로 방어하기 위하여, 노예들은 영혼이 없다고 하였다. 우리 시대에는, 사물은 영혼이 없다고 가정하고, 따라서 우리가 원하는 대로 사물을 대할 수 있다고 생각한다. 세계의 영혼, anima mundi, 이론의 회복은 자연 세계와 인공 세계에 영혼을 되돌려 주는 일이 될 것이다.

만일 우리가 마음속으로 사물에도 영혼이 있다는 사실을 안다면, 의식 있는 주체가 활력 없는 객체를 지배하듯이 사물을 다스릴 수는 없다. 그 대신 우리는 애정과 존경과 돌봄의 상호 관계를 맺게 된다. 그렇게 되면 우리는 기술적인 노력을 가지고 지탱할 필요가 있다고 생각하는 기술적 세계에 있는 때보다 영혼을 지니고 살아있는 세계 속에서는 덜 외로울 것이다. 집합적으로 말해서 우리는 매일 아침 해돋이를 돕기 위하여 일찍 일어나야 한다고 생각하며 짐을 지고 사는 사람과 같다. 이것은 전적으로 그다지 이상한 신경증적인 개념은 아니고, 우리모두가 부분적이나마 시대정신에 참여하는 사람들로서 공유하는 태도를 반영하는 것이다.

1947년에 융은 산스크리트와 인도 철학을 연구하는 한 동료에게 편지를 쓰면서, 숲 속에서 별이 빛나는 꿈을 주목해야 한다고 말하였다. "당신은 오로지 단순하고 잊어버린 사물 속에서만 자신을 발견하게 될 것이요" 라고 융은 썼다. "문자 그대로, 한 번이라도 숲 속에 들어가 보지 않으렵니까? 때때로 수많은 책에서 읽는 것보다 한 그루의 나무가 더 많은 것을 일러 줄 것이요." 우리는 그렇듯 단순하고 잊어버린 사물들 속에서 우리 자신을 찾을 수 있다. 우리가 주변에 있는 단순한 사물들에게 영혼을 인정하지 않으면, 우리는 우리 자신을 위하여 영혼의 중요한 근원을 잃는다. 구체적으로 나무는 자신의 형태와 나무결과 나이와 색채의 언어로 그리고 개체로서 스스로를 제시하는 방식으로 우리에게 많은 이야기를 할 수 있다. 그러나 이와 같이 그 자체를 표현하는 속에서 우리 자신의 영혼이 지닌 비밀들을 또한 우리에게 보여주고 있다. 세계영혼과 우리 자신의 영혼 사이에 절대적인 분리는 없기 때문이다. 우리는 진실로 세계이고, 세계는 우리 자신이다.

세계의 영혼, anima mundi는 고등 형태의 명상을 요구하는 신비 철학도 아니고, 원시 아니미즘으로 돌아갈 것을 요구하는 것도 아니다.

르네상스 시대의 세련된 예술가와 신학자들과 상인들이 이와 같은 철학을 몸소 살았는데, 예를 들면 피코 델라 미란델라, 마르실리오 피치노, 그리고 로렌쪼 디 메디치 같은 이들이 우리에게는 좋은 예가 된다. 그들의 사상이나 개인적인 일상의 수행이나 예술과 건축 속에서 영감을 불러일으키며 영혼이 충만한 세계를 가꾸어 내었다. 르네상스의 아름다움은 그 시대의 가정교사 역할을 철학으로서 영혼을 인정하는 철학과 불가분의 관계를 맺고 있다.

이러한 르네상스의 대가들은 우리가 일상의 소박한 마음 수련과 상상력의 수련을 통하여 영혼이 깃든 세계와의 관계를 가꾸어 나갈 필요를 가르쳤다. 그들은 구체적인 음악, 예술, 음식, 경치, 문화, 기후 등을 조심스럽게 접할 것을 권고한다. 그들은 일종의 도락가들인데, 영혼을 제시할 수 있는 가운데서 사물은 풍부해진다고 믿는 사람들이다. 그러나 그러한 풍부함을 받아들이기 위하여 우리는 정도에 맞게 사물을 즐기고 분간해가며 사용하는 법을 배워야 하는 것이다.

신플라톤주의 철학이 이와 같은 르네상스 시대의 영혼의 대가들에게 가르치기를 영혼이 영원과 현세 사이에 양다리를 걸치고 있어서 이 두 가지 차원을 온전히 합성시키면 삶에 깊이와 활력을 더해준다는 것이었다. 예술에서 깊은 전망은 이 같은 사상 속의 심오한 전망을 반영하였다. 채식주의자였던 피치노는 식사가 부실하였다. 그럼에도 불구하고 그는 고급 포도주의 감별사였다. 메디치가는 그들의 재능을 발휘하여 상업과 은행에 성공하였으나 그러면서도 그 사회의 영혼에 대하여 예술과 신학이 지니는 중요성을 인식하였다. 이와 대조적으로 우리 시대의 세속주의는 종교와 신학을 방 안으로 몰아넣고, 보통 상업과 정부로부터 고립시켜서 대학과 신학교 안에 가둔다. 그러나 영혼은 우리 삶의 모든 부분에 영향을 끼치는 신학적 비전과 예술적 비전을 요구한다. 종교와 신학은 일상적인 현대 생활의 구석구석에 감정을 불어넣는 여러 가지 신비와 의식을 우리에게 보여 준다. 이러한 방면의 교육이 없다면, 우리는 오도되어서 18세기 계몽기 시대 사람들의 눈에 비쳐졌던 것처럼 세계는 세속적이라고 믿게 될 것이다. 이와 같은 세속적인 철학의 결과로, 거룩함은 오로지 우리의 깊은 사회 문제와 개인의 심리적 육체적 질병 속에서만 만나질 것이다. 예를 들면, 마약과 범죄 앞에서 우리는 바보처럼 멍하게 느낀다. 우리가 하는 무엇도 도움일 될 것 같아 보이지 않는다. 우리는 이런 문제들을 이해하지 못한다. 종교가 어두운 면으로부터 자신을 드러내듯이, 거룩함의 부정적인 스파크가 그들 속에 있기 때문이다.

그러므로, 세계의 영혼(anima mundi)으로 알려진 세계관의 회복은 심리학의 갱신이나 순전한 영혼의 돌봄을 위하여 필수적인 것이다. 심리학 분야에서 종교와 제휴하려는 시도가 있었는데, 특히 우리는 동방 종교로부터 명상이나 고등 의식의 수준을 위한 기법과 혜택을 배우려 하였다. 신학과 종교에서 요즘 종교 전문가들이 심리학이나 사회과학 분야에서 스스로 훈련하는 모습을 보는 것은 공통적인 일이다. 이런 두 가지 움직임이나 그와 비슷한 다른 움직임이 가리키는 것은 종교와 영혼과 세계가 서로의 속에 깊이 얽혀 있다는 새로운 의식이다. 그러나 우리는 그와 같은 통찰을 추구할 수 없고 동시에 지배적인 세계관을 유지하면서 그것을 따라서 세계는 죽었고 주관성은 이성적인 자아에 제한되어 있다고 생각한다. 수많은 해설자들이 지적한 바와 같이 이렇게 두 갈래로 갈린 세계의 특징은 현대 서구의 생활이 모든 문화 속에서 찾아볼 수 있는 것이 아니라는 점이다. 우리는 이와 같은 분리에 의하여 편안하고 놀라울 정도로 능률적인 생활양식을 창조하였다. 그러나 우리는 영혼을 대가로 치르면서 즐거움과 편리함을 얻은 셈이다.

영혼을 돌보기 위하여 우리가 몇 가지 포기해야 할 필요가 있다. 심리학이 무엇인가에 대한 제한적 관념과 우리의 기분이나 감정을 이성적으로 지배하려는 시도와 우리의 의식이 우주 속에서 영혼의 유일한 신호라는 환상과 자연과 인조물에 대한 지배욕 같은 것을 포기할 필요가 있다. 우리는 아름다움이 불러일으키는 불합리성이나 기술 발전을 향하여 전진하는 길에 방해가 될 정도로 간섭하는 아름다움을 위험부담으로 안고 가는 한이 있더라도, 우리는 우리 자신을 아름다움 앞에 노출시켜야 할 것이다. 우리는 거룩한 자연의 이름으로 그리고 아름다운 것들에 대한 필요에 따라 현대 생활에 중요하게 보이는 많은 프로젝트를 포기해야 할지 모른다. 그리고 우리는 이와 같은 일들을 하면서 공동체적으로나 개인적으로, 결국은 영혼을 돌보는 노력의 일부로서 이런 일들을 해야 할지 모를 일이다.

기술과 아름다움 사이에서나 영혼의 돌봄이나 문화의 발전 사이에 적대감이 있을 필요는 없다. 과학도 예술과 종교만큼이나 영혼 충만한 능력이 많다. 그러나 이 모든 일 속에서 우리는 지금까지 오랫동안 살아오면서, 마치 영혼이 하나의 요인이 못 되는 것처럼 그래서 오로지 추적할 수 없는 문제나 뿌리 깊은 노이로제 같은 것 속에서나 결과적으로 만날 수 있는 것처럼 여겼다. 예를 들어 우리는 놀라울 정도로 능률적인 자동차를 얻었지만 결혼 생활을 유지하는 것은 불가능하게 되었다. 우리는 영화와 텔레비전 프로그램을 끝없이 제작한다. 그러나 평화로운 국제 사회에 대한 상상은 별로 못하고 산다. 우리는 의학을 위한 도구는 많이 가지고 있다. 그러나 가장 초보적으로 생명과 질병의 관계를 보는 것 이외에는 달리 이해하지 못한다. 과거 한 때에는, 희랍의 비극과 회극에서처럼, 연극 공연에서 사제가 사회를 보면서, 극장에 가는 일은 생사에 관한 문제라고 지적한 일이 있다. 오늘 우리는 극장이나 그 밖의 다른 예술의 자리매김을 엔터테인먼트 범주 속에다 한다. 일요일 아침 신문을 펴들고 영화, 음악 및 다른 예술의 섹션을 보면서 '연예'란을 읽는 대신에 '영혼의 돌봄'이라 부르는 섹션을 발견했다고 상상해 보라. 영혼에게 스스로 필요로 하는 것을 주기 위하여 우리가 즐거움이나 재미를 잃지 않아도 된다. 그러나 우리가 분명히 해야 할 일은 영혼에 대하여 관심 집중과 명료화시키는 일이다.

우리가 영혼의 돌봄을 일상생활 밖으로 밀어낸다면, 우리는 차갑게 죽은 관계가 끊어진 세계에서 살면서 외로움을 겪게 될 것이다. 우리는 우리 자신을 최대한도로 '향상' 시킬 수는 있다. 그럼에도 불구하고 우리는 분열된 실존 속에 내재하는 소외를 그래도 느낄 것이다. 우리는 새로운 물건을 발명하기 위하여 우리의 본질과 능력을 계속해서 이용할 것이다. 그러나 만일 우리가 충분한 깊이와 상상력을 가지고 그들에 접근하지 않는다면, 그 두 가지는 계속해서 우리를 이겨내고 압도할 것이다.

이와 같은 노이로제에서 헤어나는 길은 현대의 여러 가지 분열을 뒤로하고, 세계를 감지하는 또 다른 길이 있다는 진실을 다른 여러 문화와 예술과 종교, 그리고 새로운 철학 운동을 통해서 배우는 것이다. 우리는 현대 심리학을 영혼의 돌봄으로 대체할 수 있으며, 마음의 문제에 민감한 문화를 창조하는 일을 시작할 수도 있다.

제13장

삶의 거룩한 예술

이제 우리는 영혼의 돌봄에 대한 플라톤의 여러 가지 표현 가운데 하나인 삶의 기술, techne tou biou로 되돌아갈 수 있다. 영혼의 돌봄에는 기술(techne) 곧 숙련, 집중 그리고 예술이 요구된다. 고도의 예술성을 지니고 산다는 것은 우리가 무엇을 하든지 영혼이 그 속에 계속해서 개입하도록 하는 작은 일까지 집중하는 것을 뜻하며, 이것이야 말로 영혼 만들기의 핵심이다. 어떤 의미에서 삶을 아주 크게 개괄하고 보면 오직 큰 사건들만 궁극적으로 중요한 것처럼 보일 수가 있다. 그러나 영혼에게는 가장 사소한 세부사항이나 가장 평범한 활동들을 정신 바짝 차리고 예술 감각을 가지고 수행할 때 지니는 효과는 그들이 겉보기에 하찮아 보이는 것을 훨씬 넘어선다.

예술이란 화가의 화실에서나 미술관의 전시장에서만 발견될 수 있는 것이 아니다. 예술은 가게나 상점이나 공장이나 가정에도 있다. 사실상 예술이 전문적인 예술가들의 영역으로만 유보될 때, 미술과 일상의 예술 사이에는 위험할 만큼 점점 큰 괴리가 생긴다. 예술을 미술관에 유배시키듯 해놓으면, 우리는 일상생활 속에서 예술의 자리매김을 하는 일은 못하게 된다. 가장 효과적인 억압의 형태 가운데 하나는 그것을 지나치게 존중하는 것이다.

심지어 예술 학교에서조차 기술적 관점이 종종 압도적이다. 젊은 화가들이 소재와 사상 학파들에 대해서는 배운다. 그러나 자기 직업의 영혼에 대해서나 자신의 예술 작업의 내용 속에 있는 심층적인 의의에 대해서는 배우는 바가 없다. 음악대학교에서 성악을 전공하는 학생이 예술가가 되기를 기대한다. 그러나 그는 처음 레슨에서 오실로스코프에 매달려 자기 음성의 매개변수를 측정하고, 개선할 영역을 조사받는다. 이와 같이 순전히 기술적인 학습방법이 시작되기에 앞서서 영혼은 재빨리 빠져나간다.

우리 자신이 어떤 전공을 특별히 하든 안 하든, 예술은 우리 모두에게 중요하다. 예술은 넓게 말해서 우리 모두를 관상기도 속으로 초대한다. 물론 이것은 현대 생활 속에서는 희귀한 품목이다. 바로 그런 관상기도의 순간에 예술은 세계의 현존을 강화시킨다. 우리는 세계를 더 생생하게, 더 심층적으로 본다. 대부분의 사람들은 삶이 공허하다고 불평한다. 하지만 그 공허는 자신이 세상에 발을 들여놓고, 감지하거나 전적으로 개입하는 것에 실패한 까닭이기도 하다. 만일 우리가 하는 모든 일에 진득하지 못하고 몸을 빼려한다면, 우리는 공허를 느낄 수밖에 없다. 앞서 살펴 본 바와 같이, 예술은 집중력을 유도한다. 그것은 영혼에 대한 중요한 봉사다. 영혼은 발 빠른 삶 속에서는 성장할 수가 없다. 영향을 받고 받아들이고 반추하는 일들은 시간을 요하기 때문이다.

그러므로 예술적으로 산다는 것은 '쉼'처럼 단순한 무엇인가를 요구하는 것일 수 있다. 어떤 사람들은 항상 움직이기 때문에 사물들에 의해 정지되어 쉼을 얻을 수가 없다. 현대 생활의 공통적인 징후는 생각할 시간이 없거나, 심지어는 하루의 인상을 차분히 정리할 시간이 없다는 것이다. 하지만 세계가 마음속으로 들어가야 비로소 영혼으로 화할수 있다. 영혼을 만들 수 있는 그릇은 성찰과 경이로 빚어진 내면의 컨테이너이다. 만일 날마다 몇 분 동안의 시간을 내어 조용히 성찰할 수 있다면, 틀림없이 심리치료의 경비와 수고를 덜 수 있을 것이다. 이런 소박한 행동은 사람들이 삶 속에서 놓치는 것을 제공한다. 아무것도 안하는 무위의 시간이지만 영혼에게는 필수적인 자양분이기 때문이다.

영혼의 돌봄에서 그 못지않게 중요한 것은 '시간을 내는 일'이다. 그것은 쉼에 가까울 뿐 아니라 지극히 소박한 제안이라는 사실을 인식한다. 그러나 마음으로 받아들이면, 영혼이 스며들게 함으로써 삶을 변화시킬 수도 있다. 어떤 일에 대하여 시간을 내고 보면, 우리는 그 일들을 더 친숙하게 알게 되며 더욱 순전하게 그들과 연결됨을 느낄 수도 있다. 현대의 영혼 상실이 나타내는 여러 가지 징후 가운데 하나는 자연이나 사물은 물론 같은 사람들로부터 소외되는 현상으로서, 이는 우리가 하는 일이 무엇이든 간에 그것에 대하여 우리가 시간을 내어 극복될 수 있는 것이다.

예술적인 삶은 때로 가정을 위하여 물건을 살 때에도 시간을 들여 영혼을 지니고 사도록 요구할 수도 있다. 좋은 리넨이나 특별한 러그나 소박한 찻주전자를 사면 그것이 우리 자신의 삶뿐만 아니라 또한 자녀와 손자들의 삶 속에서도 풍부함의 근거가 될 수 있다. 영혼은 이처럼 연장된 시간 감각에 의해서도 도움을 받는다. 그러나 먼저 시간을 내서 잘 관찰하지 않으면, 그래서 얼마동안이라도 함께 하지 않으면, 사물 속에서 영혼을 발견할 수는 없다. 이런 식의 관찰은 거기에 상당한 친밀감이 있게 마련이다. 단순히 소비자 안내를 읽으면서 사실 분석이나 기술 분석을 살피는 것을 의미하는 것은 아니다. 표면과 조직과 느낌, 질감은 효율성만큼이나 중요하다.

어떤 물건들은 다른 것보다 상상력을 더 자극하는 경우도 있고, 더욱 판타지가 꽃피우는 것은 영혼의 징조이다. 어느 항공회사 중역이 한 번은 나에게 이야기하면서 자기 앞에 놓인 두 가지 직업 사이에서 결정하느라 고심하고 있다는 말을 한 적이 있다. 하나는 품위와 권력이 확보되어 있는 것이고 반면에 다른 직업은 편안하지만 평범한 것이었다. 첫째 것은 그가 느끼기에 동료들 가운데서 높이 인정받을 만하기 때문에 고려해야 할 것 같았다. 그러나 그의 생각은 드라이하였다. 둘째 것을 두고 그는 진종일 상상하였다. 그는 머리 속으로 벌써부터 자기 사무실을 디자인하며 스케줄을 짜기 시작하였다. 그가 풍부한 상상을 한 것을 봐서는 보다 낮은 직업이 그의 영혼에게는 더 매력이 있었다는 것이 아주 명백하였다.

우리가 날마다 집에서 실행하는 일상적인 예술이 그들의 소박함이 암시하는 것보다는 우리 영혼에게는 훨씬 더 중요하다. 예를 들면, 잘 설명은 못하지만 나는 설거지하기를 즐긴다. 우리 집에는 자동으로 접시 닦는 기계가 있은지 일년도 넘었지만, 그동안 한 번도 쓴 일이 없다. 생각해보면, 나에게 매력이 되는 것은 닦고 헹구고 말리는 의례를 거치면서 환상에 잠기는 것이다. 스위스의 융 심리학자 마리 루이즈 폰 프란츠는 옷감을 짜는 일과 뜨개질도 영혼에게는 특히 좋다는 것이다.

그런 일이 성찰과 환상을 부추기기 때문이다.

나는 또한 집 바깥의 빨랫줄에 옷을 걸 수 있는 기회를 소중히 여긴다. 신선한 냄새, 젖은 직물, 부는 바람, 말려 주는 햇볕 등이 모두가 함께 해서 독특하면서도 특히 그 소박으로 인하여 자연과 문화를 동시에 경험하게 만든다. 사진작가 드보라 헌터는 여러 해 전에 빨랫줄 위에서 바람에 펄럭이는 옷에 관하여 연구하였다. 이름을 붙이기가 어렵지만, 이런 사진들 속에 있는 한 가지 요소가 일상생활 속에 있는 생명력과 심오한 즐거움과 보이지 않는 자연의 힘을 터치해서 보여주는데, 그모두가 집 주변에서 찾아볼 수 있는 것들이다.

아직 출간되지도 않았지만, 여성 천문학자 진 롤이 관찰한 바로는 일상의 가정생활이 현현으로 가득하다는 것이다. "우리의 일상의 경험 속에는 우리가 다만 집중하기만 하면, 가정과 정원을 지켜 주는 영들이 아직도 움직이며 말하고 있다."고 글에서 밝힌다. "그들은 갈라진 틈으로 슬쩍 들어와서 기계가 조금 고장 난 데서도 느껴지게 만들고, 꽃밭에서는 계획되지 않았던 싹이 돋고, 기름칠해서 막 닦아놓은 식탁 위에 햇볕이 얼른 비칠 때 눈이 멍하게 느껴지는 아름다움과 바람이 불어 깨끗한 빨래가 신선하게 춤추도록 안무하는 그런 것들로 나타난다."

집에서 실행되는 많은 예술이 특히 영혼에게는 자양분이 된다. 그들은 관상기도를 더 잘하도록 키워주거나 어느 정도의 예술성을 요구하기 때문이다. 이를테면, 꽃꽂이나 요리나 수리하는 일들이다. 내 친구한 사람은 벌써 여러 달째 시간을 들여 자기 집 식당 벽 아래쪽 판넬에 정원의 풍경화를 그리고 있다. 때로는 이런 일상의 예술이 개성을 끌어낸다. 그래서 그런 집엘 들어서면 그 집에만 있는 특별한 측면을 보면서 집주인의 특별한 성격을 볼 수 있게 된다.

이런 이상적인 일들 속에서 영혼에 집중하면 별난 스타일은 아니더라도, 더욱 개성 있는 삶으로 이어지는 것이 보통 있는 일이다. 한가한 오후가 되면, 나는 매사추세츠, 콩코드에 있는 슬리피 홀로 공동묘지에 가는 것을 좋아한다. 깊은 공동묘지에 솟아 있는 작은 언덕 위에 에머슨의 묘가 있는데, 그 주변에 있는 모든 직사각형의 전형적 회색 묘비들과는 대조적으로 붉은 줄무늬를 가진 둥근 옥석이 눈에 띈다. 소로와 호손은 약간 거리를 두고 누워있다. 나에게는 그의 괄목할 만한 묘비가 자연에 대한 그의 사랑을 반영하고, 그의 영혼의 위대함과 동시에 내뻗어 주는 힘과 함께 묻혀 있는 작가들의 공동의 현존이 그야말로 그 자리를 참으로 거룩하게 해준다.

상상력이 심층의 자리로 옮겨지도록 하고 보면, 거룩한 것은 드러나게 되어 있다. 어떤 사물을 중심으로 우리가 더욱 다양한 종류의 생각을 경험할수록, 그리고 그것이 지닌 예술성에 사로잡혀서 우리의 성찰이 더욱 깊어지면 깊어질수록 거기서 나오는 거룩함은 그만큼 더 충만해진다. 그 때에 뒤따르는 것은 예술적으로 삶을 산다는 것이 우리 시대를 특징짓는 삶의 세속화에 대하여 강장제가 될 수 있다는 생각이다. 우리는 물론 공식적인 종교의례나 전통적인 가르침 속에 빠져듦으로써 종교가 우리의 일상적인 삶과 밀접하게 조화되도록 할 수 있다. 그러나 우리는 '자연 종교'를 모든 사물 속에서 발견함으로써 종교의 영혼에 봉사할 수도 있다. 이와 같은 발견에 이른 길은 예술인 바, 미술과 일상생활 속의 예술 양쪽이 다 해당된다. 만일 우리가 삶의 기능성을 꽉 잡고 있던 손을 느슨하게 우리 자신이 사로잡히게 할 수만 있다면, 우리는 세속적인 삶의 태도가 종교적 감각에 굳건히 서서 토대를 잡게 하고, 일상생활에다 영혼을 안겨줄 수도 있을 것이다.

내가 암시하는 것은 우리가 영성의 관점이라기보다는 영혼의 관점에서 거룩함을 고찰할 필요가 있다는 것이다. 그런 각도에서 보면, 상상력이 흔치 않은 깊이와 충만함을 성취할 때, 거룩함이 나타난다. 성경과 코란과 불경과 모든 종교의 예식서들이 우리를 감동시키며 예외적인 범위와 깊이를 더해가며 상상하게 만든다. 그런 경전들이 우리들로하여금 우주에 대하여 경이로움을 느끼게 하고, 과거와 현재의 시간이 멀리 뻗어나가는 것과 아울러 궁극적인 가치를 우리가 발견하도록 해준다. 그러나 조금 덜 형식적인 것으로 말하자고 하여도, 어떤 상상력의 근거가 되는 것이라도 풍부함과 깊이를 더할 수 있도록 하는 것이라면, 종교적 감각을 창출하는 데 도움이 된다. 인생을 관통하는 심충적인 이미지나 주제가 그런 것에 의하여 노정될 때, 이른바 세속적인 문학과 예술이 종교적 감정을 일으키는 역할을 한다.

학문에 대한 중세의 생각, 곧 신학이 궁극적인 학문이고 그 밖의 모든 학문은—겸손히 봉사하는— '보조적인' 학문이라는 것이, 내가 보기에는 절대적으로 옳다. 모든 문제가 제 아무리 세속적으로 보일지라도, 저마다 거룩한 차원을 지니고 있다. 뭐라도 지나칠 만큼 강조하다보면, 거룩한 것이든 악마적인 것이든 어떤 것이라도 대항하는 결과에 이른다. 세속적 학문들로서 물리학, 사회학, 심리학 그리고 나머지 모든 학문들이 신학적인 범주가 부족한데서 멈추니까, 그래서 과학적 '객관성' 은 유지하지만 영혼은 상실하고 만다. 종교적 감각과 영혼은 불가분의 것이다. 내가 말하고자 하는 것은 어떤 특정 종교에 귀의하는 것이나 신앙이 영혼에 필수적인 것이 아니라, 거룩한 것에 대하여 견고하고, 뚜렷하고 또 지적으로 만족스러울 정도로 감상하는 것이야말로 영혼 충만하게 삶을 살아가는 데 필수조건(sine gua non)이 된다는 것이다.

이 주제는 그 나름으로 책 한 권이 요구되지만, 신학이 모든 이에 대하여 관심한다는 말을 하는 것으로도 충분하다. 우리의 가장 일상적인 경험들로 오로지 종교적으로 고려될 엄청난 깊이를 지닌 문제에 대하여 터치하기 때문이다. 쿠사의 니콜라스가 한 말을 상기하자. 곧 하나님은 최소이며 동시에 최대이다. 일상생활 속에서 작은 일들이 인간 실존의 커다란 문제 못지않게 거룩하다.

우리 자신의 삶에 대한 예술가가 되고 신학자가 되고 보면, 우리도 영혼의 영역인 깊이에 접근할 수 있다. 우리가 그런 일을 통하여 우리 자신의 예술적인 감각들을 키우는 대신에, 오로지 대성한 화가나 미술관에다만 예술을 맡긴다면, 그 때는 우리의 삶이 영혼을 위한 기회를 상실하게 된다. 우리가 종교를 주말에 교회에다 맡길 때도 사정은 똑같다. 그렇게 되면 종교는, 비록 고상하게 격상된 주변일지라도, 삶의 주변에 남게 되고 삶은 영혼을 위한 기회를 상실한다. 공식 종교와 마찬가지로, 미술도 때로는 아주 고상하다. 반면에 어떤 상황에서는 영혼이 낮은 경우이고, 평범하고 일상적이며 가족적이고, 공동체적이고, 느낌이 있고, 친밀하고, 애착이 가고, 연대적이고, 개입적이고, 명상적이고, 감동적이고 시적이다. 한 작품의 영혼은 멀리서가 아니라 친밀하게 알려지는 것이다. 그래서 역시 종교의 영혼은 천사 같은 것과 악마 같은 것과 직접 사귀는 속에 놓여있다. 그것은 신비 속에 일상적으로 개입하는 것이고, 거기에 상응하는 윤리를 개인적으로 찾는 것이다. 영혼 없이도 종교적 진리나 도덕적 원칙을 믿을 수 있고, 어쩌면 토론될 수도 있을 것이다. 그러나 그런 사람들에겐 진심으로 마음에 와 닿지 않을 것이며, 존재의 핵심이 되어 살아갈 수도 없다.

꿈 : 영혼으로 가는 왕도

영혼의 돌봄에는 연금술적인 의미에서 "작업"(work)이 필요하다. 영혼을 돌본다고 하면서 동시에 무의식 속에서 산다는 것은 불가능하다. 때때로 영혼의 작업은 신나고 감동적이다. 하지만 동시에 도전도 되고 순전한 용기가 요구되기도 한다. 편하게 느낄 수 있는 경우는 드물다. 영혼과 더불어 작업하는 것은 보통 우리가 찾아가고 싶지 않는 장소에서 맞닥뜨리게 되며, 그런 정서 속에서는 우리가 느낌을 갖지 않으려 하고, 그런 이해심으로는 그럴 일이 없기를 오히려 더 원하는 편이다. 가장 솔직한 길이 어쩌면 택하기에 가장 어려운 길이 될지 모른다. 우리 내면에 있는 자리 가운데서 가장 도전적인 곳을 찾아든다든가, 우리에게 가장 무서운 공포를 안겨주는 이미지를 정면으로 들여다보는 일은 쉽지 않다. 그럼에도, 바로 거기, 작업이 가장 강렬한 곳에, 영혼의 원천이 있다.

우리의 정서 중에 가장 주목할 필요가 있는 부분을 받아들이려고 하는 일이 결코 쉽지 않기 때문에, 나는 환자들에게 보통 그들 자신의 꿈을 점점 더 의식하라고 권면한다. 왜냐하면 거기에서 사람들은 생시에 대면하기 아주 어려운 이미지를 찾게 될 것이기 때문이다. 진실로 꿈은 영혼의 신화이며, 꿈을 가지고 작업을 하는 것은 삶을 한층 더 예술적으로 만드는 일에 있어서 더 주요한 부분을 형성하기 때문이다.

어느 서점에 가든지 그 진열된 서가를 보면 꿈을 통해 접근하려는 작업이 매우 많음을 쉽게 알 수 있다. 꿈을 대할 때 그 꿈을 보전하여 의미가 드러나게 하고, 영혼을 보다 잘 돌볼 수 있도록 꿈을 다루기 위해서 주요한 태도와 전략에 대해 몇 가지 구체적인 제안을 하고자 한다.

꿈으로 치료하는 것은 우리가 일상생활 속에서 꿈에 대하여 심각한 자리매김을 하는 덜 형식적인 습관에 대해서 모델이 될 수 있다. 어떤 사람이 나에게 한 시간 정도의 치료를 받으러 오면, 나는 그 시간에 꿈 한두 가지 이야기를 듣는다. 나는 꿈에 대하여 경청한 다음에 즉시 해석을 하려는 노력 같은 것은 하고 싶지 않다. 꿈을 마스터하고 즉각적으로 뜻을 헤아리기보다 그 꿈을 새로운 영토 속으로 들어가는 길잡이로 삼는 것이 더 낫다. 꿈에 대해 다 듣고 나면 우리는 계속해서 그 사람의 인생에 대하여 이야기한다. 치료는 거의 언제나 삶의 정황과 관련되기 때문이다. 나는 그 꿈이 상상력을 발휘하여 심층적인 인생론을 펼치도록 이미지와 언어를 제공하는 것에 주목한다. 보통 쉽게 이해되지 않는 인생문제는 결국 그 문제에 대하여 충분한 상상력을 끌어내지 못했기 때문이다. 우리는 어려운 문제에 당면했을 때 문자 그대로 이해하고, 문자 그대로의 해결책을 찾곤 한다. 하지만 그 방법을 통해 정확한 효과를 얻는 일은 드물다. 그 문제란 부분적으로도 상상력의 결핍에서 비롯되기 때문이다. 꿈은 참신한 관점을 제공해 준다.

치료할 때, 치료사나 환자 피차가 꿈을 해석하여 이론이나 합리화를 끌어내야 한다는 유혹을 받는다. 그런데 그 결과는 단순히 치료사의 생각이나 환자의 문제되는 태도를 뒷받침해줄 따름이다. 우리가 꿈을 해석하여서 우리가 지니고 있던 생각에 가장 잘 들어맞도록 똑똑하게 구는 것보다는 오히려 꿈이 우리를 해석하도록 하는 것이 훨씬 더 좋다.

나의 경험은 꿈이 천천히 점차적으로 환자나 치료사에게 그 자체를 드러낸다는 것이다. 내가 꿈 이야기를 들으면 보통은 몇 가지 인상이나 아이디어가 즉시 표면에 떠오른다. 그러나 또한 이미지에 대해서는 많은 혼란이 있을 수도 있다. 나는 의미를 가지고 꿈을 극복할 필요를 억제하려고 노력한다. 나는 꿈의 분위기를 용인하고, 수수께끼 같은 이미지 때문에 내가 뒤죽박죽되게 하고, 그 꿈의 신비를 고찰하기 위하여 나의 확신으로부터 내 자신을 돌려 세운다. 꿈에 대하여 인내심을 갖는 것은 지극히 중요하다. 그리고 길게 보면, 지식이나 기술이나 트릭을 쓰는 것보다 더욱 효과적이다. 꿈은 자체의 시간표에 맞춰서 자체를 드러내지만, 드러내기는 꼭 드러낸다.

직관의 지적인 해석과 똑같은 것은 아니지만, 여러분의 직관을 신뢰하는 것은 중요하다. 예를 들면, 때때로 한 사람이 나에게 꿈 이야기를 해주고, 즉시 그것을 이해하는 방식을 권면하거나 등장인물 가운데 한 여성이 꿈 이야기를 하면서, 꿈속에서 자기가 정신없이 현관문을 열어놓아서 어떤 남자가 그 집안으로 몰래 들어왔다는 것이다. 그리고 말하는 것이 있다. "그건 악몽이에요. 내 생각에는 내가 너무 부주의해서 내 자신을 보호하지 못하고 있다는 것을 그 꿈이 나에게 일러주는 거예요. 나는 너무 열려 있어요."

보다시피, 나는 꿈 이야기와 함께 해석도 들었다. 나는 꿈을 다루는 경험도 꽤나 많이 하였고, 환자가 나에게 말해주는 아이디어를 여과 없이 받아들이지 않도록 훈련 받은 것도 사실이지만, 나는 때때로 그런 해석에 의해서 무의식적으로 영향을 받는다. 그만큼 해석이 합리적이다. 물론 그 여성은 취약하고 침입자에 의하여 위협을 받는다. 그러나 그런 때에 나는 나의 제일 법칙을 기억한다. 곧 직관을 믿고 신뢰하라. 나는 '우연히' 문을 열어놓은 것이 이 사람을 위하여 나쁜 일이 아닐 수도 있지 않나 생각해 본다. 문을 열어놓은 일이 그의 삶의 공간에 새 인물이 들어서도록 허용하는 것일 수도 있다. 내가 동시에 의식하는 것은 비의도적인 일이 전혀 생각하지 않은 것만은 아닐 수도 있다. 문에 틈이 생긴 것은 오로지 자아에 대해서만 사건일 수 있다.

　종종 꿈속의 자아와 깨어 있는 꿈꾸는 사람 사이에는 명백한 공모가 있다. 꿈꾼 사람이 꿈 이야기를 할 때, 그 이야기를 꿈속의 '나'의 방향으로 기울어지게 할 수도 있다. 그래서 듣는 사람으로 하여금 꿈속의 등장인물들과의 관계에서 어떤 입장을 취하도록 확신시킨다. 그렇기 때문에 아마도 때로는 지나치게 보상하려고, 내가 꿈 이야기를 들으면서 오히려 역전된 태도를 취하려 한다. 내가 말하고자 하는 요점은, 내가 꿈꾼 사람과는 다른 각도를 고려한다는 것이다. 이것을 더 기술적으로 표현하자면, 꿈 이야기를 하면서 꿈을 꾼 사람이 꿈속의 자아와 똑같이 콤플렉스 속에 갇혀 있다는 가정을 한다. 만일 내가 꿈꾼 사람의 이야기를 단순하게 받아들이면, 나는 그 사람의 콤플렉스 속에 붙들리게 되고, 그러면 나는 소용이 없다. 그래서 나는 꿈꾼 사람에게 이렇게 말한다. 곧 "아마 평소에 문을 닫아야 한다는 생각이 이 경우에 잘 되지 않았다 해서 그렇게 나쁜 것이 아닐 수도 있습니다. 아마 그것 때문에 누가 들어온 일이 덕이 될 수도 있으니까요. 적어도 우리는 열린 마음을 가질 수 있지요."

　꿈속의 다른 등장인물을 대변해 주는 것이, 때로는 꿈꾼 사람의 선입견에는 반대가 되겠지만, 탁월하게 뜻을 드러내주는 시각을 열어 줄 수 있다. 명심할 것은, 영혼의 돌봄이 반드시 자아의 돌봄을 뜻하지는 않는다. 다른 등장인물들도 받아들여지고 이해되어야 할 필요가 있다. 우리는 반대할만한 행동과 등장인물들도 어쩌면 필요하고 또 가치 있다고 고려할 필요가 있을 수도 있다.

　한 여류 작가가 꿈 이야기를 하는데, 꿈속에서 자기 친구가 크레용을 가지고 자기 타자기에 문대는 것을 붙잡았다는 것이다. 그리고 말하였다. "그건 정말 지독한 꿈이었어요. 나는 그게 무슨 뜻인지 알아요. 나의 내면의 아이가 나의 성인의 일을 늘 간섭하는 거예요. 내가 자랄 수만 있다면!"

이 사람 역시 재빨리 해석으로 치닫는 것을 주목한다. 그보다도, 자기의 꿈과 관련해서 내가 어떤 입장을 취할 것을 그가 바라는 것이다. 아주 미묘하게, 이런 욕망은 그 꿈의 타자성 곧 꿈의 도전에 대한 방어가 된다. 영혼과 자아가 흔히 투쟁을 하는데, 때로는 그 싸움이 부드럽지만 때로는 야만적이다. 그래서 나는 그녀가 꿈의 내용에 대하여 옳다고 가정하지 않도록 조심한다.

"꿈속에서 당신의 친구가 어린이였어요?" 내가 묻는다.

"아니오, 어른이었어요. 생시에 먹은 나이 그대로예요."

"그러면 왜 그가 계속 유치하다고 생각합니까?"

"크레용은 유치한 거니까요." 아주 명백한 것을 천명하듯이 말한다.

"이 친구에 대해서 얘기해 줄 수 있어요?" 나는 그녀가 꾼 꿈에 대한 강력한 견해로부터 자유롭게 풀려나도록 도우려 노력한다.

"그 친구는 매우 고혹적이에요. 말이에요, 늘 이국적인 옷을 입어요. 화사한 색깔에다 짧게 입지요."

나는 그녀가 연상 작용에 근거해서 비약한 것을 가지고 말한다. "이렇게 화려하고 육감적인 여성이 당신의 작품에다 색깔과 몸과 어린이의 어떤 긍정적인 성품을 더해주는 것이 가능하지 않을까요?"

"생각하기에 따라 가능하겠지요." 그가 말하지만, 아직도 자신의 더 만족스러운 해석에 배치되는 것 때문에 확신이 서지 않는 태도였다.

내가 그 작가의 꿈 해석에서 돌아서게 한 것이 여러 가지가 있는 가운데, 하나는 꿈속의 자아가 지닌 콤플렉스에 빠지는 것을 피해야 한다는 일반적인 원칙과는 동떨어지게, 부정적인 자기애가 어린이에 대한 그의 판단에서 나타난 것이다. 곧 그는 자기 자신의 어린이 같은 방식을 받아들이기를 원치 않았다. 그가 보통 자신에 대한 사고방식에 집착하는 것, 곧 그 꿈에 대한 자신의 생각에다 강렬하게 채색하는 그런 태도에서 우리가 일단 옮기고 보니까, 우리는 한 발 앞으로 나가서 그의 실제 삶의 상황과 개인적인 습성에 대하여 진정으로 신선한 아이디어를 고찰하게 되었다.

이제 꿈에 대하여 좀 상세히 이야기하려 한다. 그 까닭은 꿈이 우리에게 우리의 습성이나 본질에 대하여 많은 통찰을 갖게 해 줄 뿐만 아니라, 동시에 우리가 꿈에 대하여 연관짓는 방식이 우리가 온갖 것을 다루는 방식을 나타내 주기 때문이다. 이를테면, 우리의 과거와 현재 상황과 문제, 그리고 더 큰 의미에서는 문화에 대한 해석이 모두 포함되어 나타난다.

예를 들면 꿈에 대하여 또 하나 경험으로 말하자면, 단 한 가지 결정적인 해석은 결코 있을 수 없다는 것이다. 다른 때에는 똑같이 꿈이 전적으로 새로운 뜻을 드러낼 수도 있다. 나는 꿈이 그림인 것처럼, 그림이 꿈인 것처럼 대하고 싶다. 모네의 풍경화가 그것을 관상하는 사람들에게 저마다 다른 무엇을 '의미' 할 수도 있다. 그 그림은 같은 사람에게라도 다르게 볼 때마다 전혀 다른 반응을 불러일으킬 수도 있다. 여러 해를 두고, 좋은 그림은 그대로 힘을 유지하면서 매혹시키거나 만족감을 주거나 새로운 환상과 경이감을 불러일으킨다.

이는 꿈에 대해서도 똑같이 맞는 이야기가 된다. 꿈은 평생토록 방치해도 수많은 해석으로 공격해도 그대로 살아남아서 아이콘이 되거나 몇 년을 두고 성찰해야 할 만큼 상상의 여지가 있는 수수께끼로 남아 있다. 요점은 꿈을 가지고 작업할 때 결코 최종적인 의미로 해석하지 말 것이고, 가능한 한 많은 의미와 상상적인 명상을 끌어내면서 그 꿈을 존중하며 소중히 여겨야 할 것이다. 꿈속으로 들어가면 상상력을 되살려야지, 고착된 질린 습성 속에 가두어서는 안 될 것이다.

이미지 작업을 할 때 소박하면서도 효과적인 접근 방법은, 그것이 꿈이나 예술이나 개인의 이야기에서 나온 것이든 어떻든 간에, 그것에 귀기울여 듣는 것은 멈추고 뜻을 캐내려는 짓은 결코 하지 않아야 한다. 어째서 우리가 바흐의 마태 수난곡을 한번 이상 더 귀담아 듣는가? 그것은 예술 작품이나 어떤 것이든 이미지가 지닌 본질이기 때문에, 내가 치료할 때나 가르칠 때 쓰는 방법은 꿈이나 다른 이야기를 귀 기울여 듣고 났을 때, "좋았어요. 이번에는 좀 다르게 다시 해 봅시다." 하고 말한다.

한 번은 어떤 젊은이가 자기 애인에게 쓴 편지를 가지고 나에게 왔다. 그의 깊은 느낌을 표현했기 때문에 그에게는 중요한 편지였다. 그는 나에게 그 편지를 큰 소리로 읽어 주고 싶다는 것이었다. 그는 표현력 있게 천천히 낭독하였다. 다 마쳤을 때, 다르게 강조하면서 다시 읽어 보겠는가를 그에게 물었다. 그가 실제로 그렇게 하였고, 우리는 다른 뉘앙스의 뜻을 들을 수 있었다. 우리는 세 번, 네 번 시도하였고, 그때마다 새로운 것을 배웠다. 이 작은 실험이 온갖 이미지 속에 있는 여러 겹의 풍부한 모습을 드러내 주었고, 또한 중단 없이 그들을 탐구하는 점도 드러내 주었다. 우리에게 중요한 이미지와 꿈과 경험들은 수없이 많은 독해와 해석의 가능성을 항상 지니는데, 그 까닭은 그들은 상상력과 영혼으로 풍부하게 채워져 있기 때문이다.

내가 이해하기로는 상상에 대한 이런 접근법이 의미를 탐구하는 일에서 결론이나 종착점을 찾는 우리의 한 부분에게는 거스르는 점이 있다. 이는 영혼에 대한 이해와는 대조적으로 영혼의 돌봄이 어째서 우리의 현대 생활방식에 대한 새로운 패러다임으로 상승하는가에 대한 이유가 된다. 이것이 우리에게 요청하는 바는 우리가 보통 사물을 헤아리는 노력에서 완전히 돌아서는 것이며, 여기서 암시되는 것은 다른 일련의 가치와 새로운 기술로서 그것을 통하여 우리는 의미의 실마리를 끝없이 풀어내는 일을 감상하고 즐기며, 경험의 조직이 바뀌며 유동적인 시의 무한히 풍부하면서 깊은 층을 또한 즐긴다.

꿈이나 예술 작품이나 인생담에서 단일한 의미를 쥐어짜내려는 욕망은 내재적으로 심오하게 프로메테우스적이다. 우리는 인간을 위하여 신들에게서 불을 훔치고자 한다. 우리는 신적인 신비를 인간적인 이성으로 대체하고자 한다. 그러나 우리가 이처럼 인생담에 대한 일상적인 반응에서 복합성과 신비를 상실하면 결과적으로 영혼의 상실을 면할 수 없다. 영혼은 늘 신비와 다양성 속에서 자신을 나타내기 때문이다.

꿈 자체가 흔히 그들을 이해할 수 있는 길을 우리에게 보여 준다. 꿈이 꿈꾸는 사람을 끌고 물 속으로 들어가거나, 함정 속으로 또는 엘리베이터로 지하실까지 또는 어두운 계단 아래로 또는 골목 깊숙이 끌고 간다. 전형적으로 꿈꾸는 사람은 높은 곳과 빛을 선호하기 때문에 어둠 속으로 내려가는 것을 두려워한다. 내가 대학에서 가르칠 때 학생들이 나에게 꿈 이야기를 자주 하였는데, 그들은 도서관에 가서 엘리베이터를 타고 나중에 보면 고대 지하실에 가 있더라는 것이다. 그 꿈이 놀라울 것이 없는 것은, 대학 생활이 아폴로적인 점을 받아들이고 보면, 그만큼 상층 세계와 상아탑을 생각하게 되고, 우리가 이해하기 위해 노력하는 모든 것에 대한 은유가 되기 때문이다.

큰 기계설비 회사에서 일하는 한 여성이 나에게 꿈 이야기를 하는데, 꿈속에서 그녀가 남편과 함께 빌딩 아래층에 가서 엘리베이터를 내리고 보니까 전체가 물에 잠겨 있었다는 것이다. 함께 물 위에 떠서 복도를 지나 거리로 나와서 마침내 근사한 식당에 가 앉아서 맛있는 저녁 식사를 하였다. 이것 역시 꿈이 드러내는 이미지이다. 판타지의 액체 같은 분위기 속에서 돌아다니며 거기서 영양을 섭취하게 되었던 것이다. 문자 그대로 받아들이거나 자연 법칙에 따라 받아들일 일은 결코 아니지만, 꿈속에서 우리는 물 같은 분위기 속에서 호흡할 수 있다. 꿈은 물 같다. 꿈은 고정시키거나 고체화시키는 모든 노력에 저항한다. 우리는 사상과 이성의 공기 같은 영역에서 오로지 살아남을 것으로 생각한다. 그러나 꿈을 꾼 이 사람은 상상력과 삶이 유동적인 그토록 진한 분위기 속에서 그는 미식가의 스타일로 먹을 수 있었다.

길잡이 수호신

이미지에 접근할 때 흔히 이미지 밖에서 의미를 찾으려한다. 꿈 속에서 시거는 시거 대신에 남근의 상징으로 고려된다. 여인은 특정 여인 대신에 여성성을 나타내는 아니마적 인물이다. 어린이는 단순히 꿈속의 어린이 대신에, '내 자신의 어린이 부분' 이다. 우리는 상상에 대하여 생각할 때, 프로이드가 표현하였듯이, 숨겨진 의미와 명백한 의미를 가지고 그것이 상상적인 생각이라고 느낀다. 만일 우리가 주어진 상징들에 대하여 '암호해독' 을 할 수 있다면, 우리는 그 이미지 속에 감춰진 의미를 배울 수 있다.

그러나 꿈의 세계가 창조하는 것을 이해하는 또 다른 길이 가능하다. 만일 숨은 의미나 밑에 깔려 있는 메시지가 없다면 어떨까? 전적으로 신비 속에서 이미지와 정면으로 대결할 것을 선택하고, 그들이 이끄는 대로 따를 것인가 아니면 그들과 싸울 것인가를 선택한다면 어쩔 것인가?

그리스 사람들은 삶에 동기부여도 하고 안내자가 되는 수많은 무명의 영들을 수호신이라고 칭하였다. 소크라테스는 자신의 수호신의 지시에 따라 자기 인생을 살았노라고 주장하였다. 근대에 와서 W. B. 예이츠는 다이몬이 감동도 협박도 둘 다 한다고 경고하였다. 융 역시 〈회상, 꿈 그리고 성찰〉이라는 책의 '후기 사상'이라는 장에서 수호신에 대하여 논의한 바 있다. 곧 "우리가 아는 바와 같이 알려지지 않은 소외된 것이 우리에게 다가오는 것은 마치 우리 자신이 꿈이나 영감을 '만드는' 것이 아닌 줄 아는 것과 똑같다. 어찌 보면, 그것은 제 나름대로 생기는 것이다. 우리에게 이런 식으로 생기는 일은 그것이 마나(mana)와 수호신과 신 또는 무의식으로부터 퍼져 나오는 것이라 할 수 있다." 그는 계속해서 말하기를 자신은 '무의식'이라는 말을 더 좋아하지만 동시에 '수호신'(daimon)이라고 말할 수도 있다는 것이다. 수호신적인 삶은 상상력의 움직임에 대한 응답이다. 융이 탑을 쌓을 때, 일하는 사람들이 사이즈가 틀린 커다란 돌을 가져왔다. 그는 이 '실수'를 머큐리신의 수호신이 하는 일로 받아들였고, 그의 가장 중요한 조각 '볼링엔 스톤'으로 그것을 사용하였다.

15세기에, 피치노는 영혼의 돌봄에 대한 '자신의' 책에서 태초부터 우리와 함께 있는 수호신을 찾으라고 권고하였다. 곧 "누구라도 자신을 철저하게 살피는 사람은 자기 자신의 다이몬을 찾을 것이다." 릴케

역시 수호신을 존경심으로 대하였다. 〈젊은 시인에게 보내는 편지〉 (Letters to a Young Poet)에서 릴케는 사람이 자신의 본성을 찾기 위하여 자신 속에 깊이 다이빙해 들어갈 것을 제안한다. 곧 "자신 속으로 들어가서 너의 삶이 흘러나오는 근원이 얼마나 깊은 곳인가를 보라." 릴케는 자신이 예술가가 될 소명이 있는지 여부를 알고 싶어 하는 한 젊은이에게 충고하고 있으나, 그의 권고는 일상의 삶을 예술과 더불어 살고자 하는 누구에게라도 적용된다. 영혼은 삶이 흘러나오는 저 깊은 곳과 터치되기를 원한다. 이 욕망을 충족시킬 최상의 길은 나날의 상상력의 샘으로부터 독립적인 존재처럼 생기는 이미지들에게 집중하는 것이다.

꿈의 세계에 대하여 존경을 표하는 일이 암시하는 것은 우리가 상상 그 자체를 다시 상상해야 한다는 것이다. 그것을 정신 작업은 특히 창의적인 형태로 보는 대신에, 우리는 보다 더 그리스 신화의 선을 따라서 자율 존재가 생기는 샘으로 이해할 수 있다. 그에 대한 우리의 관계는 동시에 변할 것이다. 현란한 환타지를 이성적인 술어로 번역하려는 시도에서 인물과 지도와 동물과 사건들처럼 검증 가능한 세계를 관찰하고 또 그 속에 들어가는 것으로 바꾸어서 마침내 완전히 이해할 수 있거나 통제할 수 있는 술어로 돌릴 수 없도록 하는 것이다.

꿈이나 예술의 상상은 수수께끼처럼 풀어야 할 것이 아닐 뿐 아니라 상상은 깊은 의미를 감추는 만큼 드러내기도 한다. 꿈의 영향을 받기 위하여 그것을 이해하거나 심지어 뜻을 캐내야 할 필요는 없다. 단순히 그와 같은 이미지에 관심을 집중하고 그 자체의 자율성과 신비를 허용하면 먼 길을 거쳐서 의식의 중심을 이해심으로부터 반응하는 쪽으로 옮겨 가게 된다. 수호신의 현존 안에서 사는 것은 내면의 법칙과 역설에 순종하는 것이다. 키케로는 말하기를 animus—daimon(수호신)의 라틴어 번역어—야말로 우리의 사람 됨됨이를 설명해 주는 것이라 하였다. 피치노는 수호신과 갈등을 일으키며 사는 것을 경계하였는데, 잘못하면 최악의 상태로 영혼의 병으로 쓰러지게 될 것을 염려하였기 때문이다. 예를 들면, 그는 말하기를 수호신의 요구가 직관적인 매력이나 금지로 나타날 수 있는데, 이를 전적으로 고려하지 않은 채 어디 가서 살 것인가를 결코 결정해서는 안 된다는 것이었다.

삶이 흘러나오는 근원은 너무나 깊기 때문에 그것은 '타자'로서 경험된다. 고대 수호신의 언어로 말하면, 그것이 바로 우리 자신에 대한 감각 속으로 상상력을 끌어넣는데 도움이 된다. 삶의 근원에 대한 우리의 관계는 상호관계로서 자아와 천사 사이의 극적인 긴장이 된다. 이런 대화 속에서 삶은 더욱 예술성으로 가득해지고, 심지어 경우에 따라서는 극적인 것인 된다. 우리는 정신 질환자라고 딱지 붙이는 사람들에게서 이런 면을 본다. 그들의 행동은 대부분이 명백하게 극적이다. 그들의 삶 속에서 중요한 역할을 하는 인성으로서 심오한 '타자들'은 의상을 온전히 갖추어 입고 나타난다. 작가들은 그들의 작중인물을 의지와 의도를 지닌 사람들로 이야기 한다. 소설가 마가렛 앳우드는 인터뷰에서 이렇게 말한 일이 있다. 곧 "만일 작가가 너무 보스 행세를 하면, 작중 인물들이 작가가 창작자이긴 하지만, 어느 정도까지는 자신들이 동시의 작가를 만드는 창작자가 된다는 사실을 상기시켜 줄 수도 있다."

예술은 우리에게 상상력은 인간의 창조와 의도를 훨씬 넘어서서 있는 것이라고 존중할 것을 가르쳐준다. 우리의 일상생활을 예술성이 가득하게 산다는 것은 일상생활의 일들에 대하여 이와 같은 감성을 갖는 것이 되고, 더욱 직관적으로 사는 것이 되고, 상당 분량의 영혼의 선물에 대한 반대급부로 이성과 통제력을 굴복시키려는 의향을 가지는 것이다.

영혼의 예술

영혼의 돌봄은 예술가가 편안한 마음으로 작업하는 것처럼 상상력을 충만하게 구체화시키며 사는 형태를 취할 수도 있다. 그렇다고 해서 자신의 영혼을 돌보는 사람이 그 일에 예술을 접목시키기 위하여 반드시 전문적인 예술가가 될 필요는 없다. 예를 들면, 누구라도 자기 집에 예술 작업실을 둘 수 있다. 융이나 블랙 엘크나 피치노와 같이 우리도 우리 자신의 꿈이나 생시에 가졌던 판타지에서 본 이미지들을 가지고 집안을 장식할 수 있다.

내 자신의 표현형식 가운데 하나는 감정이 격할 때 피아노를 치는 것이다. 나는 마틴 루터 킹 2세가 살해되던 날을 기억한다. 나는 너무 압도되어서 피아노로 다가가서 세 시간 동안 바흐를 연주하였다. 음악은 설명이나 이성적인 해석 없이 뒤죽박죽된 나의 감정에 형태와 목소리를 안겨 주었다.

세상 일이 거기서는 이미지가 되고 마침내 그것은 영성의 초막과 신비를 담는 그릇이 된다. 만일 우리가 우리의 삶 속에 영혼이 자리매김 하지 못하게 하면, 우리는 억지로라도 이런 신비를 주물이나 징후 속에서 대면하게 되는데, 그것은 어떤 의미에서 병적인 예술의 형태이며 우리의 질병 속에 있는 신들이다. 예술가들 예를 보면, 그것은 우리가 일상에서 일기와 시, 그림과 음악, 편지나 수채화 같은 것들 속에서처럼 평범한 체험을 영혼의 소재로 변화시킬 것을 가르쳐 준다.

키츠는 영혼 만들기에 대하여 동생에게 편지를 쓰면서 학교에 대한 이미지를 가지고 세계를 영혼으로 변화시키는 과정을 묘사한다. 곧 "나는 세계를 뭐라고 부를 것이냐 하면, 어린이들에게 글 읽는 법을 가르칠 목적으로 세운 학교라 하겠다. 사람의 마음은 그 학교에서 쓰는 글씨판(hombook)이라 할 것이고, 글을 읽게 된 어린이는 뭐라 하느냐 하면, 그 학교와 그 글씨판을 가지고 만든 영혼이라 부르겠다. 너는 고통과 고생의 세계가 학교가 되어서 지성을 가르치고 영혼을 만드는데 얼마나 필요한지를 알겠느냐?"

우리가 자신의 경험들을 읽어내고 그것을 예술적으로 표현하는 법을 배울 때, 우리의 삶을 더욱 영혼 충만하게 만드는 것이다. 우리의 질박한 예술이 삶의 흐름을 순간적으로 멈추게 하여 사건들이 성찰의 연금술 앞에 제출되게 한다. 친구에게 편지를 쓰면서, 우리는 경험에 대한 인상을 심화시키고 그것을 마음속에 정착시키면, 그것은 영혼의 터전이 된다. 우리의 위대한 미술관들도 보다 더 조촐한 미술관이라 할 우리들의 집의 웅장한 모델이다. 우리 자신의 집이 뮤즈 신들이 날마다 감동적인 작업을 할 수 있는 장소라고 상상하지 못할 아무런 이유도 없는 것이다.

영혼이 일상적인 예술을 수행하는데 대한 또 다른 이점은 장래 세대들에게 선물을 남겨주는 것이다. 전통이 말하는 것이 있는데, 그것은 영혼이 의식이 아니라 훨씬 더 큰 의미로 시간 속에서 융성한다. 영혼에게는 과거가 살아있고 가치가 있으며, 미래 또한 그렇다. 우리가 일상의 경험에다 글을 쓰거나 스케치하는 연금술을 실행할 때, 우리는 우리를 따르는 사람들을 위하여 우리의 생각들을 보존하는 것이다. 예술로 만든 공동체는 한 개인의 일생의 한계를 초월한다. 그래서 우리는 존 키츠가 그의 동생에게 보낸 편지들에 의하여 우리 자신의 영혼의 작업 속에서 가르침을 얻을 수 있다.

현대 세계에서, 우리는 주로 순간적으로 사는 그 속에서, 영혼이 더 큰 의미의 시간과 공동체에 대한 심오한 생각을 좋아하는 취미를 간과하기가 쉽다. 우리는 마음의 이유에다 초점을 맞추는 대신에 우리의 행동에 대한 표피적인 설명을 하거나 문자 그대로 말하는 것을 더 잘하는 경향이 있다. 어떤 남자가 나에게 와서 자기가 왜 이혼을 하려는가에 대하여 설명하면서 거듭거듭 자기 부인에 대한 사소한 불평들을 털어놓았다. 우리가 다른 때 함께 나누었던 대화에 미루어볼 때, 그가 말하지 않은 것은 바로 그의 마음이 크게 변하고 있다는 사실이었다. 그는 새로운 삶을 원하였다. 그러나 그는 거기에 수반되는 모든 고통을 정당화하기 위하여 표피적인 이유를 들고 있었다. 그는 자신에게 일어나고 있는 일에 대하여 깊이 있게 말하지 않았기 때문에, 그는 스스로 자신의 이혼의 영혼으로부터 자신을 단절시키고 있었다.

그러나 키츠나 릴케의 편지들을 읽어보거나 다른 시들을 읽어보면, 삶의 기쁨이나 고통에 적절한 표현과 언어를 찾기 위한 열정이 거기 있음을 발견한다. 우리는 그들로부터 중요한 것을 배울 수 있는데, 그것은 시인들뿐만 아니라 우리 모두가 경험을 말과 그림으로 옮기는 노력을 해야 한다는 것이다. 예술의 포인트는 단순히 우리 자신을 표현하는 것이 아니라 외적인 구체적인 형태를 창출해서 우리 삶의 영혼을 불러일으킬 수도 있고 담을 수도 있어야 하는 것이다.

어린이들은 날마다 그림을 그리고 그들의 작품을 벽이나 냉장고 문에 붙여서 보여주는 것을 좋아한다. 그러나 우리가 어른이 되면서는 어린 시절의 이 중요한 영혼의 작업을 버린다. 내 생각에 우리는 어린이들이 모터 조정과 알파벳을 배우는 것으로 치부하는 것 같다. 그러나 어쩌면 그들은 훨씬 더 근원적인 것을 하고 있을지 모른다. 곧 그들의 영혼 속에서 어떤 일이 벌어지고 있는지를 반영시키는 형태를 찾는 것이다. 우리가 어른이 되어서 미술관이 냉장고 문보다 훨씬 더 발달된 것이라고 생각하기 시작할 때, 우리는 어린 시절의 중요한 의식을 잃어버리고, 전문 예술인들에게 자리를 내주는 것으로 그친다. 우리에게 남는 것은 단지 삶에 대한 합리적인 이유와 공허와 혼돈의 느낌과 비싼 돈 내며 정신과 의사를 찾아 가는 일과 얄팍한 텔레비전 프로그램 같은 사이비 이미지에 강박충동적으로 집착하는 것이다. 우리 자신의 이미지들이 개인 미술관으로서 집을 더 이상 갖지 못하게 될 때, 우리는 창백한 대체물과 쓰레기 같은 소설과 틀에 박힌 영화들 속에 빠져서 상실감을 느낄 수밖에 없다.

여러 세기에 걸쳐서 시인들과 화가들이 우리에게 알려주려고 하였던 것은 예술이 재능의 표현이나 예쁜 것을 만드는 일이 아니라는 사실이다. 예술은 영혼을 담는 일과 보존하는 일에 관한 것이다. 예술은 삶을 멈추어 관상하도록 하는 일이다. 예술은 일상 속에서 영원을 붙잡는 것이며, 영원이야말로 영혼에게 먹이를 주고 모래 알 하나 속에서 온 세계를 보는 영혼을 먹인다.

레오나르도 다빈치는 그의 예술 노트에서 흥미로운 질문을 한다. 곧 "왜 눈은 생시에 상상할 때보다 꿈속에서 더 분명하게 보는 것일까?" 한 가지 대답은 영혼의 눈이 마음에게 대단히 중요한 영원한 리얼리티를 감지한다는 것이다. 비록 우리가 가장 평범한 지나가는 사건들 속에서 상상의 노력으로 영원의 편린들을 언뜻언뜻 볼지라도, 우리 대부분의 생시에는 육안으로 볼 뿐이다. 꿈이 가르쳐 주는 것은 우리가 다른 눈 곧, 생시에 예술가에게, 예술가로서 우리 각자에게 속한 그 눈을 가지고 보라는 것이다.

우리가 고문당한 사람의 얼굴에서 고통을 볼 때, 우리는 단 1초 동안이라도 십자가에 못 박힌 예수의 이미지를 일별할 수도 있다. 이 리얼리티는 수 세기 동안 예술가들이 무한한 변화와 세부화를 통하여 보여준 것으로서 이러저러한 때에 우리 모두의 삶 속에 들어오는 리얼리티이다. 우리는 D. H. 로렌스의 눈을 가지고 보석상점에 서 있는 여인을 볼 수도 있다. 그는 강가에서 빨래하는 여인의 몸에서 아프로디테를 본 사람이다. 우리는 우리 자신의 주방 식탁에서 세잔느의 정물화를 순간적으로 일별할 수도 있다. 드물게 반 시간의 고요한 틈을 내어 책을 읽는데 열린 창문을 통하여 여름의 미풍이 불면, 수태고지 성화를 수많은 화가들이 그려준 것 가운데 하나를 회상할 수도 있는데, 그 때 우리에게 연상되는 것은 천사들의 습관이 고요히 책을 읽는 순간에 곧잘 방문한다는 것이다.

영혼 중심으로 예술을 이해하면, 시적 이미지와 일상적인 삶이 서로에게 스며드는 것을 보게 된다. 예술은 일상 속에 이미 존재하고 있던 것을 우리에게 보여 준다. 그러나 예술이 없으면 우리는 다만 시간은 있고 영원은 없는 것 같은 착각 속에서 살게 된다. 우리가 일상적인 예술을 하게 되면, 가슴으로 느껴지는 편지를 쓰는 일 속에서만이라도, 일상적인 시간 속에서부터 우리는 영원을 캐어낼 수 있고, 그렇게 해서 영혼의 특별한 품성과 주제와 환경에 개입하게 된다. 우리가 한 가지 생각을 일기에 적거나 꿈을 노트하여 영원이 살짝 흘러들어오는 것을 구체화시킬 때 영혼은 풍성해진다. 우리의 공책이 그렇게 되면 진정으로 우리 자신의 사적인 복음서와 경전이 되며, 우리의 거룩한 책이 된다. 그리고 우리의 소박한 그림들이 우리에게 진정으로 상상 같은 아이콘 역할을 하는데, 동방 교회의 훌륭한 성상들이 신도들에게 중대한 것처럼, 우리 자신의 영혼의 작품 속에서도 하나도 빠짐없이 모두가 의미심장한 것이다.

영혼의 돌봄은 자기 향상의 일도 아닐뿐더러 인간 실존의 고난과 고통으로부터 놓임을 받는 길도 아니다. 그것은 적당히 또는 건강한 정서를 가지고 살아가는 일에 관심을 갖는 것도 전혀 아니다. 이런 일들은 현세적이고 영웅적이며 프로메테우스적인 관심사이다. 영혼의 돌봄은 다른 차원을 터치한다. 물론 삶과 동떨어진 것도 아니지만 우리 의식의 대부분을 차지하고 있는 문제 해결과 동일시될 것도 아니다. 우리가 영혼을 돌보는 일은 오로지 영혼의 표현을 존중하며, 시간을 두고 스스로 드러내게 기회를 줌으로써, 그리고 영혼이 스스로 융성해질 수 있는 깊이와 내면성과 특성을 키워주는 방식으로 삶을 살아감으로써만 가능한 것이다. 영혼은 그 자체의 목적이자 끝이다.

영혼에게, 회상은 계획보다 더 중요하다. 영혼에게, 예술은 이성보다 더욱 거부하지 못하게 하는 힘이 있다. 영혼에게, 사랑은 이해심보다 더욱 완성시키는 힘이 크다. 우리가 주변 세계나 사람들에게 애착을 느낄 때, 그리고 우리가 머리로 뿐만 아니라 그 못지않게 가슴으로 살아갈 때, 우리는 영혼을 향해 잘 나가고 있다는 사실을 안다. 우리의 즐거움이 보통 때보다 더 깊이 느껴지고, 복잡성과 혼동으로부터 자유롭게 될 필요조차 포기할 때, 그리고 애끓는 마음이 불신과 공포의 자리를 대신할 때, 우리는 영혼이 돌봄을 받고 있다는 사실을 안다. 영혼은 문화와 문화 사이에서, 개인과 개인 사이에서 존재하는 차이점들에 대하여 관심을 가지며, 우리 자신들 내부에서 영혼은 아주 유별나게가 아니라면 독특하게 표현되기를 원한다.

　그러므로 내가 혼동 속에 있을 때나 비틀거리면서라도 투명한 삶을 살려고 시도할 때, 내 주변의 모든 사람은 안 그렇더라도, 나는 바보가 된다. 바로 그 때 나는 삶을 흥미롭게 만들어 주는 영혼의 힘을 발견한다. 궁극적으로 영혼의 돌봄은 내가 결코 계획하지도, 어쩌면 바라지도 않았던 개성적인 ‘나’에게로 귀착된다. 날마다 영혼을 충실하게 돌봄으로써, 우리는 한 발 비켜나서 우리의 온전한 천재성이 출현하게 하는 것이다. 영혼의 신비적인 철학자의 돌과 연합하여, 연금술사들이 찾던 그 풍부하고도 견실한 인성의 핵을 이루거나, 활짝 열어 제치고 공작새의 날개 속으로 들어가서 마침내 영혼의 색깔들을 활짝 드러내고 그 알록달록한 화사함을 펼쳐 보인다.

주

p. 12. *파라셀서스(Paracelsus), 16세기의 명의* : 파라셀서스는 영향력이 높고
경건한 의사로서 미래에 대해서는 근대적인 의학적 실험을 좋아했
고, 과거에 대해서는 연금술과 점성술에 있어서는 철학적으로 의존
하기를 좋아하였다. 당대에 그는 의학에 대한 개척자적인 통찰을 지녔
기 때문에 '의학계의 루터'로 유명했다. 그가 풍부한 우주적 매트릭스
를 근거로 작업하였기 때문에 오늘날 같으면 어둡게 보였을지 모른다.
그러나 감식력이 있고 열린 마음을 지닌 사람이라면 그의 저술에서 큰
가치를 발견할 것이다. 파라셀서스: 선집, Jolande Jacobi 편, Norbert
Guterman 역, Bolingen Series ⅩⅩⅧ (Princeton, N. J.: Princeton
University Press, 1979), p. 49.

p. 20. *르네상스 시대의 의사 파라셀서스*: 파라셀서스: 선집, p. 63. 파라셀서
스는 마르실리오 피치노(Marsilio Ficino)의 책을 많이 읽었는데, 피치노
가 가르치기를 우주는 몸과 영혼과 영으로 우아하게 꾸며진 동물이라
하였다. 파라셀서스는 피치노의 생각을 의학에 적용하였는데, 진정한
의사라면 세계의 몸을 알아야 하는 법인데, 그것은 추상적 개념이 아니
라 살아 있는 개별적 존재라는 것이다. 예를 들자면, 그는 의사들에게 충
고하면서, "환자가 사는 지역을 유의하라…. 왜냐하면 지방마다 다르기

때문이다. 흙이 다르기 때문에 각기 특수한 지역에서 자라고 번창하는 모든 것이 그렇듯이, 돌도, 포도주도, 빵도 고기도 다 다르고……." 의사는 "우주 형상학자(cosmographer)와 지리학자"가 되어야 한다(파라셀서스, 선집, p. 59).

p. 75. 릴케가 다시 언급하다 : 라이너 마리아 릴케, 오르페우스에게 부치는 소네트, M.D. 허퍼노트 역(New York: W. W. Norton & Company, Inc., 1942, I , 9), p. 33. 자기애의 "치료"는 가시적인 것과 불가시적인 것의 "이중영역"(Doppelbereich)의 발견이다. 릴케의 철학으로 보면, 우리의 증후는 불가시적이 되는데, 이는 전적으로 사라지기 때문이 아니라 "가장 깊은 것에 다음가는"(nex-deepest) 가시적 존재로 변화하기 때문이다. 릴케가 같은 글에서 나중에 말하듯이, "우주 속의 모든 세계는 그들이 가장 깊은 것에 다음 가는 실재속으로 들어가듯이 불가시적인 것 속으로 뛰어든다. 어떤 별들은 대천사의 무한한 의식 속에서 즉각적으로 둥글었다 기울었다 한다. 그리고 또 어떤 별들은 천천히 힘들여 변화시키는 존재에 의존하는데, 그들은 공포와 환희 속에서 다음의 불가시적 실현에 도달한다." 라이너 마리아 릴케, 두이노 비가(Duino Elegies). 번역, 서론 및 주석: J. B. Leishman 및 Stephen Spender(New York: W. W. Norton & Company, Inc., 1967), pp. 129-30.

p. 79. 피치노가 말하기를, "인간의 사랑이란 무엇인가?" : 플라톤의 심포지움은 문자 그대로 술 파티였는데, 손님들은 거기서 사랑의 본질을 논했

다. 피치노는 플라톤의 열렬한 추종자로서 그의 심포지움을 본 따서 자신의 문학의 향연, 콘비비움(Convivium)을 열었다. 플로렌스의 귀족, 베르나르도 벰보에게 보낸 편지에서 좋은 콘비비움의 필수요건을 적시하면서, 결론에 가서 "콘비비움에 관하여 이 모든 글을 쓴 목적은 무엇인가? 간단히 말해서, 우리가 따로 떨어져 별개의 삶을 사는 목적은, 물론 변화 없이 되는 것은 아니지만, 우리가 하나처럼 행복을 누리며 더불어 사는 것이다."라고 말한다. 마르실리오 피치노의 편지, 제2권, 경제 대학 어학부 역(London: ShepheardWalwyn, 1978.), p. 54. 동시에 참조할 것: 마르실리오 피치노, 사랑에 관한 플라톤의 심포지움 주석, Sears Jayne 역(Dallas: Spring Publications, 1985), p. 130.

p. 133. 오스카 와일드의 감옥으로부터의 편지 : 깊은 곳에서의 이 부분은 "낭만적 신학"의 예를 제시하는데, 악을 향해 기울어지는 영혼의 경향 속에 있는 아름다움을 인정하는 영성과 인간의 오류에 빠지기 쉬운 가능성에 대하여 연민하는 동기를 깊이 있게 부여하는 영성에 대한 접근법이 된다. 오스카 와일드, 깊은 곳에서, 그리고 다른 글 모음 (New York: Penguin Books, 1973), p. 178.

p. 165. 파라셀서스가 의사들에게 다음의 충고를 하였다 : 파라셀서스: 선집, pp. 63-64.

p. 170. 파라셀서스에 의하면 : 파라셀서스: 선집, p. 74.

p. 172. 피치노는 뭔가 다른 충고를 하였다 : 마르실리오 피치노: 생명의 서
　　　(書), Charles Boer 역(Irving, Tx: Spring Publications, 1980), pp. 96,
116.

p. 173. 월든 연못가에서, 쓰다 : 헨리 데이빗 소로우, 월든(New York: The
　　　Library of America,1985), p. 422. 자연과 벗하여 사는 것이 굳이 신비
　　　적이거나 초감각적 행동일 필요는 없다. 사방에서 들려오는 새들의
　　　지저귐과 풀벌레들의 소리에 귀를 기울이는 것 이상의 아무것도 필요
　　　한 것이 없다. 옛 사람들이 musica mundana라고 불렀던 세상 음악이
　　　야말로 세상 영혼의 으뜸 표현이다.

p. 175. 노먼 O. 브라운이 말하다 : 심리분석을 시로 취급함으로써 노먼 O. 브
　　　라운이 우리에게 가르친 것은 문화 속에서 가시적인 것과 불가시적인
　　　것에 대한 릴케의 두 영역을 보는 방법이다. 역설적으로 말해서, 우리
　　　가 경험을 시적으로 보면 볼수록, 우리의 몸은 더욱 더 빠져든다. 그는
　　　글에서 침묵과 상징의 세계를 회복하는 일은 인간의 몸을 회복하는
　　　일이라고 말한다. 낱말들의 진정한 의미는 몸으로 의미하는 것이요,
　　　육감적인 지식이다. 몸으로 의미하는 것은 미처 말하지 못한 의미들
　　　이다. 노먼 O. 브라운: 사랑의 몸(New York: Wintage Books, 1966), p.
　　　265.

p. 262 융이 쓰다 : C. G. Jung, 추억, 꿈 그리고 성찰, Richard and Clara
　　　Winston 역 (NewYork: Wintage Books, 1963), p. 337. 1958년 12월 27

일자 편지에서 융은 자신의 인성과 개체화의 통합론은 완전을 암시하는 것이 아님을 명백히 한다. "자기실현을 완벽하게 향유하는 사람이 어떻게 보이는 사람인지, 또 어떤 사람이 되는지를 말하는 것은 가능한 일이 아니다. 한 사람도 그런 사람을 본 일도 없거니와, 혹 봤더라도 그런 사람을 나는 이해하지 못했을 것이다. 왜냐하면, 나 자신이 완전히 통합이 되어 있지 않을 것이기 때문이다.…나는 헤아릴 수 없이 많은 사람들이 자기 자신에 대하여 조금이라도 더 의식하고, 또 그들이 밝은 면과 어두운 면과 같이 수많은 다른 구성 요소로 이루어져 있다는 사실을 고려하도록 도움을 주어야 만 했다." C. G. Jung, 편지, Aniela Jaff?와 협동하여 Gerhard Adler가 선별 및 편집, R. F. C. Hull 역: Bolingen Series XCV: 2(Princeton, N. J.: Princeton University Press, 1975), vol.2, p. 474.

p. 299. 자기 자신의 본성을 찾기 : 라이너 마리아 릴케, 젊은 시인에게 보내는 편지, Stephen Mitchell 역(New York: Random House, 1984), p. 9.

p. 300. 한번은 인터뷰에서 말하였다 : "누가 누구를 창조하였는가? 말대답하는 인물들"(New York Times Book Review, May 31, 1987), p. 36.

역자후기

─영혼이 주인 되는 세상 꿈꾸며─

'영혼의 돌봄'과 함께 지냈던 가슴 벅찬 시간을 어느덧 뒤로 하게 되었다. 감회를 뭐라고 표현해야 할까. 거대한 자수 병풍을 만들기로 작정하고 한 땀 한 땀 공들여 수를 놓다가 마지막으로 손을 내려놓은 것에 비유하기에는 기예가 모자랐던 것 같고, 평화의 대장정을 마치고 목적지에 도착한 것에 비유하기에는 담력이 부족하여 너무 긴 시간을 끌었던 것 같다. 여러 해에 걸쳐 저자의 해박한 지식과 심오한 영성, 풍부한 감각을 옮기는 일은 기쁨과 보람의 행진이었지만, 한편으로는 분명 고투였다.

애를 썼지만, 저자가 내뿜고 있는 카르스마를 훼손하거나 가리운 듯싶어 탈고의 기쁨보다는 안타까움과 조심스러움이 앞선다.

어느 한 글귀에서라도 저마다 자기 인생의 주인이 되어야 할 영혼이 제자리를 잡고 있지 못함을 통감하여 크게 돌이킬 수 있는 기회가 되어줄 수만 있다면! 그리하여 우리의 표면의식이 영혼을 돌보는 것이 아니라 영혼으로 하여금 우리의 일상을 지휘할 수 있도록 삼가 주인 자리를 내어줄 수 있는 용기를 발휘할 수 있다면!

다. 그러

때로는 저자 자신의 고유한 문체 덕분에, 때로는 역자의 서툰 우리말 실력으로 인해, 독자 여러분은 마치 숨바꼭질을 하듯이 감추어진 의미를 캐내는 수고와 노력을 해야 할지도 모른다. 아무쪼록 그런 난관을 돌파하여 숨겨진 의미의 보물을 저마다 캐어내는 기쁨을 누리기를 바라는 마음 간절하다. 그것은 곧 우리 안에 숨어 있는 신성의 발견이요, 그리스도가 꿈꾸었던 '영혼이 주인 되는 세상'을 일구기 위한 발판을 마련하는 일이 될지도 모른다.

하여, 개인이 자신의 영혼을 돌보고, 공동체가 세상의 영혼을 돌보며 참으로 자유롭고 건강하고 행복한 삶을 누리는 데 작은 도움이라도 되기를 염원한다.

김영운

영혼의 돌봄

펴낸일 • 2007년 11월 1일 초판 발행
지은이 • 토마스 무어
펴낸이 • 김 영운
펴낸곳 • 아침영성지도연구원
등록일 • 1999년 1월 7일/제7호
홈페이지 • www.achimhope.or.kr

총 판 • 선 교 횃 불
     전 화 : 02)2203-2739
     팩 스 : 02)2203-2738
     홈페이지 : www.ccm2u.com